Staatsverständnisse | Understanding the State

herausgegeben von

Rüdiger Voigt

Band 141

Seongcheol Kim | Aristotelis Agridopoulos [Hrsg.]

Populismus, Diskurs, Staat

 **Nomos**

© Titelbild: „Populismen", Yorgos Konstantinou / imagistan.com

Die Deutsche Nationalbibliothek verzeichnet diese Publikation in
der Deutschen Nationalbibliografie; detaillierte bibliografische
Daten sind im Internet über http://dnb.d-nb.de abrufbar.

ISBN 978-3-8487-7690-0 (Print)
ISBN 978-3-7489-2088-5 (ePDF)

Onlineversion
Nomos eLibrary

1. Auflage 2020
© Nomos Verlagsgesellschaft, Baden-Baden 2020. Gedruckt in Deutschland. Alle Rechte,
auch die des Nachdrucks von Auszügen, der fotomechanischen Wiedergabe und der
Übersetzung, vorbehalten. Gedruckt auf alterungsbeständigem Papier.

Editorial

Das Staatsverständnis hat sich im Laufe der Jahrhunderte immer wieder grundlegend gewandelt. Wir sind Zeugen einer Entwicklung, an deren Ende die Auflösung der uns bekannten Form des territorial definierten Nationalstaates zu stehen scheint. Denn die Globalisierung führt nicht nur zu ökonomischen und technischen Veränderungen, sondern sie hat vor allem auch Auswirkungen auf die Staatlichkeit. Ob die „Entgrenzung der Staatenwelt" jemals zu einem Weltstaat führen wird, ist allerdings zweifelhaft. Umso interessanter sind die Theorien früherer und heutiger Staatsdenker, deren Modelle und Theorien, aber auch Utopien, uns Einblick in den Prozess der Entstehung und des Wandels von Staatsverständnissen geben.

Auf die Staatsideen von Platon und Aristoteles, auf denen alle Überlegungen über den Staat basieren, wird unter dem Leitthema „Wiederaneignung der Klassiker" immer wieder zurück zu kommen sein. Der Schwerpunkt der in der Reihe *Staatsverständnisse* veröffentlichten Arbeiten liegt allerdings auf den neuzeitlichen Ideen vom Staat. Dieses Spektrum reicht von dem Altmeister *Niccolò Machiavelli*, der wie kein Anderer den engen Zusammenhang zwischen Staatstheorie und Staatspraxis verkörpert, über *Thomas Hobbes*, den Vater des Leviathan, bis hin zu *Karl Marx*, den sicher einflussreichsten Staatsdenker der Neuzeit, und schließlich zu den zeitgenössischen Staatstheoretikern.

Nicht nur die Verfälschung der Marxschen Ideen zu einer marxistischen Ideologie, die einen repressiven Staatsapparat rechtfertigen sollte, macht deutlich, dass Theorie und Praxis des Staates nicht auf Dauer voneinander zu trennen sind. Auch die Verstrickung Carl Schmitts in die nationalsozialistischen Machenschaften, die heute sein Bild als führender Staatsdenker seiner Epoche trüben, weisen in diese Richtung. Auf eine Analyse moderner Staatspraxis kann daher in diesem Zusammenhang nicht verzichtet werden.

Was ergibt sich daraus für ein zeitgemäßes Verständnis des Staates im Sinne einer modernen Staatswissenschaft? Die Reihe *Staatsverständnisse* richtet sich mit dieser Fragestellung nicht nur an (politische) Philosophen und Philosophinnen, sondern auch an Geistes- und Sozialwissenschaftler bzw. -wissenschaftlerinnen. In den Beiträgen wird daher zum einen der Anschluss an den allgemeinen Diskurs hergestellt, zum anderen werden die wissenschaftlichen Erkenntnisse in klarer und aussagekräftiger Sprache – mit dem Mut zur Pointierung – vorgetragen. Auf diese Weise wird der Leser/die Leserin direkt mit dem Problem konfrontiert, den Staat zu verstehen.

Prof. Dr. Rüdiger Voigt

Editorial – Understanding the State

Throughout the course of history, our understanding of the state has fundamentally changed time and again. It appears as though we are witnessing a development which will culminate in the dissolution of the territorially defined nation state as we know it, for globalisation is not only leading to changes in the economy and technology, but also, and above all, affects statehood. It is doubtful, however, whether the erosion of borders worldwide will lead to a global state, but what is perhaps of greater interest are the ideas of state theorists, whose models, theories and utopias offer us an insight into how different understandings of the state have emerged and changed, processes which neither began with globalisation, nor will end with it.

When researchers concentrate on reappropriating traditional ideas about the state, it is inevitable that they will continuously return to those of Plato and Aristotle, upon which all reflections on the state are based. However, the works published in this series focus on more contemporary ideas about the state, whose spectrum ranges from those of the doyen *Niccolò Machiavelli*, who embodies the close connection between the theory and practice of the state more than any other thinker, to those of *Thomas Hobbes*, the creator of Leviathan, those of *Karl Marx*, who is without doubt the most influential modern state theorist, those of the Weimar state theorists *Carl Schmitt, Hans Kelsen* and *Hermann Heller*, and finally to those of contemporary theorists.

Not only does the corruption of Marx's ideas into a Marxist ideology intended to justify a repressive state underline the fact that state theory and practice cannot be permanently regarded as two separate entities, but so does Carl Schmitt's involvement in the manipulation conducted by the National Socialists, which today tarnishes his image as the leading state theorist of his era. Therefore, we cannot forego analysing modern state practice.

How does all this enable modern political science to develop a contemporary understanding of the state? This series of publications does not only address this question to (political) philosophers, but also, and above all, students of humanities and social sciences. The works it contains therefore acquaint the reader with the general debate, on the one hand, and present their research findings clearly and informatively, not to mention incisively and bluntly, on the other. In this way, the reader is ushered directly into the problem of understanding the state.

Prof. Dr. Rüdiger Voigt

Danksagung

Dieser Band wurde dank der Mithilfe zahlreicher Freund_innen und Kolleg_innen möglich. Wir bedanken uns ganz herzlich bei Rieke Biercher, Fabian Eckel, Maurits Heumann, Hannah Klein, Philipp Kleiner, Sven Rader, Jakob Schultz, Thiago Aguiar Simim, Julius Wolz und Thomás Zicman de Barros für ihre unschätzbare Hilfe bei den Übersetzungen und Korrekturen. Für ihre wertvollen Hinweise im Findungsprozess und bei der Suche nach passenden Beiträgen bedanken wir uns bei Giorgos Katsambekis und Emilia Palonen. Für die Möglichkeit bereits erschienene Aufsätze in deutscher Sprache zu veröffentlichen, gilt unser herzlicher Dank Christian Fuchs und der Zeitschrift „tripleC: Communication, Capitalism & Critique"; Gábor Halmai und der Zeitschrift „Fundamentum"; Erika Parlato und dem Verlag Instituto Langage; Yannis Stavrakakis und der POPULISMUS-Forschungsgruppe an der Aristoteles-Universität Thessaloniki.

Zu guter Letzt bedanken wir uns herzlich bei Rüdiger Voigt für die Aufnahme unseres Bandes in die Reihe *Staatsverständnisse* und bei Beate Bernstein und Eduard Schwarzenberger vom Nomos-Verlag für die sehr gute Zusammenarbeit.

Seongcheol Kim und Aristotelis Agridopoulos
Kassel und Frankfurt am Main, Juli 2020

Inhaltsverzeichnis

10

Seongcheol Kim & Aristotelis Agridopoulos

Populismus, Diskurs, Staat.
Eine konzeptuelle Einführung in die Populismusforschung

Im Jahre 2020 ist die Populismusforschung ein so offenes Feld wie nie zuvor. Vor einem halben Jahrhundert tendierte die im Entstehen begriffene Populismusforschung, wie etwa im 1969 erschienenen Sammelband von Ghiţa Ionescu und Ernest Gellner, noch dazu, den Populismus auf eine bestimmte sozialstrukturelle Basis zurückzuführen, insbesondere die Bauernschaft. Mit den weitgehenden Verschiebungen eines solch deterministischen Paradigmas innerhalb der Sozialwissenschaften – und parallel zur sogenannten linguistischen Wende in den Geistes- und Humanwissenschaften – ist auch innerhalb der Populismusforschung spätestens seit dem Anfang der 2000er Jahre ein *ideational turn* zu verzeichnen: Demnach wird Populismus als „politische Logik" (Laclau 2005a) oder auch „dünne Ideologie" (Mudde 2004; Mudde/Rovira Kaltwasser 2013, 2017) verstanden, deren aufgerufenes Subjekt „Volk" eine notwendig kontingente Konstruktion darstellt, die in unterschiedlichsten inhaltlichen Kombinationen auftreten kann. Aus der diskurs- und hegemonietheoretisch begründeten Perspektive Ernesto Laclaus (2005a) bildet der Populismusbegriff insofern einen „Königsweg" zur Erfassung des Politischen, weil das „Volk" im Populismus grundsätzlich auf die kontingente Konstruiertheit *aller* politischen Identitäten sowie die konstitutive Unvollständigkeit der Demokratie und deren Versprechen der Volkssouveränität verweist. Margaret Canovan (2002) spricht in diesem Zusammenhang vom Populismus als „Ideologie der Demokratie", die die für die Demokratie konstitutive Distanz zwischen dem Volk als machtlegitimierender Instanz einerseits und der konstituierten Macht andererseits politisch artikuliert und sichtbar macht, dabei aber auch in einen Totalitarismus im Sinne Claude Leforts (1986) umschlagen kann, sobald der Repräsentationsanspruch gegenüber dem „Volk" exklusive und totalisierende Züge annimmt. Inzwischen stimmt der Großteil der Populismusforschung darin überein, dass der Populismus im Verhältnis zur Demokratie eine grundlegende „Ambivalenz" (Rovira Kaltwasser 2012) bzw. „Unentscheidbarkeit" (Arditi 2005) aufweist.

In diesem Zusammenhang ist es gerade in gegenwärtigen Zeiten umso notwendiger, das Phänomen des Populismus im Verhältnis zu Staat und Staatspraktiken zu denken. Im öffentlichen Diskurs hierzulande ist der Populismusbegriff mit Figuren wie Donald Trump, Viktor Orbán, Jarosław Kaczyński, Jair Bolsonaro und deren autoritären Politik der Instrumentalisierung des Staates für eigene parteiliche Zwecke quasi synonym geworden. In Medien und Politik ist die Lesart von Populismus als Bedrohung der Demokratie längst etabliert: von den ehemaligen EU-Kommissions-präsidenten Barroso und van Rompuy, die ihrerzeit vor der einzigartigen Gefahr des Populismus warnten, bis hin zu wiederkehrenden Schlagzeilen in internationalen Leitmedien wie etwa „Der Aufstieg der Populisten" (Spiegel Online) oder „the battle with populism" (New York Times). Vor diesem Hintergrund liegt die Notwendigkeit konzeptuell sowie empirisch fundierter Analysen zum Themenkomplex Populismus und Staat auf der Hand. Insbesondere können diskursive Ansätze, die zum eben genannten *ideational turn* innerhalb der Populismusforschung gehören, in mehrfacher Hinsicht zu einem adäquaten Verständnis des Geflechts Populismus/Staat beitragen: *erstens* durch die systematische Untersuchung unterschiedlicher Staatsbilder, -praktiken und -verständnisse im Zusammenhang mit der Konstruktion des „Volkes" in populistischen Diskursen; *zweitens* durch eine differenzierte konzeptuelle sowie empirische Betrachtung der Grenzen zwischen dem demokratischen und dem autoritären Populismus; sowie *drittens* durch die Verknüpfung „objektiver" und „subjektiver" Untersuchungsdimensionen, indem „Populismus" sowohl als diskursive Konstruktion von Volk wie auch umkämpftes Objekt sowie Effekt von Diskursen *über* (und häufig gegen) den Populismus in Politik und Öffentlichkeit betrachtet wird.

In diesem Sinne bringt das vorliegende Buch als erster Sammelband im deutschsprachigen Raum diskursive Populismusansätze im breiten Sinne zusammen. Alle Beiträge zeichnen sich durch eine Mischung aus theoretischer und empirischer Reflexion aus, wobei die relative Gewichtung sowie Auslegung des Theorie-Empirie-Verhältnisses je nach Kapitel unterschiedlich ausfällt. Die Mehrheit der Beiträge arbeiten mit dem postfundamentalistischen diskurs- und hegemonietheoretischen Populismuskonzept Ernesto Laclaus, was dem besonders ausgearbeiteten und breit verwendeten Charakter dieser Theorieperspektive entspricht, die in der internationalen Forschungsliteratur sogar gelegentlich als „the discursive approach to populism" bezeichnet wird. Dabei deckt der Band eine breite Vielfalt an Akzenten und Länderschwerpunkten innerhalb der an Laclau angelehnten Populismusforschung ab: von Cyber-Politik zu Psychoanalyse, von Südamerika bis hin zu Nord-, Süd- und Ostmitteleuropa. Prominent vertreten sind aber auch Beiträge, die den Populismus ausgehend vom Foucaultschen Diskursbegriff innerhalb diskursiver Normalisierungsprozesse einordnen oder auch im Anschluss an ein konstruktivistisches Repräsentationsverständnis – und in diametralem Gegensatz zu Laclau – als antidemokratisches diskursives Phänomen auffassen. Im Folgenden wird dieses vielfältige Mosaik zunächst innerhalb einer kurzen Entwicklungsgeschichte der Populismusforschung verortet und anhand einiger Schlüsseldimensionen ausdifferenziert. Zum Schluss werden die einzelnen Beiträge in Bezug auf das übergreifende Thema des vorliegenden Bandes reflektiert.

1. Vom sozialstrukturellen Determinismus zum diskursiven Konstruktivismus: Entwicklungslinien innerhalb der zeitgenössischen Populismusforschung

1.1 Der „ideational turn" in der Populismusforschung[1]

Als einer der ersten Versuche, eine sozialwissenschaftliche Konzeptualisierung sowie empirische Untersuchung des Populismus in unterschiedlichen Länderkontexten zu verbinden, sticht bis heute der von Ionescu und Gellner veröffentlichte Konferenzband „Populism: Its Meaning and National Characteristics" (1969) heraus. Bemerkenswert ist bei aller disziplinären und regionalen Vielfalt der Beiträge, dass die verschiedenen Annäherungsversuche an den Populismusbegriff letztlich in einem sozialstrukturell deterministischen Verständnis konvergieren, nach dem sich Populismus als bloßer Ausdruck der Modernisierungsresistenz einer bestimmten sozialstrukturellen Gruppe – insbesondere der Bauernschaft – auffassen lässt. Das „Volk", von dem Populist_innen sprechen, weist demnach grundsätzlich einen objektiv-sozialstrukturellen Gehalt auf; in der Einleitung schreiben Ionescu und Gellner (1969, S. 4), „populism worshipped the people", aber im selben Zuge auch:

> the people were more often than not identified in the peasants who were and are, in underdeveloped societies especially, the most miserable of the lot – and the more miserable they were the more worshipped they should be.

In einer solchen reduktionistischen, wenn auch damals durchaus plausiblen Betrachtungsweise wird die Frage, *was für ein* „Volk" von den Populist_innen eigentlich gemeint wird, von vornherein tendenziell ausgeklammert, insofern bereits definitorisch davon ausgegangen wird, dass der Populismus auf einer objektiven soziale Basis gründet. Parallel dazu wird der Populismus außerhalb der angeblichen Normalität der Politik verortet: Er sei nämlich „moralistic rather than programmatic", „loosely organized and ill-disciplined" (Wiles 1969, S. 167), gar „a-political" und trete demzufolge als diffuse „movement" im Gegensatz zu „highly-structured parties" (McRae 1969, S. 156f.) in Erscheinung. Hierfür hat McRae (1969, S. 157) eine etwas merkwürdige, nicht weiter elaborierte Begründung parat: „populism is so social, so convinced that the political does not really, fundamentally matter as compared with the community".

Es gibt hier eine paradoxe Doppelbewegung: Einerseits wird der Populismus auf einen objektiv-sozialstrukturellen Kern reduziert, andererseits gilt dieser Kern doch irgendwie als zu diffus und unorganisiert, so dass der Populismus letztlich keinem „normalen" -Ismus entsprechen kann. An dieser Stelle wird deutlich, dass sich die frühe Populismusforschung auf dem Terrain einer politischen Soziologie bewegt, für die wiederum die Cleavage-Theorie Seymour Martin Lipsets und Stein Rokkans

---

1 Dieser Abschnitt zieht maßgeblich die Vorarbeit Kims (2020a, S. 12ff.) heran.

einen paradigmatischen Charakter aufweist. Für Lipset und Rokkan (1969, S. 5; Herv. i.O.) haben politische Parteien eine grundsätzlich „*expressive* function [...] to crystallize and make explicit the conflicting interests, the latent strains and contrasts in the existing social structure". Bekanntlich identifizieren die beiden Autoren vier Cleavages, die aus der „doppelten Revolution" von Industrialisierung und Nationsbildung entstanden und für die expressive Funktion von Parteien exemplarisch seien: Arbeit/Kapital, Stadt/Land, Zentrum/Peripherie, Kirche/Staat. Eine ähnliche expressive Logik ist am Werk, wenn der Populismus als Ausdruck der Modernisierungsresistenz eines primär bäuerlichen Gesellschaftssegments („a predominantly agricultural segment of society", McRae 1969, S. 163) aufgefasst wird, gleichzeitig aber ins Schema der vier paradigmatischen Cleavages nicht so richtig hineinpassen will. Der Populismus als diffuser, unorganisierter, damit auch nicht-parteiförmiger und letztlich apolitischer Ausdruck von Modernisierungskonflikten nimmt die ambivalente Stellung eines abweichenden Überrests ein, der dem Normalfall der Institutionalisierung klar abgrenzbarer Cleavages nicht entspricht. Aufschlussreich in diesem Zusammenhang ist die These Germanis (1978, S. 88), Populismus entstehe als „a mass movement only in societies where typical Western European leftist ideologies of the working class fail to develop into mass parties" – was der Autor wiederum darauf zurückführt, dass die verspätete Industrialisierung etwa in Lateinamerika „prevents or delays the formation of a well-structured social and political consciousness" der Arbeiterklasse und führt stattdessen zur populistischen Mobilisierung einer „multiclass movement" gegen die herrschende Elite (Germani 1978, S. 96). So gesehen nimmt der Populismus den Status eines Anderen der cleavagebasierten Normalität industrieller Gesellschaften ein: Er entsteht nämlich als Abweichung vom Standardweg zur Modernisierung mit deren ausgeprägten Klassenkonflikten.

So wird deutlich, dass der Populismusbegriff frühzeitig von einem ambivalenten konzeptuellen Status heimgesucht wird: Genauso wie allen politischen Bewegungen wird dem Populismus eine expressive Funktion für sozialstrukturell ableitbare Prozesse – insbesondere Konflikte um die Modernisierung – zugeschrieben, gleichzeitig aber auch ein abnormaler, abweichender Charakter, der ihn im Vergleich zu anderen -Ismen schwer greifbar macht. Der Populismusbegriff stellt für eine reduktionistisch geprägte Sozialwissenschaft, für die jede Partei oder Bewegung eine mehr oder minder übersichtliche sozialstrukturelle Gruppenkategorie zum Ausdruck bringen muss, eine besondere Herausforderung dar: Denn im Populismus geht es offensichtlich um nichts Geringeres als „das Volk" als solches. Angesichts dieses Problems kann die Populismusforschung entweder „das Volk" des Populismus einfach auf andere Gruppenkategorien wie etwa die Bauernschaft zurückführen – oder die offensichtliche Unbestimmtheit des „Volkes" in die definitorische Basis des Populismusbegriffs aufnehmen: nämlich *als kontingente Konstruktion, die höchst unterschiedliche Bedeutungen annehmen kann.* Die frühe Populismusforschung entscheidet sich eindeutig für die erste Variante und bildet damit ein klassisches Beispiel für das, was Sartori (1990[1968]) seinerzeit als „objectivist bias" kritisierte: nämlich die Tendenz, die Politik als bloß epiphänomenales „artifact" gegenüber den objektiven „facts" der Sozialstruktur zu betrachten.

Ab den 1980er Jahren erlebt das Terrain der Sozialwissenschaften zahlreiche Verschiebungen, die sich im Feld der Parteien- und Identitätsforschung insbesondere um die dealignment/realignment-Debatten dreht: nämlich die Frage, ob die Grundlage politischer Mobilisierung nicht (mehr) objektiv fixierbare Gruppenkategorien, sondern Werteeinstellungen bilden (nach Inglehart 1984, S. 25 eine Verschiebung „from class-based to value-based political polarization"). Mit dem *ideational turn* ab den frühen 2000er Jahren verschiebt sich auch das Terrain der Populismusforschung grundlegend: Nun wird der Populismus von seinem expressiven Verhältnis zu einer objektiven sozialstrukturellen Basis befreit und als eine unterschiedlich einsetzbare Konstruktion von „Volk" verstanden. Paradigmatisch für diese Literatur ist der Definitionsversuch von Cas Mudde (2004, S. 543, Herv. i.O.): „populism as *an ideology that considers society to be ultimately separated into two homogenous and antagonistic groups, ‚the pure people' versus ‚the corrupt elite'* […]". Dabei können „das reine Volk" und „die korrupte Elite" grundsätzlich unterschiedlich konstruiert und somit durch weitere Ideologien („communism, ecologism, nationalism or socialism") ergänzt werden (Mudde 2004, S. 544). Hier greift Mudde auf die Ideologietheorie Michael Freedens (1996) zurück, nach der sich Ideologien als morphologische Systeme von tendenziell „de-contested", in bestimmten Beziehungsmustern zueinander tretenden „concepts" untersuchen lassen. Im Populismus bildet das Kernkonzept zunächst „das Volk" als moralisch aufrichtig kodiertes Kollektivsubjekt, um dessen angeblichen Allgemeinwillen sich die Politik drehen soll; allerdings ist dieser konzeptuelle Kern beschränkt und „dünn", da es grundsätzlich offen bleibt, ob „das Volk" etwa zusätzlich als Ethnie, Klasse, multikulturelle Nation oder auch Ansammlung unternehmerischer Individuen kodiert wird. Somit tritt eine zentrale Erkenntnis zum Vorschein, die die gesamte „ideational" Populismusforschung durchzieht: dass „das Volk" des Populismus nämlich *nicht auf sozialstrukturelle Kategorien reduzierbar, sondern grundsätzlich als kontingente Konstruktion zu verstehen ist.* Muddes Theorie weist insofern einen gründenden Charakter für eine ganze Forschungsliteratur auf – auch wenn sie bei weitem nicht den chronologisch ersten „ideellen" Annäherungsversuch darstellt – weil sie den Populismusbegriff explizit und systematisch mit einer konstruktivistischen Theoriegrundlage (in diesem Fall der Ideologietheorie Freedens) unterfüttert und damit eine mögliche Antwort auf das spätestens mit den Dislozierungen eines sozialstrukturell deterministischen Paradigmas aufkommende *Problem abwesender Grundlagen* liefert.

Die ideelle Populismusforschung ist dabei als weites Feld zu verstehen, auf dem sich konkurrierende Begriffsgründungen zusammentreffen; Mudde und Rovira Kaltwasser (2013, S. 150; 2017, S. 12) selbst verwenden die Bezeichnung „ideational" in flexibler Manier für jene Ansätze, die den Populismus als „set of ideas" bzw. „as a discourse, an ideology, or a worldview" auffassen. Vielbeachtet in diesem Zusammenhang ist Ernesto Laclaus Populismustheorie, die auf einer über Jahrzehnte (teilweise zusammen mit Chantal Mouffe) ausgearbeiteten Diskurs- und Hegemonietheorie fußt. Für Laclau (2002[1996], 2005a; Laclau/Mouffe 2012[1985]) gilt zunächst, dass sich das Soziale diskursiv durch Artikulationen, d.h. durch die relationale In-Bezug-Setzung von Elementen nach den Logiken von *Differenz* und *Äquivalenz* konstituiert: Nach der Differenzlogik werden diskursive Elemente (Signifikanten) als partikular und verschieden konstruiert (Identität entsteht durch Differenz), nach der Äquivalenzlogik hingegen werden mehrere Elemente in gemeinsamer Abgrenzung zu einem Dritten in eine *Äquivalenzkette* eingegliedert und erhalten dadurch eine kollektive Identität. Die Logik der Äquivalenz ist also jene, die eine antagonistische Zweiteilung und damit eine Neugründung des Felds des Sozialen durch das Politische ermöglicht; der ontologische Begriff des Politischen als Antagonismus ist für Laclau und Mouffe jene Instanz, die eine Neu(be-)gründung sozialer Bedeutungen durch neue Grenzziehungen ermöglicht und damit die Kontingenz des Sozialen zum Vorschein bringt. Der Populismus ist wiederum jene „political logic", die mit einer äquivalenzlogischen Artikulation von Forderungen „an internal antagonistic frontier separating the ‚people' from power" erzeugt (Laclau 2005a, S. 117, 74). Somit nimmt der Populismus einen metaphorischen Charakter für das Politische ein: Denn hier wird das Feld des Sozialen unter Berufung auf das (wie auch immer konstruierte) „Volk" als solches gegen „die da oben" neu gemischt – was wiederum auf die für die Demokratie konstitutive Distanz zwischen dem „Volk" als machtlegitimierender Instanz und instituierten Formen der Macht verweist (vgl. Canovan 1999, 2002; Möller 2017, 2020). Aus einer „postfundamentalistischen" (Marchart 2010) Theorieperspektive heraus wird die Grundannahme der sozialstrukturell-deterministischen Populismusforschung ins radikale Gegenteil umgekehrt und dabei auch die zentrale Erkenntnis der ideellen Literatur weitergedacht: Das „Volk" des Populismus ist demnach nicht nur eine kontingente, vielfältig einsetzbare Konstruktion (ein „leerer Signifikant"), sondern verweist letztlich auf die kontingente Konstruiertheit *aller* politischen Identitäten und bildet damit einen „Königsweg" zur Erfassung des Politischen („the royal road to understanding something about the ontological constitution of the political as such"; Laclau 2005a, S. 67).

1.2 Zwischen Formalismus und Moralismus: Differenzlinien innerhalb der ideellen Populismusforschung

Hervorzuheben sind Laclaus und Muddes Populismusansätze aufgrund der besonderen Systematik ihrer konstruktivistisch-theoretischen Grundlagen, die wiederum eine dynamische empirische Anwendbarkeit sowie Befragung einzelner Populismen auf deren Konstruktionen des „Volkes" hin ermöglicht. Für die ideelle Populismusliteratur im Allgemeinen gilt, dass das Definitionskriterium einer antagonistischen Gegenüberstellung von Volkssubjekt und Machtblock eine Art gemeinsamen Nenner bildet, an dem zahlreiche Populismuskonzepte konvergieren (z.B. Canovan 1999; Mudde 2004; Laclau 2005a; Albertazzi/McDonnell 2008; Stanley 2008; Hawkins 2009; Rovira Kaltwasser 2012; De Cleen/Stavrakakis 2017). Dabei bildet die Zuschreibung des Moralismus einen Streitpunkt innerhalb dieser breit gefassten Literatur: Zum „new mainstream" (Stavrakakis/Jäger 2018) der Populismusforschung gehört inzwischen die Unterstellung, dass im Populismus der Gegenüberstellung Volk/ Elite ein spezifisch moralistischer Charakter verliehen und „das Volk" als moralisch reines, gar homogenes Subjekt gegen eine korrupte „Elite" abgegrenzt wird. Betont wird dies etwa in den Definitionen von Mudde (2004, S. 544: „Populism is moralistic rather than programmatic") und Kirk Hawkins (2009, S. 1042: „populism as a Manichaean discourse that identifies Good with a unified will of the people and Evil with a conspiring elite"); Jan-Werner Müller (2016, S. 20) macht den Populismus an einem „moralischen Alleinvertretungsanspruch" fest und geht dabei im Gegensatz zu den meisten ideellen Ansätzen von einem notwendig antidemokratischen Charakter des Populismus aus. Mudde (2017, S. 39) selbst grenzt sein Populismusverständnis von jenem Laclaus folgendermaßen ab:

> Laclau's approach is essentially a highly abstract, normative, universal theory in which „the people" has no specific content. In contrast, most of those who adhere to the ideational approach define populism in a specific manner, in which the key opposition is moral […].

In der Tat ist die Moralismuszuschreibung insbesondere von Forscher_innen aus der Laclauschen Tradition vielfach kritisiert worden, etwa mit dem Verweis, dass Moralismus weder spezifisch auf den Populismus beschränkt ist noch konsistent auf jene Diskurse zutrifft, die das sonstige Definitionskriterium eines Volk-Elite-Antagonismus erfüllen (vgl. Stavrakakis/Jäger 2018; Katsambekis 2019). Auch mit Blick auf die Vielfalt der Phänomene, die als populistisch erfasst werden können – von den Platzbewegungen wie Indignados und Occupy (Gerbaudo 2017) über linkslibertäre Digitalparteien (Kioupkiolis 2016; Gerbaudo 2018; Kim 2019) bis hin zum transnationalen europäischen Populismus von DiEM25 (De Cleen et al. 2019) – gibt es demnach keinen apriorischen Grund, den Populismus als zwangsläufig moralistisch und nicht einfach als „primarily *political*" (Katsambekis 2019, S. 22, Herv. i.O.) aufzufassen.

Irreführend dabei ist Muddes Unterstellung der Normativität gegenüber Laclau, die auch von weiteren ideellen Forscher_innen geteilt wird (vgl. Rovira Kaltwasser 2012; Hawkins/Rovira Kaltwasser 2018; Peruzzotti 2019). Im Gegensatz etwa zu Müller (2016, S. 20), dessen Bewertung des Populismus als antidemokratisches Phänomen explizit „*normativ*" angelegt ist, geht Laclau formalistisch vor, was wiederum zu unterschiedlichen Auslegungen innerhalb der postfundamentalistisch-diskurstheoretischen Populismusforschung geführt hat. Laclau geht grundsätzlich von der *Forderung* als „the elementary unit of politics" (Marchart 2018, S. 111) aus: Jede Forderung ruft einen Ort der Macht zu ihrer Erfüllung auf und kann entweder *differenzlogisch*, d.h. einzeln und isoliert, abgearbeitet oder *äquivalenzlogisch* mit anderen Forderungen in gemeinsamer Abgrenzung gegen diese Macht artikuliert werden. Das würde nun aber heißen, dass jede äquivalenzlogische Artikulation von Forderungen in gewissem Maße als populistisch zu verstehen wäre – sofern es davon ausgegangen wird, dass jede Forderung einen Ort der *Macht* adressiert und damit durch die äquivalenzlogische Vereinigung mit anderen Forderungen auch zwangsläufig gegen ein als Macht kodiertes Außen gerichtet sein muss. Allerdings ist diese Annahme kaum haltbar, wenn man beispielsweise an Forderungen denkt, die nicht höherstehende Mächte, sondern etwa kulturell Fremde als Gegenüber aufrufen (vgl. Kim 2020a, S. 33): „Integriert euch!", „Seid normal oder geht weg!" (Mark Rutte, 2017), „Wenn du nach Ungarn kommst, musst du unsere Kultur respektieren!" (Fidesz-Regierungsplakat, 2015). Hier wird das Machtverhältnis sogar umgedreht: Die eigene Sprecher- wird als Machtposition aufgewertet, um etwaige Migrant_innen zu belehren, wie sie sich zu verhalten haben. Somit öffnet sich die Möglichkeit einer differenzierteren Betrachtung dessen, *wie* das Volkssubjekt und sein Gegenüber konstruiert werden: Kennzeichnend für den Populismus ist nämlich eine vertikale *Oben-Unten-Logik der antagonistischen Grenzziehung* (Volk-als-Underdog gegen Machtblock), für den Nationalismus hingegen eine horizontale Innen-Außen-Logik (Volk-als-Nation gegen Fremde), wie De Cleen und Stavrakakis (2017) mit ihrer semiformellen Lektüre (vgl. Kim 2020a) von Laclaus Theorie betonen. Es handelt sich also um konzeptuell unterschiedliche Logiken, die empirisch allemal kombinierbar sind: Kennzeichnend für den *Rechts*populismus ist etwa die Verknüpfung von Oben-Unten- und Innen-Außen-Exklusionen, wie auch Forscher_innen aus anderen konzeptuellen Blickwinkeln festgestellt haben (z.B. Mudde 2007; Brubaker 2017; Lewandowsky/Giebler/Wagner 2017).

Damit lässt sich innerhalb der postfundamentalistisch-diskurstheoretischen Populismusliteratur ein klarer Trend erkennen: weg vom reinen „Formalismus" (Stavrakakis 2004) hin zu einer semiformell-„architektonischen" (De Cleen/Stavrakakis 2017) Unterscheidung zwischen Populismus und anderen Spielarten antagonistischer Politik (etwa Nationalismus und Nativismus). Im vorliegenden Band sind unterschiedliche Auslegungen von Laclaus Populismustheorie vertreten, was den Formalismusgrad betrifft: Auf der einen Seite verstehen Mendonça und Freitas Linhares den Populismus als antagonistische Gegenüberstellung von „Volk und seine[n] Feinde[n]" – unabhängig davon, wie diese kodiert werden; auf der anderen Seite machen etwa die Beiträge von Kim und Sunnercrantz die architektonische Unterscheidung zwischen Populismus und Nationalismus stark, während Lluis eine explizit antiformalistisch angelegte, praxeologische Interpretation des Populismus als körperlich-performative Praxis vertritt. Bei Laclau selbst gibt es ein gewisses *slippage* zwischen der formalistischen Tendenz einerseits, den Populismus auf „the prevalence of the equivalential over the differential logic" zu reduzieren und damit als „synonymous" mit dem Politischen als solchen zu betrachten (Laclau 2005b, S. 44; 2005a, S. 154), und der differenzierteren Betrachtung andererseits, dass der Populismus nicht irgendeine antagonistische Grenzziehung, sondern „an internal antagonistic frontier separating the ‚people' from power" mit sich bringt (Laclau 2005a, S. 74). Die erste, formalistische Variante macht die Laclausche Theorie für die häufig vorkommende Kritik anfällig, dass sich aus einer Gleichsetzung von Populismus und dem Politischen kaum ein analytisch brauchbares Populismuskonzept ergeben kann (Stanley 2008; Arditi 2010; Rovira Kaltwasser 2012; Müller 2014). Die zweite, differenziertere Betrachtungsweise hingegen hat den Vorteil, nicht nur analytisch trennscharfe Unterscheidungen zwischen Populismus und anderen -Ismen zu ermöglichen, sondern auch die Besonderheit des Populismus als einer der Demokratie innewohnenden Erscheinungsform des Politischen zu beleuchten, die die unauflösbare Differenz zwischen Volk und Macht aktiviert und sichtbar macht (vgl. Kim 2020a, S. 31ff.). In ähnlicher Weise hierzu versteht Canovan (2002) den Populismus als „Ideologie der Demokratie", die aus der für die Demokratie konstitutiven Distanz zwischen dem Gründungsversprechen der Volkssouveränität und der instituierten Politik entsteht (vgl. auch Jörke/Selk 2017; Möller 2017). Dabei kann das demokratische Kernversprechen des Populismus – „power to the people" (Canovan 1999, S. 2) – ins totalitäre Gegenteil im Lefortschen Sinne umschlagen (vgl. Canovan 2002, S. 41f.), falls sich die Berufung auf „das Volk" in den Versuch einer Auslöschung der Volk-Macht-Differenz, sprich in einen verabsolutierenden „Alleinvertretungsanspruch" (mit Müller gesprochen) überschlägt.

Hier findet eine erneute Konvergenz mit dem Gros der ideellen Populismusforschung statt, welche die „Ambivalenz" (Rovira Kaltwasser 2012) bzw. „Unentscheidbarkeit" (Arditi 2005) des Populismus im Verhältnis zur Demokratie hervorhebt. Dabei bildet Müller (2016) wie erwähnt eine prominente Ausnahme, indem er den antipluralistischen – und letztlich auch antidemokratischen – Alleinvertretungsanspruch in den Definitionskern des Populismus aufnimmt. Auch wenn Mudde (2004) sowie Mudde und Rovira Kaltwasser (2013, 2017) ebenfalls den Pluralismus (neben dem Elitismus) als konzeptuellen Gegenpol des Populismus verstehen, wird hier der Pluralismusbegriff anders ausgelegt: Für Mudde (2004, S. 544) bedeutet dieser ein Verständnis von „society as a heterogeneous collection of groups and individuals", was der Vorstellung einer übergeordneten Volksidentität im Populismus entgegensteht, während Müller – ähnlich wie Mouffes (2008[2000]) Konzept des agonistischen Pluralismus – den Pluralismus an der Akzeptanz legitimer politischer Gegnerschaft festmacht. An diesem Punkt steht die an Laclau angelehnte Populismusforschung beiden Interpretationen des Populismus *qua* Anti-Pluralismus grundsätzlich entgegen (vgl. Katsambekis 2019).

1.3 Vom „objectivist bias" zum „subjectivist bias"? Populismus als analytische Kategorie und politischer Kampfbegriff

So eindrucksvoll die verschiedenen ideellen Populismusansätze das, was Sartori vor mehr als 50 Jahren „objectivist bias" nannte, auch überwunden haben mögen, stellt sich trotzdem die Frage, ob sie das Problem lediglich ins radikale Gegenteil umgekehrt haben: nämlich in eine Art „subjectivist bias", das den Populismus auf dessen subjektive Konstruktion von „Volk" reduziert, ohne jegliche Aussagen über so etwas wie seine strukturelle Funktion im politischen System tätigen zu können. Dabei ist vielfach beobachtet worden, dass der Aufstieg des Populismus in den letzten Jahren nicht von ungefähr kommt: Zahlreiche zeitdiagnostische Annäherungen führen populistische Phänomene auf eine neoliberal-postdemokratische Konstellation zurück, in der die Politik als konflikthaftes Ringen um die Einrichtung des Sozialen zu kurzkommt (Mouffe 2007, 2018; Stavrakakis 2016, 2017; Jörke/Selk 2017, 2018; Marchart 2017). Auch mit Verweis auf die Postdemokratie-Diagnosen von Crouch (2004) und Rancière (2002[1995]) wird hierbei betont, dass vermehrte populistische Berufungen auf ein souveränes „Volk" nicht zuletzt aus Kontexten entstehen, in denen institutionell-demokratische Prozesse jahrelang den „Interessen der Märkte" sowie einem rationalen Scheinkonsens über die richtige Wirtschaftspolitik unterworfen waren. Somit wird gewissermaßen eine „Rückkehr des Politischen" in Form von Populismus unterschiedlicher Art (links und rechts, progressiv sowie reaktionär) diagnostiziert, wobei es im selben Zuge sorgfältig zu untersuchen gilt, welche Aspekte der etablierten hegemonialen Konstellationen durch populistische Herausforderer in Frage gestellt und welche im Gegenteil reproduziert werden (vgl. Kim 2020b) – ganz im Sinne dessen, was Stuart Hall (1988, 2014) im Fall des neoliberalen Thatcherismus „authoritarian populism" nannte. Gerade eine solche Betrachtung nicht nur des Phänomens, sondern auch *der Bedingungen, die es hervorbringen*, ist aufschlussreich und notwendig, um den Ansprüchen „eine[r] kritische[n] Theorie des Populismus" (Müller 2016, S. 13) gerecht zu werden. Dabei würden wir grundsätzlich weiter gehen als Müller (2016, S. 13): *Wer von Populismus redet, kann über Postdemokratie und Neoliberalismus nicht schweigen* – denn die Möglichkeit des Populismus ist nicht nur im symbolischen Dispositiv der Demokratie bereits angelegt, wie Canovan und weitere Beobachter_innen zurecht betont haben, sondern tritt nun in einer postdemokratischen Konstellation vermehrt hervor, in der die Alternativlosigkeit jahrelang gepredigt wurde und deren reibungslose Reproduzierbarkeit nun an ihre Grenzen stößt.

Allgemein gesprochen besteht die Herausforderung nicht zuletzt darin, die Entstehung populistischer Phänomene aus konkreten Herrschaftskontexten nachzuzeichnen, ohne allerdings in alte deterministisch-objektivistische Erklärungsmuster zu verfallen. Neben einem solchen kritisch-rekonstruktiven Blick auf die Kontext- und Entstehungsbedingungen können diskursive Populismusansätze außerdem zu einer dynamischen Verknüpfung subjektiver und objektiver Untersuchungsdimensionen beisteuern, indem sie den Populismus nicht nur als analytische Kategorie, sondern auch als politischen Kampfbegriff sowie diskursiv-strukturellen Effekt von Diskursen *über* den Populismus in den Blick nehmen. Es gibt insbesondere zwei solche Untersuchungsansätze, die auch in diesem Band vertreten sind: die Analyse des Beziehungsgeflechts von Populismus und Antipopulismus und die Verortung des Populismus innerhalb diskursiver Normalisierungsprozesse.

Yannis Stavrakakis (2016) et al. (2018) begreifen den Antipopulismus als Diskurstypus, der zunächst einige oberflächliche Strukturähnlichkeiten mit dem Populismus aufweist. Es findet nämlich eine antagonistische Grenzziehung statt, aber diesmal gegen den „Populismus" als negativ aufgeladenen leeren Signifikanten, der eine Äquivalenzkette einer ganzen Reihe pathologischer Eigenschaften verbindet: Der Populismus sei irrational, demagogisch, böswillig, kleinlich, etc. Insbesondere im Kontext der Eurokrise verdichten sich im antipopulistischen Diskurs die vielfältigen Bedrohungserscheinungen, die bestehende Ordnungen heimsuchen – wirtschaftliche Malaise, Fremden- und Migrationsfeindlichkeit, Modernisierungsresistenz, politische Kurzsichtigkeit – um den Namen des „Populismus" als „Müllcontainer" (Agridopoulos 2017, S. 29) und als singuläre Verkörperung all dieser Gefahren. Dabei sind es oft gerade jene neoliberalen Sprecherpositionen, die im Krisenkontext die Alternativlosigkeit von Austeritätsmaßnahmen heraufbeschworen hatten, die sich nun als Retter der demokratischen Ordnung gegen die populistische Gefahr präsentieren: von den memorandumtragenden Regierungsparteien in Griechenland (Stavrakakis 2016; Stavrakakis et al. 2018) bis hin zu Mark Rutte und Angela Merkel (Kim 2020b). Wie Stavrakakis in seinem Beitrag in diesem Band erläutert, wird der Begriff des „Populismus" durch antipopulistische Verwendungen wesentlich mitkonstruiert und damit ein dynamisches Wechselspiel zwischen populistischen Herausforderern und deren *Othering* im öffentlichen Diskurs durch den Antipopulismus geschaffen.

Eine weitere analytische Überbrückungsleistung zwischen populistischen Diskursen und Diskursen über den Populismus bildet der originelle normalismustheoretische Ansatz Jürgen Links, der ausgehend vom Foucaultschen Diskursbegriff die Stellung des Populismus innerhalb diskursiver Normalisierungsprozesse im mediopolitischen System untersucht. Link (2008, S. 118) greift hier auf ein Verständnis von Diskursen als „Räume[n] möglicher Aussagen" zurück, in denen sowohl „Objektivitäten im Sinne sozialer Gegenstände und Themen" als auch „Subjektivitäten im Sinne von legitimen Sprecherpositionen" ihren Platz finden. Die Explosion des Populismusbegriffs seit der Jahrtausendwende – bei der die anfängliche Empörungswelle sowie letztliche Akzeptanz der FPÖ-Regierungsbeteiligung in Österreich ein zäsurartiges Ereignis bildet – analysiert Link in diesem Band als Normalisierungsprozess, in dessen Zuge Rechtsaußenparteien nicht mehr als „extremistisch", sondern als „populistisch" kodiert wurden und damit das Feld des normaldemokratischen Parteienwettbewerbs in vielen europäischen Ländern um eine Grauzone semilegitimer, im Einzelfall sogar als koalitionsfähig akzeptierter Kräfte erweitert wurde (vgl. Link 2018). Damit öffnet sich die Möglichkeit einer Analyse von so etwas wie die „objektive soziopolitische Struktur und Funktion" populistischer Diskurse und nicht nur deren subjektiven Konstruktionen von „Volk" (vgl. Link in diesem Band).

2. Gesamtüberblick des Bandes

Alle Beiträge im vorliegenden Band zeichnen sich durch das Zusammenspiel theoretischer und empirischer Reflexion sowie eine diskursive Herangehensweise an den Populismusbegriff aus. Dabei tragen sie in vielfältiger Manier zur Untersuchung des Themenkomplexes Populismus und Staatsverständnisse bei. Es können insbesondere drei überschneidende Schwerpunktsetzungen identifiziert werden, die an dieser Stelle zusammen mit einem kurzen Überblick der Beiträge skizziert werden: 1) die konzeptuelle Unterscheidung zwischen dem demokratischen und dem antidemokratischen Populismus; 2) die Auseinandersetzung mit populistischen Hegemonieprojekten in und außerhalb der Regierungsmacht; und 3) die Analyse populistischer Phänomene in „unkonventionellen" Räumen, wie etwa auf Protestplätzen und im Internet, sowie deren Verhältnis zu Fragen von Souveränität, Repräsentation und kollektiver Identität.

Eine zentrale Frage lautet, wie der demokratische Populismus vom antidemokratischen in konzeptueller Hinsicht sinnvoll abgegrenzt und unterschieden werden kann. Am abstraktesten geht hier *Thomás Zicman de Barros* vor, der ausgehend von Laclaus Verwendung psychoanalytischer Begriffe den demokratischen Populismus an der Logik der Sublimierung, den antidemokratischen Populismus hingegen an der Logik der Fantasie festmacht – und damit eine in der „linkslacanianischen" Rezeption (vgl. Stavrakakis 1999, 2007) geläufige Unterscheidung aufgreift und weiter-denkt. *Daniel de Mendonça* und *Bianca de Freitas Linhares* machen in ihrem Bei-trag den demokratischen Charakter des Populismus an dessen sozialer Inklusivität fest, wobei sie eine formalistische Interpretation von Laclaus Populismustheorie ver-treten und im selben Zuge die Frage, ob die sozial Schwachen der Seite des „Volkes" oder dessen Feinden zugeordnet werden, zum Unterscheidungskriterium zwischen dem demokratischen und dem antidemokratischen Populismus erheben. *Seongcheol Kim* greift hingegen De Cleens und Stavrakakis' diskursiv-architektonische Tren-nung von Populismus und Nationalismus auf und versteht den Autoritarismus im Anschluss an die postfundamentalistische Lefort-Rezeption als diskursive Schlie-ßung durch einen exklusiv-verabsolutierenden Repräsentationsbezug zum „Volk", der insbesondere aus der Verknüpfung von Populismus und essenzialisierenden (et-wa ethnonationalistischen) Diskursen hervorgehen kann (vgl. Möller 2017). Im Ge-gensatz hierzu versteht *Jan-Werner Müller* im Anschluss an Sawards performatives Repräsentationsverständnis den Populismus als ausschließlich antidemokratisches diskursives Phänomen, das dem Lefortschen Totalitarismus grundsätzlich ähnelt. Im selben Zuge geht Müller auf die Frage ein, wie eine legitime demokratische Beru-fung auf „das Volk" – einschließlich des „populären Konstitutionalismus" – aus sei-ner Perspektive auszusehen hat.

Mit den Beiträgen von *Yannis Stavrakakis*, *Marius Hildebrand* und *Ybiskay González Torres* verschiebt sich der Blick auf das Beziehungsgeflecht von Populis-mus und Postdemokratie bzw. Postpolitik im Zusammenhang mit populistischen He-gemonieprojekten von links und rechts sowie deren Regierungserfahrungen. Stavra-kakis verknüpft seine theoretischen Überlegungen zu Populismus und Antipopulis-mus mit der Analyse des linkspopulistischen Syriza-Diskurses in der Opposition und in der Regierung. Dabei zeigt das griechische Fallbeispiel in exemplarischer Manier den rasanten Aufstieg sowie Zusammenprall populistischer und antipopulistischer Diskurse in einem durch technokratisches Durchregieren gekennzeichneten Krisen-kontext auf. Hildebrand analysiert den rechtspopulistischen Diskurs der Schweizeri-schen Volkspartei (SVP) als paradoxes Beispiel für eine antipolitisch-essenzialisie-rende Konstruktion eines nativistischen *Heartlands*, das gleichzeitig durch die popu-listische Ablehnung des Schweizer Konkordanzmodells die etablierte politische Landschaft kräftig durcheinandergewirbelt hat. González untersucht den Chavismo in Venezuela als Hegemonieprojekt, das aus dem oligarchischen System des *Punto Fijismo* hervorgegangen, mit dem Versprechen einer „Partizipativen Demokratie" zur Macht avanciert und mit der Akzentverschiebung hin zum Knotenpunkt „Sozia-lismus" in zunehmend autoritäre Tendenzen verfallen ist. Dabei zeigt González auch die autoritären Gefahren auf, die das Chavismo-Projekt von Anfang an begleitet ha-ben. Auch Mendonça und Freitas Linhares geht es um linkspopulistische Regie-rungserfahrungen im brasilianischen Kontext, deren Gratwanderung aber weniger mit autoritären Entgleisungen, sondern mit Anpassungen an die Forderungen wirtschaftlich mächtiger Gesellschaftssektoren verbunden ist. Bei Kim stehen die Entwicklungslinien innerhalb der Diskurse von Fidesz und Recht und Gerechtigkeit (PiS) von der Opposition zur Macht im Mittelpunkt der empirischen Analyse, wobei der Populismus beider Parteien nur in bestimmten diskursiven Kombinationen autoritäre Züge annimmt und der Autoritarismus wiederum in ganz spezifischen Phasen nach einer populistischen Logik zum Ausdruck kommt.

Somit decken die Analysen eine breite Vielfalt an Staatsverständnissen populistischer Hegemonieprojekte ab, sei es in Form von Parteien in Oppositions- und Regierungspositionen oder auch kulturell-intellektuellen Netzwerken von Denkfabriken und Zeitschriften. In letzterer Hinsicht untersucht *Liv Sunnercrantz* das Hegemonieprojekt der neoliberalen Rechten in Schweden sowie deren eigentümlich anti-etatistisches und gleichzeitig tendenziell nicht-nationalistisches Verständnis von Gesellschaft und Staat. Der erweiterte Blick auf öffentliche Diskurse im Allgemeinen findet in *Jürgen Links* Beitrag vertiefte Berücksichtigung, indem die strukturelle Position des Populismus im mediopolitischen Diskurs untersucht und dabei ein Normalisierungsprozess der Erweiterung des Raums des normaldemokratischen Parteienwettbewerbs in westeuropäischen Ländern um „populistische" Kräfte von links und rechts nachgezeichnet wird. Somit analysiert Link die Konjunktur des Populismusbegriffs nicht zuletzt als eine Logik des allmählichen Mainstreamings jener ehemals als „rechtsextremistisch" eingestuften Parteien, die in einigen Länderkontexten als Koalitions- bzw. Stützparteien Akzeptanz gefunden haben. Mit den Beiträgen von *Paolo Gerbaudo* und *Conrad Lluis* verschiebt sich der analytische Blick weiter in Richtung „unkonventioneller" Räume populistischer Politik. Gerbaudo identifiziert eine ideologische Verschiebung innerhalb des digitalen Aktivismus vom Cyber-Autonomismus hin zum Cyber-Populismus, der das Internet nicht mehr als Raum möglichst freischwebend und autonom zu haltender Plattformen versteht, sondern als Instrument kollektiver populärer Mobilisierung mit dem Anspruch, kulturelle Hegemonie und politische Macht zu erlangen. Lluis analysiert den Populismus als dynamische Praxis im Zuge des neuen politischen Zyklus in Spanien von den Indignados-Protesten bis hin zur sogenannten Katalonien-Krise. Er identifiziert eine basis- und direktdemokratisch geprägte Praxis der Versammlungen in den 15-M-Protesten, deren populistische Signifikanten, nicht aber ihre basisdemokratischen Praktiken durch die neu entstandene Partei Podemos übernommen wurden, während umgekehrt ihre basisdemokratischen Praktiken, nicht aber die Offenheit ihres populistischen Diskurses durch die katalanischen Unabhängigkeitsproteste aufgenommen wurden.

Schließlich ergibt sich ein vielfältiges Mosaik von Beiträgen, die sich auch gegenseitig problematisieren und zum Nach- sowie Weiterdenken anregen. Beispielsweise muss González' Analyse des Chavismo als paradigmatisches Beispiel für einen Linkspopulismus, der von Anfang an trotz aller basisdemokratischen Impulse führungszentrierte Tendenzen und autoritäre Potenziale erkennen lässt, die Verfechter_innen der demokratischen Versprechen des Populismus nachdenklich stimmen. Andererseits geht aus den Beiträgen von González und Kim deutlich hervor, dass gerade in den Diskursen von Chavismo, Fidesz und PiS – drei paradigmatische Fälle für die Betrachtung des Populismus als ausschließlich autoritäres Phänomen – die autoritären Momente oft nicht bzw. weniger mit einer spezifisch populistischen Artikulationslogik einhergehen, sofern Populismus im Einklang mit dem Gros der ideellen Forschungsliteratur als Logik eines Volk-Elite- bzw. Oben-Unten-Antagonismus aufgefasst wird. Außerdem sind die basisdemokratischen Einsätze des Populismus etwa im spanischen oder griechischen Kontext unverkennbar, die allerdings eine weitere Spannungslinie zwischen Populismus und radikaler Demokratie aufmachen (Agridopoulos/Kim 2019): Hier stellt sich die Frage, inwiefern Parteien mit Machtansprüchen wie Podemos und Syriza – auch wenn sie eindeutig auf dem Boden der liberalen Demokratie bleiben – überhaupt basis- und radikaldemokratische Impulse von unten in die Institutionen mitnehmen können. Gefragt sind daher empirisch nuancierte sowie konzeptuell fundierte Analysen, die die Untersuchung des Populismus in dessen Wechselspiel mit unterschiedlichen Politikformen einbetten und im Verhältnis zu Staat und Herrschaftspraktiken aufzeigen können.

Literatur

Agridopoulos, Aristotelis, 2017: Die Furcht vor der emanzipatorischen Demokratie. Anmerkungen zum allgegenwärtigen Anti-Populismus. In: kultuRRevolution – zeitschrift für angewandte diskurstheorie 72, S. 27–31.

Ders./Kim, Seongcheol, 2019: Populismus. In: Comtesse, Dagmar et al. (Hrsg.): Radikale Demokratietheorie. Ein Handbuch, Berlin, S. 593–603.

Albertazzi, Daniele/*McDonnell*, Duncan, 2008: Introduction: The Sceptre and the Spectre. In: Dies. (Hrsg.): Twenty-First Century Populism: The Spectre of Western European Democracy, S. 1–11.

Arditi, Benjamin, 2005: Populism as an Internal Periphery of Democratic Politics. In: Panizza, Francisco (Hrsg.): Populism and the Mirror of Democracy, London, S. 72–98.

Ders., 2010: Populism is Hegemony is Politics? On Ernesto Laclau's *On Populist Reason*. In: Constellations 17:3, S. 488–497.

Brubaker, Rogers, 2017: Between nationalism and civilizationism: The European populist moment in comparative perspective. In: Ethnic and Racial Studies 40:8, S. 1191–1226.

Canovan, Margaret, 1999: Trust the People! Populism and the Two Faces of Democracy. In: Political Studies 47:1, S. 2–16.

Dies., 2002: Taking Politics to the People: Populism as the Ideology of Democracy. In: Mény, Yves/Saurel, Yves (Hrsg.): Democracies and the Populist Challenge, Basingstoke, S. 25–44.

Crouch, Colin, 2004: Post-Democracy. Cambridge.

De Cleen, Benjamin et al., 2019: The Potentials and Difficulties of Transnational Populism: The Case of the Democracy in Europe Movement 2025 (DiEM25). In: Political Studies 68:1, S. 146–166.

Ders./Stavrakakis, Yannis, 2017: Distinctions and Articulations: A Discourse Theoretical Framework for the Study of Populism and Nationalism. In: Javnost – The Public 24:4, S. 301–319.

Freeden, Michael, 1996: Ideologies and Political Theory: A Conceptual Approach. Oxford.

Gerbaudo, Paolo, 2017: The Mask and the Flag: Populism, Citizenism and Global Protest. Oxford.

Ders., 2018: The Digital Party: Political Organisation and Online Democracy. London.

Germani, Gino, 1978: Authoritarianism, Fascism, and National Populism. New Brunswick.

Hall, Stuart, 1988: The Hard Road to Renewal: Thatcherism and the Crisis of the Left. London.

Ders., 2014: Populismus, Hegemonie, Globalisierung. Hamburg.

Hawkins, Kirk, 2009: Is Chávez Populist? Measuring Populist Discourse in Comparative Perspective. In: Comparative Political Studies 42:8, S. 1040–1067.

Ders./Rovira Kaltwasser, Cristóbal, 2018: Introduction: The Ideational Approach. In: Hawkins, Kirk et al. (Hrsg.): The Ideational Approach to Populism, London, S. 1–24.

Inglehart, Ronald, 1984: The Changing Structure of Political Cleavages in Western Society. In: Dalton, Russell J./Flanagan, Scott C./Beck Paul Allen (Hrsg.): Electoral Change in Advanced Industrial Democracies: Realignment or Dealignment? Princeton, S. 25–69.

Ionescu, Ghiţa/*Gellner*, Ernest, 1969: Introduction. In: Dies. (Hrsg.): Populism: Its Meaning and National Characteristics, New York, S. 1–5.

Jörke, Dirk/*Selk*, Veith, 2017: Theorien des Populismus zur Einführung. Hamburg.

Dies., 2018: Populismus in Zeiten des postdemokratischen Liberalismus. Für eine Theorie des Populismus ohne Moralisierung. In: Soziopolis 16.2.2018. URL: https://soziopolis.de/beob achten/politik/artikel/populismus-in-zeiten-des-postdemokratischen-liberalismus/ (Letzter Zugriff am 2.6.2020).

Katsambekis, Giorgos, 2019: The Populist Radical Left in Greece: Syriza in Opposition and in Power. In: Ders./Kioupkiolis, Alexandros (Hrsg.): The Populist Radical Left in Europe, London, S. 21–48.

Kim, Seongcheol, 2019: Radical democracy and left populism after the squares: „Social Movement" (Ukraine), Podemos (Spain), and the question of organization. In: Contemporary Political Theory 19:2, S. 211–232.

Ders., 2020a: Discourse, Hegemony, and Populism in the Visegrád Four: A Post-Foundational Discourse Analysis. Dissertation, Humboldt-Universität zu Berlin.

Ders., 2020b: Populism and Anti-Populism in the 2017 Dutch, French, and German Elections: A Re-Politicisation of Post-Politics? In: Wiesner, Claudia (Hrsg.): Rethinking Politicisation in Politics, Sociology and International Relations, Basingstoke [im Erscheinen].

Kioupkiolis, Alexandros, 2016: Podemos: The ambiguous promises of left-wing populism in contemporary Spain. In: Journal of Political Ideologies 21:2, S. 99–120.

Laclau, Ernesto, 1990: New Reflections on the Revolution of Our Time. London.

Ders., 2002[1996]: Emanzipation und Differenz. Wien.

Ders., 2005a: On Populist Reason. London.

Ders., 2005b: Populism: What's in a Name? In: Panizza, Francisco (Hrsg.): Populism and the Mirror of Democracy, London, S. 32–49.

Ders./Mouffe, Chantal, 2012[1985]: Hegemonie und radikale Demokratie. Zur Dekonstruktion des Marxismus. Wien.

Lefort, Claude 1986: The Political Forms of Modern Society: Bureaucracy, Democracy, Totalitarianism. London.

Lewandowsky, Marcel/*Giebler*, Heiko/*Wagner*, Aiko, 2016: Rechtspopulismus in Deutschland. Eine empirische Einordnung der Parteien zur Bundestagswahl 2013 unter besonderer Berücksichtigung der AfD. In: Politische Vierteljahresschrift 57:2, S. 247–275.

Link, Jürgen, 2008: Sprache, Diskurs, Interdiskurs und Literatur. In: Kämper, Heidrun/Eichinger, Ludwig (Hrsg.): Sprache – Kognition – Kultur, Berlin, S. 115–134.

Ders., 2018: Normalismus und Antagonismus in der Postmoderne. Krise, New Normal, Populismus. Göttingen.

Lipset, Seymour Martin/*Rokkan*, Stein, 1967: Cleavage Structures, Party Systems, and Voter Alignments: An Introduction. In: Dies. (Hrsg.): Party Systems and Voter Alignments: Cross-National Perspectives, New York, S. 1–64.

Marchart, Oliver, 2010: Die politische Differenz. Zum Denken des Politischen bei Nancy, Lefort, Badiou, Laclau und Agamben. Berlin.

Ders., 2017: Liberaler Antipopulismus. Ein Ausdruck von Postpolitik. In: Aus Politik und Zeitgeschichte, H. 44-45, S. 11–16.

Ders., 2018: Thinking Antagonism: Political Ontology after Laclau. Edinburgh.

McRae, Donald, 1969: Populism as an Ideology. In: Ionescu, Ghiţa/Gellner, Ernest (Hrsg.): Populism: Its Meaning and National Characteristics, New York, S. 153–165.

Möller, Kolja, 2017: Invocatio Populi. Autoritärer und demokratischer Populismus. In: Leviathan 45, S. 246–267.

Ders., 2020: Volksaufstand und Katzenjammer. Zur Geschichte des Populismus. Berlin.

Mouffe, Chantal, 2007: Über das Politische. Frankfurt a.M.

Dies., 2008[2000]: Das demokratische Paradox. Wien.

Dies., 2018: Für einen linken Populismus. Berlin.

Mudde, Cas, 2004: The Populist Zeitgeist. In: Government and Opposition 39:4, S. 541–563.

Ders., 2007: Populist Radical Right Parties in Europe. Cambridge.

Ders., 2017: Populism: An Ideational Approach. In: Rovira Kaltwasser, Cristóbal et al. (Hrsg.): The Oxford Handbook of Populism, Oxford, S. 27–47.

Ders./Rovira Kaltwasser, Cristóbal, 2013: Exclusionary vs. Inclusionary Populism: Comparing Contemporary Europe and Latin America. In: Government and Opposition 48:2, S. 147–174.

Ders./Rovira Kaltwasser, Cristóbal, 2017: Populism: A Very Short Introduction. Oxford.

Müller, Jan-Werner, 2014: „The People Must Be Extracted from Within the People": Reflections on Populism. In: Constellations 21:4, S. 483–493.

Ders., 2016: Was ist Populismus? Berlin.

Peruzzotti, Enrique, 2019: Laclau's Theory of Populism: A Critical Review. In: De la Torre, Carlos (Hrsg.): Routledge Handbook of Global Populism, London, S. 33–43.

Rancière, Jacques, 2002[1995]: Das Unvernehmen. Frankfurt a.M.

Rovira Kaltwasser, Cristóbal, 2012: The Ambivalence of Populism: Threat and Corrective for Democracy. In: Democratization 19:2, S. 184–208.

Sartori, Giovanni, 1990: The Sociology of Parties: A Critical Review. In: Mair, Peter (Hrsg.): The West European Party System, Oxford. S. 150–182.

Stanley, Ben, 2008: The Thin Ideology of Populism. In: Journal of Political Ideologies 13:1, S. 95–110.

Stavrakakis, Yannis, 1999: Lacan and the Political. London.

Ders., 2004: Antinomies of Formalism: Laclau's Theory of Populism and the Lessons from Religious Populism in Greece. In: Journal of Political Ideologies 9:3, S. 253–267.

Ders., 2007: The Lacanian Left. Edinburgh.

Ders., 2016: Die Rückkehr des „Volkes". Populismus und Anti-Populismus im Schatten der europäischen Krise. In: Agridopoulos, Aristotelis/Papagiannopoulos, Ilias (Hrsg.): Griechenland im europäischen Kontext. Krise und Krisendiskurse, Wiesbaden, S. 109–137.

Ders., 2017: Discourse Theory in Populism Research: Three Challenges and a Dilemma. In: Journal of Language and Politics 16:4, S. 523–534.

Ders. et al., 2018: Populism, Anti-Populism and Crisis. In: Contemporary Political Theory 17:1, S. 4–27.

Ders./Jäger, Anton, 2018: Accomplishments and Limitations of the „New" Mainstream in Contemporary Populism Studies. In: European Journal of Social Theory 21:4, S. 547–565.

Wiles, Peter, 1969: A Syndrome, Not a Doctrine. In: Ionescu, Ghiţa/Gellner, Ernest (Hrsg.): Populism: Its Meaning and National Characteristics, New York, S. 166–179.

Thomás Zicman de Barros

Identität, *jouissance* und Demokratie.
Eine psychoanalytische Annäherung an den demokratischen und antidemokratischen Populismus*

1. Einleitung

Ist der Populismus eine Gefahr für die Demokratie oder öffnet er einen Weg zur Demokratisierung? An dieser Frage scheiden sich seit einigen Jahren die Geister. Einerseits haben sich ganze Bücher der Denunzierung des Populismus als Synthese aller möglichen Probleme gewidmet: Der Populismus sei autoritär, irrational, antidemokratisch (vgl. Stavrakakis/Jäger 2018). Auf der anderen Seite wird der Populismus als Königsweg zur Wiedergewinnung der Demokratie angesichts der Übermacht der Märkte dargestellt (Mouffe 2018). Wie soll man sich angesichts solch unterschiedlicher Positionen zum selben Phänomen bloß entscheiden?

Heute kann keine Reflexion über den Populismus den Beitrag Ernesto Laclaus – einen der konsequentesten zu diesem Thema – ignorieren. Dabei gibt auch dessen Werk, wie der vorliegende Aufsatz aufzeigen wird, keine definitiven Antworten hinsichtlich des demokratischen Charakters populistischer Phänomene.

Es gibt ein gewisses Paradox in Laclaus Arbeiten. Einerseits kritisiert er traditionelle Theorien des Populismus, die diesen negativ als ausgesprochen irrationales und potenziell antidemokratisches Phänomen darstellen. Nach Laclau ist der Populismus nämlich weder positiv noch negativ, sondern eine politische Logik. Im Populismus wird demnach eine Reihe unerfüllter gesellschaftlicher Forderungen artikuliert. Diese Artikulation komme dann zustande, wenn die Forderungen durch die gemeinsame Tatsache des Unerfüllt-Seins als äquivalent betrachtet werden. Damit diese Äquivalenzkette zustande kommt, so Laclau, braucht man zunächst einen leeren Signifikanten – ein gemeinsames Symbol, das die Gesamtheit der Forderungen re-

* Es handelt sich hierbei um eine gekürzte und leicht modifizierte Übersetzung eines in portugiesischer und französischer Sprache erschienenen Aufsatzes: *Zicman de Barros*, Thomás, 2018: Identidade, gozo e as potencialidades democráticas do populismo. In: Hoffmann, Christian/Birman, Joel (Hrsg.): Psicanálise e política: uma nova leitura do populismo, São Paulo, S. 77–114. *Zicman de Barros*, Thomás, 2019: Identité, jouissance et les potentialités démocratiques du populisme. In: Hoffmann, Christian/Birman, Joel (Hrsg.): Une nouvelle lecture du populisme: psychanalyse et politique, Paris, S. 79–115. Die Herausgeber bedanken sich herzlich beim Autor und beim Verlag Instituto Langage für die Möglichkeit den Beitrag in deutscher Sprache veröffentlichen zu können.

präsentiert. Außerdem müsse der Populismus einen gemeinsamen Gegner darstellen können. Die populistische Logik sei geradezu jene, die das politische Feld zweiteilt: „Wir" gegen „Sie", das „Volk" gegen die „Eliten". Somit unterscheide sich der Populismus von einer institutionalistischen Logik, in der die Forderungen in der Gesellschaft nicht gebündelt artikuliert, sondern im Gegenteil einzeln administrativ bearbeitet würden.

Insofern glaubt Laclau (2005b, S. 45ff.), dass es nicht darum gehen kann, ob eine Bewegung populistisch ist oder nicht, sondern in welchem Ausmaß. Nach Laclau hat der Populismus keinen spezifischen Inhalt: Mao Zedong war ebenso populistisch wie etwa Benito Mussolini oder auch Charles de Gaulle. Im Anschluss an Stuart Hall könnte man behaupten, auch wenn Laclau selbst dieses Beispiel nie verwendet hat, dass sogar Margaret Thatcher gewissermaßen populistisch war. Der Thatcheristische Diskurs artikulierte im Namen eines „populären Kapitalismus" eine Reihe diskursiver Elemente – wie etwa Tradition, Familie, Patriotismus, Recht und Ordnung, Marktwirtschaft, Unternehmertum, starke Führung – gegen bestimmte „Eliten": Bürokraten, Gewerkschaften und sonstige „Parasiten", die den Wohlfahrtsstaat angeblich ausnutzen (Hall 1988, S. 140ff.; Howarth 2000, S. 9). Nach Jean-Claude Monod (2009, S. 47) war dieselbe Logik auch in Nicolas Sarkozys Diskurs während dessen siegreichen Präsidentschaftswahlkampf 2007 vorhanden, als er „das Frankreich, das früh aufsteht" gegen die staatsabhängigen „Beholfenen" wendete. Ob progressiv oder konservativ, liberal oder interventionistisch – grundsätzlich kann jeder Diskurs nach Laclau populistisch sein.

Allerdings verteidigt Laclau den Populismus auch als emanzipatorische Strategie. Für ihn ist der Populismus ein Instrument zur Repräsentation gesellschaftlich ausgeschlossener Sektoren. Der Populismus sei imstande, etablierte Formen des sozialen Lebens infrage zu stellen; durch die politisierende Macht des Populismus könne jede Form traditioneller Ungleichheit erschüttert werden. Für Laclau bietet der Populismus das Mittel zur Formulierung eines radikaldemokratischen Projekts (Zicman de Barros/Stavrakakis 2017, S. 11).

Das Paradox dreht sich also um die offensichtliche Unvereinbarkeit zwischen der Verteidigung des Populismus einerseits und dem Hinweis andererseits, dass Bewegungen mit solch unterschiedlichen Plattformen allesamt einigermaßen populistisch seien.

In diesem Aufsatz wird dieses Paradox reflektiert und auf das demokratische Potenzial des Populismus hin befragt. Ist der Populismus immer demokratisch? Ist es möglich, zwei Typen des Populismus zu identifizieren – einen demokratischen und einen undemokratischen?

Das bloße Stellen dieser Frage zwingt uns zunächst zu einer Erläuterung dessen, was demokratisch heißt. Dieser Beitrag ist daher in zwei Hälften und vier Teilen gegliedert. Erstens wird die symbolische Dimension des Problems und die ontologische Grundlage der Diskurstheorie der Essex School sowie deren Verständnis der radikalen Demokratie vorgestellt. Auf dieser Basis wird der zweite Teil der Frage nachgehen, wie sich ein demokratischer Populismus von einem antidemokratischen differenzieren lässt. Die theoretische Unterscheidung zwischen den beiden Populismen dreht sich, wie weiter ausgeführt wird, um deren jeweils unterschiedliches Verhältnis zur Identität. Im dritten Teil wird die affektive Dimension des Problems mit dem psychoanalytischen Konzept des Genusses (*jouissance*) angegangen und aufgezeigt, wie die unterschiedlichen Populismen unterschiedliche Affektkreise mit sich bringen. Im vierten Teil werden die Spannungen zwischen den beiden Populismen durch eine Verknüpfung der Essex School mit dem Denken Sigmund Freuds und Jacques Lacans erläutert. Zum Schluss wird argumentiert, dass die Grenze zwischen dem demokratischen und dem antidemokratischen Populismus eine unscharfe Zone darstellt und dass ein sublimierender und demokratischer Populismus letztlich immer von fantasmatischen Logiken heimgesucht wird.

2. Die symbolische Dimension

2.1 Diskurs, Identität und radikale Demokratie

Der Diskursbegriff hat eine lange Geschichte, die u.a. auf Ferdinand de Saussure, Jacques Derrida und Michel Foucault zurückgeht (Howarth 2000) und an dieser Stelle nicht im Detail resümiert werden kann. Vorgestellt wird in diesem Abschnitt die Idee des Diskurses, wie sie von der Essex School und insbesondere in den Arbeiten Ernesto Laclaus und Chantal Mouffes entwickelt wurde.

Seit der Veröffentlichung ihres ersten gemeinsamen Buches, *Hegemonie und radikale Demokratie* (2012[1985]), argumentieren Laclau und Mouffe, dass der Diskursbegriff eine ontologische Kategorie ist, die die Sinngebung im Allgemeinen und damit letztlich alles, was mit menschlicher Realität zusammenhängt, umfasst. Ein Diskurs bildet ein artikuliertes Ensemble sprachlicher und außersprachlicher Elemente, symbolisch sowie affektiv. Er umfasst nicht nur Sprache, sondern auch Handlung und hat stets eine performative Dimension. Wir konstruieren unsere sozialen Praktiken aus Diskursen. Durch unseren Glauben an sowie Handeln im Einklang mit diesen wird letztlich unsere Welt geformt.

Diese Idee hat natürlich rege Kritik ausgelöst, die insbesondere von Vertreter_innen einer traditionell marxistischen, auf einem materialistischen Objektivitätsverständnis basierenden Perspektive kam. Nach Norman Geras sind Laclau und Mouffe (1987, S. 84) Idealist_innen, die die Existenz einer vordiskursiven und vortheoretischen Realität gefährlich ignorieren und damit die Basis für rationale Debatten untergraben. Auf solche Kritiken antwortet das Autorenpaar, dass es nicht darum geht, die Existenz einer Außenwelt zu leugnen. Laclau und Mouffe akzeptieren zwar die Objektivität einer außerdiskursiven Welt, betonen aber, dass die Sinnproduktion nicht vor dem Diskurs kommt. Zur Veranschaulichung geben sie folgendes Beispiel:

> If I kick a spherical object in the street or if I kick a ball in a football match, the physical fact is the same, but its meaning is different. The object is a football only to the extent that it establishes a system of relations with other objects, and these relations are not given by the mere referential materiality of the objects, but are, rather, socially constructed. (Laclau/Mouffe 1987, S. 82)

Wenn ich eine brennende Kerze anfasste, würde ich mich verbrennen. Das ist eine objektive Tatsache. Allerdings kann der Akt des Verbrennens ganz unterschiedliche soziale Bedeutungen haben. Ein Fahrer, der bei einem Autounfall durch Treibstoff angezündet wird, wird nicht in derselben Weise betrachtet wie eine Demonstrantin, die sich während eines Aufstands in Brand setzt. Außerdem kann dasselbe Phänomen zu höchst unterschiedlichen Interpretationen führen. Die Verwüstung durch einen Orkan kann sowohl als nebensächliches Naturereignis, als Ergebnis struktureller Klimaveränderungen, als eine Art göttlicher Vergeltung oder auch als Resultat mangelnder Vorbereitung durch den Staat betrachtet werden (Jørgensen/Phillips 2002, S. 9). Auch wenn wir einige dieser Interpretationen zutiefst ablehnen, produzieren sie dennoch soziale Effekte und verweisen auf die Pluralität der Sinnpraktiken in unseren Gesellschaften.

Diese Sicht auf Diskurs ist wichtig, weil sie nicht nur auf die Kontingenz von Sinnproduktionen verweist, sondern auch den Weg zu einem modernen und demokratischen Verständnis sozialer Realität öffnet. Denn mit einem solchen Diskursbegriff wird akzeptiert, dass es keine endgültige Antwort darauf geben kann, wie Gesellschaft zu organisieren ist, da sich die vormoderne theologische Antwort als unzureichend erweist. Nach Claude Lefort (1990, S. 296) ist für die demokratische Moderne kennzeichnend, „dass sie die *Grundlagen aller Gewißheit auflöst*" und „eine letzte Unbestimmtheit" aufrechterhält, „was die Grundlagen der Macht, des Rechts und des Wissens [...] betrifft".

An dieser Stelle machen Laclau und Mouffe mit ihrem Diskursverständnis jedoch nicht Halt, sondern entwickeln eine Theorie darüber, wie Diskurse und die damit verbundenen kollektiven Identitäten als kontingente Konstrukte strukturiert sind.

Mit Saussure stellt Laclau fest, dass jede Identität relational ist. Es ist unmöglich, ein „Wir" als politisches Subjekt zu konstituieren, wenn es nicht etwas jenseits dieses „Wir" gibt. In einem institutionalistischen Diskurs wird die Logik der Differenz verfolgt und das politische Feld fragmentiert. Die verschiedenen Forderungen in der Gesellschaft – die, wie noch erläutert wird, das Produkt einer Verschiebung und der konstitutiven Spaltung des Subjekts sind – werden getrennt behandelt und gehen mit einer Pluralität von Identitäten einher. Wie eingangs erwähnt, geht der Populismus in die andere Richtung. Er folgt nämlich der Logik der Äquivalenz und stellt einen Zusammenhang zwischen mehreren unerfüllten Forderungen her. Damit wird das politische Feld vereinfacht und letztlich in zwei Teile gespalten: „Wir" und „Sie".

Innerhalb dieser Dynamik muss es nach Laclau einen Knotenpunkt geben: ein spezifisches Element, das die partielle Stabilität der diskursiven Konstruktion, jenes „Wir", garantiert. Ab den 1990er Jahren nennt Laclau diesen Knotenpunkt einen „leeren Signifikanten". Der leere Signifikant ist zentral, weil er die Kollektivität benennt und gleichsam ein politisches Subjekt konstituiert. Oliver Marchart (2007, S. 5) argumentiert in diesem Zusammenhang: „politics must be understood as the very process by which a group assumes its name".

Für Laclau ist der leere Signifikant ein partikularer Signifikant, der aber seinen spezifischen Inhalt zunehmend verliert und dabei anfängt, eine abwesende, über ihn selbst hinausgehende Gesamtheit zu repräsentieren und eine Äquivalenzkette zwischen den verschiedenen unerfüllten Forderungen in der Gesellschaft zu bilden. Beispielsweise war dies in den Kämpfen für die Gewerkschaftsfreiheit in Polen während der 1980er Jahre der Fall, als viele Forderungen vor dem Hintergrund schwerer politischer Repression unbearbeitet blieben: „the demands of *Solidarność* became the rallying point of equivalential associations vaster than themselves" (Laclau 2005a, S. 217). Man denke auch an die Russischen Revolutionen, als die verschiedenen Forderungen wie „Brot", „Frieden" und „Land" nach gewisser Zeit um einen anderen Slogan artikuliert wurden: „Alle Macht den Räten". Diese bestimmte Forderung fing an, eine abwesende Universalität zu repräsentieren und dadurch das russische Volk als revolutionäres Subjekt zu konstituieren.

Im Fall des Populismus ist der leere Signifikant häufig das „Volk": ein Begriff, der verschiedene Sektoren der Gesellschaft gegen einen gemeinsamen Gegner – die Eliten – vereinigen kann. Dabei kann für Laclau jeder Signifikant, auch der Name einer Führungsfigur, potenziell zum leeren Signifikanten werden. In Argentinien während des Exils von Juan Domingo Perón, so Laclau, versammelte die Forderung „Perón zurück an die Macht" und der Name des Caudillos eine Reihe von Missständen – von denen manche sich sogar gegenseitig widersprachen, wie das Ezeiza-Massaker bei Peróns Rückkehr am 20. Juni 1973 verdeutlichte – gegen das herrschende antiperonistische Regime.

Ob er tendenziell populistisch oder institutionalistisch ist, kann ein Diskurs dann als hegemonial gelten, wenn er die Bedingungen der öffentlichen Debatte provisorisch definieren kann. Ein hegemonialer Diskurs ist jener, der „succeeds in making its proposed logics and rules the ‚natural' rules of the community" und „contributes to the deactivation, or ‚forgetting', of the other projects against which it was struggling" (Zac/Sayyid 1998, S. 262). Ein konkurrierendes Projekt, das darüber hinauszugehen versucht, überschreitet damit die Grenzen des Alltagsverstands (Norval 1996, S. 173). Ein hegemonialer Diskurs etabliert sich als Grundlage der symbolischen

Ordnung, die Identitäten fixiert und die Verschiebung der Grenzen zwischen „Wir" und „Anderen" blockiert.

Um diese Idee besser zu verstehen, ist die Rekonstruktion einer Entwicklung in Laclaus Denken hilfreich. In *Hegemonie und radikale Demokratie* wurde der Antagonismus noch als Benennung dessen, was die eigene Identität bedroht – nämlich des Gegners – gedacht. Der Andere hat demnach einen konkurrierenden Diskurs, der mit unserem unvereinbar ist und unsere Identität infrage stellt (Laclau/Mouffe 2012[1985], S. 124f.). Allerdings entwickelte sich diese Idee durch die Kritik Slavoj Žižeks weiter. Nach Žižek (1990, S. 215) basiert das Antagonismusverständnis Laclaus und Mouffes auf der Illusion, „that after the eventual annihilation of the antagonistic enemy, I will finally abolish the antagonism and arrive at an identity with myself". Er argumentiert, dass das Autorenpaar dabei den relationalen Charakter jeglicher Identität übersieht: Damit ein „Wir" existieren kann, muss es Andere geben. Für Žižek ist der Andere, sprich der Antagonist, im eigenen Diskurs bereits vorhanden und die dadurch ausgemachte Bedrohung wird symbolisch zumindest partiell gemeistert.

Durch diese Kritik inspiriert entwickelte Laclau (1990, S. 160) seine Theorie weiter, um zwischen dem Politischen und dem Sozialen unterscheiden zu können. Das Soziale ist für Laclau das Ensemble routinisierter Praktiken, die im Alltag ausgeführt werden. Durch die soziale Sedimentierung werden Identitäten bekräftigt: Auch in einem antagonistischen Verhältnis zwischen „Wir" und „Sie" bekräftigen sich die beiden gegenüberstehenden Pole gegenseitig. Der Gegner ist damit paradoxerweise konstitutiver Bestandteil des Diskurses, weil durch seine Negation die eigene Identität definiert wird. Lasse Thomassen (2005a, S. 105ff.) verweist etwa darauf, dass der Antagonismus zwischen „der Freien Welt" und „dem Terrorismus" bei George W. Bush legitimierend wirkte, denn jede neue terroristische Bedrohung bekräftigte umso mehr die Notwendigkeit von Bushs Führung.

Auf der anderen Seite bezieht sich das Politische auf das Moment der Einrichtung des Sozialen, wodurch neue Praktiken und Identitäten erzeugt werden (Laclau 1999, S. 146). Das „Moment des Politischen" offenbart den beliebigen und kontingenten Charakter des sozialen Lebens sowie dessen Grenzen, die unsere kollektiven Identitäten definieren. Damit wird der Raum für Reartikulationen geöffnet – ein kreativer Prozess, der aus den Lücken in der symbolischen Ordnung hervorgeht, von diesen aber gleichzeitig limitiert wird. Lilian Zac und Bobby Sayyid (1998, S. 252) stellen zutreffend fest:

> Politics […] is not like a game of chess. In politics, it is possible to break the rules of the game, by, for instance, kicking over the political equivalent of the chessboard. Kicking over the chessboard is not internal to the game of chess […]. Politics is precisely a game which is ultimately open ended, and is geared towards making the rules and drawing the boundaries of those rules.

Durch diese Eigentümlichkeit des Politischen lässt sich erklären, warum dessen empirischen Erscheinungsformen – etwa populistische Aufstände und jüngere Bewegungen der „Empörten" – in der Regel als Überraschungsereignisse betrachtet werden. In diesen Momenten des politischen Aufbruchs, die Žižek (1998, S. 14) mit dem Konzept des analytischen Akts vergleicht, kommt das Skandalöse, das Unmögliche und das Undenkbare zum Vorschein, sodass die Teilnehmenden auch nicht ganz begreifen können, wie es ihnen überhaupt möglich war, das zu tun, was sie taten. Žižek ergänzt am Beispiel eines solchen Moments – der eigentlich „verfrühten" Russischen Revolution – dass diese Prozesse nachträglich die eigenen Entstehungsbedingungen schaffen. Ein Diskurs wird so transformiert, dass das Unmögliche plötzlich zum Unumgänglichen werden kann (Žižek 2008, S. 311ff.). Das „Moment des Politischen" stellt jenseits der etablierten Antagonismen einen neuen Diskurs her. Dies unterstreicht den konstitutiven Mangel, der unsere Identitäten durchzieht, um diese letztlich zu destabilisieren und den Weg zur Mobilisierung der vom dominanten Diskurs Ausgeschlossenen zu ebnen.

Somit wird begreifbar, wie der Diskursbegriff die Grundlage dessen bildet, was eine Ethik der radikalen Demokratie genannt werden könnte: Denn die radikale Demokratie versucht, den kontingenten Charakter von Diskurs und Identität zu akzentuieren und das „Moment des Politischen" in sich aufzunehmen.

2.2 Heterogenität und Populismus

Die radikale Demokratie ist weder ein Herrschaftstyp noch eine Art und Weise eine Führung zu wählen. Sie ist vor allem eine Ethik, eine Betrachtungsweise der Welt (Glynos 2003, S. 191). Sie zielt darauf ab, die Kontingenz unserer Identitäten und sozialen Lebensformen zu akzeptieren und fordert hierzu ein neues Verhältnis zu dem, was Laclau Heterogenität nennt.

Das Konzept der Heterogenität ist in der Philosophie Georges Batailles verwurzelt. Batailles Interesse galt dem Rest, der von der Gesellschaft produziert wird und symbolisch nicht aufgenommen werden kann. Im Denken Jacques Rancières (1995, S. 31) kommt Heterogenität dem nahe, was als „Anteil der Anteillosen" bezeichnet wird. Das Heterogene ist, anders gesagt, ein Reales, das von der symbolischen Ordnung ausgeschlossen wird: eine Grenze dieser Ordnung, die diese mit jedem Aufkommen infrage stellt.

In diesem Sinne bringt Laclau das Heterogene mit dem in Verbindung, was G.W.F. Hegel „Völker ohne Geschichte" nannte: jene nämlich, die in der dialektischen Logik der Geschichte keinen Platz haben und für Laclau (2006, S. 666) auf die Inkonsistenz der Hegelschen Theorie verweisen:

[…] There is, however, a blind spot: what Hegel calls the „peoples without history". […] I have compared them with […] the residue left in a tube after a chemical experiment. This non-historical presence is like the drop of petrol that spoils the bowl of honey, for the existence of a contingent excess […] makes this dialectics equally contingent and, as a result, the whole vision of history as a coherent story is at the very least jeopardized.

Laclau vergleicht das Heterogene auch mit dem Lumpenproletariat bei Karl Marx. Das Lumpenproletariat wird nämlich vom Antagonismus zwischen dem Proletariat und der Bourgeoisie ausgeschlossen, weil es von der ökonomischen Produktion ausgeschlossen ist, die den sozialen Akteuren ihre Rollen verleiht. Für Laclau wirkt die traditionell marxistische Zweiteilung in Arbeiter und Bosse nicht besonders subversiv, denn ein solcher Antagonismus bekräftigt lediglich die Identität beider Seiten – Proletariat und Bourgeoisie. Auch wenn sie um dieselben diskursiven Elemente kämpfen, bleiben diese Elemente bereits innerhalb der symbolischen Ordnung verankert. Das wirklich subversive Potenzial hingegen besteht im Lumpenproletariat, dessen bloßes Erscheinen in der Öffentlichkeit den hegemonialen Diskurs erschüttert. Für Laclau (2005a, S. 152) muss jede Außenseitergruppe „something of the nature of the *lumpenproletariat*" haben und zum Symbol des Heterogenen werden, wenn sie die herrschenden Identitäten wirklich bedrohen will.

Für das Konzept der Heterogenität gibt es weitere Beispiele. Gayatri Chakravorty Spivak hat hierfür einen anderen Namen: „subaltern". Sie betrachtet indische Frauen während der Kolonialzeit als Gruppe, die von der symbolischen Ordnung des Kampfes zwischen Kolonialisierenden und Kolonialisierten ausgeschlossen war (Spivak 1988). Zur Kategorie der Heterogenität können auch nicht-binäre Gender-Identitäten gezählt werden, wie etwa Dragqueens und Transgenders in den Arbeiten Judith Butlers (1990) – Entitäten also, die die traditionelle Dichotomie zwischen Frauen und dem Patriarchat aufbrechen können.

Dabei sollten uns diese konkreten Beispiele nicht dazu verleiten, das Heterogene auf exkludierte soziale Gruppen zu reduzieren. In der Tat sind all diese Beispiele erst Produkt der Diskursanalyse und gehen dieser nicht voraus. Das Risiko besteht darin, dass man in einen Essenzialismus verfällt und glaubt, dass solche Gruppen als konkrete Entitäten existieren, noch vor der Repräsentation. Das Heterogene bezieht sich gerade auf die Aporien des Diskurses, auf das Lacansche Reale. Thomassen (2005a, S. 114) schreibt in diesem Zusammenhang:

„Heterogeneity" is simply a term […] that I use to speak about different discursive aporias, especially those pertaining to exclusion. As such, although the use of the term heterogeneity is already a partial representation of what is supposed to resist representation, heterogeneity does not claim to grasp anything in its „as such". Heterogeneity precisely refers to an *internal* limit of representation and not to a beyond or an outside of representation.

In ähnlicher Weise ergänzt Žižek (2008, S. 319):

> [...] the real is not the transcendent substantial reality which from outside disturbs the symbolic balance, but the immanent obstacle, stumbling block, of the symbolic order itself.

Insofern können wir feststellen, dass das „Moment des Politischen" genau das Moment des Aufkommens des Heterogenen ist, das bestehende diskursive Formationen destabilisiert und den Weg für neue symbolische Einschreibungen sowie partielle Sedimentierungen öffnet.

Wenn Laclau demokratische Potenziale im Populismus sieht, liegt dies daran, dass er den Populismus als Mittel zur Einbeziehung des Heterogenen *par excellence* betrachtet. Aus den Rändern der symbolischen Ordnung heraus kann der Populismus das mobilisieren und politisieren, was vom hegemonialen Diskurs ausgeschlossen wird.

Allerdings: Operiert der Populismus immer an den Rändern der symbolischen Ordnung, nach der Logik der Institutionalisierung des „Moments des Politischen"? Denn bei Laclau wird deutlich, dass die einfache populistische Zweiteilung in „Wir" und „Sie" nicht unbedingt die Grenzen erschüttern, die etablierte Identitäten definieren.

Daher lässt sich in abstrakter Hinsicht festhalten: Der Unterschied zwischen dem demokratischen und dem antidemokratischen Populismus hängt vom Verhältnis zur Identität und Heterogenität ab. Der demokratische Populismus braucht eine ständige Einbeziehung von Heterogenität. Dies bedeutet die kontinuierliche Problematisierung der eigenen Identität sowie ein Verhältnis zum Signifikanten „Volk" als offenem Horizont, als wirklich leerem Signifikanten, den wir stets versuchen zu signifizieren, dessen partiellen Bedeutungsgebungen allerdings in ihrer Unvollständigkeit und Kontingenz akzeptiert werden. Somit sind wir in der Nähe dessen, was Jacques Derrida „Demokratie im Kommen" (*démocratie à venir*) nannte (Stavrakakis 1999, S. 139; Norval 2007, S. 145ff.). Der antidemokratische Populismus hingegen konstruiert das „Volk" als geschlossene Entität. Auch wenn er das Heterogene einbeziehen mag – als Donald Trump etwa im Wahlkampf an eine „schweigende Mehrheit" appellierte – tut er dies nur teilweise. Jason Glynos (2008, S. 292) verweist darauf, dass Bewegungen von unten ebenso ideologisch wie Diskurse zur Verteidigung der herrschenden Ordnung sein können. Mit psychoanalytischen Begriffen könnten wir sagen, dass der antidemokratische Populismus vom *passage à l'acte*, sprich einem unproduktiven Bruch, nicht weit entfernt ist, im Gegensatz zum analytischen Akt als Erzeuger neuer symbolischer Einschreibungen. Der antidemokratische Populismus bezieht manche exkludierten Sektoren ein, indem er jedoch Migrant_innen und andere Minderheiten diskriminiert (Stavrakakis 2017, S. 7ff.). An anderer Stelle argumentiert Thomassen (2005b, S. 301):

We should not be led to think that, normatively, there is anything inherently progressive about heterogeneity. For instance, although Marx finds some revolutionary potential in the spontaneity of the *lumpenproletariat*, he also identifies the *lumpenproletariat* as a regressive force and as the foundation for the conservative discourse of Bonapartism.

Im antidemokratischen Populismus ist das „Volk" kein offener Horizont, sondern eine ethnische Wurzel, die die Ausführung des „Moments des Politischen" verhindert. Anstelle von Zweifel und Kontingenz wird das Versprechen von Gewissheit und Identität etabliert.

Dabei stellt sich natürlich die Frage, ob der demokratische Populismus politisch tragfähig ist: ob er nämlich auf lange Sicht bestehen kann oder im Gegenteil stets vom Versprechen einer geschlossenen Identität umgeben ist. Lässt sich eine Hegemonie konstruieren, die ihre eigenen Grundlagen infrage stellt – eine paradoxe gegenhegemoniale Hegemonie?

3. Die affektive Dimension

3.1 Genuss, Fantasie und Leere

Ein hegemonialer Diskurs kann sich nicht alleine auf Rhetorik stützen. Deutlich wurde dies mit den Beiträgen von Yannis Stavrakakis, einem Schüler Laclaus, der zur formalisierten Einbeziehung der Psychoanalyse in die Diskurstheorie beigetragen und dabei Laclau zur Klarstellung der Einflüsse der Lacanschen Theorie auf das eigene Werk aufgefordert hat.

Wäre ein Diskurs nur Rhetorik, so Stavrakakis (2007, S. 20f.), wäre es doch unmöglich zu begreifen, woher er seine Kraft bezieht, warum ein leerer Signifikant stabiler und stärker ist als andere und warum wir überhaupt gehorchen. Kann ein Regime nicht ausschließlich auf dem physischen Zwang basieren, so kann Gehorsam nur dann erklärt werden, wenn wir gewissermaßen danach begehren, sprich wenn es eine affektive Investition gegenüber dem Gebot gibt. Der Begriff des Affekts kann an dieser Stelle als libidinöse Energie an den Grenzen symbolischer Vermittlung definiert werden (Stavrakakis 2007, S. 91). So können wir verstehen, wie wir in der freiwilligen Knechtschaft eine Art Genuss erleben. In den psychoanalytischen Arbeiten Lacans ist das Konzept des Genusses, der *jouissance*, zentral. Es handelt sich hierbei um eine unbewusste Freude, die vom Todestrieb gelenkt wird und als Missfallen auf bewusster Ebene ausgedrückt werden kann.

Eine häufig an die Diskurstheorie adressierte Frage lautet: Wie können die psychoanalytische Dimension – die tendenziell mit den Traumata des partikularen Subjekts assoziiert werden – und die politische, über das Subjekt hinaus und mit kollektiven Dynamiken einhergehend zusammengedacht werden? Eine zwar berechtigte Frage, die allerdings die Geschichte der Psychoanalyse ignoriert.

Seit Freud haben Psychoanalytiker_innen ihre theoretischen Werkzeuge eingesetzt, um über die Gesellschaft zu reflektieren; umgekehrt sind ihre Subjekttheorien durch gesellschaftliche Fragen mitgeprägt worden. Im ersten Sinne zeigt Freud in *Massenpsychologie und Ich-Analyse* (1921), wie die Herausbildung von Massen narzisstischen Dynamiken folgt. In der Einleitung schreibt er sogar: „[D]ie Individualpsychologie ist daher von Anfang an auch gleichzeitig Sozialpsychologie" (Freud 1921, S. 65). Im zweiten Sinne ging das in Freuds Werk zentrale Konzept des Über-Ichs, wie Étienne Balibar (2011, S. 383ff.) suggeriert, aus einer Debatte mit Hans Kelsen zum Gehorsam gegenüber dem Staat hervor. Weitergeführt wurde diese Artikulation in *Das Unbehagen in der Kultur* (1930) und den Arbeiten anderer Psychoanalytiker_innen. Aus psychoanalytischer Sicht gibt es also keine trennscharfe Unterscheidung zwischen subjektiver und kollektiver Ebene.

Zurück zu Lacans Begriff der *jouissance*: Es liegt zunächst nahe, dass die Sozialisation innerhalb der Familie beginnt. Die Erwartungen der Eltern gegenüber dem Kind haben eine einflussreiche, ja kastrierende, Wirkung. Wenn ein Baby geboren wird, betrachtet es sich nicht als unabhängige Entität, sondern steht in einem nahezu symbiotischen Verhältnis zur Mutter. Es gibt keine klare Grenze, die definiert, wo das Baby endet und die Mutter beginnt. Das Baby kennt keine Grenzen, weder zwischen sich selbst und der Mutter noch bei der eigenen Triebbefriedigung: Alles in ihm tendiert zum Überschießen. Es erlebt einen vollen vorsymbolischen Genuss oder, genauer gesagt: Es wird später das, was es hatte, nachträglich idealisieren.

Durch die Beziehungen zu den Erwachsenen beim Betreten des sozialen Feldes der Sprache wird dieser Genuss kastriert und geht für immer verloren. Sobald es sich innerhalb der Sprache befindet, kann das Individuum nur durch narzisstische Identifikation mit etwas, was außerhalb von ihm selbst liegt, überhaupt eine Identität bilden (Lacan, *Écrits*). Allerdings werden die diversen symbolischen Repräsentationen die verlorene Fülle und den Mangel an Genuss niemals kompensieren können (Laclau 2005a, S. 112f.). Während der symbolischen Kastration konvergieren alle Teiltriebe des Babys, die bei dessen Geburt vorhanden waren, und es fängt an, sich als geschlossene Entität zu begreifen. Das Baby wird zu einem dezentrierten Subjekt, das disloziert und gespalten ist: zwischen sich selbst als mangelndem Genuss einerseits und als externem Objekt andererseits, das den Umgang mit diesem Mangel verspricht, aber niemals verinnerlicht werden kann (Glynos/Stavrakakis 2008, S. 263).

Der Prozess symbolischer Kastration impliziert eine Konformität zu den Ideen und Normen, die durch die Familie beigebracht werden. Dabei bleiben diese Ideen und Normen stets von einer symbolischen Ordnung mitgeprägt und -konfiguriert, die kollektiver Natur ist. Genau dieses Kollektive formt das Lacansche Subjekt als gespaltenes Subjekt, das wiederum im Kollektiv nach Antworten auf die es konstituierenden Ängste sucht. Dort sucht es nämlich nach der verlorenen vollen *jouissance*.

Während dieser idealisierte Genuss stets symbolisch unzugänglich bleibt, sind andere Formen des Genusses im Erwachsenenleben vorhanden. Es gibt mindestens zwei politisch relevante Spielarten des Genusses, die mit unterschiedlichen Affektkreisen einhergehen: den fantasmatischen Genuss und den Genuss der Leere (Stavrakakis 2007, S. 196f.; Glynos/Stavrakakis 2008, S. 261f.). Welcher von den beiden in populistischen Phänomenen vorwiegt, ist entscheidend dafür, ob es sich um Erscheinungen handelt, die mit einem radikaldemokratischen Projekt vereinbar sind.

Fangen wir zuerst mit der Fantasie an. In den Worten von Glynos (2011, S. 67):

> [Fantasies] shape the way we „see" reality, including its problems and solutions, and therefore they structure the way we *act* in the world.

Zwei Säulen stützen die Fantasie: erstens die Vorstellung eines externen idealisierten Objekts, das das Versprechen einer Wiederbegegnung mit dem verlorenen vorsymbolischen vollen Genuss verkörpert. In politischer Hinsicht versucht die Fantasie, die grundlegende Kontingenz sozialer Praktiken zu verdecken und verspricht die Errichtung einer vollständig versöhnten Gesellschaft ohne Antagonismen (Stavrakakis 2007, S. 196f.). Das naheliegendste Beispiel hierfür bilden nationalistische Diskurse, die die Wiedergewinnung des verlorenen Paradieses – „*Make America Great Again*", nach Trump – oder auch den Marsch hin zur glorreichen prädestinierten Zukunft versprechen.

Das Beispiel des Nationalismus erinnert an einige von Žižeks Reflexionen über die Fantasie. Nach Žižek (1993, S. 200) monieren fantasmatische Diskurse nämlich immer den „Raub des Genusses": Unser Genuss wird stets im Vergleich zu jenem der anderen konstituiert. Somit wird der Genuss des Anderen für unseren Mangel an Genuss verantwortlich gemacht. Wenn das verlorene Paradies nicht hier ist, liegt dies daran, dass es von jemandem blockiert wird. Außerdem gilt für die Fantasie: Wenn der Andere genießt, ist es ein obszöner und unverdienter Genuss, der zu unserem Lasten stattfindet. Hierfür bildet der Jude das eindeutigste Beispiel. In der antisemitischen Propaganda ist er der Feigling und Sündenbock, der die Nation untergräbt und beseitigt werden muss. Der Antagonismus externalisiert die Spaltung im Subjekt und führt die symbolische Unvollständigkeit auf den Anderen in einer Art und Weise zurück, die den Anderen nicht als Respekt verdienenden Gegner, sondern als zu vernichtenden Feind betrachtet.

Es gilt zu betonen, dass für Žižek der fantasmatische Charakter eines Diskurses nicht unbedingt mit dessen Wahrheitsgehalt zusammenhängt. Der durch Lacan inspirierte Philosoph argumentiert, dass auch wenn die Vorwürfe eines eifersüchtigen Ehemanns an seine Frau stimmen würden – dass diese nämlich mit jedem Mann in der Stadt schläft –, die Eifersucht nicht weniger pathologisch wäre (Butler/Laclau/Žižek 2000, S. 126f.). Dieselbe Logik gilt auch für die Politik. Auch wenn es stimmt, dass etwa die Gier von Wall Street für Wirtschaftskrisen verantwortlich ist und eine radikale Reform des Finanzsektors notwendig macht, wird durch das Idealisieren einer versöhnten Gesellschaft ohne Bänker die Logik der Fantasie bloß reproduziert. Die Pathologie der Fantasie besteht im Versprechen des vollen Genusses und der Rückkehr zu einem vorsymbolischen Genuss.

Der entscheidende Punkt ist, dass sich das Versprechen einer idealen Gesellschaft niemals realisieren lässt. Auch nach der Beseitigung der „Diebe des Genusses" würden wir nicht zu einem vorsymbolischen Genuss gelangen: So fangen die Probleme für fantasmatische Diskurse an, die ihre Versprechen nicht einlösen können. Hier kommt auch die zweite Stütze der Fantasie ins Spiel: nämlich die Erfahrungen des partiellen Körpergenusses, die die Illusion eines sich abzeichnenden vollen Genusses ernähren (Stavrakakis 2007, S. 196f.). Beispielsweise ist dies mit nationalen Feierlichkeiten oder auch sportlichen Großturnieren der Fall. Allerdings reichen auch diese Momente kollektiver Ekstase und des Körpergenusses nicht aus, um den vollen Genuss zu gewährleisten: *„Das ist es nicht* – da der Schrei, wodurch sich der erlangte Genuß unterscheidet vom erwarteten" (Lacan, XX, S. 121). Das Versprechen bleibt – und verschiebt sich vielleicht in metonymischer Manier von einem idealisierten Objekt auf andere –, wird aber niemals realisiert (Stavrakakis 1999, S. 49).

Die Logik der Fantasie, betont Stavrakakis, war in den großen Ideologien des 20. Jahrhunderts vorhanden. Erkennbar wird sie nicht nur etwa am Versprechen einer kommunistischen Gesellschaft, sondern auch am Konsumismus. In beiden Fällen werden bestimmte Objekte idealisiert und mit dem Versprechen präsentiert, den konstitutiven Mangel des Subjekts aufzuheben. In einem Interview argumentiert Stavrakakis:

> [...] the promise of utopian communitarian leftwing communist society can play a similar role for some people that a consumerist advertising of a new Lamborghini can play for other people. (Zicman de Barros/Stavrakakis 2017, S. 11)

Gibt es dann kein Entkommen aus der Logik der Fantasie? Kann die Demokratie eine andere Form von Genuss zugrunde legen? An manchen Stellen suggeriert Žižek, dass dies unmöglich ist. Unter Berufung auf Jacques-Alain Miller schreibt er, dass die Demokratie „a desert of enjoyment" darstellt und dass die Intensivierung der Leidenschaften in der Politik lediglich zu mehr Fundamentalismus, Zerstörung, Massakern und weiteren Katastrophen führen würde (Žižek 2004, S. 111f.; vgl. auch Miller 2003, S. 146f.).

Allerdings führte Lacan in seiner späteren Lehre eine andere Form von Genuss ein: den Genuss der Leere. Dieser überschießende, unkontrollierte Genuss legt eine größere Vereinbarkeit mit der radikaldemokratischen Ethik nahe (Stavrakakis 2007, S. 279). In den Worten von Glynos und Stavrakakis (2008, S. 265):

Here, the subject is taken to acknowledge and affirm the contingency of social relations and to pursue an enjoyment that is not guided by the impulse to „complete", to „totalize", or to „make full or whole", an enjoyment situated, rather, on „the side of the not-whole".

Dabei handelt es sich nicht um einen resignierten Genuss. Der Genuss der Leere ist der Genuss einer Offenheit für das, was unmöglich ist – nicht für eine idealisiert-unmögliche, fantasmatische Utopie, sondern das Unmögliche im Sinne dessen, was sich an den Rändern und Grenzen der symbolischen Ordnung bewegt. Es ist ein Genuss jenseits des Symbolischen (Metzger 2017, S. 89f.). Es ist vielleicht ein Genuss der Hilflosigkeit: der Affekt subjektiver Armut, der die Identität kritisiert, die Heterogenität akzeptiert und das Unmögliche ins Mögliche verwandelt (Safatle 2015, S. 55, 68ff.).

In diesem Sinne nimmt die Unterscheidung zwischen dem demokratischen und dem antidemokratischen Populismus neue Gestalt an. Der antidemokratische Populismus produziert den fantasmatischen Genuss, der demokratische Populismus hingegen den Genuss der Leere. Im ersten Fall handelt es sich um Fantasie, im zweiten hingegen sind wir möglicherweise dabei, sie zu durchqueren.

3.2 Massen, Sublimierung und Idealisierung

Dabei stellt sich die Frage, ob das Konzept des leeren Signifikanten als Garant diskursiver Kohäsion im Populismus eine solche Unterscheidung zulässt. Denn auch wenn Laclau eine Unterscheidung zwischen dem demokratischen und dem antidemokratischen Populismus nahelegt, wird diese Differenz in seinem Werk nie eindeutig. Hinzu kommt, dass die beiden Populismustypen empirisch dazu tendieren, in Mischformen zu erscheinen.

Die Probleme fangen dort an, wo psychoanalytische Konzepte zur Formulierung des Begriffs des leeren Signifikanten herangezogen werden. Für Laclau (2005a, S. 116) ist die Logik des leeren Signifikanten dieselbe wie jene, die in der Psychoanalyse Sublimierung genannt wird. Daher die Frage: Funktioniert die Sublimierung nach der Logik der Fantasie oder nach der Logik des Genusses der Leere?

Fangen wir mit der Frage an, was die Sublimierung ist. Es handelt sich zweifellos um einen der weniger systematisch definierten Begriffe in der Psychoanalyse. Auch wenn Freud das Konzept an vielen Stellen diskutiert (Assoun 2017, S. 5), hat er dazu nie einen metapsychologischen Text verfasst. Dabei glauben manche, dass ein solcher Text zwar entworfen wurde, danach aber verloren ging (Metzger 2017, S. 38).

Die Sublimierung bildet für Freud, soweit wir feststellen können, eines der möglichen Schicksale des Triebes. Sie wird dann produziert, wenn ein Sexualtrieb vom Ziel abgelenkt und dessen Energie hin zur Produktion anderer, weniger primitiver und gesellschaftlich wertvoller Objekte kanalisiert wird. Daraus ergibt sich häufig ein Zusammenhang zwischen der Sublimierung und der künstlerischen Produktion. Insofern gilt zu betonen, dass die Sublimierung niemals ein alleinstehendes Phänomen ist. Für Freud impliziert sie eine Dimension sozialer Anerkennung und bildet ein mögliches Mittel zur Konstruktion sozialer Verbindungen.

Ein besseres Verständnis dieses Konzepts ergibt sich aus der Unterscheidung zwischen Sublimierung und Idealisierung in Freuds Text *Zur Einführung des Narzissmus* (1914). Demnach distanziert uns die Sublimierung vom sexuellen Objekt, während die Idealisierung – die hier mit „Verzierung und Veredlung der Repräsentationsgehälter" synonym wird (de Mijolla-Mellor 2003, S. 95) – ans Objekt bindet, es vergrößert und überschätzt (Freud 1914, S. 28), stellt es illusorisch so dar, als würde es die Ideale des Subjekts verkörpern (de Mijolla-Mellor 2003, S. 107), was an die Logik der Fantasie erinnert. An einem weiteren Punkt lässt sich die Sublimierung von der Idealisierung unterscheiden: Wenn die Konstituierung von Idealen den Motor hinter der Verdrängung des Triebes bildet, etabliert die Sublimierung im Gegenteil ein anderes Verhältnis zu Idealen, das über „die Sperrmauer der Zensur" hinausgeht (de Mijolla-Mellor 2003, S. 95). Sie zeichnet sich durch die Abwesenheit von Verdrängung (Freud 1914, S. 28) und damit auch von deren Symptombildungen aus. Insofern tritt die Sublimierung in Freuds Werk manchmal als „erfreuliches Ergebnis für die Behandlung" (de Mijolla-Mellor 2003, S. 93) in Erscheinung.

Auch wenn Laclau in Bezug auf leere Signifikanten nicht von der Idealisierung spricht: Übertragen wir die Freudsche Unterscheidung auf die Populismusdebatte, können wir feststellen, dass der antidemokratische Populismus nach der Logik der Idealisierung funktioniert, der demokratische hingegen nach der Logik der Sublimierung. Präsentiert die Idealisierung ein überschätztes Objekt, so weicht die Sublimierung vom Objekt hin zur Akzeptanz von dessen Unmöglichkeit ab.

Das Problem ist allerdings, dass der Unterschied zwischen Sublimierung und Idealisierung nie so richtig klar wird, da die beiden in Wirklichkeit in komplexe Beziehungen zueinander treten (Assoun 2017, S. 27ff., 50f.). Auch in seiner Theorie des Narzissmus behauptet Freud (1914, S. 27), dass die Sublimierung von der Idealisierung „angeregt" werden kann. Einige Jahre später spricht Freud (1921, S. 106) in Bezug auf die Massenbildung – die von der Idealisierung geprägt ist – von „der sublimierten Hingabe an eine abstrakte Idee", um das Verhältnis zwischen den Mitgliedern einer Masse und ihren Idealen einzuordnen. Auch für die Reflexion über den Populismus bietet sich diese konzeptuelle Spannung an.

Freuds Theorie der Masse ist gut bekannt. Die verschiedenen Mitglieder einer Masse setzen dasselbe externe Objekt – eine Führungsfigur oder Leitidee – an die Stelle des Ich-Ideals. Die Idealisierung rückt hier in den Vordergrund und bildet für Freud einen verallgemeinerten Prozess. Die Logik der Masse ist auch jenseits vorübergehender Menschenmengen und in solchen stabilen Organisationen wie der Kirche und der Armee auffindbar. Auch wenn Freud die Logik der Masse verallgemeinert und sich dabei gegen frühere Theorien abgrenzt, die das Phänomen als notwendig irrational und gefährlich betrachteten, verweist seine Perspektive weiterhin auf die Risiken des Gruppenverhaltens.

Freud argumentiert, dass sich die Massenbildung, das Verliebt-Sein und die Hypnose nur in der Dimension unterscheiden. Alle drei, so Freud, folgen derselben Logik der Idealisierung. Dabei taucht die Sublimierung implizit in Freuds Massentheorie auf, weil sie mit dem Verliebt-Sein – einer Situation, in der die Idealisierung stark ausgeprägt ist – das Konfrontieren der Unmöglichkeit der Befriedigung eines Sexualtriebs gemeinsam haben. Beim Verliebt-Sein nimmt das Liebesobjekt eine wertvolle Stellung ein und wird so dargestellt, als hätte es keine Makel, was das Subjekt potenziell zu Wahnsinnstaten führt. Es passiert nämlich Folgendes:

> [...] das Ich wird immer anspruchsloser, bescheidener, das Objekt immer großartiger, wertvoller; es gelangt schließlich in den Besitz der gesamten Selbstliebe des Ichs, so daß dessen Selbstaufopferung zur natürlichen Konsequenz wird. Das Objekt hat das Ich sozusagen aufgezehrt.
>
> [...] Gleichzeitig mit dieser „Hingabe" des Ichs an das Objekt, die sich von der *sublimierten Hingabe* an eine abstrakte Idee schon nicht mehr unterscheidet, versagen die dem Ichideal zugeteilten Funktionen gänzlich. Es schweigt die Kritik, die von dieser Instanz ausgeübt wird; alles, was das Objekt tut und fordert, ist recht und untadelhaft. Das Gewissen findet keine Anwendung auf alles, was zugunsten des Objektes geschieht; in der Liebesverblendung wird man reuelos zum Verbrecher. (Freud 1921, S. 106, Herv. d. Verf.)

Damit lässt sich bereits bei Freud eine gewisse Ambivalenz in Bezug auf die Sublimierung erkennen. Diese wird nämlich von der Idealisierung unterschieden, tritt aber auch in ein Spannungsverhältnis zu Letzterer. Wir sind wieder bei einer weiteren Version des altbekannten Problems: Gibt es nicht doch ein Risiko, dass die produktive Akzeptanz der Unmöglichkeit der Wiederbegegnung mit dem Objekt in eine Idealisierung dieses Objekts umschlägt?

Diese Frage ist zentral und unterstreicht ein Problem in Laclaus Theorie: Einerseits weisen Idealisierung und Sublimierung komplexe Beziehungen zueinander auf; andererseits ist eine theoretische Unterscheidung zwischen den beiden von grundlegender Bedeutung, um sich den Unterschieden zwischen dem demokratischen und dem antidemokratischen Populismus anzunähern. Laclau ignoriert dieses Problem, indem er sich auf die Sublimierung beschränkt, und scheint daher eine Voreingenommenheit zugunsten der demokratischen Potenziale des Populismus aufzuweisen. Dabei bleibt die Frage auch dann bestehen, wenn man zurecht betont, dass der Begriff der Sublimierung bei Laclau durch eine andere Tradition inspiriert ist: nämlich die Lacansche.

Lacans wohlbekannte Definition lautet, dass die Sublimierung ein partikulares Objekt zur Würde des Dinges erhebt. Wird das Ding als nicht-symbolisierbares Reales aufgefasst, das sich auf einen mythischen vollen Genuss bezieht, so könnte uns die Lacansche Definition der Sublimierung dazu führen, dass wir wieder bei der Logik der Idealisierung und des Begehrens sind, die das Liebesobjekt jenseits aller Kritik stellt. Allerdings geht Lacans Definition explizit in eine ganz andere Richtung.

Lacan formuliert das Konzept des Triebes neu und lehnt jene Freud-Lektüren ab, nach denen der Trieb ein natürliches sexuelles Ziel hat. Die Unterscheidung zwischen dem Sexuellen und dem Nicht-Sexuellen wird bei Lacan von Anfang an verworfen. Für Lacan gilt (VII, S. 196): „Noch das roheste sexuelle Spiel kann Gegenstand einer Dichtung sein, ohne daß es dieser an Sublimierungsabsicht fehlen müßte." Der Trieb wird bei Lacan so definiert, dass er gerade von der Abweichung gekennzeichnet ist. Sublimieren heißt insofern, die unmögliche Befriedigung des Triebes durch empirische Objekte zu akzeptieren und explizit zu machen.

Wenn sich Lacan auf das Ding in der Sublimierung bezieht, geht es ihm um das Ding als Leere, als unmöglichen Ort. Auch wenn es paradox anmutet: Das partikulare Objekt, das zur Würde des Dinges erhoben wird, repräsentiert und konstruiert diese Leere. Es verleiht dem unmöglichen Zentrum, auf das wir uns beziehen und niemals erreichen können, dessen Koordinaten (Metzger 2017, S. 73). Seine Funktion ist paradox, denn das Ding ist gleichzeitig „in Verbindung mit dem Objekt und jenseits dessen" (Assoun 2017, S. 124). Auch wenn das Ding „jedes Objekt übersteigt" und das Reale beruft, braucht es das Objekt, um symbolisch eingeschrieben zu werden und „die Kontur" des Triebes „zu erzielen" (Assoun 2017, S. 94, 124). Dieses Objekt ist daher ein „Bild, das die Zerstörung des Bildes ist" (Safatle 2005, S. 689). Somit unterscheidet sich das Objekt im Trieb vom Objekt im Begehren. Die Fixierung auf Ersteres wird nicht am Ende der Analyse gelöst, wie es mit Letzterem der Fall ist (Safatle 2005, S. 680). Folgt man Žižek (2008, S. 327), so entspricht der Trieb gewissermaßen dem, was am Ende der Analyse übrigbleibt, wenn der fantasmatische Charakter des Objekts deutlich wird. Im Trieb – der ja von Nicht-Befriedigung durch empirische Objekte gekennzeichnet ist – ist das Objekt der Punkt, um den wir zirkulieren, ohne dessen Kern jemals zu erreichen.

Anstatt die Logik der Fantasie und die idealisierte Faszination mit dem Objekt zu reproduzieren, würde die Sublimierung auf die Unmöglichkeit des vollen Genusses verweisen. In der Sublimierung würde das Subjekt um ein unmögliches Objekt zirkulieren und – laut einigen Kommentatoren – die Möglichkeit eines anderen Genusses, eines Genusses der Leere, öffnen (Metzger 2017, S. 89f.). Wir hätten demnach mit einer Befriedigung zu tun, die sich „mit dem, was für Unzufriedenheit bestimmt ist", zufriedengibt (Assoun 2017, S. 125). Insofern kommt die Sublimierung bei Lacan einer Ethik der Psychoanalyse nahe (Metzger 2017, S. 34) und ist mit dem Ethos der radikalen Demokratie vergleichbar.

Mit Lacan können wir verstehen, warum das Konzept der Sublimierung brauchbar ist, um das demokratische Potenzial des Populismus einzuordnen. Auch wenn die durch Jean Copjec inspirierte Einbeziehung psychoanalytischer Begriffe bei Laclau nicht immer eindeutig ist, können wir an Laclaus Denken erkennen, dass die Sublimierung ein Mittel zur Konstruktion eines politischen Körpers darstellt, genauso wie ein Tontopf konstruiert wird, um ein Lacansches Beispiel aufzugreifen: nämlich mit innerlicher Leere (Stavrakakis 1999, S. 132). Es geht um *„producing* emptiness out of the operation of hegemonic logics", wie Laclau (2005a, S. 166; Herv. i.O.) im Zusammenhang mit der Demokratie schreibt. Das „Volk" wird als Universalität konstruiert, die als solche natürlich nur partikular ist und sich durch ihre Offenheit auszeichnet. So wird ein ungesättigter symbolischer Ort eingerichtet. Insofern gilt: Das „Volk" als leeren Signifikanten zu konstruieren, heißt für Laclau, einen demokratischen Raum – einen Raum für die radikale Demokratie – zu konstruieren, in dem sich der politische Streit bei Akzeptanz des kontingenten Charakters unserer gesellschaftlichen Konfiguration entfalten kann.

4. Fazit: eine immer unreine Demokratie

In diesem Aufsatz wurde ein Problem in der Theorie Ernesto Laclaus identifiziert: Dieser hat es nämlich durch die Fokussierung auf den Begriff der Sublimierung erschwert, sich populistische Phänomene eines antidemokratischen Typs im Gegensatz zum demokratischen Potenzial eines Populismus, der das Volk als leeren, symbolisch ungesättigten Raum konstruiert, zu vergegenwärtigen. Dabei wird deutlich, dass die Unterscheidung zwischen den beiden Populismen potenziell instabil bleibt. Dies verschont Laclau freilich nicht von Kritik – in einer Welt, in der solch unterschiedliche Bewegungen als populistisch eingeordnet werden, brauchen wir umso mehr Kriterien zur Unterscheidung zwischen Typen –, stellt uns aber auch vor neue Herausforderungen. Denn in der Masse gibt es wohl einen schmalen Grat zwischen der hypnotischen Situation fantasmatischer Faszination und der Konstruktion eines leeren Signifikanten, der als offener Horizont einer Demokratie im Kommen dient.

Im Laufe des Aufsatzes kamen wir immer wieder auf dieselben Spannungen zurück: die Debatte zur gegenhegemonialen Hegemonie, die Spannung zwischen Idealisierung und Sublimierung bei Freud und die verschiedenen Objekte im Denken Lacans. Es scheint so, als könnte das Subjekt ganz leicht von der Akzeptanz radikaler Kontingenz in einen Diskurs umschwenken, der von der Logik der Fantasie, vom Versprechen eines verlorenen Paradieses und von der Schaffung von Sündenböcken gesteuert ist. Gegenhegemonie kann sehr einfach Hegemonie werden. Das erhabene Objekt, das zur Würde des Dinges erhoben wird, kann sehr einfach von seinem Status als Symbol einer Unmöglichkeit, auf die wir uns beziehen, ohne sie jemals zu finden, ins fantasmatische Versprechen der Wiederbegegnung mit dieser Unmöglichkeit verfallen. Wir sind immer gespalten zwischen „der Suche nach etwas jenseits des Objekts und einer Absolutierung des Objekts" (Assoun 2017, S. 94). In affektiver Hinsicht kann die Hilflosigkeit leicht zur Angst werden (Safatle 2015, S. 67f.).

Umso deutlicher werden diese Schwierigkeiten angesichts der Knappheit an Beispielen für einen rein demokratischen Populismus. Wenn wir an die von Stavrakakis und anderen verwendeten Beispielen denken, sind wir mit problematischen und ambivalenten Fällen konfrontiert, die den Verdacht einer schwammigen Grenze zwischen Fantasie und Sublimierung bestätigen. Zitiert wird etwa der Sturz von Nicolae Ceaușescu in Rumänien: Hier schnitten aufständische Bürger_innen den Wappen des staatssozialistischen Regimes aus der Mitte der Nationalfahne heraus. Nach unseren Theoretikern repräsentiert diese Lücke den Mangel in der symbolischen Ordnung: Sie symbolisiert durch ihre Abwesenheit die Konstruktion von Leere (Žižek 1993, S. 1; Stavrakakis 1999, S. 135; Marchart 2005, S. 24). Allerdings war auch in diesem Moment der Befreiung die Fantasie sehr wohl vorhanden. Auch wenn es stimmt, dass das staatssozialistische Regime zutiefst problematisch, ja tyrannisch war, verweisen doch der Hass auf Ceaușescu und der Genuss der Masse bei dessen außergerichtlichen Hinrichtung auf einen stark fantasmatischen Gehalt.

Diese Instabilität der Sublimierung als Mittel zur Konstruktion einer „Demokratie im Kommen" kann vielleicht durch die ambivalente und im Wandel begriffene Definition des Konzepts erklärt werden. Bei Freud (1910) galt die Warnung, dass es unmöglich ist, alles zu sublimieren, denn einige Triebe werden notwendig verdrängt und in Form von Symptomen und Fantasien wiedererscheinen. Bei Lacan, wie Stavrakakis (1999, S. 132f.; vgl. auch Žižek 2008, S. 329) anmerkt, ist die Sublimierung immer imaginär und mit Fantasie verbunden. Das erhabene Objekt, wie jedes diskursive Element, bleibt ein Objekt. Das Reale in sich ist ontologisch unzugänglich.

Die Unreinheit der Politik – eine Tatsache, die durch die Sublimierung erst recht zum Vorschein kommt – würde dann die Unreinheit der Sublimierung selbst implizieren. Wir müssen uns vor Augen führen, dass die Fantasie unsere Realität strukturiert und dass wir nur durch die Fantasie selbst die Fantasie überqueren (Safatle 2009, S. 69), indem wir unser Verhältnis zu ihr verändern und sie in der Öffentlichkeit thematisieren. Wenn der Populismus also demokratische Potenziale hat, erscheinen diese immer in fragiler Manier, stets von der Logik der Fantasie umgeben. Dies zwingt uns nämlich zur ewigen Wachsamkeit.

Literatur

Assoun, Paul-Laurent, 2017: La sublimation: leçons psychanalytiques. Paris.

Balibar, Étienne, 2011: Citoyen sujet and autres essais d'anthropologie philosophique. Paris.

Butler, Judith, 1990: Gender Trouble: feminism and the subversion of identity. New York.

Dies./Laclau, Ernesto/*Žižek*, Slavoj, 2013[2000]: Kontingenz, Hegemonie, Universalität. Wien/Berlin.

Freud, Sigmund, 1910: Über Psychoanalyse. Fünf Vorlesungen. Leipzig/Wien.

Ders., 1924[1914]: Zur Einführung des Narzissmus. Leipzig/Wien/Zürich.

Ders., 1921: Massenpsychologie und Ich-Analyse. Leipzig/Wien/Zürich.

Ders., 1930: Das Unbehagen in der Kultur. Leipzig/Wien/Zürich.

Glynos, Jason, 2003: Radical Democratic Ethos, Or, What Is an Authentic Political Act? In: Contemporary Political Theory 2:2, S. 187–208.

Ders., 2008: Ideological Fantasy at Work. In: Journal of Political Ideologies 13:3, S. 275–296.

Ders., 2011: Fantasy and Identity in Critical Political Theory. In: Filozofski vestnik 32:2, S. 65–88.

Glynos, Jason/*Stavrakakis*, Yannis, 2008: Lacan and Political Subjectivity: Fantasy and Enjoyment in Psychoanalysis and Political Theory. In: Subjectivity 24:1, S. 256–274.

Hall, Stuart, 1988: The Hard Road to Renewal: Thatcherism and the Crisis of the Left. London.

Howarth, David, 2000: Discourse. Buckingham.

Jorgensen, Marianne Winther/*Phillips*, Louise, 2002: Discourse Analysis as Theory and Method. London.

Laclau, Ernesto, 1990: New Reflections on the Revolution of Our Time. London.

Ders., 1999: Hegemony and the Future of Democracy: Ernesto Laclau's Political Philosophy. In: Olson, Gary A./Worsham, Lynn (Hrsg.): Race, Rhetoric, and the Postcolonial, Albany, S. 129–164.

Ders., 2005a: On Populist Reason. London.

Ders., 2005b: Populism: What's in a Name? In: Panizza, Francisco (Hrsg.): Populism and the Mirror of Democracy, London, S. 32–49.

Ders., 2006: Why Constructing a People Is the Main Task of Radical Politics. In: Critical Inquiry 32:4, S. 646–680.

Ders./Mouffe, Chantal, 2012[1985]: Hegemonie und radikale Demokratie. Zur Dekonstruktion des Marxismus. Wien.

Ders./Mouffe, Chantal, 1987: Post-Marxism Without Apologies. In: New Left Review, H. 166, S. 79–106.

Lefort, Claude, 1990: Die Frage der Demokratie. In: Rödel, Ulrich (Hrsg.): Autonome Gesellschaft und libertäre Demokratie, Frankfurt a.M., S. 281–297.

Marchart, Oliver, 2005: The Absence in the Heart of Presence: Radical Democracy and the „Ontology of Lack". In: Tonder, Lars/Thomassen, Lasse (Hrsg.): Radical Democracy: Politics between Abundance and Lack, Manchester, S. 17–31.

Ders., 2007: In the Name of the People: Populist Reason and the Subject of the Political. In: Diacritics 35:3, S. 3–19.

Metzger, Clarissa, 2017: A Sublimação no Ensino de Jacques Lacan, São Paulo.

Mijolla-Mellor, Sophie de, 2003: Idéalisation et sublimation. In: *Topique* 82:1.

Miller, Jacques-Alain, 2003: Le neveu de Lacan, Paris.

Monod, Jean-Claude, 2009: La force du populisme: une analyse philosophique: À propos d'Ernesto Laclau. In: Esprit, H. 1, S. 42–52.

Mouffe, Chantal, 2018: Für einen linken Populismus. Berlin.

Norval, Aletta J., 1996: *Deconstructing Apartheid Discourse*. New York.

Dies., 2007: Aversive democracy: inheritance and originality in the democratic tradition. Cambridge.

Rancière, Jacques, 1995: *La mésentente: politique and philosophie*. Paris.

Safatle, Vladimir, 2005: A paixão do negativo: Lacan e a dialética. São Paulo.

Ders., 2009: Lacan. São Paulo.

Ders., 2015: O circuito dos afetos: corpos políticos, desamparo e o fim do indivíduo. São Paulo.

Spivak, Gayatri Chakravorty, 1988: Can the Subaltern Speak? In: Nelson, Cary/Grossberg, Lawrence (Hrsg.): Marxism and the interpretation of culture, Urbana, S. 271–316.

Stavrakakis, Yannis, 1999: Lacan and the political. London.

Ders., 2007: The Lacanian Left: Psychoanalysis, Theory, Politics. Edinburgh.

Ders., 2017: Discourse Theory in Populism Research: Three Challenges and a Dilemma. In: Journal of Language and Politics 16:4, S. 523–534.

Ders./Jäger, Anton, 2018: Accomplishments and Limitations of the „New" Mainstream in Contemporary Populism Studies. In: European Journal of Social Theory 21:4, S. 547–565.

Thomassen, Lasse, 2005a: In/Exclusion: Towards a Radical Democratic Approach to Exclusion. In: Tønder, Lars/Ders. (Hrsg.): Radical Democracy: Politics between Abundance and Lack, Manchester, S. 103–121.

Ders., 2005b: Antagonism, Hegemony and Ideology after Heterogeneity. In: Journal of Political Ideologies 10:3, S. 289–309.

Zac, Lilian/*Sayyid*, Bobby, 1998: Political Analysis in a World Without Foundations. In: Scarbrough, Elinor/Tanenbaum, Eric (Hrsg.): Research strategies in the social sciences: a guide to new approaches, Oxford, S. 249–267.

Zicman de Barros, Thomás/*Stavrakakis*, Yannis, 2017: Populismo para atravessar a fantasia? In: Lacuna: uma revista de psicanálise 1:4.

Žižek, Slavoj, 1990: Beyond Discourse-Analysis. In: Laclau, Ernesto: New Reflections on the Revolution of Our Time, London, S. 249–260.

Ders., 1993: Tarrying with the Negative: Kant, Hegel, and the critique of ideology. Durham.

Ders., 1998: From „Passionate Attachments" to Dis-Identification. In: Umbr(a): Identity and Identification, H. 1, S. 3–17.

Ders., 2004: Iraq: The Borrowed Kettle. London.

Ders., 2008: In Defense of Lost Causes. London.

Texte von Jacques Lacan

Écrits   *Lacan*, Jacques, 2016[1966]: Schriften, Wien/Berlin.
VII   *Ders.*, 1996[1960]: Das Seminar. Buch VII. Die Ethik der Psychoanalyse, Weinheim.
XI   *Ders.*, 1978[1964]: Das Seminar XI. Die vier Grundbegriffe der Psychoanalyse, Olten.
XX   *Ders.*, 1991[1975]: Das Seminar. Buch XX, Weinheim.

Yannis Stavrakakis

Krise, Linkspopulismus und Antipopulismus in Griechenland. SYRIZA von der Opposition zur Macht und zurück[*]

1. Einleitung

Egalitäre Bewegungen und Parteien im heutigen Europa wie SYRIZA, PODEMOS und France Insoumise haben die reifizierte Gleichsetzung von Populismus und Rechtsextremismus im europäischen Kontext radikal in Frage gestellt. Sie haben außerdem die herkömmliche Weisheit in Zweifel gezogen, nach der der Populismus eine bloß oppositionelle Strategie ohne realistische Regierungsansprüche darstellt. In der Tat hat SYRIZA als erste der genannten linkspopulistischen Parteien die Macht übernommen und für einen längeren Zeitraum auch halten können. In diesem Aufsatz wird der griechische Fall herangezogen, um zuerst die theoretischen Grundannahmen, methodologischen Ausrichtungen, konzeptuellen Innovationen und analytischen Erkenntnisse des diskurstheoretischen Populismusansatzes der Essex School zu veranschaulichen. Besondere Aufmerksamkeit gilt dabei (1) der Architektonik des SYRIZA-Diskurses, (2) der Rolle von Krise sowie (3) den komplexen und antagonistischen Sprachspielen, die in einer Krisensituation um die Anerkennung und Idealisierung oder auch die Ablehnung und Verteufelung des „Volkes" bzw. des „Populismus" entstehen können. Dementsprechend wird untersucht, (1) ob im SYRIZA-Diskurs „das Volk" tatsächlich als primärer Knotenpunkt innerhalb einer antagonistischen Darstellung des politischen Raums fungierte; (2) inwiefern die Krise einerseits als systemische Dislokation den populistischen Diskurs auslöste und andererseits als performative Konstruktion durch diesen erst hervorgebracht wurde; und (3) ob sich solche Konstruktionen innerhalb einer polarisierten, durch die *gegenseitige* Grenzziehung zwischen populistischen und antipopulistischen Diskursen gekennzeichneten politischen Kultur abspielten. Die vorliegende Analyse umfasst in erster Linie die Oppositions- sowie einige Aspekte der Regierungsarbeit SYRIZAs und geht zum Schluss auf einen kurzen Vergleich mit anderen linkspopulistischen Pro-

---

[*] Teile dieses Aufsatzes bauen auf verschiedenen Vorarbeiten des Autors auf, insbesondere auf den folgenden Aufsätzen: *Stavrakakis*, Yannis, 2016: Syrizas Populismus in der Opposition und in der Regierung: Versuch, eine Essex School Perspektive zu überprüfen und weiterzuentwickeln. In: kultuRRevolution – zeitschrift für angewandte diskurstheorie, 72, S. 11–21; *Stavrakakis*, Yannis et al., 2018: Populism, Anti-populism and Crisis. In: Contemporary Political Theory 17:1, S. 4–27; *Stavrakakis*, Yannis, 2020: The (Discursive) Limits of Populism. In: Journal of Language and Politics [im Erscheinen].

jekten ein, um zu einigen Schlussfolgerungen über die globalen Versprechen sowie Limitationen des (Links-)Populismus an der Macht zu gelangen.

2. Was ist Populismus? Gegen den Eurozentrismus

Zweifelsohne bezieht sich das Wort „Populismus" im heutigen Europa sowohl in der wissenschaftlichen Sphäre als auch in der Öffentlichkeit üblicherweise auf den Rechtsextremismus. Mit diesem Phänomen kann und muss sich insbesondere mit Blick auf dessen paneuropäischen Manifestierungen auseinandergesetzt werden; hierzu haben zahlreiche sozialwissenschaftliche Forschungen aus unterschiedlichen Perspektiven wichtige Beiträge geliefert (Betz 1994; Mudde 2007; Wodak 2015). Die Frage ist allerdings, wie damit konzeptuell sowie politisch umzugehen ist: Bildet die Kategorie des „Populismus" hierfür die sinnvollste Lösung? Wenn wir es aktuell mit dem europaweiten Aufstieg einer nationalistischen, xenophoben, exkludierenden und oft auch gewalttätigen Rechten zu tun haben (wie diverse Beispiele aus Frankreich, Griechenland, Österreich, Ungarn und auch Deutschland zeigen), bietet dann die Kategorie des „Populismus" das beste konzeptuelle Instrument zur Wahrnehmung, Einordnung und Rezeption dieses Problems?

Populismusansätze, die im Rahmen bzw. unter dem Einfluss einer diskurstheoretischen Forschungsperspektive diese Reduktion auf den Rechtsextremismus vermeiden, haben eine Reihe operationaler Kriterien zur Unterscheidung zwischen populistischen und nicht-populistischen Diskurspraktiken beigesteuert und dabei auch die gegensätzlichen ideologischen Artikulationsmöglichkeiten des Populismus – sowohl von links als auch von rechts – hervorgehoben. Im Vordergrund stehen insbesondere die Fragen, ob eine beliebige Diskurspraxis (a) um den Knotenpunkt „Volk" oder andere (nicht-populistische oder gar antipopulistische) Knotenpunkte artikuliert wird und (b) inwiefern sie in antagonistischer Manier die Gesellschaft in zwei Hauptblöcke teilt: das Establishment bzw. den Machtblock gegen das Außenseitersubjekt „Volk" (im Gegensatz zu hegemonialen politischen Diskursen, die die bruchlose Kontinuität und Homogenität des Sozialgefüges behaupten und nicht-antagonistische, etwa technokratische, Lösungen präferieren). Aus dieser Perspektive bezeichnet der Populismus weder spezifische ideologische Inhalte noch ein bestimmtes Organisationsmuster, sondern eine diskursive Logik, einen Modus zur Darstellung und damit auch zur Mitkonstituierung des gesellschaftlichen und politischen Raums.

Zum performativen Prozess, in dem ein populistischer Diskurs artikuliert wird, gehört typischerweise die Verlinkung verschiedener, zunächst heterogener und unerfüllter Forderungen und unterschiedlicher Formen kollektiver Subjektivität, die in Äquivalenzbeziehungen zueinander treten und damit eine kollektive Identität um „das Volk" sowie die die Vertretungsrolle hierfür übernehmende Führung bilden.

Diese *äquivalenzlogische* Verbindung, die die Heterogenität sublimiert, kommt durch die Abgrenzung zu einem gemeinsamen Gegner (etwa dem Establishment) zustande, der für das Blockieren der Forderungen verantwortlich gemacht wird. Eine hegemoniale Wirkung kann das daraus resultierende populistische Diskursschema letztlich durch Prozesse der dauerhaften Anrufung (Artikulation und Verbreitung auf der Angebotsseite) sowie Identifikation (argumentative Akzeptanz und affektive Investition auf der Nachfrageseite) entfalten.

Unter Rückgriff auf solche relativ formalen Kriterien bietet eine diskurstheoretische Forschungsperspektive die Möglichkeit, rigorose Typologien populistischer Bewegungen, Identitäten und Diskurse herauszuarbeiten. Damit kann der artikulatorische Charakter populistischer Diskurse sowie die Flexibilität populistisch-ideologischer Artikulationen, wie Diskurstheoretiker_innen hervorheben, das Paradox der widersprüchlichen Ausprägungen populistischer Ideologien erklären, von sozialistisch-populistischen Hybridformen im heutigen Lateinamerika und den USA (Sanders) über populistische Basisbewegungen in vergleichsweise jüngerer Zeit in der europäischen Peripherie (Griechenland, Spanien) und den USA (Occupy Wall Street) bis hin zum paradoxen elitären Populismus, der rechte Bewegungen in Europa und den USA (Trump) kennzeichnet.

Eine solche flexible, aber auch stringente Konzeptualisierung des Populismus kann auch zur Klärung eines andauernden Streitpunkts in der Forschung beitragen: nämlich des ambivalenten Verhältnisses zwischen Populismus und Demokratie. Einerseits muss ernsthaft berücksichtigt werden, wie manche populistischen Bewegungen bei der Artikulation ihrer Repräsentationsansprüche gegenüber „dem Volk" auf charismatische Führungsfiguren setzen, sich von Ressentiments treiben lassen, den institutionellen Rahmen der repräsentativen Demokratie weitgehend umgehen und/oder in vielen Fällen ein illiberales, grundrechtsfeindliches und nationalistisches Potenzial aufweisen (Taggart 2000). Allerdings erschöpft ein solches Bild auch nicht die enorme Variabilität populistischer Artikulationen. In der Tat können andere Formen des Populismus als integraler Bestandteil demokratischer Politik und als Kraft zur Erneuerung demokratischer Institutionen betrachtet werden (Canovan 1999), indem sie etwa ausgegrenzte Gruppen vertreten, für egalitäre Politiken eintreten und damit auch einen formell populistischen Kern mit der radikaldemokratischen Tradition verbinden. Je mehr sich westliche Demokratien entpolitisierten Formen des Regierens zuwenden, die Colin Crouch (2004), Jacques Rancière (2007) und Chantal Mouffe (2000) als Post-Demokratie bezeichnen (vgl. Stavrakakis 2007), desto mehr erweist sich der Populismus aus der genannten Perspektive als geeignetes Instrument einer dringend notwendigen Repolitisierung (Laclau 2005a). Umso wahrscheinlicher wird damit auch, dass populistische Kräfte, darunter auch linkspopulistische, die Regierungsverantwortung übernehmen, wie es in Griechenland seinerzeit der Fall war.

3. Zur Krise: Auslöser oder performative Konstruktion?

3.1 Eine Konzeptualisierung von Krise als auslösendem Mechanismus und als performativer Konstruktion

Innerhalb der Populismusforschung ist es ein Allgemeinplatz, dass es einen Zusammenhang zwischen Krisensituationen und dem Aufkommen populistischer Diskurse und Bewegungen gibt. Hierzu gibt es in der Literatur reichlich Diskussionen (als Ausgangspunkt vgl. Taggart 2000, S. 2, 4f., 93f., 117). Die orthodoxeste Herangehensweise, die in den letzten Jahren von Kenneth Roberts (2015) prägnant formuliert worden ist, hebt die verschiedenen Möglichkeiten hervor, wie eine Krisensituation die populistische Mobilisierung auslösen kann. Dabei ist nicht von irgendeiner Krise, sondern von einer Repräsentationskrise die Rede, wie Roberts (2015, S. 141) anmerkt:

> populism thus emerges as a probable – though hardly an inevitable or exclusive – political strategy for appealing to mass constituencies where representative institutions are weak or discredited, and where various forms of social exclusions or political marginalization leave citizens alienated from such institutions.

So gesehen geht die Krise der populistischen Mobilisierung eindeutig voraus und bedingt diese. Anders gesagt: Der Populismus kann erst dann seine Wirkung entfalten, wenn ein Systemversagen zur Kurzschließung der demokratischen Repräsentation gesellschaftlicher Interessen, Werte und Forderungen durch etablierte Parteien und weitere intermediäre Organisationen führt (Roberts 2015, S. 147).

Dieses politikzentrierte Repräsentationsverständnis ist jüngst von Benjamin Moffitt (2015) als unzureichend erwiesen worden. Dabei erkennt Moffitt die Wichtigkeit der Literatur an, die Populismus und Krise miteinander in Verbindung bringt, identifiziert aber auch einige gravierende Mängel. Aus seiner Sicht ist es insbesondere problematisch, Populismus und Krise in ein *externes* Verhältnis zueinander zu setzen: Wird Krise nämlich als externer Auslösemechanismus bzw. notwendige Vorbedingung betrachtet, können die internen Verbindungen zwischen Populismus und Krise auf performativer Ebene nicht adäquat reflektiert und registriert werden. Daher besteht Moffitt darauf, Krise als essenzielles Eigenmerkmal des Populismus selbst zu betrachten. Indem er die angebliche Externalität zwischen den beiden hinterfragt (Moffitt 2015: 211), betont er nämlich die performative Konstruktion von Krise durch den populistischen Diskurs: „if we do not have the performance of crisis, we do not have populism" (Moffitt 2015: 190). Hierbei wird die Repräsentation primär in Bezug auf symbolische Artikulation und Performanz aufgefasst.

Kurzum: Moffitt macht auf zwei wichtige Problemlagen aufmerksam. Erstens wird Krise niemals als etwas erlebt, was einfach so gegeben ist und einem simplen kausalen Verhältnis entspricht. Zweitens ist uns Krise niemals in „objektiver" und

„neutraler" Weise zugänglich. Das Reale der Krise kann nur (partiell) durch irgendeine Form von Vermittlung zugänglich werden, etwa durch die performative Konstruktion in einem populistischen Diskurs. An dieser Stelle bezieht sich Moffitt (2015, S. 195) direkt auf die Lacansche Unterscheidung zwischen dem Realen und dem Symbolischen:

> To more widely invoke Slavoj Žižek's (1999) reading of Lacan – there may very well be a Real in which crisis operates, but we cannot access it because our language remains at the level of the Symbolic. As such, crisis is very much what we make of it.

Dies hat letztlich zur Folge, dass „populist actors actively perform and perpetuate a sense of crisis, rather than simply reacting to external crisis". Schließlich folgert Moffitt (2015, S. 198; vgl. auch Moffitt 2016, S. 113ff.), dass Krisen niemals „neutrale" Phänomene darstellen, sondern komplexe Vermittlungen mit sich bringen, die durch politische Akteure „performt" werden:

> [P]opulist actors actively participate in the „spectacularization of failure" that underlies crisis, allowing them to pit „the people" against a dangerous other, radically simplify the terms and terrain of political debate and advocate strong leadership and quick political action to stave off or solve the impending crisis.

3.2 Eine neue Choreographie: Dislokation, radikaler Konstruktivismus und Performativität

Moffitts Systematisierung der Debatte ist hilfreich und aktuell. Auffällig in diesem Zusammenhang ist allerdings, dass Moffitt (zumindest in seinem Frühwerk) Ernesto Laclaus Beitrag zur Debatte auf der Seite der „externen" und „objektiven" Krisentheoretiker verortet (Moffitt 2016, S. 115). Was dabei ignoriert wird, ist zunächst Laclaus sozialkonstruktivistische Sicht auf Diskurs insgesamt, die über jegliche objektivistische Logik hinausgeht. Zweitens und vor allem ist zu betonen, dass Laclau bereits 1990 im Anschluss an eine Debatte mit Žižek zum Lacanschen Realen – das von Moffitt als eigene Inspirationsquelle zitiert wird – den Begriff der „Dislokation" als (inhärenter) Grenze der (sozial konstruierten) Objektivität bzw. Moment des Scheiterns einführt. Jener durchbricht die etablierte Realität und eröffnet ein antagonistisches Spiel zwischen konkurrierenden diskursiven Artikulationen, die um die Errichtung einer neuen Hegemonie ringen (Laclau 1990). Damit akzeptiert Laclau (2003, 2004) ebenso wie Moffitt (und Lacan und Žižek ebenfalls) die irreduzible Distanz zwischen dem Realen (Objektivität) und dem Symbolischen (soziale Konstruktion). Allerdings registriert und konzeptualisiert er im Gegensatz zu Moffitt die kontinuierlichen Interaktionen zwischen beiden Dimensionen. Es handelt sich hierbei um eine wichtige Perspektive, die jüngst auch von der Cultural Political Economy aufgegriffen worden ist: „crises offer a real-time laboratory to study the dialectic of semiosis and materiality" (Sum/Jessop 2013, S. 379; vgl. auch Jessop 2015).

Laclaus Begriff der Dislokation bildet den konzeptuellen Kern seiner Argumentation in *New Reflections* (Laclau 1990, S. 39ff.) und wohl auch seine wichtigste konzeptuelle Innovation der 1990er Jahre (Stavrakakis 2007, S. 73f.). Hier wird Dislokation zunächst als Moment des Scheiterns und Subvertierens eines Repräsentationssystems aufgefasst. Obwohl Dislokationen eine radikale Negativität verkörpern – als Begegnungen mit dem Realen haben sie keinen positiven Inhalt (symbolischen Sinn) in sich (Lacan) – und sich nicht von einer deterministischen Geschichtsphilosophie vorhersagen lassen (Gramsci), weisen sie dennoch einige wichtige Konsequenzen für unsere sozio-symbolische Realität auf. Das liegt daran, dass sie neben ihrem negativen Charakter eine positive, produktive Dimension eröffnen. Wenn Dislokationen nach Laclau etablierte Identitäten einerseits bedrohen, bringen sie andererseits auch einen Mangel an Sinn hervor, der die Grundlage für die Herausbildung neuer Identitäten bildet (Laclau 1990, S. 39). Anders gesagt: Wenn Dislokationen bestehende Identifikationen und Diskurse destabilisieren, lösen sie im selben Zuge neue Konstruktionen aus, die die dislozierte Struktur erneut zuzunähen versuchen, indem sie etwa über „Krise" in mythischer Manier erzählen und damit bestimmte Lösungen gegenüber anderen im Kampf um Hegemonie legitimieren (Laclau 1990, S. 63, 65).

Damit schaffen es Laclaus Überlegungen zum dualen Charakter von Dislokationen die beiden geschilderten Ansätze zu verbinden: Eine Dislokation als Versagen eines sedimentierten Repräsentationssystems (sowohl im traditionell politikwissenschaftlichen Sinne wie bei Roberts als auch im eher konstruktivistischen wie bei Moffitt) wird als Auslösemechanismus für neue populistische (und sonstige) diskursive Konstruktionen vorausgesetzt, die jeweils eigene Erzählungen und Lösungen anbieten.

Solche Konstruktionen sind radikal, weil sie retroaktiv wirken. In *On Populist Reason* legt Laclau seiner Populismustheorie eine radikal-retroaktive Ontologie zugrunde: „the construction of the ‚people' is a *radical* one – one which constitutes social agents as such, and does not express a previously given unity of the group" (Laclau 2005a, S. 118; Herv. i.O.). Das „Volk" als leerer Signifikant wird grundsätzlich erst retroaktiv konstruiert und damit zum Eigennamen, der das erst (partiell) hervorbringt, was er zum Ausdruck bringen soll (nämlich eine souveräne kollektive Identität). Dabei schreibt Laclau der „Performativität" bzw. der Dimension der „Performanz" eine Schlüsselrolle zu. Der populistische Diskurs „tries to operate performatively within a social reality which is to a large extent heterogeneous and fluctuating. I see this moment of vagueness and imprecision – which, it should be clear, does not have any pejorative connotation for me – as an essential component of any populist operation" (Laclau 2005a, S. 118). Bereits ab 2005 legte Laclau somit die

Grundsteine einer performativen Populismustheorie, die vom „Modell Moffitt" nicht weit entfernt ist. Demnach wird Systemversagen konstruiert und performativ als Krise erzählt, die wiederum auf die Handlungen einer „Oligarchie" zurückgeführt wird, was die radikale Konstruktion eines „Volkes" erst auslöst:

> If I refer to a set of social grievances, to widespread injustice, and attribute its source to the „oligarchy", for instance, I am performing two interlinked operations: on the one hand, I am constituting the „people" by finding the common identity of a set of social claims in their opposition to the oligarchy; on the other, the enemy ceases to be purely circumstantial and acquires more global dimensions. [...] [W]e are dealing not with a conceptual operation of finding an abstract common feature underlying all social grievances, but with a performative operation constituting the chain as such. (Laclau 2005a, S. 97)

3.2 Das antagonistische Szenario: Populismus gegen Anti-Populismus

Aus dieser Diskussion folgt eine weitere wichtige Erkenntnis. Es gibt niemals nur eine politische Kraft, die sich auf das geschilderte Hegemoniespiel einlässt und in einem soziopolitischen Vakuum die Krise solipsistisch inszeniert. Und dies ist nicht nur eine empirische Beobachtung, sondern folgt aus der irreduziblen Distanz zwischen realem Versagen und performativ konstruierter Krise, das bereits hervorgehoben wurde. Diese Distanz kann in vielfältiger Manier überbrückt werden und damit zur Herausbildung gegensätzlicher politischer Projekte führen: „verschiedene politische Kräfte [können] in ihren Anstrengungen wetteifern, ihre partikularen Ziele als solche zu präsentieren, die das Füllen des Mangels realisieren können" (Laclau 2002[1996], S. 76). Darum dreht sich nämlich Hegemonie, was auch von der Cultural Political Economy betont wird:

> a crisis is a moment for contestation and struggle to construe it and inform individual and collective responses. This involves, among other issues, [...] identifying rightly or wrongly purported causes (agential, structural, discursive and technical). (Sum/Jessop 2013, S. 398)

Die meisten Analysen des Populismus – auch die von Moffitt – schaffen es letztlich nicht, dieses breitere hegemoniale Umfeld zu berücksichtigen, in dem sich populistische Akteure bewegen müssen. Letztere sind natürlich nie allein, wenn sie Versagen identifizieren, Krisen konstruieren und im selben Zuge Schuldzuweisungen und Lösungsvorschläge hervorbringen. Wenn sie auf das kontinuierliche Erzählen von „Krise" setzen, muss diese Strategie im Kontext eines Antagonismus zwischen Populismus und Anti-Populismus verstanden werden, der aus der populistischen Einrahmung der Krise folgen kann, sich aber auf diese nicht reduzieren lässt. Hier sind Populist_innen nämlich nicht die einzigen, die auf Schuldzuweisungen, einfache Lösungen und moralische Verurteilung setzen. Wie kann die Populismusforschung die Tatsache abstreiten, dass „crisis does not come pre-interpreted but is often profoundly disorienting, creating space for alternative, often contested, construals and crisis responses, with different subjects likely to adopt different stances" (Sum/Jessop 2013, S. 396).

In der Tat wird die Bezeichnung „populistisch" – mit all ihren historisch sedimentierten negativen Konnotationen von Verantwortungslosigkeit, Demagogie und/oder antidemokratischen Tendenzen – sehr oft von Mainstream-Parteien und -Medien eingesetzt, um oppositionelle politische Kräfte und Diskurse unabhängig von der ideologischen Einrichtung zu brandmarken und deren hegemoniales Potenzial zu untergraben. Wenn tiefes Systemversagen und Dislokationen eine hegemoniale Ordnung destabilisieren, das Dealignment eines Parteiensystems begünstigen und Krisenkonstruktionen auslösen, die die reibungslose Reproduktion der Ordnung gefährden, treten etablierte Parteien mit ganz eigenen Krisenkonstruktionen auf, die die eigene Verantwortung leugnen und sehr oft den Populismus als Hauptursache auswählen (Anti-Populismus). Zweifelsohne gilt: „[s]uccessfully to blame one set of factors and/or actors deflects blame from oneself and sets the stage for efforts to resolve matters" (Sum/Jessop 2013, S. 399). Was außerdem bei solchen Schuldzuweisungen auf dem Spiel steht, ist der genaue Charakter der Krise selbst, ob jene nämlich als „Krise in" oder „Krise von" bestimmt wird:

> Crises „of" a system are less common. They occur when there is a crisis of crisis management (i.e., normal responses no longer work) and efforts to defer or displace crises encounter growing resistance. Such crises are more disorienting than crises „in", indicating the breakdown of previous regularities and an inability to „go on in the old way". (Sum/Jessop 2013, S. 398; vgl. auch Jessop 2015, S. 248)

Populistische Kräfte stellen die Krise tendenziell als interne „Krise von" einem zuvor hegemonialen *Status quo* (sowie dessen eingebauten Krisenmanagement-Apparat) dar, die wiederum eine systemische Erneuerung durch Akteure außerhalb des krisengeschüttelten Systems (sprich die populistischen Kräfte selbst) notwendig mache. Etablierte Kräfte hingegen können die Krise nur als „Krise im" System repräsentieren und die aufgetretenen Schwierigkeiten auf primär „externe" Faktoren zurückführen, sogar auch dann, wenn diese nachweislich in die interne Funktionsweise des Systems eingedrungen sind – etwa in Form der ausgemachten populistischen Bedrohung selbst.

Gewinnbringend für eine stringente Theoretisierung des Populismus ist demgemäß, den Antagonismus zwischen populistischem und anti-populistischem Diskurs in den Vordergrund zu stellen und zu untersuchen, wie dieser die Identität beider aufkommender Lager prägt. Die Berücksichtigung der gegenseitigen Konstituierung von Populismus und Anti-Populismus muss schließlich als wichtiger Bestandteil einer formellen (konstruktivistischen und performativen), diskursorientierten Perspektive auf Populismus und Krise betrachtet werden. Der Populismus ist ohne den Anti-Populismus nicht zu denken; ohne eine sorgfältige Analyse des letzteren ist es unmöglich, den ersteren effektiv zu untersuchen.

4. Zum Populismus SYRIZAs: Diskursive Architektonik und Entstehungsbedingungen

Nun können wir erkunden, ob eine solche Theoretisierung des Populismus uns dabei hilft, das populistisch anmutende Profil SYRIZAs und deren politischen Operationen im krisengeschüttelten Kontext Griechenlands besser einzuordnen (Stavrakakis/ Katsambekis 2014; Stavrakakis 2016). Mit Blick auf das Phänomen des Linkspopulismus im heutigen Europa bildet Griechenland aus mehreren Gründen ein wichtiges Fallbeispiel. Da es sich hierbei um das erste Land Südeuropas handelt, das auf Anhieb und mit unvorstellbarer ökonomischer und symbolischer Gewalt das Aufzwingen drakonischer Austeritätsmaßnahmen erlebte, lag es zunächst nahe, dass Griechenland eine komplexe (und manchmal auch widersprüchliche) Protestkonjunktur sowie deren allmähliche Kanalisierung über unterschiedliche populare bzw. populistische Wege erfahren würde. Zweitens wurde die Situation dadurch verschärft, dass ein Teil der einheimischen „Modernisierungs"-Elite die Krise als Chance betrachtete, um das ökonomische, politische und kulturelle Leben radikal in eine ganz bestimmte Richtung umzulenken, die als postdemokratisch und ohne wirklichen Platz für ein „Volk" zu betrachten ist. Angesichts der populistischen politischen Kultur, die Griechenland seit der Restaurierung der Demokratie ab 1974 dominierte, bot sich die Möglichkeit an, dem „korrupten Charakter" des Populismus die Schuld an der Krise zuzuweisen und im selben Zuge technokratische, postdemokratische Lösungen zu legitimieren, die jeglichem Protest von unten zuvorkommen sollten.

Aus all den genannten Gründen tritt die Konfrontation zwischen Populismus und Anti-Populismus als zentrale diskursive Konfliktlinie in der griechischen Öffentlichkeit in Erscheinung (Pappas 2015; Stavrakakis 2016). Einerseits wurden wie erwartbar die Forderungen jener sozialen Schichten sowie Bürger_innen, die eine gewaltsame soziale Abstufung erfuhren, allmählich im Rahmen eines Diskurses artikuliert, der „das Volk" gegen einheimische und europäische politische und ökonomische Eliten setzte. Andererseits und nicht weniger erwartungsgemäß versuchten die Eliten, die dazu unfähig und unwillig waren, die volksbezogenen Forderungen zu registrieren und aufzunehmen, diese zu verdrängen und auf die Bedrohungserscheinung des „Populismus" zu reduzieren, dem sie wiederum die Schuld an jeglichem Unglück und auch an eigenen institutionellen Versagen geben konnten. „Populismus" wurde damit zu einem leeren Signifikanten *par excellence* und einem Gefäß, das einen Überschuss an heterogenen Bedeutungen unterbringen kann und als Synekdoche für ein allgegenwärtiges Übel fungiert: Unverantwortlichkeit, Demagogie, Unmoral, Korruption, Zerstörung, Irrationalität.

4.1 Die aufkommende Polarisierung innerhalb der Krisenlage

Nach drei Jahren härtester Austerität und massiver Haushaltskürzungen stand Griechenland, das 2001 der Eurozone beitrat und 2004 unter großem internationalem Beifall die Olympiade veranstaltet hatte, eindeutig vor einer der schwierigsten Situationen seiner jüngsten Geschichte. Im Kontext der globalen Wirtschaftskrise wurden über Nacht sein Schuldenstand und sein Defizit für nicht tragfähig erklärt, woraufhin die EU, die EZB und der IWF rücksichtslose Austeritätsmaßnahmen als Gegenleistung für ein „Rettungspaket" forderten. Die danach durchgesetzte Politik führte zu einer wirtschaftlichen und sozialen Situation, die nur mit dem Crash von 1929 in den USA verglichen werden kann: Das BIP schrumpfte von 2008 bis 2012 um 20% und die Arbeitslosigkeit stieg auf 27%, die Jugendarbeitslosigkeit auf 60%. Es war schlechthin unmöglich, dass die daraus entstehende Frustration, Wut und Verzweiflung keine Folgen für die Identifikation mit den Parteien und den politischen Prozess haben würde. Die davon betroffenen Parteien waren von der Troika mit der Durchsetzung der Austeritätspolitik sowie strikter Steuerdisziplin, radikaler Haushaltskürzungen, massiver Privatisierungen und sogenannter Strukturreformen neoliberalen Typs beauftragt geworden: Zuerst Georgios Papandreous Mitte-Links-Partei PASOK und danach alle Parteien, die die Regierung des Technokraten Lukas Papademos trugen, also PASOK, die rechte *Nea Demokratia* (ND) und LAOS. Alle drei erlitten infolgedessen einen Kollaps ihrer Wählerbasis im Mai 2012, wobei die rechtspopulistische LAOS aus dem Parlament ausschied, die ND fast die Hälfte ihrer Wählerschaft verlor und die PASOK noch härter abgestraft wurde (von 43,92% auf 13,18% der Stimmen).

Vor diesem Hintergrund gelang es SYRIZA, der radikalen griechischen Linken unter der Führung ihres jungen Spitzenkandidaten Alexis Tsipras, einen erheblichen Teil der Wählerschaft anzusprechen und zu mobilisieren (vgl. Agridopoulos 2016). Zuerst erhielt die SYRIZA-Koalition im Mai 2012 16,78%, was eine Verdreifachung ihres Stimmenanteils seit 2009 bedeutete. Dieser Anteil wuchs sogar noch weiter bei den Wahlen vom Juni 2012, als SYRIZA mit 26,89% eine anhaltende Aufwärtsdynamik bewies.

Dabei gilt es zu beachten, dass diese Dynamik der radikalen Linken nicht selbstgeschaffen war, sondern durchaus von den bereits anwachsenden massiven Volksbewegungen gegen die Austerität (von landesweiten Streiks und Massendemonstrationen bis hin zu Solidaritätsaktionen) ausgelöst wurde. Dazu gehörten die sogenannten „Aganaktismenoi" (dt. Empörten, Enttrüsteten), die von den namensgleichen „Indignados" in Spanien inspiriert waren. Tatsächlich war SYRIZA wohl die einzige Partei, die auf die Forderungen der Protestierenden einging und sich mit ihnen auf den Straßen solidarisierte. An diesem Ort begann sich eine Äquivalenzkette zwischen verschiedenen Gruppen und Forderungen in der gemeinsamen Opposition gegenüber den europäischen und griechischen politischen Strukturen herauszubilden, woraus später SYRIZAs Anrufung entstand, „das Volk" gegen „die da" zu repräsentieren.

SYRIZAs Programm, das die meisten Forderungen der Volksbewegungen aufnahm, beruhte auf einem alternativen Bündel von politischen Initiativen, die einen Bruch mit dem sogenannten „Memorandum" (Kreditabkommen zwischen Griechenland und seinen Notstandsgläubigern vom April 2010) und der Austeritätspolitik forderten und diese wegen ihrer krisenverschärfenden sozialen Folgen kritisierten. Auf der Basis eines Krisennarrativs, das starke Behauptungen von Schuldzuschreibung umfasste, rief SYRIZA zur Bildung einer breiten Koalition auf, die zu einer linken Regierung führen sollte, die stark genug wäre, um die „Memoranden" zu annullieren und dennoch den Platz des Landes in der Eurozone zu behaupten (jedoch „nicht zu jedem beliebigen sozialen Preis"), die Besteuerung von Großkonzernen zu erhöhen, die Banken unter die Kontrolle der Gesellschaft zu stellen, ein Moratorium auf die Schuldenzahlungen zu erklären, bis die griechische Gesellschaft wieder auf die Beine gekommen wäre, sowie die Lohnkürzungen und Sondersteuern abzuschaffen. Diese Forderungen wurden von den austeritätstragenden Parteien als „populistisch" und unrealistisch, sogar als undenkbar stigmatisiert – als eine Politik, die das Land mit Sicherheit aus der Eurozone, wenn nicht sogar aus der EU ausschließen und in der Folge in eine wirtschaftliche und soziale Hölle verwandeln würde.

In jedem Fall wurden die überraschenden Wahlerfolge von SYRIZA und die Nötigung, radikal dagegen aufzutreten, von den Mainstream-Medien und den drei Parteien, die die nach den Wahlen von Juni 2012 gebildete Regierung unterstützten (ND, PASOK und die gemäßigt linke DIMAR), mit Verweis auf SYRIZAs *populistische* Botschaft erklärt – eine Botschaft, die gleichermaßen gefährlich wie verführerisch sei. Wenn wir nun von der Ebene des politischen Antagonismus und des Mediendiskurses zur Ebene einer theoretisch informierten Politologie übergehen, wie können wir dann SYRIZAs Diskurs einordnen? Wenn wir die obigen Kriterien verwenden, können wir dann die Charakterisierung als populistisch akzeptieren? Dabei werden unsere leitenden Fragen lauten: Ist der seinerzeit von SYRIZA und Alexis Tsipras artikulierte Diskurs ein populistischer Diskurs? Erfüllt er die beiden Kriterien der Essex-School-Perspektive, nämlich einen zentralen Bezug auf „das Volk" und eine äquivalenzielle, antagonistische diskursive Logik?

4.2 Bezüge auf „das Volk" in SYRIZAs Diskurs

Die beispiellose wirtschaftliche, soziale und politische Krise in Griechenland hatte einen doppelten Prozess in Gang gebracht, der SYRIZAs Diskurs und Wählerschaft vor der Krise verwandelte. Einerseits führten wachsende Armut, Frustration und Wut breite Teile der Wählerschaft dazu, sich mit ihren früheren Parteipräferenzen zu desidentifizieren. Anderseits wurde klar, als SYRIZA die Möglichkeit erkannte, die Mehrheit dieser Subjekte und Gruppen (wenigstens die mit einer mehr oder weniger egalitären Einstellung) zu repräsentieren, dass nur ein einziger Signifikant aus dem semiotischen Reservoir der europäischen politischen Moderne und der griechischen Geschichte ein solches Repräsentationsverhältnis begründen und entsprechende Anschlüsse herstellen könnte: der Signifikant „das Volk" (λαός). Was es SYRIZA ermöglichte, sich aus einer marginalen Koalition linker Gruppen in eine Partei mit der Chance, zur Macht zu kommen, zu verwandeln, scheint genau die Aneignung dieser Repräsentationsaufgabe zu sein. In der Tat scheint ein neuer Typ von Repräsentation entscheidend in SYRIZAs Botschaft gewesen zu sein – ein Schlüsselthema, das sich in unseren Interviews mit Aktivist_innen und Politiker_innen von SYRIZA herausschälte.[1]

Es gibt eine Menge Belege für diese Hypothese. Zunächst kann man vielleicht von einer bloßen Aufzählung von Bezügen auf „das Volk" im Parteidiskurs ausgehen. Eine einleuchtende Illustration für SYRIZAs „Wendung zum Volk" lässt sich im Diskurs ihrer führenden Figur beobachten. Während Tsipras in Wahlkampfreden von 2009 sich nur selten auf „das Volk" bezog, bietet sich in den beiden Wahlkämpfen von 2012 (Mai und Juni) ein völlig anderes Bild. Wenn man zum Beispiel die Rede von Tsipras auf der zentralen Kundgebung von SYRIZA in Athen (auf dem Kotzia-Platz) am 29. September 2009 untersucht, so findet man dort nur fünf Erwähnungen des Volksbegriffs. In scharfem Kontrast dazu gibt es in seiner Rede auf der zentralen Kundgebung am 14. Juni 2012 auf dem Athener Omonia-Platz, also nur drei Jahre später, nicht weniger als 50 solcher Bezüge.

Schauen wir uns im Detail an, wie der Signifikant „das Volk" in Tsipras' Diskurs funktioniert. In einigen seiner originellsten populistischen Momente weist Tsipras einen virtuell selbstauslöschenden Gestus auf, indem er SYRIZA als nahezu neutralen Multiplikator einer Volksmacht hypostasiert: Das Votum des Volkes für SYRIZA sei ein Votum, das dieses Volk selbst stärke, was zu einer Art Spiegel-Dialektik zwischen beiden führt:

> Unser Volk wird durch seine Wahl von SYRIZA-USF den Weg zu einem großen historischen Wechsel eröffnen. [...] Am Sonntag geht es nicht bloß um eine simple Konfrontati-

---

1 Insgesamt wurden zehn semistrukturierte Interviews durch Alexandros Kioupkiolis und Giorgos Katsambekis im Rahmen des Forschungsprojekts POPULISMUS in Athen (30.9.–2.10.2014 und 15.–18.12.2014) durchgeführt.

on zwischen SYRIZA-USF und dem politischen Establishment des Memorandums. [...] Es geht um eine Begegnung des Volkes mit seinem Leben, eine Begegnung des Volkes mit seinem Schicksal. [...] Zwischen dem Griechenland der Oligarchie und dem Griechenland der Demokratie. [...] Das Volk kommt mit SYRIZA-USF zusammen.

In seiner Rede gibt Tsipras im Endeffekt der Formulierung des Wahlprogramms der Partei vom Mai 2012 ein Echo: „Jetzt wählt das Volk! Jetzt ergreift das Volk die Macht!" Es ist auch erwähnenswert, dass Tsipras in einer anderen Rede sogar Erinnerungen an die populistischen 1970- und 1980er Jahre weckte, indem er im Namen der „Nicht-Privilegierten" (μη-προνομιούχοι) sprach und dadurch einen hoch aufgeladenen Signifikanten reaktualisierte. In Andreas Papandreous Diskurs – während der frühen linkspopulistischen Hegemonie der PASOK (1981–1989) – war gerade dieser Name die zentrale Synekdoche für „das Volk".

So ist also bereits klar geworden, dass der Signifikant „das Volk" in solchen Formulierungen im Diskurs von Tsipras und SYRIZA nicht als farbloses Klischee, als neutraler Hinweis auf die Verfassungsbasis und das legitimatorische Ideal der Demokratie verwendet wird, sondern die Rolle eines zentralen Verweises, eines *Knotenpunkts* erfüllt, der den Diskurs vom Anfang bis zum Ende überdeterminiert, so dass das erste Definitionskriterium erfüllt wird.

4.3 Antagonismus und Äquivalenzlogik

Wenn also einerseits im Kontext der Krise „das Volk" als Knotenpunkt hervorsticht, worin liegt dann anderseits die diskursive Logik, die den Diskurs von SYRIZA dominiert? Wir haben bereits gesehen, wie nach den Annahmen der Essex School der Populismus das soziale Feld typischerweise in dichotomischer Weise aufspaltet. Daraus ergibt sich eine klare Forschungsfrage: Handelt es sich beim Diskurs von Tsipras und SYRIZA um einen antagonistischen Diskurs nach einer Logik der Äquivalenz?

Eine erste aufschlussreiche Antwort ergibt sich aus SYRIZAs zentralem Slogan für die Wahlen vom Mai 2012: „Sie haben ohne uns entschieden – wir gehen ohne sie voran". Dieser Slogan zielte – gemeinsam mit anderen ähnlichen – darauf, die Stimmung von Frustration und Wut im Volk gegen die harten Austeritätsmaßnahmen einzufangen. Dabei beanspruchte er gleichzeitig, auf einen alternativen Weg zu zeigen, gestützt auf der Hoffnung auf etwas Besseres, etwas „Neues" und Anderes. Er funktionierte als ein diskursives Werkzeug, um „Äquivalenzketten" zwischen heterogenen frustrierten Subjekten, Identitäten, Forderungen und Interessen dadurch zu schaffen, dass sie in gemeinsamer Opposition gegen einen gemeinsamen „Anderen" stehen: einen „Feind des Volkes", konkret also die „Pro-Austeritätskräfte", das „Memorandum", die „Troika" usw. In diesem Diskurs wurden all diese Elemente ebenfalls in einer Äquivalenzlogik verbunden und als zwar verschiedene, aber zusammenhängende Teile des „Establishments" dargestellt. Der Diskurs von SYRIZA teilte den sozialen Raum auf diese Weise in zwei polare Lager: „wir" („das Volk") gegen „sie" (das „Establishment", die „Elite"), die Außenseiter gegen die Macht, die Unterprivilegierten gegen die Elite, die „hier unten" gegen die „da oben".

Ein anderer Slogan aus SYRIZAs Maiwahl-Kampagne formulierte die gleiche politische Logik in noch eindeutigeren Termini: „Entweder wir oder sie: Gemeinsam können wir sie stürzen". Auf diese Weise verwiesen solche Slogans, indem sie eine tiefe antagonistische Trennungslinie markierten, auf das demokratische Defizit in Griechenland, auf den Abgrund zwischen dem Volk, das angeblich entscheidet, und den tatsächlichen Entscheidern „ohne Volk". Der Slogan „entweder wir oder sie" bezeichnet damit die fundamentale Opposition zwischen zwei Identitäten, indem er die eine der beiden („sie") als radikal antagonistisch gegen die andere („wir") setzt.

Doch wer sind „sie" und wer sind „wir"? Zunächst bestand der Feind in SYRIZAs Diskurs eindeutig aus jenen Kräften, die Griechenland in den Jahren zuvor beherrschten und die Austeritätspolitik umsetzten, die wiederum zu beispiellosen Graden an Rezession, Arbeitslosigkeit und Armut führten. In unserem Interview mit dem ehemaligen Sekretär von SYRIZA, Dimitris Vitsas, stellte sich als wichtigste Zielscheibe das „korrupte Dreieck" heraus, bestehend aus der Verflechtung zwischen Großkonzern- sowie Bankeninteressen, Mediensystem und Parteiensystem (Interview mit Vitsas, 17.12.2014). Zwei Ebenen lassen sich hier beobachten: Auf einer *ersten Ebene* werden spezifische Kräfte innerhalb des Landes angegriffen (z.B. das alte Parteiensystem: ND, PASOK, DIMAR, LAOS); auf einer *zweiten Ebene*, einem fortschreitenden „Stellungskrieg", wird eine breitere Konfrontation angesprochen, auf der sich der Gegner *Neoliberalismus* mit seinen Vorkämpfern befindet (die internationalen Finanzinstitutionen wie der IWF und die aktuelle Führung der EU). Beide Ebenen werden im Diskurs von SYRIZA durch verschiedene Operationen verbunden. Die auffallendste ist ein Wortspiel, das Tsipras häufig verwendete: „troika *exoterikou* – troika *esoterikou*" (dt. äußere Troika – innere Troika), wodurch die Drei-Parteien-Koalition ND, PASOK, DIMAR im Endeffekt mit den Gläubigerinstitutionen EU, EZB und IWF gleichgesetzt wurde.

Und wer ist das „Wir", das „Volk", auf das sich SYRIZA beruft? Tsipras definiert SYRIZA als einen genügend großen „Spiegel", in dem sich eine Vielzahl sozialer Sektoren, Wählerschaften und Subjektivitäten wiedererkennen kann, die zusammen das zu repräsentierende „Volk" ausmachen:

> SYRIZA ist das Gesicht einer angegriffenen Gesellschaft. Es ist der Arbeiter, und der Arbeiter im Streik. Es ist der Arbeitslose, der Arbeit fordert. Es ist der Rentner. Es ist der Einwanderer, der Licht und Würde fordert. […] Es ist die junge Arbeiterin, die in zwei oder drei Teilzeitbeschäftigungen arbeitet. Es ist der 16-jährige, der sich erstickt fühlt. Es ist die Ärztin, die um das Leben ihrer Patienten kämpft, die Lehrerin, die Schulen und Universitäten am Leben zu halten versucht. Es ist die Jugend, die für Umwelt, Wasser

und Luft kämpft. Es ist jede Person mit besonderen Merkmalen, die das nicht als Behinderung sieht. SYRIZA sind wir alle, das Gesicht jeder unterdrückten Person im heutigen Griechenland. (Tsipras 2013)

Die in dieser Aufzählung genannten Subjekte bilden eine breite populare Allianz, und zwar nicht auf der Basis eines gemeinsamen positiven Merkmals als einer Art präexistenter substanzieller Einheit, sondern auf der Basis *eines gemeinsamen Mangels, der sie sämtlich betrifft* (Laclau 2005a, S. 38). Es ist diese negative Gemeinsamkeit, die sie vereinen soll in einem Appell zur Überwindung der herrschenden Ordnung. Dieser flexible „Mangel" kann mit einer Vielzahl verschiedener empirischer Situationen korrespondieren. Er kann verschiedene Bedeutungen annehmen, je nachdem, was die heterogenen individuellen und kollektiven Subjekte in den Jahren der Krise verloren haben, ob durch Lohn- oder Rentenkürzung, ob durch Arbeits- oder Versicherungslosigkeit o.Ä. Es ist ebenfalls klar, dass „das Volk" dabei nicht in einer Weise angerufen wird, die Pluralität und soziale Vielfalt zugunsten einer homogenen „Einheit" ausschließen würde. Es geht um einen gemeinsamen demokratischen Kampf, der die verschiedenen Subjekte vereint, indem er ihre Aktion auf eine gemeinsame Sache orientiert: den Sturz des Zweiparteiensystems und der Austeritätspolitik. In diesem Sinne handelt es sich um eine offene Äquivalenzkette, die die für Rechtspopulismen typischen Ausschlüsse vermeidet. Jede explizite oder implizite Beziehung auf ein widerständiges Imaginäres gegen die Troika mit nationalen oder nationalistischen Konnotationen ist durch eine antikoloniale bzw. antiimperialistische Logik überdeterminiert. Tatsächlich attackiert SYRIZA in der Resolution ihrer Gründungskonferenz als Partei die Verwandlung Griechenlands in eine „Schuldenkolonie" und verpflichtet sich, diese Situation zu beenden (SYRIZA 2013, S. 1, 5; vgl. auch Kotzias 2016). In der Tat ist es entscheidend zu betonen, dass SYRIZA seit ihrer Gründung eine der entschiedensten Anwältinnen gleicher Rechte der Einwanderer_innen und deren vollen Inklusion in die griechische Gesellschaft gewesen ist. Gleiches gilt für Gendergleichheit und LGBT-Rechte; SYRIZA war die einzige Partei, die für die Ehe für Schwule und Lesben eintrat und verabschiedete direkt nach der Regierungsbildung 2015 ein Gesetz zur Legalisierung gleichgeschlechtlicher Lebenspartnerschaften. Insofern könnte man SYRIZAs Populismus auch als „inklusiven Populismus" nach Mudde und Rovira Kaltwasser (2013) bezeichnen.

SYRIZA ruft also ein (politisches) Subjekt an, das eng mit kollektiver Aktion und einem Projekt von Selbstemanzipation verknüpft ist, und zwar durch eine Verbindung auf der Basis von gemeinsamem Mangel/Frustration, die einem deutlich begrenzten, gleichermaßen äußeren wie inneren Feind zugeschrieben werden kann. Dabei handelt es sich um einen kreativen Prozess, der auf der Dichotomisierung des sozialen und politischen Raums beruht sowie auf der Dominanz des Signifikanten „das Volk" als Eigenname dieser hervortretenden kollektiven Subjektivität. Beide Aspekte wurden durch unsere diskurstheoretische Analyse von Tsipras und SYRIZA bestätigt und legen damit nahe, dass SYRIZAs Diskurs als populistisch einzuordnen ist.

5. Populismus gegen Antipopulismus

Ohne eine Berücksichtigung des breiteren Kontexts ist es allerdings unmöglich, die Ereignisse in Griechenland und die Auffälligkeit populistischer Diskurse, die im Kontext der europäischen Krise durch Bewegungen gegen die Austerität artikuliert und von SYRIZA aufgegriffen wurden, einzuordnen. Dieses Umfeld war nämlich durch das Aufkommen und die Konsolidierung einer diskursiven Grenze zwischen Populismus und Antipopulismus gekennzeichnet, die die Konstituierung beider Lager auf der Basis gegensätzlicher Krisennarrative sowie politischer Mythologien maßgeblich prägte. Anders gesagt: Der Sinnmangel, der aus den sozialen Dislokationen im Zusammenhang mit dem wirtschaftlichen Zusammenbruch sowie der Umsetzung der Rettungspakete entstand, machte die Bereitstellung von Projektionsflächen und Verständlichkeitsprinzipien erforderlich, die jeweils eine sinnergebende Einordnung der Krise ermöglichen, deren Ursachen erklären und potenzielle Lösungen skizzieren. Es überrascht nicht, dass die populistische Variante nicht die einzige im Aufgebot war.

Im Fall Griechenlands haben antipopulistische Diskurse aufgrund der vergleichsweise langen Dauer der Krise eine tiefe diskursive Spaltung geschaffen, die die griechische Gesellschaft durchzieht und internationale Aufmerksamkeit auf sich gezogen hat. Beispielsweise reservierte *Der Spiegel* im Juli 2012 einen prominenten Platz für Tsipras auf der Liste der „Zehn gefährlichsten Politiker Europas [...] die sich mit billigem Populismus innenpolitische Vorteile zu verschaffen versuchen" (für weitere Beispiele vom *Guardian* bis hin zu *Financial Times* vgl. Stavrakakis/ Katsambekis 2014, S. 120). Im nationalen Kontext wurde deutlich, dass die radikale Politisierung und der antagonistische Streit, der im populistischen Diskurs SYRIZAs inszeniert und performt wurde, eine erbitterte Gegenreaktion auslöste, die SYRIZAs Projekt als „populistisch" im extremsten negativ geladenen Sinne des Begriffs denunzierte. Im Buch *Populismus, Anti-Populismus und Krise* haben Sevastakis und Stavrakakis diesen ausufernden antipopulistischen Diskurs bei etablierten Parteien und Medien in Griechenland ausführlich analysiert. Vom ehemaligen Ministerpräsidenten und ND-Vorsitzenden Samaras und dem ehemaligen Vizepremier und PASOK-Vorsitzenden Venizelos bis hin zu vielen Journalist_innen und Mainstream-Medien dominierte die Ansicht, dass der Populismus allgegenwärtig sei und wohl die größte Gefahr für Griechenland und Europa darstelle (Stavrakakis 2016, S. 119f.).

Im Diskurs der etablierten Parteien gegen den Neuherausforderer SYRIZA wurde die Liebe zum Land dem „Aufkommen von Extremisten und Populisten" entgegengesetzt (Samaras 2013) und der Populismus dabei als „größter Feind Griechenlands" (Hatzidakis 2011) ausgemacht. Frappierend ist dabei, dass diese polarisierte antipopulistische Darstellung auch dann im Vordergrund der Anti-SYRIZA-Rhetorik blieb, nachdem die Partei längst kapituliert und ein neues Memorandum mit der Troika akzeptiert hatte, womit wiederum ein falscher Kontinuitätseindruck auf die Politik SYRIZAs projiziert wurde. Im November 2015 denunzierte Ex-Premier Samaras den Populismus als „Krankheit" (Samaras 2015); kein Wunder also, dass er bei seinem Glückwunsch an seinen Nachfolger an der Parteispitze betonte, dass die ND geschlossen bleiben müsse, um „alle Griechen anzusprechen und den Kampf gegen den Populismus endgültig zu gewinnen" (Samaras 2016). Dies war aber vom neuen Parteichef sowie inzwischen amtierenden Ministerpräsidenten Kyriakos Mitsotakis in dessen Antrittsrede bereits untermauert worden: „Wir haben ein Ziel. Nea Demokratia muss alle Kräfte in diesem Land gegen den Populismus einer inkompetenten Regierung zum Ausdruck bringen" (Mitsotakis in *Ta Nea* 2016). Im Jahre 2018 erklärte er als Oppositionsführer, „wir können die Populisten schlagen und das werden wir in den nächsten Wahlen auch tun" (Mitsotakis in *Troupis* 2018); auch nach seinem Wahlsieg im Juli 2019 kommt er immer wieder auf diesen Kampf zu sprechen, nicht zuletzt in seinem Beitrag in der Beilage „Our World" der in Brüssel erscheinenden Zeitung *New Europe*, in der er folgendermaßen vorgestellt wurde: „one of the few heads of state globally that managed to overcome the wave of populism that has swept the planet" (Mitsotakis 2020).

Diese extrem antipopulistische Rhetorik beschränkte sich nicht auf den parteipolitischen Antagonismus, sondern kennzeichnete auch das Feld der Medien. Mit qualitativen und lexikometrischen Methoden untersuchten wir mehrere Korpora auf der Grundlage von 17.363 zugänglichen Artikeln, die in den griechischen Printmedien vom 1. Juni 2014 bis 31. Mai 2015 erschienen waren (Nikisianis et al. 2016). Aus dieser Analyse ging eine klare Spaltung zwischen „anti-populistischen" und „propopulistischen" Medien hervor. Ebenfalls feststellen ließ sich die Polarisierung im pro-populistischen Diskurs, aber auch die Verteufelung des „Populismus" (und der als populistisch denunzierten politischen Kräfte, vor allem SYRIZA) in der antipopulistischen Presse. Zu den Adjektiven, die häufig in diesem Lager im Zusammenhang mit dem Populismus in Erscheinung traten, gehörten etwa: extrem, vulgär, gefährlich, billig, fanatisch, klientelistisch, katastrophal, unerträglich, unverantwortlich, grausam, total, skrupellos, etc. In ähnlicher Weise stammten viele Metapher, die in Aussagen über den Populismus zur Verwendung kamen, aus medizinischen Diskursen und brachten das Phänomen mit Krankheiten in Verbindung, sei es körperlicher (Kontaminierung, Pest, Gangrän, Krebs, etc.) oder seelischer Natur (Wahnsinn, Schizophrenie, Irrationalität, etc.). Eine weitere prominente Kategorie der verwendeten Metapher stammte aus den Naturwissenschaften, insbesondere der Meteorologie (Tsunami, Sturm, etc.) und der Zoologie, sei es der realen (Parasit, Wolf, etc.) oder der imaginären Variante (Bestie, Monster, etc.).

Dieser Diskurs war bei weitem nicht auf randständige Journalist_innen und Medien beschränkt, sondern bildete einen zentralen Bestandteil des Repertoires von Mainstream-Medien und Promi-Journalist_innen. Beispielhaft hierfür ist der Fall von Alexis Papachelas, der vom Nachrichtenportal *Politico* (2015) als einer von „twenty-eight people from twenty-eight countries who are shaping, shaking and stirring Europe" ausgewählt wurde. Als Chefredakteur und führender Kolumnist der Mitte-Rechts-Tageszeitung *Kathimerini* hat Papachelas in den letzten Jahren zahlreiche Artikel zum Populismus veröffentlicht, die allesamt die Metapher der „Bestie" verwenden. Bereits ab 2010 sprach er von der „Bestie des Populismus", auf die er dann 2014 alles zurückführte, was im postautoritären Griechenland schiefgelaufen sei, und stellte eine weitere Spielart populistischer Kontinuität fest: „Alles, was uns erzürnt, hat eine Erklärung und ist kein vorübergehendes Produkt, da es mehrere Jahrzehnte dauerte, bis die hungrige Bestie des Populismus ihre hässliche Fratze zeigte" (Papachelas 2014). Das Repertoire der Monstrosität fütterte diesen antipopulistischen Diskurs bis tief ins Jahr 2015 hinein, als nicht weniger als sieben Artikel mit dieser Metapher veröffentlicht wurden (18.3.2015, 12.7.2015, 14.7.2015, 23.7.2015, 9.8.2015, 16.8.2015, 8.11.2015).

Was uns an der Stelle nicht entgehen darf, ist die Tatsache, dass der Antipopulismus genauso wie der Populismus auf dem Boden der Krise floriert, indem er diese in ganz anderer Art und Weise konstruiert und deren Ursachen auf den Populismus selbst zurückführt: im griechischen Kontext etwa auf die Dominanz einer populistischen Kultur während der *metapolitefsi*, also der postautoritären Ära nach 1974, die die Demokratie korrumpiert und exzessive demokratische Rechte zugelassen habe (Sevastakis 2012, S. 10f., 15). Diese Kontinuität wird im antipopulistischen Diskurs in verschiedenen Varianten ausgemacht: von der linkspopulistischen PASOK der 1970er und 80er Jahre zur früheren SYRIZA (in der Opposition) und dann zur späteren SYRIZA (an der Regierung, auch nach der Annahme eines neuen Memorandums), ungeachtet der vielen Unterschiede zwischen diesen Perioden. Im Allgemeinen wird deutlich, dass wenn es um die Sinnzuschreibung und die Darstellung tiefgreifender ökonomischer und gesellschaftlicher Dislokationen geht, unterschiedliche Akteure auch gegensätzliche Narrative artikulieren, die jeweils verschiedenen Kräften die Schuld zuweisen und alternative Lösungen vorschlagen. Wenn sich die Krise bis hin zur Demontage des etablierten Institutionenkonsenses und der Legitimität demokratischer Repräsentation zuspitzt, ist es durchaus wahrscheinlich, dass gegensätzliche Demokratievorstellungen aufeinandertreffen: ein elitärer *gouvernement de Raison* gegen eine radikal-partizipative (Sevastakis 2012, S. 29). Im daraus resultierenden diskursiven Kampf zwischen Populismus und Antipopulismus setzen beide

Seiten in performativer Ausdrucksweise Vereinfachungen sowie Verteufelungen des Gegners ein.

6. Vom Populismus in der Opposition zu einem Populismus an der Regierung

6.1 Eine unerwartete Widerstandsfähigkeit von SYRIZAs Populismus?

Es scheint, als ob nur wenige wirklich geglaubt hätten, dass SYRIZA nach der siegreichen Wahl im Januar 2015 zu ihrer Verpflichtung stehen würde, der populären Forderung nach einem Ende der Lawine der Austerität Ausdruck zu verleihen. So etwas mag für eine Wahlkampfversammlung in Athen taugen, aber für ein Treffen der Eurogruppe in Brüssel völlig fehl am Platz sein. Dabei geht es um die Kollision zweier verschiedener Logiken: der politischen Logik demokratischer Repräsentation und der ökonomischen Logik eines neoliberalen „business as usual", das die Austeritätspolitik anscheinend höher wertet als die Demokratie und auch nur das kleinste Eingeständnis des Scheiterns der eingeschlagenen Politik aktiv ausschließt. Von den ersten Tagen als Premier machte Tsipras allerdings klar, dass die Treue zum Vertrag zwischen SYRIZA und dem griechischen Volk seine erste Priorität bleiben würde. Er war daher verpflichtet, den Schweigekode der Eurozone zu brechen: „Diese Regierung kann nur die Stimme des Volks sein", erklärte er im Parlament. Finanzminister Yanis Varoufakis fügte hinzu: „Es ist an der Zeit, dass alles, was bisher nur bei ausgeschalteten Mikrophonen geäußert wurde, offen in öffentlicher europäischer Debatte gesagt wird." Kein Wunder, dass diese Position zunächst mit Überraschung und dann mit Wut der führenden europäischen Kreise beantwortet wurde. In der Folge gerieten die Verhandlungen zwischen Griechenland und der Eurozone über den weiteren Verlauf sehr bald ins Stocken, womit alle Ergebnisse und Szenarien (von den harmlosesten bis zu den katastrophalsten) offenblieben.

In jedem Fall zeitigte die in den ersten Wochen nach den Wahlen vom Januar 2015 eingenommene Position deutliche Effekte auf der Ebene populärer Identifikation mit SYRIZA und Tsipras. Während sie zuvor unfähig waren zu sprechen und gehört zu werden, stellten die Griech_innen plötzlich fest, dass sie eine Stimme haben und dass die Stimme sogar in Brüssel zu hören war. „Tsipras' Strategie gibt den Griechen eine Stimme" konnte man als Titel eines Artikels auf der Website der Deutschen Welle lesen. Der Artikel umfasste ein Interview mit einer arbeitslosen Frau, aus dem deutlich wird, wie SYRIZAs Strategie nach der Wahl das populistische Band demokratischer Repräsentation verstärkte:

> Vaso Vouvani, a quiet and determined middle-aged mother, had long wanted a leader who stood up for the interests of Greeks, „not bankers, Eurocrats or German politicians." […] „We have lost our money and our dignity these last five years. We can't let leaders in

Brussels and Berlin continue to hit us with austerity. It's not working!" [...] So she's been relieved and heartened to see 40-year-old Prime Minister Alexis Tsipras, whose leftist, anti-austerity party Syriza came to power two weeks ago, stand up to everyone from eurozone finance chief Jeroen Dijsselbloem to Greek oligarchs evading taxes. „I hope he fights them all", she said. „I will be really disappointed if he backs down. I don't want to see another Greek politician lower his head to people who treat us like we're nothing." (Kakissis 2015)

Aber wir wissen alle, was folgte. Offensichtlich ist das Experiment SYRIZA mit dem Versuch gescheitert, Griechenland von der neoliberalen Austerität zu „befreien" und dadurch einen Wandel in Europa auszulösen. Die dramatische Verhandlung zwischen der SYRIZA-geführten Regierung und den internationalen Institutionen endete in einer Sackgasse und einem Referendum am 5. Juli 2015, welches den neuen Austeritätsvorschlag der Troika zur Abstimmung stellte und mit dem überwältigenden Sieg des OXI- bzw. des Nein-Lagers von 61,31% resultierte. Trotzdem wurde der Druck auf die griechische Regierung bis zur Annahme eines neuen Austeritätsmemorandums erheblich erhöht. Wie lässt sich das begreifen, was viele Kommentatoren SYRIZAs „Kapitulation" genannt haben? Oder sogar SYRIZAs „Verrat"? Welche Folgen hatte das für die Entwicklung des populistischen Bandes zwischen SYRIZA und seiner Wählerbasis?

Zunächst ist es wichtig zu begreifen, dass das OXI im Referendum als solches ein erstaunliches Ereignis darstellte, weil es gegen alle Mainstream-Medien, unter aufgezwungenen Kapitalkontrollen und Umständen extremer Spannung und Unsicherheit, bei geschlossenen Banken und drohenden Medikamentensperren, zustande kam. Es stellt als solches bereits simple Modelle des ökonomischen Wahlverhaltens infrage. Gleichzeitig sollte sein „heroischer" Charakter seine formale Struktur nicht unbemerkt lassen. Das OXI war ein leerer Signifikant *par excellence* im Sinne Laclaus: Es verkörperte eine primär negative Geste machiavellischen Typs, indem es allein einen Wunsch darstellte, „nicht länger beherrscht zu werden" in der brutalen, oft *undemokratischen* und *unwürdigen* Art, wie sie in der gesamten griechischen Krise erfahren wurde. Es bedeutete in seinem Wesen einen radikalisierten und politisierten Bartleby-Moment: „Lass mich in Ruhe!", „Genug ist genug!" „Schluss mit Austerität!", „Schluss mit von außen angeordneten Maßnahmen!" – *I really prefer not to...* Es umfasste jedoch keinerlei positiven Hinweis auf einen Weg nach vorn in Form konkreter Policy-Richtungen (etwa was das Währungsproblem betraf). Darin lag die Herausforderung, die negative Geste in einen positiven Handlungsverlauf zu verwandeln; genau an diesem Punkt gab es offensichtlich eine Art Kurzschluss, dessen ganze Tragweite bei den Wahlen 2019 zu spüren war, als SYRIZA 31,53% der Stimmen erlangte und Nea Demokratia mit 39,85% eine absolute Mehrheit im neuen Parlament erzielte. Die weiterbestehenden Vorwürfe der Opposition, die Denunziationen von SYRIZAs Populismus und die Wiederherstellung einer an die 1980er Jahre erinnernden Polarisierung erweckten für viele den Eindruck einer „Kontinuität" zwischen dem Oppositionskurs und der Regierungsarbeit SYRIZAs. Insgesamt trug die Erschaffung einer (an die 1980er Jahre erinnernden) antirechten Front dazu bei, dass SYRIZA einen hohen Stimmenanteil halten konnte, verwies aber auch auf die praktischen Grenzen von SYRIZAs Strategie. Es gibt keine Zweifel, dass das Experiment SYRIZA sehr große Frustrationen und wenige kleine Fortschritte zur Folge hatte – eine Kombination, die eine Wiederwahl 2019 unwahrscheinlich machte.

6.2 Einige Grenzen von SYRIZAs Populismus

In dieser Hinsicht ist es entscheidend, einen gewissen Widerwillen des Volkes selbst zu erklären – desselben Volkes, das für das OXI gestimmt hatte – einen Widerwillen, die Bedeutung dieser zunächst negativen Geste auf radikale Weise in eine positive Richtung zu kehren, etwa eine, die den Ausschluss aus der Eurozone und die „Exkommunizierung" aus der sogenannten europäischen Familie riskiert hätte. Was also, wenn beide Seiten sich über die Ambivalenz des Mandats klar gewesen wären, das ihre Beziehung bestimmte: „Bleib in der Eurozone, aber ohne Austerität"? Was also, wenn SYRIZAs Widerwillen, einen Euroausstieg zu riskieren, bloß das Spiegelbild des gleichen Widerwillens im Volk, mindestens eines erheblichen Teils der OXI-Wähler_innen selbst, gewesen wäre?

Offensichtlich gibt es viele Gründe, die die Unfähigkeit erklären, aus dem extrem zwanghaften Rahmen der europäischen und internationalen Institutionen auszubrechen. Die sichtbarsten umfassen die Probleme, eine Währung zu verlassen und eine neue anzunehmen, ebenso wie mit einem rechtlichen und institutionellen Rahmen wie der Eurozone und der EU zu brechen, der alle Aspekte des wirtschaftlichen und sozialen Lebens in Griechenland und anderen europäischen Ländern durchdringt. Es ist klar, dass die Lage zumindest auf kurze Sicht außer Kontrolle geraten wäre oder sogar ins Chaos hätte führen können. Im Übrigen schien weder SYRIZA noch irgendeine andere politische Kraft in Griechenland – einschließlich jener Kräfte, die aus SYRIZA austraten und die linke Anti-Euro-Partei *Laiki Enotita* (dt. Volkseinheit) gründeten – einen umfassenden Plan vorbereitet zu haben, um eine solche Option in den Augen der Bürger_innen attraktiv und glaubwürdig zu machen. Hinzu kommt, dass eine Destabilisierung der Beziehungen zwischen Griechenland und der EU weitreichende Konsequenzen für viele weitere Politikfelder gehabt hätte, einschließlich der Außenpolitik, was in einer strategischen Region wie jener, in der sich Griechenland befindet, besonders wichtig ist.

Und doch reichen solche pragmatischen Überlegungen nicht aus, um das Geheimnis zu erklären. Was wenn das populistische Projekt es einfach versäumt hätte, strategische Dimensionen der vorgängigen hegemonialen Ordnung einzubeziehen? Auf der Basis von Bob Jessops kritisch-realistischer Analyse von Krisensituationen ließe sich sagen, dass eine operative Lösung mit hegemonialem Anspruch entweder direkt die Koordinaten der Umwelt selber (also der Eurozone) verschieben oder die Bindung der Menschen an diese Umwelt ändern müsste, um sie dazu zu ermächtigen, sich ein alternatives Leben vorzustellen und sich vor allem selbst als außerhalb des zwanghaften Rahmens vorzustellen, der dadurch schließlich seinen Einfluss auf die Subjekte verlieren könnte. In Jessops (2015, S. 255) Worten:

> In many cases what is ‚correct' organically and chronologically (being first to resonate and/or to impose agreed reading [of a crisis]) matters more in selection than ‚scientific truth'. Indeed, a ‚correct' reading creates its own ‚truth-effects' and may then be retained through its capacity to shape reality.

Es scheint so, als ob es SYRIZA nicht nur nicht geschafft hat, die Funktionsweise der Eurozone zu beeinflussen oder gar zu ändern (was auch nicht anders zu erwarten war); sie scheiterte auch dabei, eine glaubwürdige, alternative Lesart der Krise vorzuschlagen, wodurch eine neue Beziehung von Repräsentation hätte in Gang kommen können – in Jessops Begriffen durch Wahrheitseffekte –, mit neuen Typen von Subjektivität und Sozialität, die ein Leben außerhalb der Eurozone oder sogar außerhalb der existierenden EU hätten vorstellbar machen können für den Fall scheiternder Verhandlungen. In diesem Sinne hat SYRIZAs Scheitern weniger mit einem „Verrat" ihres Mandats zu tun als mit der Unfähigkeit, dieses Mandat umzugestalten. Schließlich scheint SYRIZA für dieses Scheitern erst nach einer Verzögerung bestraft worden zu sein – vier Jahre nach dem turbulenten 2015, als sich die Wähler_innen endlich sicher genug fühlten, um ihre Frustration gegenüber einem „Verrat" dessen, was sie wahrscheinlich selber nicht gänzlich hätten gutheißen wollen, zum Ausdruck zu bringen.

Außerdem war SYRIZAs Wahlkampf 2019 primär auf die Vergangenheit fokussiert: nämlich auf die Abwendung eines wirtschaftlichen Desasters, die Stabilisierung der Volkswirtschaft, die graduelle Senkung der Arbeitslosigkeit, die vorsichtige Unterstützung des öffentlichen Sektors und die Einführung einiger neuer sozialpolitischer Maßnahmen und Rechte im Zeitraum 2015–2019. Allerdings hatten viele Wähler_innen das Gefühl, dass das alles zu wenig oder auch primär an partikulare Segmente der Bevölkerung (z.B. die sehr armen und ausgegrenzten, die LGBT-Gemeinschaft, Zuwanderer_innen, etc.) adressiert sei, mit denen sie keine substanzielle Solidarität spüren konnten; andere dürften sich gedacht haben, dass sie die Errungenschaften der vergangenen Amtszeit für sicher halten können und auf der Grundlage der unterschiedlichen Zukunftsvisionen der Parteien entscheiden sollten. Und hier scheinen sie ihr Vertrauen in einen Bewerber (Mitsotakis und Nea Demokratia) investiert zu haben, der einen umfassenderen und enthusiastischen Rahmen dessen, was beide große Parteien letztlich akzeptiert hatten, zu bieten hatte. Wenn die andere Option (SYRIZA) auf eine widerwillige Umsetzung neoliberaler Reformen mit

„menschlichem Antlitz" sowie einigen aber oft unzureichenden sozialpolitischen Ergänzungen hinauslief, wirkte ein waschecht neoliberales Projekt ansprechender, das eine Marktutopie versprach, auf einen traditionellen mediterranen Individualismus setzte und durch eine stark neo-nationalistische Rhetorik der *securitization* euphemisiert wurde. Schließlich war nun die Rechte aufgefordert, eine Linke zu ersetzen, die als „zu wenig, zu spät" empfunden wurde.

7. Fazit: Zu den Grenzen des Populismus an der Regierung

SYRIZAs Weg von der Opposition zur Macht (2015) und zurück (2019) bietet eine exemplarische Möglichkeit, den (Links-)Populismus in großem Detail zu untersuchen. Aus diesem und weiteren Fallbeispielen (etwa aus Lateinamerika) können wir nämlich folgern, dass eine populistische diskursive Praxis durchaus greifbare Bindungen zwischen diversen und zunächst getrennten sozialen Forderungen schaffen und damit die notwendige strategische Zusammenführung um ein Volkssubjekt herbeiführen kann, um gesellschaftliche und politische Veränderungen „im Namen des Volkes" durchsetzen zu können. An dieser Stelle kann die diskurstheoretische Perspektive der Essex School auch ihren analytischen Wert darlegen, indem sie entsprechende konzeptuelle Instrumente zur Erfassung dieser dynamischen Choreographie beisteuert. Nun ist es klar, dass ein solches populistisches Projekt oft Wahlen gewinnen kann. Reicht aber ein populistischer Diskursrahmen aus, um eine produktive wie ermächtigende Amtszeit zu sichern?

Die Erfahrung SYRIZAs zeigt, dass populistische Projekte natürlich keine Allheilmittel darstellen, auch wenn sie genuine politische Beschwerdelagen vor dem Hintergrund des Scheiterns institutioneller Kräfte an der praktischen Umsetzung des Versprechens der Volkssouveränität repräsentieren. In der Tat lässt sich auf eine Reihe von Begrenzungen des Populismus an der Macht verweisen, die auf SYRIZA sowie andere linkspopulistische Projekte zutreffen:

• Auch dann, wenn eine populistische Strategie Wahlerfolge verzeichnet (wie im Fall SYRIZAs), ist die (kontinuierliche) Hegemonie der dahinterstehenden politischen Akteure keineswegs garantiert. Eine tiefe und längerfristige – natürlich auf keinen Fall ewige – Hegemonie erfordert nämlich weitere Instrumente und Ressourcen: Hierzu gehören technische Expertise, ein kreativer Geist in Bezug auf institutionelle Gestaltung (der wie eben gesehen nicht von vornherein gegeben ist, weil, wie Machiavelli vor langer Zeit hingewiesen hat, das primäre populare Begehren negativ definiert ist, d.h. zur Beseitigung der Unterdrückung) und eine hohe politische Sorgfalt im Zusammenhang mit einem starken demokratischen Ethos, um antipopulistische Hindernisse zu überwinden, ohne das Ziel popularer Ermächtigung aufzuopfern. Der populistische Voluntarismus reicht niemals aus. Aus verschiedenen Gründen (mangelnde Erfahrung, mangelnde Vorbereitung, ambivalente Strategie, schwache europäische Bündnisse, institutionelle und mediale Feindseligkeit im Lande und international, etc.) schaffte es SYRIZA nicht, eine solche Hegemonie aufzubauen, um ihr Mandat zu erneuern. Ihre Errungenschaften (wirtschaftliche Stabilisierung, klare aber bescheidene Fortschritte in Sachen Grundrechte, Abkommen mit Nordmazedonien, etc.) waren zu bescheiden, um ein Mandat für eine weitere Amtszeit zu erlangen und ließ offenbar auch eine ansprechende Zukunftsvision vermissen. Daher der Sieg des Antipopulismus bei den Wahlen 2019.

- In der Tat erweisen sich populistische Projekte trotz ihrer radikalen Rhetorik in vielen Fällen als unfähig, eine genuine demokratische Erneuerung voranzutreiben. Stattdessen werden sie allmählich vom sogenannten „demokratischen Elitismus" vereinnahmt, bleiben im Spannungsfeld der Repräsentation stecken und schaffen es nicht, für mehr Demokratisierung zu sorgen. Sie fungieren als Kanäle für die Abreaktion bzw. Erleichterung popularer Unzufriedenheit, ohne allerdings populares Selbstregieren voranzubringen. Angesichts der starken Verankerung antipopulistischer Werte im politischen System oder auch mächtiger antipopulistischer Kräfte auf nationaler oder supranationaler Ebene schaffen sie es nicht, umfangreiche Prozesse kollektiver Emanzipation einzuleiten, was insbesondere die Demokratisierung des Parteien-, Rechts- und Mediensystems angeht. Trotz vieler (bescheidener) Errungenschaften war teilweise auch die SYRIZA-Regierung von solchen Begrenzungen betroffen, insbesondere in Bezug auf die systemischen Einschränkungen innerhalb der Eurozone und die krypto-koloniale Bindung vieler griechischer Bürger_innen an sogenannte europäische Werte und die Europäisierung.

- Auch dann, wenn es eine populistische Regierung schafft, viele ihrer Ziele zu erreichen, über mehrere Amtszeiten hinweg an der Macht zu bleiben, weitreichende Veränderungen zur Verbesserung der sozioökonomischen Lage und zur politischen Einbeziehung popularer Segmente einzuführen und die Spirale der rückwärtigen sozialen Mobilität der krisengeschüttelten Mittelschichten (etwa in Argentinien und Venezuela) umzukehren, ergeben sich in der Folge zwei Begrenzungen: (a) Eine solche Regierung wird oft zum Opfer des eigenen Erfolgs, sprich die Befriedigung unerfüllter Forderungen und die Schwierigkeiten bei der Aufrechterhaltung eines hohen popularen Beteiligungsgrads aus der Regierung heraus führt zu einer Demobilisierung, die weitere Demokratisierung erschwert; (b) Populist_innen an der Macht scheitern sehr oft daran, auf die Produktionsweisen sowie psycho-sozialen Konsummuster einzuwirken, die die meisten sozialen Identitäten bedingen. In Venezuela beispielsweise wurde der soziale Wandel vom Einsatz der Einnahmen aus hohen Ölpreisen abhängig; als Letztere in den Strudel gerieten, schaffte es die Chavista-Bewegung nicht, reale Alternativen anzubieten (vgl. González in diesem Band). In Argentinien schafften es die vielen Jahre heterodoxer populistischer Regierungen, den Status der abgestiegenen Mittelschichten von vor der Krise wiederherzustellen und jenen der unteren Schichten zu verbessern. Sobald sich diese Schichten wieder einigermaßen stabilisiert und gesichert fühlten, fingen sie aber an, auf alte Begehrens- und Konsummuster zurückzufallen (etwa in Bezug auf den freien internationalen Kapitalverkehr und die Sehnsucht nach importierten Gütern) und die Öffnung der fragilen argentinischen Volkswirtschaft für die Kräfte der neoliberalen Globalisierung gutzuheißen, was wiederum zu einer sehr tiefen Krise und einem erneuten Eingreifen des IWF führte. Mit anderen Worten: Trotz der vielen Fortschritte verfing sich der zeitgenössische Linksperonismus in einer „nostalgischen" bzw. „mimetischen" psycho-sozialen Überdeterminierung des Begehrens, das auf lange Sicht jenen politischen Kräften zugutekam, die für eine Rückkehr zur neoliberalen „Normalität" standen (Präsident Macri). Wie der ehemalige uruguayische Präsident Pepe Mujica konstatiert: Obwohl linke Regierungen in Lateinamerika mit dem Armutsproblem vergleichsweise erfolgreich umgingen, taten sie dies auf eine Art und Weise, die die Armen in Konsument_innen und nicht in Bürger_innen verwandelten (Bahiana 2019). Solche Defizite verweisen natürlich auf allgemeine Begrenzungen für linke Strategien im 21. Jahrhundert und für den Übergang zu postkapitalistischen Alternativen, was auch im griechischen Fall deutlich wird. Dabei kann ein Projekt der popularen Ermächtigung den Konsum (jenseits des Konsumerismus) als weiteres Register, in dem die Gleichheit gelten muss, nicht vernachlässigen.

Die meisten dieser Begrenzungen gehen offenbar mit den speziellen Schwierigkeiten der Regierungsverantwortung und der Errichtung einer längerfristigen Hegemonie in heutigen Gesellschaften einher; aus den genannten Gründen ist es oft schwierig, ein populistisches radikales Imaginäres umzusetzen bzw. populistische Prioritäten mit einer Regierungslogik zu verbinden. Einige dieser Limitationen liegen an der Unfähigkeit populistischer Kräfte, mit einer bestehenden politischen Kultur oder einem bestehenden (die Identitäten von Produzenten und Konsumenten überdeterminierenden) sozioökonomischen Rahmen zu brechen. Anders gesagt scheinen sie nicht der diskursiven Logik des Populismus *per se* innezuwohnen. Solche Choreographien der Überdeterminierung, Außendeterminierung und Kooptierung können mehr oder weniger alle politischen Kräfte betreffen, die mit ähnlichen Herausforderungen in bestimmten historischen Kontexten konfrontiert sind. Daher stellt sich die Frage, ob die genannten Begrenzungen tatsächlich Limitationen populistischer Strategien oder generelle Selbstbeschränkungen der zeitgenössischen Linken darstellen. Andererseits darf uns nicht entgehen, dass SYRIZA bei den Wahlen 2019 geschafft hat, eine erhebliche Wählerbasis zu konsolidieren und für die absehbare Zukunft die Rolle der größten Oppositionspartei sowie die Führungsrolle im Prozess der Umorganisierung der Linken zu behaupten. Angesichts der Tatsache, dass der Linkspopulismus in anderen Kontexten erst totgesagt wurde (etwa in Argentinien) und dann nach einer desaströsen Amtszeit der Rechten an die Macht zurückgekommen ist (2019), wird sich in Zukunft zeigen, wie sich der politische Antagonismus im heutigen Griechenland auf lange Sicht weiterentwickeln wird.

Literatur

Agridopoulos, Aristotelis, 2016: Die Rückkehr des A(nta)gonismus? Mouffes agonistisches Demokratiemodell und die politischen Umbrüche in Griechenland. In: Ders./ Papagiannopoulos, Ilias (Hrsg.): Griechenland im europäischen Kontext: Krise und Krisendiskurse, Wiesbaden, S. 275–295.

Betz, Hans-Georg, 1994: Radical Right-Wing Populism in Western Europe. New York.

Canovan, Margaret, 1999: Trust the People! Populism and the Two Faces of Democracy. In: Political Studies 47:1, S. 2–16.

Crouch, Colin, 2004: Post-democracy. Cambridge.

Hatzidakis, Kostis, 2011: Ο λαϊκισμός είναι ο μεγαλύτερος εχθρός της Ελλάδας. In: To Vima tis Kyriakis 24.12.2011. URL: http://www.tovima.gr/politics/article/?aid=436273 (Letzter Zugriff am 17.5.2020).

Jessop, Bob, 2015: The Symptomatology of Crises, Reading Crises and Learning from Them: Some Critical Realist Reflections. In: Journal of Critical Realism 14:3, S. 238–271.

Kakissis, Joanna, 2015: Tsipras' Strategy Gives Greeks a Voice. In: Deutsche Welle 9.2.2015. URL: http://www.dw.de/tsipras-strategy-gives-greeks-a-voice/a-18244014 (Letzter Zugriff am 17.5.2020).

Kotzias, Nikos (2015): Schuldenkolonie Griechenland: Die EU als Imperium und Deutschlands Primat. In: Agridopoulos, Aristotelis/Papagiannopoulos, Ilias (Hrsg.): Griechenland im europäischen Kontext. Krise und Krisendiskurse, Wiesbaden, S. 39–65.

Laclau, Ernesto, 1977: Politics and Ideology in Marxist Theory: Capitalism, Fascism, Populism. London.

Ders., 1990: New Reflections on the Revolution of Our Time. London.

Ders., 2002[1996]: Emanzipation und Differenz. Wien.

Ders., 2003: Discourse and Jouissance: A reply to Glynos and Stavrakakis. In: Journal for Lacanian Studies 1:2, S. 278–285.

Ders., 2004: Glimpsing the future: A reply. In: Critchley, Simon/Marchart, Oliver (Hrsg.): Laclau: A Critical Reader, London, S. 279–328.

Ders., 2005a: On Populist Reason. London.

Ders., 2005b: Populism: What's in a Name? In: Panizza, Francisco (Hrsg.): Populism and the Mirror of Democracy, London, S. 32–49.

Mitsotakis, Kyriakos, 2020: Sowing the Seeds of our Future. In: Our World 18.2.2020. URL: https://www.ourworld.co/sowing-the-seeds-of-our-future/ (Letzter Zugriff am 17.5.2020).

Moffitt, Benjamin, 2015: How to perform crisis: A model for understanding the key role of crisis in contemporary populism. In: Government and Opposition 50:2, S. 189–217.

Ders., 2016: The Global Rise of Populism: Performance, Political Style, Representation. Stanford.

Mouffe, Chantal, 2008[2000]: Das demokratische Paradox. Wien.

Mudde, Cas, 2007: Populist Radical Right Parties in Europe. Cambridge.

Ders./Rovira Kaltwasser, Cristóbal, 2013: Exclusionary vs. Inclusionary Populism: Comparing Contemporary Europe and Latin America. In: Government and Opposition 48:2, S. 147–174.

Nikisianis, Nikos et al., 2016: Λαϊκισμός εναντίον αντιλαϊκισμού στον ελληνικό τύπο, 2014–2015. In: Synchrona Themata 132–133, S. 52–70.

Papachelas, Alexis, 2014: Falling prey to the beast of populism. In: Kathimerini 10.6.2014. URL: http://www.ekathimerini.com/160654/article/ekathimerini/comment/falling-prey-to-t he-beast-of-populism (Letzter Zugriff am 17.5.2020).

Pappas, Takis, 2015: Populist Hegemony in Greece. In: OpenDemocracy 25.9.2015. URL: www.opendemocracy.net/can-europe-make-it/takis-s-pappas/populist-hegemony-in-greece (Letzter Zugriff am 17.5.2020).

Politico, 2015: The Twenty-eight People from Twenty-eight Countries who are Shaping, Shaking and Stirring Europe. URL: http://www.politico.eu/list/politico-28/ (Letzter Zugriff am 17.5.2020).

Rancière, Jacques, 2007: The Hatred of Democracy. London.

Roberts, Kenneth, 2015: Populism, political mobilizations, and crises of political representation. In: de la Torre, Carlos (Hrsg.): The Promise and Perils of Populism, Lexington, S. 140–158.

Samaras, Antonis, 2013: Samaras from Brussels against extremists and populists. In: Protothema 15.10.2013. URL: http://www.protothema.gr/news-in-english/article/319690/samara s-from-brussels-against-extremists-and-populists/ (Letzter Zugriff am 17.5.2020).

Ders., 2015: Populism is a disease that leads to disasters. In: La Razón, 2.11.2015. URL: http://www.larazon.es/internacional/antonis-samaras-populism-is-a-disease-that-leads-to-di sasters-FB11100005#Ttt1UkBvuO6VTECe (Letzter Zugriff am 17.5.2020).

Ders., 2016: Σαμαράς: Η ΝΔ ενωμένη να κερδίσει τη μάχη κατά του λαϊκισμού. In: Kathimerini 11.1.2016. URL: http://www.kathimerini.gr/845238/article/epikairothta/politikh/sa marsa-h-nd-enwmenh-na-kerdisei-th-maxh-kata-toy-laikismoy (Letzter Zugriff am 17.5.2020).

Sevastakis, Nikolas, 2012: „ΣΥΓΧΡΟΝΟΣ ΑΝΤΙΛΑΪΚΙΣΜΟΣ" – Από την πολιτική παθολογία στο πολιτισμικό κακ. In: Ders./Stavrakakis, Yannis: Λαϊκισμός, αντιλαϊκισμός και κρίση, Athen, S. 9–41.

Stavrakakis, Yannis, 2007: The Lacanian Left. Albany.

Ders., 2016: Die Rückkehr des „Volkes". Populismus und Anti-Populismus im Schatten der europäischen Krise. In: Agridopoulos, Aristotelis/Papagiannopoulos, Ilias (Hrsg.): Griechenland im europäischen Kontext. Krise und Krisendiskurse, Wiesbaden, S. 109–137.

Ders./Katsambekis, Giorgos, 2014: Left-Wing Populism in the European Periphery: The Case of SYRIZA. In: Journal of Political Ideologies 19:2, S. 119–142.

Sum, Ngai-Ling/*Jessop*, Bob, 2013: Towards a Cultural Political Economy. Cheltenham.

SYRIZA, 2013: Πολιτική Απόφαση 1ου (Ιδρυτικού) Συνεδρίου. URL: http://www.syriza.gr/art icle/id/32409/Politikh-Apofash-1oy-Idrytikoy-Synedrioy.html (Letzter Zugriff am 17.5.2020).

Taggart, Paul, 2000: Populism. Buckingham.

Troupis, Yannis, 2018: Κυρ. Μητσοτάκης: Ο λαϊκισμός στην Ελλάδα θα νικηθεί στις επερχόμενες εκλογές. In: liberal.gr 3.11.2018. URL: liberal.gr/arthro/226714/politiki/2018/kur-mitsotakis-ta-psemmata-ton-laikiston-echoun-isonkonta-podiasin.html (Letzter Zugriff am 17.5.2020).

Tsipras, Alexis, 2012: Ομιλία του Προέδρου του ΣΥΡΙΖΑ-ΕΚΜ, Αλέξη Τσίπρα στην εκδήλωση: „Δημοκρατία, αλληλεγγύη, κοινωνική δικαιοσύνη. Η Αριστερά απαντά στη στρατηγική της έντασης". URL: http://www.syn.gr/gr/keimeno.php?id=30835 (Letzter Zugriff am 17.5.2020).

Wodak, Ruth, 2015: The Politics of Fear: What Right-Wing Populist Discourses Mean. London.

Jürgen Link

Populismus aus normalismus- und antagonismustheoretischer Sicht

Das Jahr 2000 markierte in der Diskursgeschichte des Populismus einen tiefen Einschnitt, ohne den sich weder der praktisch-politische Erfolg jener als populistisch bezeichneten Bewegungen und Parteien noch die Probleme ihrer diskursiven und theoretischen Erfassung im 21. Jahrhundert begreifen lassen. Das einschneidende Ereignis war die Bildung der ersten Koalitionsregierung aus ÖVP (zur christdemokratischen Familie gezählt) und FPÖ in Österreich. Obwohl sich der als „charismatischer" Führer medialisierte Jörg Haider auf Wunsch der ÖVP aus der Regierung heraushalten musste, führte die Beteiligung seiner Partei zu einer symptomatischen französisch-deutschen Kontroverse in Brüssel, bei der Paris zunächst einen EU-Boykott durchsetzte, der erst nach mehreren Monaten durch Intervention von „drei Weisen" beendet werden konnte (finnischer Altpräsident Martii Ahtisaari, deutscher Völkerrechtler Jochen Frowein[1], spanischer EU-Vertreter Marcelino Oreja). Sowohl der Boykott als auch seine Aufhebung hingen von der Einordnung der Haider-Partei in das Links-Rechts-Mitte-Extreme-Spektrum ab, und diese Einordnung wiederum von ihrer Bezeichnung entweder als „rechtsextrem" (so der damalige hegemoniale mediopolitische Diskurs in Frankreich) oder als „rechtspopulistisch" (so schließlich der obsiegende mediopolitische Diskurs in Deutschland, in der Folge in ganz Europa und schließlich in der ganzen [normal-]demokratischen Welt). In diesem häufig als „liberal-demokratisch", auch als „repräsentativ-demokratisch" oder „stabil-demokratisch" bezeichneten Diskurs gilt ein nicht durch die zugrunde liegenden Verfassungen, sondern auf eine faktisch geltende para-konstitutionelle Axiomatik gegründetes Ensemble von Regeln, auf die im Folgenden noch näher einzugehen sein wird. Wesentlich für diese, wie zu zeigen sein wird, wesentlich „normalistische" Axiomatik sind die Unterscheidungen Links vs. Rechts und Mitte vs. Extreme. Zum Ensemble der Regeln gehören u.a.: Nur bestimmte (als „normal" definierte) Parteien sind „politik-", „koalitions-" und „regierungsfähig" – „extreme" bzw. „extremistische" Parteien sind weder das eine noch vor allem das andere. (Sie sind also „anormale" Parteien, was sich daraus ergibt.)

Sollte die damalige FPÖ aufgrund ihrer xenophoben, neorassistischen Positionen also „rechtsextrem" gewesen sein, wie es der damalige hegemoniale mediopolitische Diskurs in Frankreich (seinerzeit noch) statuierte, dann war der Boykott unaus-

---

1 Ob es Frowein war, der den Begriff „rechtspopulistisch" im Bericht anregte, muss natürlich offenbleiben.

weichlich, weil eine „extreme" Partei nach der Axiomatik auf keinen Fall „regierungsfähig" sein konnte. Wie also die Kuh vom Eis bekommen? Dadurch, dass die „drei Weisen" sich der in Deutschland und Österreich politisch-medial dominierenden Sprachregelung anschlossen: nicht „extremistisch", bloß „populistisch". Damit war zwar zunächst ein latenter Antagonismus innerhalb der EU entschärft und es brauchte in der Folgezeit keine neuen „drei Weisen" für neue Fälle von Aufnahmen von Parteien mit neorassistischen Positionen in Regierungskoalitionen: der „Dänischen Volkspartei" von Pia Kjärsgaard bzw. des ‚normalisierten' früheren Chefs des postfaschistischen MSI, Gianfranco Fini und des Chefs der Lega Nord, Umberto Bossi, in Koalitionen Berlusconis. Solche Fälle konnten nun sämtlich *a priori* als „rechtspopulistisch" ‚normalisiert' werden, bevor Neorassisten wie Orbán schließlich Alleinregierungen bildeten. Aber damit war eine ganze Schar von Fragen wie vor allem die nach einer ‚objektiven', womöglich struktur-funktionalen ‚Realität' der als populistisch bezeichneten Phänomene und ihrer ‚objektiven' Abgrenzung vom „Extremismus" überhaupt erst eröffnet.

1. Die diskursive Explosion um den „Populismus" seit dem Jahr 2000

Das Haider-Ereignis vom Jahre 2000 löste also eine wahre diskursive Explosion um den Signifikanten „Populismus" aus. Das entsprechende inzwischen (bis 2020) angehäufte Material ist quantitativ kaum übersehbar und vor allem qualitativ unter wissenschaftlichen Kriterien skandalös oberflächlich, diffus und widersprüchlich, häufig genug voller *contradictiones in adiecto*. Es empfiehlt sich zunächst eine grobe diskurstheoretische Sichtung (Diskurs verstanden im Sinne Foucaults[2]). Dabei zeigt die große Wasserscheide von 2000 zunächst einen deutlichen Wechsel vom Spezialdiskurs zum Interdiskurs. Unter *Spezialdiskurs* seien Texte mit dem Anspruch ‚objektiver' Erkenntnis und entsprechenden empiriefähigen, jeweils fachspezifisch gut definierten Kategorien, d.h. typischerweise wissenschaftlich institutionalisierte Diskurse verstanden. Auch vor 2000 gab es theoretische Beschäftigungen mit „Populismus", insbesondere in der Politologie und in der Historiographie der Moderne. Historiographisch dominierten die Fälle der US-amerikanischen Populist Party der 1890er Jahre sowie später vor allem lateinamerikanische zwischen Vargas

---

2 „Diskurse sind […] institutionalisierte, geregelte Redeweisen als Räume möglicher Aussagen, die an Handlungen gekoppelt sind. Dazu gehört insbesondere die Konstitution von spezifischen historischen Objektivitäten und Subjektivitäten: – Objektivitäten im Sinne sozialer Gegenstände und Themen, Begriffe, Klassifikationen und Argumente; – Subjektivitäten im Sinne von legitimen Sprecherpositionen sowie Gender- und anderen Sprecher- und Rezipientenrollen einschließlich spezifischer körperlicher Prägungen (Habitus). Aus der Eingrenzung von Sag- und Wissbarkeit, der Sprechersubjektivität sowie den Kopplungsflächen zur Handlung generiert sich der Machteffekt der Diskurse" (Link 2008a, S. 118). Die Definition fasst Foucaults Konzept in seiner Entwicklung resultativ zusammen.

und Goulart in Brasilien, Perón in Argentinien bis hin zu Chávez in Venezuela um 2000. Die politologischen Theorien hatten diese Phänomene im Blick, waren deshalb vor allem in den USA situiert, bemühten sich aber in erster Linie um die Entwicklung einer überzeitlichen, fundamentalen bis hin zu anthropologisch grundierten Typologie, in der bereits ein typischer stark emotionaler „Stil" dem ‚rationalen Stil' der jeweils angegriffenen Eliten entgegengesetzt wurde (vgl. den Überblick im ersten Abschnitt von Laclau 2005, S. 3ff.).

Die Explosion seit dem Jahr 2000 ist im Unterschied dazu vom Interdiskurs dominiert. *Interdiskurs* meint eine selektive Kombination von Elementen aus verschiedenen Spezialpraktiken und Spezialdiskursen sowie deren Überdetermination durch den sogenannten „Alltags"-Diskurs (den *Elementardiskurs*). Der für den Populismus wichtigste Interdiskurs ist der mediopolitische. Unter den Quellendiskursen für diesen Interdiskurs dominiert (neben dem politologischen) der psychologische, und zwar genauer der „massenpsychologische": Danach handelt es sich bei den populistischen Bewegungen und Parteien um ein Zusammenspiel zwischen „Emotionen" wie „Zorn" (häufig als „Wut" bezeichnet) bis hin zu „Hass" auf Seiten der Massen und einer „irrationalen Rhetorik" auf Seiten „demagogischer Führer". Der Hass der populistischen Massen richte sich gegen pragmatische und rationale „Eliten". Populismus sei etwas wesenhaft „Unsachliches". Als soziologisches Element wird sehr stark das Webersche „Charisma" für den populistischen Führer bemüht, mit dem er eine scheinbare Alternative zur rationalen Sachlichkeit der Eliten biete. Dieser gesamte interdiskursive Komplex stellt sich historisch als großenteils unbewusste Wiederholung der massenpsychologischen Theorien der Jahrhundertwende von 1900 mit dem bekanntesten Namen Gustave Le Bon heraus. Wie diese verunmöglicht er operative Definitionen und insbesondere eine operative Bestimmung der Grenze zwischen „extremistisch" und „demokratisch". Folgende Stichproben zeigen, dass der mediopolitische interdiskursive Populismusbegriff (‚unsachlich antielitär') mühelos gegen Politiker der „demokratischen Mitte" verwendet werden kann: z.B. gegen Schröder (Berthold Kohler, FAZ 24.9.2002), Westerwelle (Angela Gareis, WAZ 27.3.2018), Sarkozy (Gerald Braunberger, FAZ 20.1.2010), zu Guttenberg (Eckart Lohse, FAZ 6.7.2016), Juncker (Werner Mussler, FAZ 5.1.2017) und gegen die gesamte SPD (Jasper von Altenbockum, FAZ 5.7.2019; Leitartikel „Purer Populismus"). Auch die proliferierenden Komposita sprechen für sich: „Steuerpopulismus" bzw. präzise „Digitalsteuerpopulismus" (Werner Mussler, FAZ 31.10.2018 und 7.3.2019), „IWF-Populismus" (Winand von Petersdorff, FAZ 27.3.2019) – oder: „Hartz IV war Populismus" (rso., FAZ 1.2.2007) – das ist dann aber vielleicht „Populismus light" (Klaus-Dieter Frankenberger, FAZ 25.11.2014) – und am Ende bleibt Ironie: „Deutschland sucht den Superpopulisten" (Ferda Ataman, Spiegel online 9.2.2019).

Diese Unschärfe und Selbstliquidation des mediopolitisch interdiskursiven „P-Wortes" hat der Politologe Peter Graf Kielmansegg (2017) treffend auf die Formel gebracht: „Die, die immer nur vom Populismus der anderen reden, müssen daran erinnert werden, dass sie im Glashaus sitzen und mit Steinen um sich werfen". Sein Essay von 2017, aus dem dieses Zitat stammt, gehört zu den seriösen Versuchen, spezialdiskursive Operativität zurückzugewinnen und dabei aber die neue interdiskursive und vor allem auch politisch-praktische Lage seit 2000 (insbesondere die Wahlerfolge „rechtspopulistischer" Parteien bis schließlich zur AfD) zu berücksichtigen und in die Theorie einzubeziehen. Ich habe Kielmanseggs Vorschläge andernorts gewürdigt, aber auch ihre Grenzen aufgezeigt (Link 2019). Auch diese neuen spezialdiskursiven Anstrengungen sind inzwischen ins kaum noch Überschaubare proliferiert, was dem impliziten ‚Auftrag' der real existierenden Demokratie an die Wissenschaften entspricht, den nun ebenso real existierenden neuen „Populismus" zu widerlegen. Ein Teil dieser Bemühungen stellt sich allerdings als bloße Systematisierung und Überbauung des Interdiskurses heraus. So lautet die Überbauung des interdiskursiven Verdikts ‚Unsachlichkeit': „vereinfachte Lösungen für komplexe Probleme" (Kuchler 2017). Dieser Topos dürfte sehr hoch im Ranking platziert sein, ähnlich hoch wie der des „Ressentiments gegen das Establishment" (ebd.), wobei es sich (beim Ressentiment) allerdings um eine Kategorie des auf paradoxe Weise ‚elitären Anarchisten', jedenfalls entschiedenen Antidemokraten Nietzsche handelt. Diese Topoi hat Jan-Werner Müller (2015) unter eine zusätzliche Dominante zu gruppieren vorgeschlagen: „Wenn ein moralischer Alleinvertretungsanspruch erhoben wird: ‚Wir und nur wir repräsentieren das wahre Volk'". Im gleichen Interview, in dem er eine Quintessenz seiner Studie (Müller 2016) gibt, präzisiert er: „Hinzukommen muss der antipluralistische Anspruch, nur man selbst vertrete ein als homogen und moralisch rein gedachtes Volk." Typisch für die im Folgenden zu kritisierenden Ansätze (zu denen nicht nur Müller, sondern auch etwa Laclau gehört, siehe Abschnitt 4.3) ist dabei zunächst die gänzlich subjektive Betrachtung: Ausgangspunkt ist die (angebliche) Selbstdefinition der Populisten, nicht ihre objektive soziopolitische Struktur und Funktion. Zwar spielt die Selbstdefinition sicherlich eine, wenn auch begrenzte, Rolle – bei Müller ist sie jedoch zudem deutlich bloß kontrafaktisch behauptet. Keine der neueren populistischen Bewegungen und Parteien (zumindest in Westeuropa) erhebt einen Alleinvertretungsanspruch – im Gegenteil streben sie Koalitionsregierungen mit Parteien der „rechten Mitte", mit „Konservativen" und „Liberalen" an, von denen sie sich selbst unterscheiden. Noch weniger definieren sie sich explizit als „moralisch", im Gegenteil bekämpfen sie die sogenannten „Gutmenschen", wo immer sie sie zu treffen glauben, und sehen sich in Deutschland in der Tradition der „Realpolitik" Bismarcks. Müllers These vom Alleinvertretungsanspruch auf die „Wahrheit" mit den Korrelaten von Homogenität und Reinheit passt viel eher auf die übliche (an Lefort angelehnte) Definition von Totalitarismus

und wäre damit ein klarer Fall von Antagonismus zur pluralistischen Demokratie –
während die Besonderheit der neuen Populisten gerade in der Unschärfe dieser
Grenze besteht, für die es also analytische Instrumente zu entwickeln gilt. Das soll
im Folgenden mit den Kategorien Antagonismus und Normalismus geschehen.

2. Ohne ein belastbares Konzept von Antagonismus ist kein belastbares Konzept
   von Populismus zu begründen

Die aus der Dialektik, insbesondere von Hegel und Marx, stammende Kategorie des
Antagonismus gilt in den hegemonialen Wissenschaften als „ideologisch" und nicht
operativ. Wenn sie (wie auch im Folgenden) als ‚unversöhnlicher Widerspruch', also
als auch unter demokratischen Verhältnissen kompromissunfähiger und daher potenziell gewaltdrohender Strukturkonflikt (klassisch Kapital vs. Arbeit bei Marx) aufgefasst wird, gilt sie zudem als durch den Kollaps des Ostblocks auch historisch-empi-
risch widerlegt. Beide fundamentalen Einwände gegen die Kategorie sind am deutlichsten in Francis Fukuyamas Klassiker *The End of History and the Last Man* formuliert worden. Dabei muss die These vom definitiv in der Postmoderne erlosche-
nen Antagonismus als Tendenzaxiom gelesen werden, das nicht durch noch bestehende Gewaltkonflikte wie vor allem die Kriege in der ehemals Dritten Welt bereits
falsifiziert ist. Die entsprechende Diskussion, die ich in meiner ausführlichen Studie
Normalismus und Antagonismus in der Postmoderne geführt habe (Link 2018),[3]
muss hier auf ihre Resultate verkürzt werden. Danach stützt sich das Axiom vom er-
loschenen Antagonismus auf ein vorgängiges Axiom von der universellen Kompromissfähigkeit von Konflikten und der universellen „Anerkennung" aller denkbaren
Interessen und „Identitäten" in Demokratien westlichen Typs. Diese Kompromissfähigkeit wiederum ist unter aktuell modernen Verhältnissen als Normalisierbarkeit zu
konkretisieren. Dementsprechend bedeutet die gegenüber der Dialektik empirisch
operative Neufassung der Kategorie des Antagonismus einen tendenziell nicht nor-
malisierbaren soziopolitischen Strukturkonflikt. Da die aktuelle Gesellschaft westlichen Typs mit Niklas Luhmann als funktional ausdifferenziert beschrieben werden
kann, können potenzielle Antagonismen in einem Teilsystem durch die intersystemi-
schen Querkopplungen vorübergehend ‚stillgestellt' werden. Das klassische Beispiel
ist die Stillstellung des marxschen Antagonismus Kapital vs. Arbeit im ökonomischen und sozialen Teilzyklus durch die Mechanismen der sozialstaatlichen Umverteilung im politischen Teilzyklus. Es handelt sich also empirisch um wahrscheinliche
Tendenzen, oft geradezu um ‚Wetten' für oder gegen Normalisierbarkeit bzw. für

---

3 Dort werden die auch hier verwendeten diskurstheoretischen Kategorien und analytischen Instrumente ausführlich sowohl systematisch als auch historisch entwickelt, einschließlich ihres
epistemologischen Hintergrunds.

oder gegen den „Ausbruch" eines Antagonismus. Der aktuell prominenteste Fall ist sicher der drohende Ausbruch eines Antagonismus im ökologischen Teilzyklus, von dem es unsicher ist, ob er noch rechtzeitig durch Querkopplung mit dem politischen und ökonomischen, aber auch kulturellen („Mind Shift"), in letzter Stunde normalisiert werden kann. Falls nicht, so würde ein „Ausbruch" des Antagonismus in Form von ‚sozialem Kollaps' als noch nicht konkret vorstellbarer Spielart von Gewaltförmigkeit drohen.

Ob Luhmanns Theorie zu den implizit antagonismusnegierenden postmodernen gehört, bleibt explizit unerörtert und sollte innerhalb der Weiterentwicklung dieser Theorie geklärt werden. Im politischen Teilzyklus wird sicher kein möglicher Antagonismus unterstellt. Im Gegensatz dazu setzt der hier präferierte diskurstheoretische Ansatz gerade auch für die Problematik des Populismus die Annahme tendenziell antagonistischer Konfliktlinien voraus. Dafür könnte der eingangs diskutierte EU-interne Konflikt um die Schüssel-Haider-Koalition von 2000 in Wien als Symptom gelten.

Die wichtigste Vorarbeit für eine operative diskurstheoretische Populismuskonzeption geht auf Ernesto Laclau und Chantal Mouffe zurück. Da diese Theorie zu den postmarxistischen zählt, was sich vor allem in der Verwendung der Kategorie des Antagonismus sowie der von Antonio Gramsci entwickelten Kategorie der (gesellschaftsinternen) „Hegemonie" erweist, wurde und wird sie von eben der hegemonialen akademischen Wissenschaft im ironisch mehrfachen Sinne ‚links liegengelassen'. Diese Theorie hat nicht nur eine eigentlich definitive Kritik der hegemonialen Emotions-, Simplifikations- und Ressentimentthesen entwickelt, sondern vor allem den Blickwinkel erweitert: Wie der Blick auf die Geschichte sowohl der USA wie vor allem Lateinamerikas zeigt, muss der Populismus, soweit er Begriff statt Schimpfwort sein soll, Laclau und Mouffe zufolge als ein Ensemble politischer Prozesse im Grenzbereich von institutioneller Demokratie und revolutionärer bzw. kulturrevolutionärer Neuverfassung begriffen werden (vgl. hierzu auch Negri 1992). Diese Prozesse versucht das Autorenpaar mit den Kategorien „Hegemonie" und „Antagonismus" zu denken. Allerdings brechen sie dabei mit der Vorstellung eines ökonomistisch interpretierten Marxismus, derzufolge klassenübergreifende politische Bewegungen und Koalitionen monoton von vorgängigen Klassen und deren Interessen abgeleitet werden könnten. Sie brechen damit auch mit einer entsprechenden Ideologietheorie. (Innergesellschaftliche bzw. innerstaatliche) Hegemonien werden mit Gramsci als die faktische Vorherrschaft eines stabilen Machtnetzes von miteinander verflochtenen wirtschaftlichen, politischen und kulturellen Eliten (Entscheidungseliten, Establishment) unabhängig von formellen individuellen Gleichheitsrechten verstanden. Empirisch erweist sich eine Hegemonie als faktische Exklusionsmacht einer „Intelligenz" im doppelten Sinne von medialer Kultur und deren Personal gegenüber grundsätzlichen (womöglich „antagonistischen") Alternativen zum hegemonialen Machtnetz. Hegemonie meint also im Gegensatz zu den bloß juristischen, polizeilichen und militärischen Dimensionen der Staatsmacht die Dimensionen der freiwilligen Zustimmung, der kulturellen Multiplikation und des „Konsenses". Diskurstheoretisch wäre eine hegemoniale mediale Kultur als Diskurssystem und insbesondere als Interdiskurssystem zu fassen, das durch seine Positivität grundsätzliche Alternativen und bereits die entsprechenden Fragestellungen als solche unsichtbar, unsagbar und unwissbar macht.

2.1 Laclau/Mouffe: Beim Populismus geht es um Hegemoniekrisen, Antagonismen, Äquivalenzketten und leere Signifikanten

Laclau und Mouffe begreifen nun Populismus als einen Prozess von Ereignissen, in dessen Verlauf sich eine neue Hegemonie bildet, die sich als grundlegende („antagonistische") Alternative gegen eine bestehende Hegemonie begreift mit dem Ziel, sie zu ersetzen. Populismus bedeutet also für eine vorgängige Hegemonie zumindest eine Existenzkrise und womöglich ihren revolutionären Sturz. Die populistische Dynamik setzt bei Laclau und Mouffe bei der Kategorie „demand" (Anmeldung eines Bedürfnisses, dann Forderung) an. Die gesellschaftliche Gesamtheit besteht aus verschiedenen (sich überlappenden) Bedürfnisgruppen, die ihre Bedürfnisse gewöhnlich je einzeln und je spezifisch an das Institutionengefüge des *Status quo* (der bestehenden Hegemonie) anmelden und einzeln mehr oder weniger erfolgreiche Erfüllungen aushandeln. Eine populistische Dynamik setze nun dann ein, wenn zweierlei strukturelle Ereignisse zusammenkommen: Wenn sich erstens eine ganze Reihe spezifischer *demands* zu einer „Äquivalenzkette" vereinen und dabei gleichzeitig ein „Antagonismus" (kompromissunfähige Alternative) zum etablierten Institutionengefüge und seinen Eliten (zum „Establishment") entsteht. Diese beiden Ereignisse sind untrennbar von diskursiven Ereignissen, wozu eine „antagonistische" diskursive Dichotomie gehört, die Bildung eines ‚neuen Basis-Volks': „Wir sind das Volk, und die da oben (die Eliten, die Oligarchie, das Establishment, die politische Klasse o.ä.) haben uns verkauft, verraten usw." Hier folgt nun Laclaus zentrale These, mit der er sich gegen die politologischen Demagogie-, Rhetorik- und Manipulationsthesen wendet: Die „Leere" der populistischen Signifikanten („Volk", „die da oben", „Gerechtigkeit" usw.) spiele eine notwendige Katalysatorenrolle bei der Verkettung der speziellen *demands* wie auch bei der Setzung eines antagonistischen Bruchs. Die populistische Gegenhegemonie bzw. neue Hegemonie ist performativ – will sagen: Sie wird durch das Ereignis erfolgreicher Verkettung und erfolgreicher Artikulation eines Antagonismus allererst konstituiert, so dass wir es mit einem zur Gänze *politischen* Ereignis zu tun haben. Dabei richtet sich diese Betonung gegen einen ökonomistisch interpretierten Marxismus, der den Antagonismus als notwendigen „Ausdruck" einer vorgängigen, ökonomisch vor-gegebenen, Klassenstruktur und einer davon abgeleiteter Klassenkoalition deuten würde (vgl. Laclau 2005).

Die Kategorien *demands*, Äquivalenzkette, leere Signifikanten, Antagonismus und Hegemonie bilden einen relativ allgemeinen Rahmen, der bei der Analyse historischer Fälle jeweils konkretisiert werden muss. Insbesondere geht es dabei um die Analyse der Interaktionen zwischen populistischen Bewegungen und ihren jeweiligen antagonistischen Machtkartellen. Soweit die bestehende Hegemonie die *demands* in ihrer Isolation halten kann (vor allem durch institutionelle Ausdifferenzierung: Gesundheitssystem, Schulsystem, Wohnungsfrage usw.), kommt keine Kette zustande. Sobald solche demands aber z.b. sämtlich mit „Armut" gekoppelt werden („wir, das arme Volk"), wird die Kompromissfähigkeit des Establishments getestet. So hängt die populistische Dynamik ganz wesentlich von der Fähigkeit und dem ‚Willen' der Machteliten ab, einzelne bereits verkettete *demands* durch zumindest teilweise Erfüllung oder sogar durch Übernahme (‚Entwendung') aus der Kette herauszubrechen und damit das „neue Volk" der populistischen Bewegung womöglich zu verkleinern. Laclaus Beispiele sowohl aus Lateinamerika wie aus der russischen und chinesischen Revolution erwecken den Eindruck, dass es meistens eine ‚reaktionäre Starrheit' des alten Machtpols ist, die im Laufe einer Eskalation den antagonistischen Bruch herbeiführt. Die globale und historisch ausgreifende Sicht in die „Dritte Welt" bezieht sich dabei meistens auch auf „autokratische" und „autoritäre" Hegemonien und Eliten, deren antagonistische Revolutionierung aus jeder beliebigen demokratischen Perspektive als legitim erscheint. Wie zu zeigen ist, leiden solche Hegemonien und Eliten nicht bloß unter einem demokratischen, sondern auch unter einem normalistischen Defizit.

2.2 Links- versus Rechtspopulismus und die Besonderheiten der Normaldemokratie

Laclau und Mouffe unterschieden in der ‚klassischen' Fassung ihrer Theorie, die vor dem Durchbruch der Populismus-Kategorie im hegemonialen westlichen mediopolitischen Diskurs im Jahre 2000 entstand, nicht zwischen Links- und Rechtspopulismus. Da ihre Sympathie einer radikal-sozialistischen (ohne Privateigentum an Banken und an Massenproduktion) und gleichzeitig radikal-demokratischen Neuverfassung galt (mit seinerzeit aktuellsten Beispielen wie Allende in Chile oder Togliattis PCI in Italien), muss man ihr Populismus-Konzept als Plädoyer gegen einen dogmatisch verengten Marxismus verstehen. Wenn sie lateinamerikanische Populismen wie den Peronismus nicht vorschnell auf seine ‚rechten' (nationalistischen oder gar faschistischen) Elemente reduzieren wollten, dann weil sie die Offenheit populistischer Prozesse betonten, denen sie offenbar eine ‚linke' Haupttendenz unterstellten, die durch ambivalente Kopplungen (wie mit entwicklungsprotektionistischem Nationalismus) unter Umständen gestärkt statt geschwächt würden. Eben diese Offenheit wird nun aber in den aktuell im mehrfachen Sinne „normalen" institutionalisierten Massendemokratien westlichen Typs verwehrt, die die Unterscheidung zwischen Links- und Rechtspopulismus erzwingen – und zwar nicht bloß durch mediale Manipulation, sondern strukturell (vgl. dazu ausführlich Link 2008b).

3. Ohne ein Konzept von Normalismus kann kein aktuell operatives Konzept von Antagonismus entwickelt werden

Im Kontext der Normalismustheorie ist das Populismuskonzept Laclaus mit Paradigmen wie Peronismus und Leninismus sehr stark an vornormalistischen Hegemonien orientiert. Es ist daher in seiner ursprünglichen Gestalt für normalistische Hegemonien nur begrenzt operativ. Diese Hegemonien sind zum einen hoch spezialistisch und systemisch ausdifferenziert im Sinne von Luhmann. Das erschwert zum Beispiel die Bildung von Äquivalenzketten, weil die verschiedenen *demands* an verschiedene Teilsysteme adressiert werden: das Arbeitslosigkeitsproblem einer armen Familie an Arbeits- und Sozialhilfeämter, die Kinderprobleme der gleichen Familie an das Schulsystem, die medizinischen an die Krankenversicherung usw. Vor allem aber funktioniert das politische Teilsystem im Rahmen eines spezifischen politischen Normalitätsdispositivs, des hegemonialen Rechts-Links-Mitte-Extreme-Modells. Historisch entstand in der Französischen Revolution zunächst die Links-Rechts-Topik als parlamentarische Institutionalisierung eines ‚symbolischen Bürgerkriegs' zwischen einem aristokratisch-großbürgerlichen Block und einem „popularen", plebejisch-proletarischen Block, gekennzeichnet durch positive Wertung der jeweiligen „linken" oder „rechten" Identität und sogar phasenweise der „Extreme" sowie negative Wertung der „Mitte" als Zone des Opportunismus und des Verrats. Diese Version der Topik herrschte im Deutschland der Weimarer Republik und herrscht noch heute in gemilderter Form in Ländern wie Frankreich, Spanien, Portugal und Griechenland. Sie herrschte auch in den von Laclau analysierten Gesellschaften. Es waren Deutschland und Italien, die nach 1945 (also nach dem Faschismus) eine alternative Version der Links-Rechts-Topik entwickelten, die man genauer als Rechts-Links-Mitte-Extreme-Topik kennzeichnen muss. In dieser Version haben sich die impliziten Wertungen der Topik umgedreht: Nun besitzt die „Mitte" das Optimum der Wertung, während der Wert symmetrisch nach links und rechts abnimmt und an den linken und rechten „Extremen" gegen Null tendiert. Dabei besteht die Mitte aus zwei Abschnitten: der „rechten Mitte" und der „linken Mitte" – die gesamte Topik fungiert daher als ‚Gleichgewichtungs-Waage' zwischen der linken und der rechten Hälfte – Wahlen münden nicht in eine totale „Wende" zwischen Links und Rechts, sondern rücken lediglich ein wenig zur „linken Mitte" oder zur „rechten Mitte".

Strukturell besteht daher stets eine latente Große Koalition, die in Krisenzeiten und bei Notständen sehr leicht auch formell gebildet werden kann.

Entscheidend ist nun ferner, dass das Modell der Gleichgewichtungs-Waage als politisches Normalitäts-Dispositiv funktionieren und auf diese Weise den ausdifferenzierten politischen Zyklus in den umfassenden gesellschaftlichen und kulturellen Normalismus integrieren kann. Es ist evident, dass die von der Mitte dominierte Version der Topik idealiter eine Massenverteilung der Wähler_innen favorisiert, die sich einer (symbolischen) Quasi-Normalverteilung annähert: Kumulation der Stimmen im Bereich der Durchschnitte und symmetrische Abnahme in Richtung der beiden Extreme. Das Modell der Quasi-Normalverteilung impliziert zwingend die Symmetrie der Kurve und damit die Symmetrie von Links und Rechts inklusive der Symmetrie von Linksextrem und Rechtsextrem. Mögen insbesondere die als linksextrem kodierten Subjekte sich noch so sehr gegen ihre Gleichsetzung mit den rechtsextremen Antipoden sträuben und mögen sie dabei von noch so überzeugenden wissenschaftlichen Argumenten unterstützt werden (vgl. exemplarisch Grebing 1971) – die hegemonial stabile Quasi-Universalität des Modells der Quasi-Normalverteilung beherrscht unerschüttert und in normalistischen Kulturen vermutlich unerschütterbar den mediopolitischen Interdiskurs.

Am Beginn der beiden Extrembereiche liegen also (wie überall im Normalismus) zwei symmetrische Normalitätsgrenzen, an denen das Normalspektrum endet. In Deutschland sind diese Normalitätsgrenzen durch 5-Prozentklausel und „Beobachtung durch den Verfassungsschutz" institutionalisiert. Parallel zum Grundgesetz gilt demnach die eingangs erwähnte Axiomatik als offiziöser ‚Kodex der Normaldemokratie' mit den Regeln: Nur normale Parteien (also Parteien innerhalb des Normalspektrums) sind „politikfähig" – Alle normalen Parteien (innerhalb des Normalspektrums) und nur sie sind prinzipiell miteinander koalitionsfähig – Nur normale Parteien der „Mitte" sind „regierungsfähig" – „Extreme" Parteien von links und von rechts sind funktionsgleich („schaukeln sich hoch") usw. Wie man sieht, handelt es sich um einen gigantischen Formalismus, der es erlaubt, „Inhalte" (*demands*) beliebiger Art auf imaginäre Positionen innerhalb des Links-Rechts-Mitte-Extreme-Kontinuums zu reduzieren und damit politisch zu ‚entkernen'.

Damit ist aber auch das Problem des Antagonismus gegenüber dem ‚symbolischen Bürgerkrieg' völlig neu politisch kodiert. Im symbolischen Bürgerkrieg zwischen Rechts und Links durchschnitt ein Antagonismus die „Mitte": Die parlamentarische Demokratie funktionierte als Aufschub bis auf weiteres eines latent drohenden „Ausbruchs" dieses Antagonismus. Konkret handelte es sich um einen antagonistischen Knoten, dessen Dominante der marxsche Antagonismus zwischen Kapital und Arbeit bildete. Dieser Antagonismus ist im neuen Modell der ‚Gleichgewichtungswaage' ersetzt durch die wechselseitige „Anerkennung" und damit Kontinuierung zwischen Rechter Mitte und Linker Mitte. Der Antagonismus ist stattdessen in zweigespaltener Form auf die beiden Normalitätsgrenzen des Spektrums verschoben. Aus dem Modell der Quasi-Normalverteilung folgt in Kombination mit dem postmodernen Axiom der Antagonismuslosigkeit die Tendenz, die Normalitätsgrenzen maximal ‚nach außen‘ zu schieben, so dass möglichst nur minimale ‚extremistische Reste‘ (etwa ‚verschwindend wenige Spinner und Terroristen‘) übrigbleiben. Der Antagonismus tendiert also idealiter auch empirisch-statistisch gegen Null.

4. Die Erweiterung des politischen Normalspektrums um zwei Populismen seit der Haider-Krise 2000: Populismus, Krise und Denormalisierung

Obwohl die deutschen Grünen bei ihrem ersten Eintritt in die Parlamente zu Beginn der 1980er Jahre alle Kennzeichen einer populistischen Partei vereinten („weder rechts noch links“, kulturrevolutionärer Aktivismus, Stimme nicht nur des Volkes, sondern der Natur selbst, *demands* nach direkter Demokratie), wurden sie im mediopolitischen Interdiskurs nicht als solche kodiert – ganz einfach, weil die Bezeichnung Populismus damals in diesem Diskurs noch fehlte. Es konnte aber als Symptom einer neuen Lage gewertet werden, dass die neue Partei auch nicht mehrheitlich-hegemonial als „extremistisch“ kodiert wurde, obwohl ihre dann medial viel beredete „Normalisierung“ dies eigentlich implizierte. Hätten die (ursprünglichen) Grünen erst nach 2000 die politische Bühne betreten, so wären sie als „linkspopulistisch“ kodiert worden wie tatsächlich die ursprünglichen Syriza und Podemos. Was war geschehen? Wie bereits eingangs dargestellt, war das normalistische politische Kontinuum durch die Einfügung zweier neuer „populistischer“ Positionen erweitert worden, was eine neue Verteilungsmöglichkeit zwischen „extremistisch“ und „populistisch“ geschaffen hatte. Es zeigte sich dabei und zeigt sich weiter die Operativität des foucaultschen Diskurskonzepts: Was wie eine formalistische Spielerei erscheint, schafft härteste politische Materialitäten. Geradezu paradigmatisch zeigt sich das bei der Normalitätsgrenze zwischen Le Pen Vater (rechtsextrem, männlich) und Le Pen Tochter (rechtspopulistisch, weiblich), die sich sogar in einer Familientragödie mit durchaus antiken Tremoli kulturell entfaltete.

4.1 Zwei Interpretationen des Populismus

In das alte Kontinuum rechtsterroristisch – rechtsextrem (rechtstotalitär) – rechtsradikal – (rechte Normalitätsgrenze) – rechter Flügel – rechts – rechte Mitte – linke Mitte – links – linker Flügel – (linke Normalitätsgrenze) – linksradikal – linksextrem (linkstotalitär) – linksterroristisch wurden also (am Ort der Normalitätsgrenzen) rechtspopulistisch und linkspopulistisch eingefügt. Diese Einfügung lässt sich in zwei verschiedenen Interpretationen lesen. Eine erste Lesart sieht darin einfach eine typisch flexibel-normalistische[4] Erweiterung des politischen Normalspektrums (so wie etwa durch Integration und Inklusion sexueller oder anderer kultureller Minderheiten): Es gäbe möglicherweise normale neonationalistische und neorassistische Positionen (rechts) bzw. normale radikalsozialistische, radikaldemokratische und pazifistische Positionen (links), was man eben in einer politischen Auseinandersetzung klären solle. Dafür sprächen auch statistische Anteile von zuweilen weit über fünf Prozent. Die Populismen lägen sozusagen in einer ‚Grauzone‘ auf beiden Seiten der Normalitätsgrenze – das böte auch die Chance, durch ein ‚Fundi-Realo-Spiel‘ nach dem Modell der Grünen die harten anormalen Kerne zu isolieren und die jeweilige Mehrheit zu normalisieren (siehe auch Höcke-Problem der AfD). Brauchbar sei auch die Übernahme extremer Positionen in der Mitte (deren „Normalisierung"), ‚weil sonst der Populismus noch stärker wird‘ (erfolgreiche ‚Rutte-Taktik‘ in den Niederlanden). Insgesamt ist diese flexibel-normalistische Lesart dem Axiom von der Antagonismuslosigkeit in der Postmoderne verpflichtet. Sie muss daher auf der Tendenz maximaler Integration ins Normalspektrum (maximaler Kompromissfähigkeit und „Anerkennung") und tendenzieller Hinausschiebung der Normalitätsgrenze bestehen. Dennoch stößt diese Taktik in der Realität auf viele Probleme mit der ‚Janusköpfigkeit‘ des Populismus, darunter nicht zuletzt auf die Artikulation klarer antidemokratischer Antagonismen wie Neorassismus und Neofaschismus von Seiten der rechtspopulistischen „Flügel".

Eine zweite Lesart ist daher weniger optimistisch und liest das Anwachsen von Populismen als Symptom einer ernsthaften Denormalisierung der Normaldemokratie, wie es das Umkippen der ∩-Form (Gleichgewichtungswaage) in die U-Form (Überwuchern der „Flügel" durch die Populismen) erweise. Diese zweite, pessimistische Interpretation von Populismen ist typischerweise gekennzeichnet durch die historische Analogie mit den 1930er Jahren: Das Anwachsen der Populismen könne zu einer Wiederholung von „Weimar", zu einem ‚Zerreiben der Mitte zwischen den Extremen‘, führen. Damit setzt diese Lesart aber im Grunde Populismus mit Extremismus und konkret Rechtspopulismus mit Faschismus und Linkspopulismus mit Kommunismus gleich, revidiert mithin die Erweiterung des politischen Normalspektrums.

---

4 Der systematische und historische Unterschied zwischen zwei idealtypischen Polen des Normalismus, und zwar fixistischem „Protonormalismus" mit engem Normalspektrum und harten Normalitätsgrenzen einerseits und „flexiblem Normalismus" mit breitem Normalspektrum, porösen Normalitätsgrenzen und Übergangszonen andererseits, kann hier nicht expliziert werden (vgl. Link 2009, 2018).

4.2 Populismus ist Symptom der Exklusion von Antagonismen aus der Normaldemokratie und dem normaldemokratischen Pluralismus

Es spricht trotz seiner historischen Begrenztheit in der ursprünglichen Ausführung für den basalen Ansatz der Theorie von Laclau und Mouffe, dass eine Reflexion dieser beiden hegemonialen Lesarten der Erweiterung des politischen Normalspektrums durch zwei Populismen auf die Problematik des Antagonismus zurückführt. Denn strukturell unterscheiden sich die beiden (optimistischen und pessimistischen) Interpretationen der aktuellen Populismuskrisen von Normaldemokratien auf folgende Weise: Die optimistische oder flexibel-normalistische Interpretation gründet ihren Optimismus (auch wenn ihre Vertreter das nicht explizit reflektieren) auf die Auffassung von der tendenziellen Antagonismuslosigkeit postmoderner Gesellschaften, in denen nur noch Schein-Antagonismen auftauchen könnten – und auf diese Annahme stützt der flexible politische Normalismus demnach seine Wette, die heutigen Populismen mittelfristig normalisieren zu können. Umgekehrt hält die pessimistische Interpretation eine solche Wette für strukturell ungedeckt, da sie vom Fortbestehen und sogar von einer möglichen Neuentstehung von Antagonismen ausgeht. Nach dieser Lesart müssen die Populismen als mögliche trojanische Pferde zur Einschleusung von Antagonismen in das politische Normalspektrum betrachtet werden. Diese Sicht ist gegenüber dem politischen Normalitätsdispositiv als solchem radikal unkritisch und apologetisch: Sie fasst den Formalismus als Realität auf und schließt insbesondere jedes Hinterfragen der normalistischen Ausschlussmechanismen von vornherein aus. Während also die flexibel-normalistische Option auf dem postmodernen Axiom der Antagonismuslosigkeit beruht und dementsprechend darauf wettet, dass sich scheinbare Antagonismen als normale Positionen im Spektrum erweisen werden, plädiert die protonormalistische (‚pessimistische‘) für einen offensiven Kampf der Mitte um die Normalitätsgrenzen gegen die „Extreme" („Verfassungs-Schutz der wehrhaften Demokratie"). Beide Spielarten von Normalismus implizieren auf verschiedene Weise ein weitgehendes Diskussionstabu von aktuell-realen Antagonismen *qua* Antagonismen im Normalspektrum, was im Folgenden nun gezeigt werden soll.

4.3 Kurzer Blick auf ‚subjektive‘ und ‚objektive‘ Aspekte von Antagonismen

Bevor dieses Diskussionstabu von Antagonismen in der Normaldemokratie an exemplarischen aktuellen Fällen konkretisiert werden soll, ist die wichtige Frage des Verhältnisses zwischen ‚subjektiven‘ und ‚objektiven‘ Aspekten von Antagonismen wenigstens kurz zu berühren. Wie in den ersten Abschnitten dargestellt wurde, geht es bei den aktuell hegemonialen Populismuskonzepten, die ja in der Regel Antagonismen explizit oder implizit leugnen, meistens um subjektive Diskurspositionen entsprechender Parteien oder Gruppierungen. Wenn Jan-Werner Müller Populismen über ihren „Alleinvertretungsanspruch" definieren zu können glaubt, dann wird dabei ausschließlich das Selbstbild und die Programmatik entsprechender kollektiver Subjekte, ihr „Stil", ihre „Rhetorik" und „Strategie", untersucht, während die Frage nach einem objektiven strukturellen sozialen und funktionalen Korrelat, wie es der ökonomistische Marxismus als „Klassenbasis" kannte, keine Rolle spielt. Diese Dominanz einer unterstellten kollektiven Subjektivität erweist sich am deutlichsten bei den Thesen von „Emotion", „Wut" und „Hass" als Wesensgrund von Populismus, ebenso wie beim „demagogischen Charisma" populistischer Führer. Würde man diesen ‚subjektiven' Ansatz mit ein wenig belastbarerer theoretischer Stringenz weiterdenken, so geriete man vermutlich in die Nähe von Carl Schmitts Dezisionismus, also der strategischen Bestimmung eines „Feindes". Für Schmitt spielt dabei jedoch plausiblerweise die Emotion keine konstitutive Rolle, wohl aber das fundamentale Problem der Begründung einer „Normalität" und ihrer Grenze (vgl. dazu ausführlich Link 2009, S. 291ff.; 2018, S. 345ff.). Der Schmitt'sche Feind wird gerade nicht gehasst, sondern strategisch bekämpft. Auch bei Laclau und Mouffe dominiert, wenn der Kategorie *demand* auch objektive Bedürfnisse als Korrelate zugeordnet sind, dennoch insgesamt deutlich der strategische Aspekt des Diskurses, durch den im Prozess der Artikulation einer Äquivalenzkette ein zur alten Hegemonie antagonistisches kollektives Subjekt entsteht. Die Vernachlässigung der Korrelation zwischen ‚subjektiver' Artikulationsarbeit und ‚objektiven' strukturell-funktionalen Korrelaten muss als Defizit der Theorie gewertet werden. Es käme gerade darauf an, den Unterschied zwischen strukturell nicht-antagonistischen und antagonistischen *demands* in die Analyse einzubeziehen und ihr Verhältnis zu den politischen Aktionen populistischer Subjekte zu bestimmen. Dieses Wechselverhältnis erweist sich bei jeder konkreten Fallanalyse als ‚springender Punkt'.

4.4 Normalistische Diskussionstabus von Antagonismen an einem „linken" und einem „rechten" Beispiel: militärischer Interventionismus (Bundeswehrkriege *out of area*) sowie Neorassismus und Neofaschismus

Das frappierendste Beispiel eines hegemonial medial tabuierten ‚linkspopulistischen' Themas in Deutschland sind die Bundeswehrkriege *out of area*: Ihre Bejahung gehört seit der Wiedervereinigung zum apriorischen ‚Konsens' jeder deutschen Partei innerhalb des Normalspektrums. Dennoch fand niemals ein Referendum oder eine referendumsähnliche Wahl über dieses Thema statt, und demoskopisch lehnt etwa eine Zweidrittelmehrheit hartnäckig solche Kriege („Einsätze", „Missionen") ab. Das ist also ein Beispiel für Populismus als Symptom eines *a priori* ausgeschlossenen potenziellen Antagonismus. Man kann den gleichen Sachverhalt auch anders formulieren: Das mediale Funktionieren der Links-Rechts-Mitte-Extreme-Topik schränkt den Pluralismus normalistisch ein, indem es potenziell antagonistische Alternativen unsichtbar, unsagbar und unwissbar macht. Potenzielle Antagonismen haben im offiziellen Pluralismus des hegemonialen mediopolitischen Diskurses keinen Ort, sind *a priori* invisibilisiert und damit tendenziell annihiliert. Konkret funktioniert dieses Diskurstabu im mediopolitischen Interdiskurs als scheinbar spontanes ‚Heraushalten' – politisch aus Wahlkämpfen, medial ‚aus den Schlagzeilen'. Solche Einschränkungen werden von populistischen Positionen aufgedeckt. Die Partei Die Linke, die über dieses Thema intern zerstritten ist, würde bei einer Aufnahme in eine Bundesregierung den „Einsätzen" zustimmen und ihre bisherige mehrheitlich linkspopulistische Position ‚opfern müssen'. Es gehört keine Prophetengabe dazu zu prognostizieren, dass ein solches Ereignis medial als „Normalisierung der Linken" diskursiviert werden würde. Keine Prophetengabe deshalb, weil es bereits den Präzedenzfall der Grünen in den 1990er Jahren gibt. Nach dem definitiven ‚Durchbruch' der neuen grünen Normalität anlässlich des Balkankriegs von 1999 verschwand das „Thema" aus den Schlagzeilen. Interessant ist die Entwicklung der AfD-Position zu diesem „Thema": Im deutlichen Unterschied zur tendenziell pazifistischen Ablehnung eines globalen Interventionismus der Bundeswehr aus linkspopulistischer Perspektive erklärt sich die AfD geradezu als Militärpartei, allerdings in ausschließlich deutsch-nationaler Funktion. Sie lehnte daher bisher sowohl die Afghanistan- wie die Mali-‚Mission' ab, stimmte aber der Frontex-Mission im Mittelmeer zu. Sie begründete das mit der Funktion Migrationsabwehr, die im deutschen nationalen Interesse liege. Es verwundert insofern nicht, dass die Bundesregierung seither die migrationshemmende Funktion auch des Mali-Einsatzes betont. Es zeigt sich hier die Verknotung des bellizistischen Antagonismus mit dem postkolonialen der Normalitätsklassen und dem neorassistischen der Migration. Diese Gefahr der Bildung einer rechtspopulistischen Äquivalenzkette ist speziell in Deutschland vom Sonderweg eines Tabus über den Neofaschismus verstärkt. Aufgrund des spezifisch deutschen Postfaschismus im Kalten Krieg ist der Begriff des Faschismus als solcher aus zwei Gründen in der Hegemonie tabuiert: Zum einen suchte die Bundesrepublik sich vom in der DDR üblichen Begriff abzugrenzen – zum anderen griff die Symmetrie von Links- und Rechtsextremismus die Selbstbezeichnung des deutschen Faschismus als Nationalsozialismus dankbar auf, um einen rechten und einen linken „Sozialismus" gleichzusetzen. So erschien die in Italien und dann in vielen Ländern als Selbstbezeichnung entstandene und strukturell-funktional wohldefinierte Kategorie des Faschismus[5] schließlich als ‚kommunistische Propagandafloskel‘[6]. All das wird vom hegemonialen mediopolitischen Interdiskurs ‚aus den Schlagzeichen gehalten‘, obwohl es von höchster Relevanz für die bereits nächste Zukunft ist.

Die bis auf Weiteres hegemoniale Spielart der Normaldemokratie ist die flexibel-normalistische, die mögliche Antagonismen mit Taktiken der Entnennung, ‚Einäugigkeit‘ und des ‚Heraushaltens aus den Schlagzeilen‘ in der statistischen Masse invisibilisiert. Das ist etwas anderes als „Lüge“, wie es die rechtspopulistische Polemik will – es ist aber beileibe auch nicht gleich „Wahrheit“, wie sich die Angegriffenen verteidigen. Dabei ist durch das Internet eine neue technische Basis für die Artikulation hegemonial tabuierter Antagonismen entstanden, die höchst hilfreiche Möglichkeiten der Durchbrechung hegemonialer Antagonismusvermeidung bietet. Diese Möglichkeiten sucht der hegemoniale Interdiskurs durch die pauschale Polemik gegen „Verschwörungstheorien“ und „fake news“ zu diskreditieren, bis man mit eigenen Angeboten das Internet überwiegend zurückerobert und besetzt haben wird.

Eine besondere Diskurstaktik verfolgt die bis auf weiteres minoritäre (protonormalistische) ‚rigide‘ Spielart des politischen Normalismus: Sie lässt die Bezeichnung von Antagonismen zu, favorisiert sie sogar, reduziert sie jedoch extrem formalistisch auf „Rechts- und Linksextremismus“ (exemplarisch Nationalsozialismus und Kommunismus) mit implizitem Gleichheitszeichen. Auf das Anwachsen von Rechts- und Linkspopulismus reagiert sie asymmetrisch: Wächst der Rechtspopulismus (konkret die AfD) über die 5-Prozent-Normalitätsgrenze, so integriert sie die ‚nicht offensichtlich nationalsozialistischen‘ Teile als „Nationalkonservative“ ins Normalspektrum, während sie den Linksextremismus mit dem Symmetrieaxiom möglichst ausdehnt und als eigentlichen Antagonismus bekämpft. Sie bereitet so eine Notstandssituation vor, in der sich die Mitte mit den normalisierten Rechtspopulisten verbindet, einschließlich normalisierter Neorassisten und Neofaschisten (etwa „Bürgerwehren“).

5　An dieser Stelle verstanden als Bewegung, deren Kern *Fasci* (Kampfbünde) als außerstaatliche Bürgerkriegsarmee bilden, deren Funktion die „Säuberung der Straße“ von einem ‚links-antagonistischen Volk‘, normalistisch von allen ‚Anormalitäten‘, ist – bevor sie mittels einer faschistischen Massenpartei (*partito fascista*) die zentrale Staatsgewalt besetzen, was zur Integration der Fasci in die Staatsapparate bzw. deren Integration in die Fasci führt (mit dem Musterfall der deutschen SS).

6　Dieser Effekt wurde von vielen Linksradikalen verstärkt, indem sie beliebige ‚rechte‘ Positionen als „faschistisch“ attackierten und den Begriff so zum bloßen Schimpfwort verdarben.

4.5 Nochmals: Links- versus Rechtspopulismus in der großen Denormalisierungskrise

Die typischen (möglicherweise antagonistischen) *demands* des Rechtspopulismus sind also Neonationalismus, Neorassismus und Neofaschismus; der grundlegende linke Antagonismus ist Marx zufolge der zwischen Kapital und Arbeit, aktuell der soziale zwischen den superreichen Eliten und den Prekarisierten und Abgehängten, ‚abgepolstert' durch mehr oder weniger große Mittelklassen – also jener Antagonismus, den die Sozialdemokratie (linke Mitte) schon seit geraumer Zeit für erloschen erklärt hatte, bevor der Kollaps des Ostblocks global-medial als definitive Bestätigung dafür gewertet wurde. Diese These des Erlöschens erschien am wenigsten plausibel bei allen Konflikten zwischen ‚reichem Norden' und ‚armem Süden', insbesondere angesichts der kriegerischen Eskalationen mit ihren Folgen von Massenfluchten von Süd nach Nord. Die große Krise von 2007ff. hat diese Nord-Süd-Antagonismen in den Norden reimportiert: in Form der ‚Drittweltisierung' Südeuropas mit hoher Arbeitslosigkeit (sowie Prekarisierung auch im Norden) und in Form der Massenflucht und Masseneinwanderung. Eine kritische Analyse der mediopolitischen Polemiken gegen „Rechts- und Linkspopulismus" muss also zunächst die rein ‚formalistischen' Effekte des politischen Normalitätsdispositivs von den Inhalten (*demands*) unterscheiden. Eindeutig sind neorassistische *demands* (Grenzschließung und Massenabschiebung, grundsätzliche Ablehnung von Einwanderung aus dem Süden) eskalierende und antagonismusverschärfende Maßnahmen mit der Tendenz zu katastrophalen „Kulturkriegen" („Clashes of Civilizations" nach Huntington). Diese Kernforderung des Rechtspopulismus steht damit nicht nur im Gegensatz gegen die linkspopulistischen *demands*, Kriege als Optionen auszuschließen, sondern impliziert geradezu die Militarisierung der Migrationsabwehr. Weniger eindeutig sind bestimmte anscheinend neonationalistische *demands* wie Ausstieg aus dem Euro, Resouveränismus[7] als Re-Etablierung von Dispositiven des Sozialstaats, die auch von ‚Linkspopulisten' wie Wolfgang Streeck, Oskar Lafontaine und Sahra Wagenknecht nicht von vornherein ausgeschlossen werden, oder Protektionismus zwecks Reindustrialisierung (Trump). Dabei erweist sich durchaus zuweilen die formalistische Reduktion von *demands*. Ein typisches Beispiel war der Vorwurf an Sahra Wagenknecht, sie habe „Merkel von rechts kritisiert", was verwerflich sei. Das bezog sich auf Wagenknechts Einschätzung, Merkel habe am 5. September 2015 mit der Grenzöffnung „leichtsinnig" die Kontrolle verloren. Vermutlich wollte Wagenknecht sagen, dass Merkel eine große Denormalisierung ausgelöst habe, was eine simple Tatsache ist. Eine solche Kritik zwanghaft nach dem Kriterium ‚von rechts oder von

---

7 Damit soll der (in der Auffassung vieler Beobachter illusionäre) Versuch bezeichnet werden, größere bereits an internationale Institutionen wie die EU oder den IWF abgetretene Teile nationaler Souveränität zurückzugewinnen.

links' auszuflaggen, ist ein Beispiel für den leerlaufenden Formalismus. Damit war die Diskussion abgewürgt (denn welcher Linke will schon ‚von rechts kritisieren'?) – in deren Verlauf hätte geklärt werden können, dass Merkel sicher nicht aus „Leichtsinn" entschied, sondern unter dem Zugzwang der 300.000 in Ungarn ‚aufgestauten' Flüchtlinge der Balkanroute, die sich wiederum nur deshalb ‚aufgestaut' hatten, weil Merkel und Schäuble zuvor Tsipras hatten zur Kapitulation zwingen wollen – denn wäre die Griechenlandkrise mit der Massenflucht durch eben dieses Griechenland im Zusammenhang diskutiert worden, hätte man Griechenland einen substantiellen Schuldenerlass wohl kaum verwehren können.

5. Die große Denormalisierung seit 2007 ist nicht zu Ende: Von der ökonomischen Krise zur Populismuskrise als politischer Hegemoniekrise

Die große Denormalisierung seit 2007 mit ihrer Krisenserie Schuldenkrise, Finanzkrise, Wachstumskrise, Eurokrise, Griechenlandkrise, Zinskrise, Flüchtlingskrise hat mit der Populismuskrise das politische System ‚angesteckt'. Die Normaldemokratie funktioniert mittelfristig nur dann, wenn die („agonistische" nach Mouffe 2018, S. 103ff.[8]) Opposition linke vs. rechte Mitte medial als die dominante Opposition prozessiert werden kann. Das setzt zweierlei voraus: Antagonismen müssen invisibilisiert sein, und die latente Große Koalition (der hegemoniale Konsens) ebenfalls. Die Krisenserie seit 2007 hat diese Geschäftsgrundlage dadurch geschwächt, dass die (kapitalistischen, monetaristischen, stets von den unteren Klassen zu bezahlenden bzw. durch Arbeitslosigkeit usw. zu erduldenden) ‚Rettungsmaßnahmen' von Großen Koalitionen zwischen linker und rechter Mitte getragen werden mussten. Solche Koalitionen bestanden auch dort, wo sie nicht formell (wie in Deutschland) gebildet werden mussten. Die Einbrüche populistischer Parteien tief in das übliche Normalspektrum hinein sind allbekanntermaßen die direkte Folge dieser Lage. Noch ernster ist der Umstand, dass dadurch zumindest teilweise Antagonismen sichtbar und formulierbar werden (im Fall der ursprünglichen Syriza und Podemos, aber auch teilweise bei den Rechtspopulisten), so dass es sich um eine Hegemoniekrise handelt. Hegemoniekrise heißt aktuell aber Normalismuskrise, und nichts zeigt das

---

8 In diesem Abschnitt „Ein agonistisches Demokratiemodell" unterscheidet Mouffe zwischen Antagonismus und „Agonismus" und plädiert für eine möglichst klare, „agonistische", Konkurrenz zwischen linker und rechter Mitte. Im Gegensatz zum ersten Begriff soll der zweite sowohl eine Unvereinbarkeit wie doch auch eine wechselseitige Anerkennung im Rahmen der „Demokratie" bezeichnen. Gegenüber der ursprünglichen gemeinsamen Theorie mit Laclau ist das zweifellos eine Revision – wie weit sie geht, ob damit ein Sichabfinden mit der Normaldemokratie impliziert ist, könnte nur die Anwendung auf konkrete Fälle zeigen. Corbyn wird erwähnt – er ‚ist inzwischen Geschichte'.

so deutlich wie der teilweise Kollaps der normalistischen Demoskopie (bei Syriza, Brexit, Trump und Orbán).

Also scheinen Populismus- und Hegemoniekrise eine Art Entformalisierung des politischen Normalitätsdispositivs Rechts-Links-Mitte-Extreme zu erfordern: Statt etwa zu fragen, ob eine konkrete Denormalisierung rechts oder links ist, scheint es notwendig zu sein, die konkreten *demands* unabhängig von einer Rechts-Links-Kodierung, aber auch von einer Mitte-Extreme-Kodierung, zu analysieren. Die sogenannten Populismen spielen dabei die Rolle ‚halber‘ Extremismen: Statt ihre *demands* als normative Sünden gegen die Mitte zu kodieren, sollten sie auch normalismustheoretisch analysiert werden. Ein erster, imperativer Schritt dazu ist die Aufhebung des Tabus, Antagonismen zu diskutieren. Am Beispiel der Flüchtlingskrise: Rassismus ist ein Antagonismus gegenüber jeder möglichen Interpretation von Demokratie. Rassistische, konkret kultur- bzw. neorassistische, Positionen wie eine pauschale Islamverwerfung sind auch nach dem hegemonialen Modell nicht populistisch, sondern extremistisch. Aber auch bestimmte Spielarten des Islam sind vermutlich antagonistisch gegenüber jeder möglichen Interpretation von Demokratie. Vor allem aber sind solche Antagonismen gekoppelt mit strukturellen Nord-Süd-Antagonismen, die in der Normalismustheorie als Antagonismen zwischen globalen Normalitätsklassen präzisiert werden (vgl. dazu ausführlich Link 2018). Die Flüchtlingskrise von 2015ff. lässt sich als zeitweiliger Kollaps der Normalitätsklassengrenze im Mittelmeer charakterisieren, dessen Ursache wiederum ein Antagonismus infolge der militärischen Interventionen der oberen in den unteren Normalitätsklassen war („Fluchtursachen"). Keiner dieser Antagonismen ist als solcher in der hegemonialen Mediopolitik sagbar. Alle müssen aus der Unsagbarkeit befreit werden. Wenn stattdessen die Sagbarkeitstabus durch unsägliche einäugige Fake-News-Kampagnen verteidigt werden, wird den Populismen ein Antagonismusdiskursmonopol geliefert, das sich zudem aus zwei Gründen zu einem Rechtspopulismusmonopol entwickeln wird: Erstens weil mögliche Linkspopulismen (also antagonistische Positionen gegen die ökonomische und militärische globale Hegemoniepolitik der westlichen Weltmächte einschließlich Deutschlands) Angst haben, „populistisch" zu sein – und zweitens, weil die typisch rechten Antagonismen, also Radikalnationalismus und Rassismus, noch stets im Kontext einer fundamentalen Denormalisierungskrise von der „Mitte" als Koalitionspartner für eine Notstandsdiktatur akzeptiert und vorgezogen worden sind. (Das zeigt sich im Übrigen, wie oben am Beispiel der protonormalistischen Diskurstaktik bereits konkret analysiert, längst vor einer solchen Zuspitzung, weil die ganze ‚Gleichgewichtungs-Waage‘ meistens einen eindeutigen Rechtsdrall hat.[9])

---

9 Dieses „Verschieben" von Themen und Positionen im Spektrum betont zurecht Clemens Knobloch (2007). Häufig wird dieses Verschieben als „Normalisierung" in einem spezifischen

Der strukturelle Gegensatz zwischen sogenanntem Rechts- und sogenanntem Linkspopulismus erweist sich schließlich besonders deutlich beim Vergleich ihrer jeweiligen symbiotischen Massenbewegung. Die Öffnung von Populismen für Antagonismen im Gegensatz zu Normalparteien erweist sich nicht zuletzt darin, dass die parlamentarische Repräsentanz bei ihnen mit mehr oder weniger engagierten bis militanten außerparlamentarischen Bewegungen verbunden ist. Die Konversion und Normalisierung von Syriza ging einher mit der Selbstisolierung der Tsipras-Formation von den Nachfolgebewegungen der Platzbesetzungen von 2011. Die Symbiose mit einer solchen Massenbewegung unterscheidet den Links- unübersehbar vom Rechtspopulismus, dessen außerparlamentarische „Basis" tendenziell militärisch dominiert ist („Bürgerwehren", *Fasci*) und vor allem nicht das Kapital antagonistisch negiert, sondern den Linksextremismus einschließlich des Linkspopulismus. Oder zugespitzt formuliert: Eine linkspopulistische Massenbewegung hat Streikcharakter im weiten Sinne – eine rechtspopulistische hingegen Streikbruchcharakter.

Literatur

Grebing, Helga, 1971: Linksradikalismus gleich Rechtsradikalismus. Eine falsche Gleichung. Berlin u.a.

Kielmansegg, Peter Graf, 2017: Populismus ohne Grenzen. In: Frankfurter Allgemeine Zeitung 13.2.2017, S. 6.

Knobloch, Clemens, 2007: Einige Beobachtungen über den Gebrauch des Stigmaworts „Populismus". In: Habscheid, Stephan/Klemm, Michael (Hrsg.): Sprachhandeln und Medienstrukturen in der politischen Kommunikation, Tübingen, S. 113–131.

Kuchler, Barbara, 2017: Populismus, was ist das eigentlich? In: Frankfurter Allgemeine Zeitung 17.6.2017, S. 11.

Laclau, Ernesto, 2005: On populist reason. London.

Link, Jürgen, 2008a: Sprache, Diskurs, Interdiskurs und Literatur. In: Kämper, Heidrun/Eichinger, Ludwig (Hrsg.): Sprache – Kognition – Kultur, Berlin, S. 115–134.

Ders., 2008b: Diskurstheoretische Überlegungen zur neuesten Konjunktur des „Populismus"-Begriffs. In: Faber, Richard/Unger, Frank (Hrsg.): Populismus in Geschichte und Gegenwart, Würzburg, S. 17–28.

Ders., 2009: Versuch über den Normalismus. Wie Normalität produziert wird. Göttingen.

Ders., 2018: Normalismus und Antagonismus in der Postmoderne. Krise, New Normal, Populismus. Göttingen.

Ders., 2019: Hilfloser Antipopulismus? Populismus als Krisensymptom der medialen Normaldemokratie. In: Mayer, Ralf/Schäfer, Alfred (Hrsg.): Populismus – Aufklärung – Demokratie, Baden-Baden, S. 139–156.

Sinne bezeichnet. Es funktioniert allerdings nur dann ‚glatt', wenn nicht Antagonismen ins Spiel kommen.

Mouffe, Chantal, 2018: Für einen linken Populismus. Berlin.

Müller, Jan-Werner, 2015: Populisten? In Europa haben die Populisten Zulauf. Terrorismus könnte das noch verstärken. Ideenforscher Jan-Werner Müller klärt auf. In: Frankfurter Allgemeine Sonntagszeitung 15.11.2015, S. 27.

Ders., 2016: Was ist Populismus? Berlin.

Negri, Antonio, 1992: Le pouvoir constituant. Essai sur les alternatives de la modernité. Paris.

Jan-Werner Müller

Populistischer Konstitutionalismus: ein konzeptueller Widerspruch?*

1. Einleitung

Der Populismus hat sich in nahezu berüchtigter Weise als schwer zu definierender Begriff erwiesen. Bei allen Differenzen zwischen den verschiedenen Annäherungsversuchen an dieses Phänomen fällt aber auf, dass viele Beobachtungen an einem Punkt konvergieren: Populismus steht den Konzepten und letztlich auch den Werten des Konstitutionalismus inhärent feindlich gegenüber – sei es hinsichtlich der Einschränkungen des Mehrheitswillens, der Gewaltenteilung, des Minderheitenschutzes oder auch der Grundrechte als solcher.[1] Populist_innen haben demnach keine Geduld mit Verfahren und vorstrukturierten politischen Zeitfenstern; sie seien gar gegen „Institutionen" als solche und würden stattdessen eine direkte, unmittelbare Beziehung zwischen Führungsfigur und Volk bevorzugen. Mit diesem angeblichen Anti-Institutionalismus geht auch die Unterstellung einher, dass Populist_innen „Repräsentation" per se nicht schätzen und stattdessen für „direkte Demokratie" (z.B. Referenden) eintreten. Daraus entsteht der unter politischen Philosoph_innen und Sozialwissenschaftler_innen weit verbreitete Eindruck, dass der Populismus trotz einiger ernstzunehmender Makel unter bestimmten Umständen als „Korrektiv" für eine liberale Demokratie fungieren kann, die sich zu weit „von den Menschen" entfernt hat. Oder konzeptuell ausgefeilter formuliert: Zwischen Liberalismus und Demokratie besteht ein Spannungsverhältnis, in welchem der Populismus die demokratische Seite stützen kann.

Die Ausführungen des ersten Absatzes dürften bereits erahnen lassen, dass ich viele der Aussagen über (und einigermaßen auch für) den Populismus skeptisch betrachte. Insofern es überhaupt eine bedeutsame Debatte über Populismus und Konstitutionalismus gibt, weist sie zugleich einige Mängel auf: erstens tendiert die Diskussion dazu, mit der normativen Kontroverse um die Vorteile des Majoritarismus (und demgegenüber des *judicial review*) zu verschwimmen; zweitens wird keine klare, oder überhaupt erkennbare, Unterscheidung zwischen dem *popularen* Konstitu-

---

* Es handelt sich hierbei um eine leicht modifizierte Übersetzung des folgenden Aufsatzes: *Müller*, Jan-Werner, 2015: Populista alkotmányosság: fogalmilag kizárt? In: Fundamentum, H. 2-3. Die Herausgeber bedanken sich herzlich beim Autor und bei Gábor Halmai sowie der gesamten Redaktion der Zeitschrift *Fundamentum* für die Möglichkeit den Aufsatz in deutscher Sprache veröffentlich zu können.
1 Eine aufschlussreiche Ausnahme in dieser Hinsicht bildet Rovira Kaltwasser (2013).

tionalismus einerseits und dem *populistischen* Konstitutionalismus andererseits getroffen;[2] vor allem aber wird dabei drittens „Populismus" als vage, stellvertretende Bezeichnung für „Bürgerbeteiligung" oder auch „soziale Mobilisierung" (und damit auch die Schwächung der Macht von Richtern und sonstigen Eliten) verwendet.[3] Auch abgesehen von der vagen Begriffsverwendung (oder auch gerade damit einhergehend) lässt sich beobachten, dass Debatten über Populismus und Konstitutionalismus – insbesondere in den USA – ganz schnell emotional werden: Vorwürfe von Elitismus und „Demophobie" kommen auf und bestimmte Theoretiker_innen stehen unter Verdacht, negative „attitudes toward the political energy of ordinary people" (Parker 1993, S. 532) zu hegen oder auch umgekehrt die Ochlokratie zu befürworten.

Dabei setzt eine schlüssige Analyse des Verhältnisses von Populismus und Konstitutionalismus zuerst ein fundiertes Verständnis des Populismus voraus. Es ist Ziel dieses Beitrags, eine solche Analyse zu liefern. In diesem Sinne schlage ich zunächst eine Definition des Populismus als diskursives Phänomen (oder anders gesagt: als Ideologie) vor. Daran anknüpfend zeige ich auf, dass Populist_innen nicht nur Anti-Elitist_innen, sondern zwangsläufig auch Anti-Pluralist_innen sind und damit den *populistischen Kernanspruch* erheben: dass sie *und nur sie* das authentische Volk vertreten (entgegen der Ansicht, dass Populist_innen inhärent gegen das Prinzip der politischen Repräsentation sind). Auf diese Definitionsarbeit folgt eine Reihe von Argumenten dafür, Populismus als besonderen Modus des Regierens sowie Imperativ zum Aufbau bestimmter Institutionsformen zu verstehen (konträr zum Verständnis, Populist_innen seien inhärent antiinstitutionell). Darüber hinaus argumentiere ich, dass Populist_innen sehr wohl Verfassungen schreiben können, die wiederum gegen Kernprinzipien eines *normativen* Verständnisses des Konstitutionalismus (und der Demokratie) verstoßen. Meine kurzen Fallbeispiele in diesem Zusammenhang beziehen sich auf die seit Anfang 2012 in Kraft stehende Verfassung Ungarns sowie die drei wichtigsten Fälle des populistischen Konstitutionalismus der letzten Zeit in Lateinamerika (Venezuela, Ecuador und Bolivien). Anschließend versuche ich, den zutiefst problematischen *populistischen* Konstitutionalismus von legitimen Formen des *popularen* Konstitutionalismus zu unterscheiden und komme zu dem Ergebnis, dass der populistische Konstitutionalismus als solcher undemokratisch ist.

---

2 Zu diesem Kritikpunkt vgl. auch Brettschneider (2015). Den primären Bezugspunkt für Debatten über den popularen Konstitutionalismus in den USA bildet nach wie vor Kramer (2004).
3 Man denke beispielsweise an Elizabeth Beaumont (2014, S. 4): „I take the liberty of using the terms civic and popular loosely and interchangeably as laymen's terms meaning largely ordinary people, citizens, or nonofficials."

2. Was ist Populismus?

Auch ein kurzer Blick auf aktuelle politische Kommentarbeiträge zum Thema Populismus zeigt, dass höchst unterschiedliche Auffassungen darüber existieren, was Populismus sein könnte. Zumindest in Europa wird der Populismus heutzutage in der Regel mit „unverantwortlichen Policies" oder irgendeiner Form von „politischer Anbiederung" assoziiert (und manchmal sogar mit Demagogie gleichgesetzt). Allerdings wird der Populismus auch häufig mit einer bestimmten Klasse identifiziert, insbesondere mit dem Kleinbürgertum. Diese Klassendiagnose geht oft mit einer spekulativ-sozialpsychologischen Erzählung einher: Demnach sind jene, die für populistische Versprechungen empfänglich sind und populistischen Parteien ihre Stimmen geben, grundsätzlich von „Ängsten" (etwa vor der Modernisierung, Globalisierung, etc.) oder auch (wovon noch häufiger im Zusammenhang mit dem Populismus die Rede ist) von „Ressentiments" getrieben.

Keine dieser scheinbar einfachen Kriterien sind besonders hilfreich, wenn es um die Herausbildung eines Populismuskonzepts geht. Die Fokussierung auf bestimmte sozioökonomische Gruppen ist empirisch fragwürdig, wie zahlreiche Studien inzwischen gezeigt haben (vgl. etwa Priester 2012), und geht häufig auf weitgehend diskreditierte Grundannahmen der Modernisierungstheorie zurück. Die Orientierung an der politischen Psychologie ist nicht unbedingt verkehrt, lässt aber schwer nachvollziehen, dass sich bestimmte Emotionen nur unter populistischen Politiker_innen und deren Anhängerschaft auffinden lassen. Außerdem sind einige der psychologischen Ansätze mit der Modernisierungstheorie eng verbunden (schließlich sollen Ressentiments als Reaktion auf die Modernisierung entstehen und mit der Sehnsucht nach einer Rückkehr in eine „vormoderne" Welt einhergehen).

Was ist dann mit dem Versuch, den Populismus in Bezug auf falsche politische Versprechungen zu definieren? Es lässt sich zwar schwer leugnen, dass sich so manche Policies durchaus als „unverantwortlich" erweisen können, weil sie von den Entscheidungsträgern nicht ausreichend durchdacht, nicht mit allen relevanten Fakten untermauert oder gar trotz des Wissens über die langfristigen Konsequenzen und mit Blick auf kurzfristige Wahlvorteile beschlossen wurden. Solche Bedenken sind sicherlich nicht bloß Produkte einer neoliberalen Fantasiewelt. Allerdings tragen sie nicht dazu bei, eine abgrenzbare Definition (oder einen Idealtypus) des Populismus herauszuarbeiten. In den meisten Fällen gibt es keine klare unumstrittene Grenze zwischen Verantwortlichkeit und Unverantwortlichkeit. Häufig sind die Vorwürfe des „unverantwortlichen Populismus" höchst parteiisch (und gehen von einem archimedischen Punkt der rationalen Politik aus), weil die „unverantwortlichen Policies" meistens auch den Benachteiligten zugutekommen.

Wenn die genannten Perspektiven also problematisch sind, bleibt die Frage: Was ist Populismus? Ich schlage vor, Populismus als eine bestimmte *moralische Imagi-*

nation der Politik zu verstehen, also eine Wahrnehmungsweise der politischen Welt, die ein moralisch reines, vollständig vereintes, aber auch (wie ich argumentieren werde) letztlich fiktives Volk kleinen Minderheiten gegenüberstellt – insbesondere Eliten, die außerhalb des Volkes verortet werden.[4] Neben der Elitenkritik gibt es allerdings ein weiteres Definitionsmerkmal des populistischen Diskurses: Populist_innen behaupten nämlich, dass sie – und nur sie – das authentische, wahre und moralisch reine Volk vertreten.[5]

Populist_innen sind also nicht nur antielitär: Elitenkritik (zumindest wenn sich Populist_innen in der Opposition befinden) ist eine notwendige, aber nicht hinreichende Bedingung für den Populismus, denn sie sind zwangsläufig auch Anti-Pluralist_innen.[6] Ein moralistischer Alleinvertretungsanspruch bildet den Kern des Populismus. Mit anderen Worten: Es gibt keinen Populismus ohne *pars-pro-toto*-Argument und ohne Alleinvertretungsanspruch, wobei beide Elemente primär *moralischer* und nicht empirischer Natur sind (vgl. Arato 2013).

Am häufigsten – aber nicht nur – wird „Moralität" von Populist_innen mit den Begriffen der Arbeit und Korruption bestimmt (was wiederum einige Beobachter_innen dazu verleitet hat, Populismus mit einer Ideologie des „Produzentismus" in Verbindung zu bringen). Populist_innen setzen das reine, unschuldige, immer hart arbeitende Volk einer korrupten Elite entgegen, die nicht richtig arbeitet (außer für das eigene Interesse), sowie im Rechtspopulismus auch „denen da unten" in der Gesellschaft, die angeblich von der Arbeit anderer leben. Außerdem konstruieren Rechtspopulist_innen typischerweise eine „unheilige Allianz" zwischen der Elite und Randgruppen, die beide nicht zum Volk gehören.

Das von Populist_innen vertretene moralistische Politikbild braucht zwar irgendein Kriterium zur Unterscheidung zwischen den Moralischen und den Unmoralischen, zwischen den Reinen und den Korrupten, aber es muss nicht immer die Kategorie Arbeit sein. Wenn „die Arbeit" nicht mehr dazu taugt, können jederzeit auch ethnische Kriterien einspringen. Allerdings wäre die Annahme, dass der Populismus immer auf eine Form des Nationalismus hinausläuft, falsch. Schließlich müssen Differenzen erst interpretiert werden; auch ethnische Assoziationen sind im populistischen Sinne moralischer Natur, so dass sich Zugehörigkeit/Nicht-Zughörigkeit letztlich mit moralisch/unmoralisch deckt.

---

4 Wie ich im Folgenden noch argumentieren werde, sind Populist_innen nicht gegen Repräsentation; daher stimme ich mit jenen Analysen nicht überein, die „populistische Demokratie" und „repräsentative Demokratie" gegenüberstellen, beispielsweise der ansonsten exzellente Aufsatz von Abts und Rummens (2007).

5 Populismus entsteht mit der Einführung der repräsentativen Demokratie und bildet gewissermaßen deren Schatten. Er strebt nach dem, was Nancy Rosenblum (2008) „Holismus" genannt hat – nämlich die Idee, dass das *polity* nicht mehr gespalten sein soll und dass sich das gesamte Volk um einen einzigen Repräsentanten vereinen lässt.

6 Für Diskussionen hierzu bin ich Cristóbal Rovira Kaltwasser sehr dankbar.

Populismuskritiker_innen machen es sich heutzutage zu einfach, wenn sie davon ausgehen, dass sich Populismus auf bloßen Nationalismus oder gar ethnischen Chauvinismus reduzieren lässt. Populist_innen muss man im Zweifelsfall durchaus zutrauen, dass sie in vielen Fällen mit einem der epistemischen Demokratie nahekommenden Verständnis des Allgemeinwohls operieren und nicht nur auf ethnisch ausgemachte Differenzen zurückgreifen. Ferner setzen Populist_innen auch oft auf die Idee, dass es ein Allgemeinwohl gibt, wobei das Volk dies erkennen *und* herbeiführen kann und ein_e Politiker_in oder eine Partei (oder, mit weniger Plausibilität, eine Bewegung) ein solches Allgemeinwohl politisch ohne Ambiguität umsetzen kann. Mit anderen Worten: Es wird so etwas wie ein imperatives Mandat heraufbeschworen. Das Beharren auf einem einzigen Allgemeinwohl, das angeblich dem gesunden Menschenverstand klar zugänglich ist und sich als die eine richtige Politik artikulieren sowie kollektiv herbeiführen lässt, erklärt teilweise auch die Tatsache, dass der Populismus so oft mit der Übervereinfachung politischer Herausforderungen assoziiert wird.[7]

Das spezifisch *moralistische* Politikbild der Populist_innen hat zwei wichtige Implikationen. Erstens sind Populist_innen nicht zwangsläufig gegen die Idee der Repräsentation als solche – im Gegenteil: Sie können eine bestimmte Version davon befürworten. Populist_innen haben an der Repräsentation nichts auszusetzen, solange die richtigen Repräsentanten das richtige Volk vertreten, das wiederum sozusagen das richtige Urteilsvermögen aufweist und folglich das richtige Allgemeinwohl herbeiführen will. Einige Populist_innen fordern zwar mehr Referenden, aber nur als Mittel zur Bestätigung dessen, was sie dem moralisch reinen Volk bereits zuschreiben – und nicht, weil sie das Volk ständig an der Politik beteiligen oder wenigstens einige gewöhnliche Menschen in die Regierung einbringen wollen (worauf etwa Forderungen nach Wahlen per Losverfahren hingegen tatsächlich abzielen). Populist_innen betrachten das Volk im Grunde als passiv, sobald der richtige Volkswille zum richtigen Allgemeinwohl festgestellt worden ist. Denn sowohl in der Theorie als auch in der Praxis lässt sich dieser (Allgemein-)Wille ohne jegliche Volksbeteiligung auch herstellen.

Wie lässt sich aber ein solcher moralistischer Alleinvertretungsanspruch mit der Realität vereinbaren, dass Populist_innen weit weniger als 100 Prozent der Stimmen erhalten, egal ob sie sich in der Opposition oder auch an der Macht befinden? Im Umgang mit diesem Problem weisen Populist_innen ein deutliches Muster auf. Eine Strategie besteht in der Leugnung, dass das Wahlvolk als empirische Totalität das wahre Volk darstellt und dass ein auf regulären Prozeduren beruhendes Wahlergebnis die nächstmögliche Annäherung an den „Volkswillen" darstellt. Für Populist_innen gilt stattdessen, frei nach Claude Lefort (1988, S. 79): „the people must be ex-

---

7 Man denke etwa an Ralf Dahrendorf (2003), der meinte, „Populismus ist einfach, Demokratie ist komplex".

tracted from within the people" – und alleine der_die Populist_in kann durchblicken, was der Volkswille in Wirklichkeit ist. Damit wird „das Volk" zu einer fiktiven Entität, die außerhalb demokratischer Verfahren existiert, und zu einem homogenen Körper, dessen Heraufbeschwören sich gegen reale Wahlergebnisse in Demokratien ausspielen lässt. Es ist kein Zufall, dass Richard Nixons berühmt(-berüchtigt)e Vorstellung einer „schweigenden Mehrheit" großen Zulauf unter Populist_innen gefunden hat: Wenn die Mehrheit nämlich nicht schweigen würde, gäbe es längst eine Regierung, die das Volk wirklich vertritt.[8] Wenn populistische Politiker_innen an den Wahlurnen scheitern, kann es nicht daran liegen, dass sie die Mehrheit eigentlich gar nicht vertreten, sondern daran, dass die Mehrheit noch nicht zum Sprechen gekommen ist. Mit anderen Worten: Populist_innen sind nicht unbedingt gegen politische Institutionen, wie so mancher Erklärungsansatz meint; solange sie aber in der Opposition sind, berufen sie sich immer auf ein nicht-institutionalisiertes Volk „da draußen" – in existenziellem Gegensatz zum Volkswillen, der in realen Wahlergebnissen oder gar Meinungsumfragen zum Ausdruck gekommen ist.

Ein solches Verständnis von „Volk" ist sicherlich nicht ohne Präzedenz in der Geschichte des politischen Denkens. Theoretiker wie Baldus hatten die Vorstellung – analog zur Theorie des doppelten Körpers des Königs – dass es ein empirisches, stets im Wandel befindliches Volk als Gruppe von Individuen einerseits und einen ewigen *populus* als *corpus mysticum* andererseits gibt (Kantorowicz 1997[1957], S. 209).[9] Ähnlich wie die Möglichkeit zur Unterscheidung zwischen dem politischen und dem natürlichen Körper des Königs ließen sich auch das Volk als politisches Wesen (was Baldus *hominum collection in unum corpus mysticum* nannte) und das über Institutionen vertretene und vermittelte Volk unterscheiden. Genauso wie es für die Gegner von Karl I. kein Widerspruch war, „den König zu bekämpfen, um den König zu verteidigen", können Populist_innen von sich behaupten, legitim gewählte Eliten zu bekämpfen, um das wahre Volk zu verteidigen (Kantorowicz 1997[1957], S. 21ff.).

In jüngerer Zeit wurde von Carl Schmitt das Volk als existenzielle Realität der liberalen Repräsentation des Wahlvolks im Parlament entgegengesetzt. Diese Unterscheidung diente bekanntlich als Brücke von Demokratie zu Nicht-Demokratie: Mussolini verkörperte laut Schmitt die Demokratie auf genuine Art und Weise. Denker wie etwa Giovanni Gentile behaupteten, dass der Faschismus demokratische Ideale besser realisieren kann als die Demokratie selbst (vgl. etwa Gentile 1928). Kein geringerer Schmitt-Gegner als Hans Kelsen argumentierte hingegen, dass der

---

8   Wie Jill Lepore (2010, S. 4f.) aufgezeigt hat, war der Begriff früher ein Euphemismus für die Gestorbenen und wurde später von Nixon aufgegriffen, um sich auf eine vermeintliche Mehrheit hinter dem Vietnamkrieg zu berufen.

9   Dabei hatte das *corpus mysticum* einen korporativen Charakter als fiktive bzw. juridische (kollektive) Persönlichkeit und wurde daher synonym mit *corpus fictum, corpus imaginatum, corpus repraesentatum* verwendet.

Wille des Parlaments nicht dem Willen des Volkes entspricht, dass aber der Volkswille unmöglich festzustellen ist: Das einzig Nachprüfbare sind Wahlergebnisse, so Kelsen (1981[1929], S. 22), und alles andere (insbesondere die Vorstellung einer organischen Einheit des Volkes, aus der sich ein über die Parteien stehendes Interesse ableiten lässt) kommt einer „metapolitische[n] Illusion" gleich.[10] Mit anderen Worten: Der Volkskörper kann für Schmitt durch einen anderen politischen Körper (sei es individueller oder kollektiver Natur) sichtbar gemacht werden, für Kelsen hingegen ist er grundsätzlich unsichtbar und damit auch unbestimmbar.

Ich fasse zusammen: Der Populismus ist eine moralistische Art und Weise, die politische Welt zu imaginieren und bringt einen moralistischen Alleinvertretungsanspruch mit sich. Dabei erheben praktisch alle politischen Akteure das, was Michael Saward (2006) „Repräsentationsanspruch" (*representative claim*) genannt hat. Was allerdings demokratische Politiker_innen von Populist_innen unterscheidet, ist der Umstand, dass Erstere ihre Repräsentationsansprüche als Hypothesen formulieren – „claims to be representative", mit Sawards (2006, S. 298) Worten –, die sich wiederum durch die empirischen Ergebnisse regulärer Verfahren und Institutionen wie z.B. Wahlen widerlegen lassen. Populist_innen beharren hingegen auf ihrem Repräsentationsanspruch – ganz egal, was kommt; da dieser moralischer, und nicht empirischer Natur ist, lässt er sich nicht widerlegen. Dazu gehört auch, dass Populist_innen aus der Opposition heraus Institutionen in Zweifel ziehen, die angeblich zu „moralisch falschen" Ergebnissen führen. Insofern sind sie durchaus institutionenfeindlich – allerdings nicht gegenüber Institutionen im Allgemeinen, sondern gegenüber jenen Repräsentationsmechanismen, die ihren moralistischen Alleinvertretungsanspruch nicht bestätigen.

3. Populistischer Konstitutionalismus…

Populist_innen sind also nicht „gegen Institutionen" als solche (in der Tat steht Politik ohne Institutionen sowieso keinem zur Verfügung). Sie sind gegen jene Institutionen, die aus ihrer Perspektive die moralisch (im Gegensatz zu empirisch) korrekten politischen Ergebnisse nicht herbeiführen. Das ist allerdings nur der Fall, wenn sie sich in der Opposition befinden. Populist_innen an der Macht haben nichts gegen Institutionen – sprich: gegen *ihre* Institutionen.

Populist_innen, die genug Macht haben, können zudem versuchen, eine neue populistische Verfassung zu etablieren – sowohl im Sinne einer neuen soziopolitischen Vereinbarung als auch hinsichtlich eines neuen Regelwerks für das politische Spiel. Auch hier ist der Gedanke durchaus verlockend, dass Populist_innen damit auf ein

---

10 Kelsen zog auch die Schlussfolgerung, dass die moderne Demokratie auch eine Parteiendemokratie sein muss. Bei diesem Punkt habe ich von Diskussionen mit Carlo Invernizzi profitiert.

System abzielen würden, das einen uneingeschränkten Volkswillen zum Ausdruck bringt oder auch die direkte, institutionell unvermittelte Beziehung zwischen Führungsfigur und *pueblo* verstärkt. Schließlich gelten Populist_innen oft als Nachfolger der Jakobiner (und als Rousseau-Schüler, ob bewusst oder nicht).

Allerdings ist es auch hier wieder nicht so einfach. Das Eintreten für einen uneingeschränkten Volkswillen ist für Populist_innen plausibel, wenn sie in der Opposition sind; schließlich wollen sie einen authentischen *populus* als nicht-institutionalisiertes, nicht-prozeduralisiertes *corpus mysticum* gegen die realen Ergebnisse eines bestehenden politischen Systems ausspielen. Unter solchen Umständen ist es für Populist_innen ebenfalls plausibel zu behaupten, dass die *vox populi* eins ist – und dass Gewaltenteilung, institutionelle Kontrollen etc. den singulären, homogenen Willen des singulären, homogenen Volkes nicht zum Ausdruck kommen lassen.

Wenn sie sich aber an der Macht befinden, betrachten Populist_innen aller Wahrscheinlichkeit nach den Konstitutionalismus als Mittel zur Einschränkung des ausgemachten Volkswillens viel weniger skeptisch – wobei dieser Volkswille durch die Populist_innen erst überhaupt registriert, dann konstitutionalisiert und letztlich konstitutionell eingeschränkt werden muss. Greift man eine jüngst von Martin Loughlin (2015) getroffene Unterscheidung auf, könnte man sagen: Der negative Konstitutionalismus folgt auf den positiven Konstitutionalismus. Populist_innen versuchen grundsätzlich, ihr eigenes Bild eines moralisch reinen Volkes (sprich die richtige Verfassungsidentität) zu verstetigen und soweit möglich auch die dazu passenden Politikmaßnahmen konstitutionell zu verankern (vgl. Jacobsohn 2010). Insofern ist es nicht unbedingt der Fall, dass der populistische Konstitutionalismus die Bürgerbeteiligung aufwertet oder mehr Kanäle einbaut, um das, was als Allgemeinwille ausgemacht werden könnte, zum Ausdruck zu bringen; ebenso wenig zielen sie auf die „Konstitutionalisierung des Charismas" einer Führungsfigur ab, wie Bruce Ackerman (2015) jüngst vorgeschlagen hat.

Abgesehen von den genannten Merkmalen – die sich wieder mit den moralistischen Geltungsansprüchen des Populismus erklären lassen – gibt es auch ein banaleres Ziel, das sich für Populist_innen mithilfe von Verfassungen realisieren lässt: nämlich der Machterhalt. Man könnte durchaus meinen, dass auch dieses Ziel eine mit der populistischen Imagination einhergehende moralistische Dimension enthält: Denn als einzig legitime Volksvertreter müssten Populist_innen ewig an der Macht sein. Wenn die Verstetigung der eigenen Macht damit zum Ziel wird, gibt es auch die Möglichkeit, dass Populist_innen die Verfassung als bloße Fassade verwenden und hinter dieser ganz anders operieren.[11] Sie könnten sogar ihre eigene Verfassung zur Disposition stellen, wenn diese sich nicht mehr als zweckdienlich erweist. In dieser Hinsicht bilden die Jakobiner tatsächlich ein geeignetes Beispiel, denn es ging

---

11 Zur Idee einer Fassadenverfassung vgl. Sartori (1962).

ihnen, wie Dan Edelstein (2009) argumentiert hat, viel weniger als viele Historiker_innen angenommen haben um ein getreues Abbilden des Allgemeinwillens. Im Gegenteil: Sie befürchteten Korruptionen des Allgemeinwillens und setzten auf eine vom Volkswillen (und dessen Schwächen) unabhängige Form des Naturrechts. Wenn ihre eigene Verfassung – sowie die dadurch möglich gewordenen Wahlen – drohte, die Jakobiner von der Macht abzusetzen, scheuten sie davor nicht zurück, die Verfassung außer Kraft zu setzen und den Terror gegen jene einzusetzen, die als *hors la loi* galten.

Nicht alle Beispiele für den populistischen Konstitutionalismus sind dermaßen dramatisch (geschweige denn terroristisch). Ein jüngeres Beispiel bildet die Verfassung – offiziell „Grundgesetz" (*Alaptörvény*) – Ungarns, die Anfang 2012 in Kraft trat. Der Verfassung ging eine unverbindliche „nationale Konsultation" voraus, an der sich laut Regierungsangaben ca. 920.000 Bürger_innen beteiligten (Uitz 2015, S. 286).[12] Die Ergebnisse dieser Konsultation ließen sich von den Verfassungsmachern frei so auslegen, dass sie der Vorstellung entsprachen, dass die Parlamentswahlen 2010 eine „Revolution an den Wahlurnen" herbeigeführt hätten, weil die Gewinnerpartei eine Zwei-Drittel-Mehrheit im Parlament erzielte. Diese „Revolution" soll ein imperatives Mandat ergeben haben, um ein „System Nationaler Kooperation" (wie es die Regierung nannte) zu etablieren und eine neue Verfassung zu schreiben. Die Präambel des Dokuments, die „Nationales Bekenntnis" hieß, verankerte in der Verfassung letztlich ein sehr eigenes Bild des ungarischen Volkes als nationalistisch zum Überleben in einer feindseligen Welt verpflichtet, als gute Christen und als ethnische Gruppe, die sich von (mit den richtigen Ungarn zusammenlebenden) Minderheiten klar unterscheiden lässt. In einigen der institutionellen Regelungen – insbesondere den Zusatzartikeln und Übergangsregelungen (die *de facto* konstitutionellen Status bekamen) – war die Verstetigung der Populist_innen an der Macht das klare Ziel (vgl. Uitz 2015).[13] Altersbeschränkungen und Qualifikationen für Richter_innen wurden extra eingeführt, um jene aus dem Weg zu räumen, die mit der Regierungsparteilinie nicht einverstanden waren (also eine Art diskriminierender Konstitutionalismus); die Kompetenzen und Struktur des Verfassungsgerichts (das vor der Einführung des „Grundgesetzes" das wichtigste Kontrollorgan gegenüber der Regierungsmacht darstellte) wurden umgeformt; und die Amtszeiten der durch die Regierungspartei gekürten Offiziellen wurden ungewöhnlich lang gesetzt (in den meisten Fällen sogar auf neun Jahre) – anscheinend mit Blick darauf, zukünftige Regierungen durch einen angeblichen Volkswillen einzuschränken. Nach Uitz (2015, S. 292) wiesen die Verfassungsmacher „open political discretion in selecting veto players for the new constitutional regime" auf.

---

12 Zur neuen ungarischen Verfassung vgl. auch den Schwerpunktbereich zu „Hungary's illiberal turn" in der *Journal of Democracy* (2012) sowie den Sammelband von Tóth (2012).
13 Uitz unterstreicht auch den „Verfassungsparochialismus" des ungarischen Grundgesetzes.

Das ungarische Grundgesetz wurde niemals in einem Referendum zur Abstimmung gestellt, auch wenn es sich angeblich von den im Rahmen der nationalen Konsultation geäußerten Meinungen inspirieren ließ. Im Gegensatz dazu wurde eine Reihe neuer Verfassungen in Lateinamerika durch gewählte Verfassungsversammlungen geschaffen und letztlich per Referendum zur Abstimmung gestellt: Venezuela, Ecuador und Bolivien bilden die bekanntesten Beispiele hierfür (während der frühere Fall Kolumbiens nicht ganz so eindeutig zu dem passt, was wohlwollende Beobachter_innen *nuevo constitucionalismo latinoamericano* nennen).[14] Damit wurden ältere Verfassungen durch die Berufung von Verfassungsversammlungen faktisch umgangen und schließlich durch Dokumente ersetzt, die den popularen Gründungswillen (bzw. „konstituierenden Willen", *la voluntad constituyente*) verstetigen sollten. Dieser Gründungswille wurde allerdings maßgeblich von den Populist_innen selbst geformt: Beispielsweise bestimmte Hugo Chávez die Wahlmechanismen für „seine" Verfassungsversammlung und sorgte dafür, dass sich eine Stimmenmehrheit von 60 Prozent für seine Partei in mehr als 90 Prozent der Sitze in der Verfassungsversammlung übersetzte.

Im Endeffekt lief das Verfassungsideal auf eine Stärkung der Exekutive und eine Schwächung der horizontalen Kontrolle hinaus (d.h. Machteinbuße der Justiz bzw. Besetzung des Personals mit Parteiakteuren).[15] Damit spielten die neuen Verfassungen eine tragende Rolle im populistischen Projekt von „occupying the state", wo der Übergang in eine neue Verfassung den Austausch von Amtsinhabern rechtfertigen konnte (Landau 2013, S. 213). Im Allgemeinen wurden auch Wahlen weniger frei und fair, während die Medien durch die Exekutive stärker kontrolliert wurden. Wie im Fall Ungarns wurden im *nuevo constitucionalismo* Verfassungen dazu genutzt, die Macht der Populist_innen zu verstetigen, und das unter Berufung auf die Idee, dass sie – und nur sie – *la voluntad constituyente* vertreten.

4. … und popularer Konstitutionalismus

Nun mag der Eindruck entstanden sein, dass die bisherige Analyse zutiefst konservative Implikationen haben muss: Demnach müsste sich die Politik auf die Interaktionen offizieller politischer Institutionen beschränken; alles, was diese Institutionen an empirischen Ergebnissen herbeiführen, müsste als legitim gelten; und Geltungsansprüche *über*, *für* und geschweige denn *durch* das Volk wären untersagt. Aller-

---

14 Vgl. hierzu die Schriften von Roberto Viciano Pastor und Rubén Martínez Dalmau.
15 Fairerweise gab es auch den Versuch, einen „engagierten Konstitutionalismus" (*constitucionalismo comprometido*) zu formulieren, der neue Grundrechte (z.B. „Recht auf das gute Leben" und ökologische Rechte) sowie eine verstärkte Beteiligung zivilgesellschaftlicher Akteure an der Verfassungspolitik mit sich brachte (auch wenn beides eher auf einer Aspirationsebene angesiedelt blieb).

dings wäre das ein Missverständnis. In einer Demokratie kann jeder einen Repräsentationsanspruch erheben und schauen, ob dem Aufruf gefolgt wird; jede Gruppe derer, die Ackerman „mobilized outsiders" genannt hat, kann versuchen, die Verfassung zu ändern. In der Tat könnte man meinen, dass gerade die Demokratie dazu gedacht ist, solche Geltungsansprüche zu multiplizieren: Denn das Verhalten öffentlicher Mandatsträger muss grundsätzlich anfechtbar sein und auch mit dem Argument konfrontiert werden können, dass die Vertreter nicht adäquat vertreten – sei es, dass sie für ihre zu vertretende Gruppe nicht handeln oder dieser in symbolischer Hinsicht nicht treu geblieben sind (Garsten 2009, S. 91).[16] Allerdings unterscheidet sich eine solche Anfechtung vom Versuch, im Namen des Volkes als Ganzen zu sprechen und all jene zu delegitimieren, die diesen Repräsentationsanspruch wiederum anfechten (d.h. ihre eigene Inklusion anfechten und sagen: „Nicht in unserem Namen").

Aber was ist mit jenen, die in verschiedenen Teilen der Welt im Namen der „Volksmacht" kämpfen? Die Demonstrant_innen gegen das Mubarak-Regime am Tahrir-Platz verwendeten solche Formulierungen wie „Eine Hand", „Eine Gesellschaft" und „Eine Forderung".[17] Müssen sie sich nun zu Recht weisen lassen und mitgeteilt bekommen, dass sie die Demokratie leider nicht richtig verstanden hätten und dazu verdammt seien, den Konstitutionalismus falsch zu deuten?

Die hier vorgetragene Analyse schließt sozusagen keine Geltungsansprüche gegen Exklusion aus. Jeder kann bestehende Verfahren kritisieren, moralisch blinde Flecken bemängeln und Kriterien sowie Mechanismen für mehr Inklusion vorschlagen. Problematisch ist nicht die Kritik an den gegenwärtigen Strukturen, sondern die Vorstellung, dass der Kritiker und nur der Kritiker kontrafaktisch für „das Volk" sprechen kann. Ebenfalls problematisch ist die Annahme vieler radikaler Demokraten – die zwar weit verbreitet, aber weder empirisch noch normativ gerechtfertigt ist – dass nur der *pars-pro-toto*-Geltungsanspruch irgendwas im Sinne der Ausgeschlossenen erzielen kann und dass alles andere auf bloße Administration bzw. Inkorporation in bestehende Systeme hinausläuft (vgl. Laclau 2005; Rancière 2009). Es wäre fast klischeehaft zu bemerken, dass die Evolution vieler Verfassungen den Kämpfen für mehr Inklusion sowie „citizen interpreters" der Verfassung zu verdanken ist, die versucht haben, die zuvor unrealisierten, in der Verfassung aber bereits verankerten moralischen Geltungsansprüche einzulösen.[18] Der nicht triviale Punkt ist, dass jene, die für mehr Inklusion gekämpft haben, selten behauptet haben, „Wir

---

16 Die Idee von Repräsentation im Sinne von „handeln für" wurde natürlich berühmterweise von Pitkin (1967) elaboriert.

17 Es gab auch kreativere Forderungen, wie z.B. „Das Volk will einen Präsidenten, der seine Haare nicht färbt!" (vgl. Achcar 2013, S. 1).

18 Zum Folgenden vgl. auch Frank (2010). Zur Idee der „citizen interpreters" und der einfachen Bürger_innen als Mitgründer_innen der Verfassung vgl. Brettschneider (2006), Beaumont (2014) sowie Häberle (1975).

und nur wir sind das Volk"; im Gegenteil haben sie normalerweise behauptet, „Wir sind *auch* das Volk" (mit begleitenden Aussagen wie „Wir vertreten *auch* das Volk"). Verfassungen mit demokratischen Prinzipien ermöglichen einen offenen Streit darüber, was diese Prinzipien in einem gegebenen Zeitraum zu bedeuten haben; wie oben ausgeführt, ist gerade die Demokratie dazu gedacht, Repräsentationsansprüche zu multiplizieren, aber letztlich auch empirisch zu prüfen (vgl. Garsten 2009). Dabei gibt es natürlich keine Garantien, dass ein solcher Streit tatsächlich stattfinden wird oder dass Inklusionskämpfe erfolgreich sein werden (oder dass es überhaupt um Inklusion gehen wird, im Gegensatz etwa zu Kämpfen um die Verfassungsordnung als solche oder auch Kämpfe für *Exklusion*).[19]

Im Idealfall können Verfassungen die Herausbildung einer Kette von Inklusionsansprüchen erleichtern. Der Aufruf „Wir, das Volk" muss weder im regulären politischen Prozess gänzlich aufgehen noch als realer, empirischer, vereinter Akteur – eine Art Makro-Subjekt – außerhalb der konstituierten Ordnung bleiben. Stattdessen bleibt die Frage, wer „Wir, das Volk" eigentlich ist, grundsätzlich offen, und um diese Frage dreht sich in vielerlei Hinsicht die Demokratie. Wie Lefort (1986, S. 303) sagte: „democracy inaugurates the experience of an ungraspable, uncontrollable society in which the people will be said to be sovereign, of course, but whose identity will constantly be open to question, whose identity will remain forever latent." Es sind gerade die Populist_innen, die die Anspruchskette mit dem Anspruch abbrechen, „das Volk" fest und endgültig identifizieren zu können – und dass das Volk damit real und nicht mehr latent geworden ist.[20] Es handelt sich gewissermaßen um einen Letztanspruch. Insofern wollen Populist_innen *de facto* eine Art Schließung (einschließlich, ja vor allem, einer konstitutionellen *Schließung*) – ganz im Gegensatz zu denen, die durch das Eintreten für Inklusion die Anspruchskette weiterführen wollen. Ein Paradebeispiel für diese Art von konstitutioneller Schließung bildet wohl die US-amerikanische Tea Party.

Was ist aber mit den Protestrufen am Tahrir-Platz oder auch – ein Vierteljahrundert davor – den lautstarken Rufen von „Wir sind das Volk" auf den Straßen der DDR im Herbst 1989? Dieser Slogan ist durchaus legitim gegenüber einem Regime, das den Anspruch erhebt, das Volk exklusiv zu vertreten, in Wirklichkeit aber weite Teile des Volkes politisch außen vorlässt. Man könnte noch weitergehen und meinen, dass der auf den ersten Blick populistisch anmutende Slogan tatsächlich ein an-

---

19 Sicherlich gibt es einen wichtigen Unterschied zwischen Inklusion als Integration bzw. Inkorporation im Sinne der Auffindung eines fehlenden Teils einerseits und Inkorporation als Transformation des Ganzen andererseits. Darauf kann ich an dieser Stelle nicht näher eingehen (vgl. auch Tsai 2014).

20 Selbstverständlich ist diese Festheit nicht empirischer Natur. Man kann zwar *hors du peuple* werden, indem man aufhört, moralisch in dem von Populist_innen vorgeschriebenen Sinne zu sein; schwieriger vorstellbar ist allerdings, wie man sich diesem wahren Volk anschließen kann.

tipopulistischer gewesen ist: Das Regime gibt vor, das Volk und dessen langfristige Interessen exklusiv zu vertreten (so lauteten zumindest die typischen Rechtfertigungen der „führenden Rolle" staatssozialistischer Regimeparteien) – aber „das Volk" ist in Wirklichkeit was anders und will was anders. In Nicht-Demokratien ist „Wir sind das Volk" ein gerechtfertigter revolutionärer Geltungsanspruch und kein populistischer. In populistischen Regimes, die die Grenzen der repräsentativen Demokratie testen und dabei einen gewissen Grad an Respekt vor Verfahren (und empirischer Realität) bewahren, kann auch eine scheinbar geringe Anfechtung des populistischen Regimes weitreichende Folgen haben. Man denke an den einzelnen „stehengebliebenen Mann" am Taksim-Platz nach dem Durchgreifen gegen die Gezi-Park-Demonstrant_innen, dem noch viele weitere stehengebliebene Männer und Frauen folgten. Ein schweigender Zeuge also, eine Erinnerung an die Werte Atatürks (dessen Statue dem Mann gegenüberstand) – aber auch eine lebende, stehengebliebene Zurechtweisung des Regime-Anspruchs, alle aufrichtigen Türken ohne Überrest zu vertreten.[21]

Bis zu welchem Punkt ein Geltungsanspruch demokratisch bleibt und ab wann er populistisch wird, ist dabei nicht immer eindeutig. Beispielsweise gab es in Ägypten eine Phase zwischen den Protesten am Tahrir-Platz und dem angespannten Verfassungsprozess, in der sich die Unterscheidung nicht immer leicht treffen ließ; anhand dessen, dass sich in irgendeiner Form auf „das Volk" berufen wird, lässt sie sich sicherlich nicht treffen. Allerdings wurde im Laufe der Jahre 2012 und 2013 deutlich, dass die Muslimbruderschaft darauf abzielte, eine populistisch-parteiische Verfassung zu schmieden, die ihr Bild des reinen Volkes festschreiben und Einschränkungen einbauen würde, die ihrer partikularen Vorstellung eines guten Ägypters entsprechen.[22]

5. Fazit

Stehen Populismus und Konstitutionalismus zwangsläufig im Widerspruch zueinander? Ich habe aufgezeigt, dass die Lage viel komplizierter ist, als es die klischeehaften Verweise auf Rousseau und den Allgemeinwillen (oder auch simple Schemata, die Populismus auf der Seite der Demokratie und Konstitutionalismus auf der Seite des Liberalismus verorten) nahelegen würden. Es ist zunächst wichtig, den antipluralistischen Kernanspruch des Populismus zu verstehen, um dann zwischen populistischen Diskursen in der Opposition – wo der authentische Volkswille tatsächlich als blockiert betrachtet wird – und Populist_innen an der Macht mit ihren Verfassungen, die ihr Volksbild widerspiegeln und den eigenen Machterhalt verstetigen sollen, zu unterscheiden. Insbesondere können solche Verfassungen Einschränkungen einbau-

---

21 Der stehengebliebene Mann war der Performancekünstler Erdem Gündüz.
22 Für einen sehr aufschlussreichen Vergleich zwischen Ungarn und Ägypten vgl. Halmai (2013).

en, die die Ergebnisse eines höchst parteiischen Verfassungsprozesses im Namen des angeblichen „Gründungswillens" aufrechterhalten.

Es sei darauf verwiesen, dass meine Analyse nicht von einer bestimmten Haltung zur Frage abhängt, ob es überhaupt so etwas wie eine konstituierende Macht geben kann. Allerdings hängt sie sehr wohl von der Idee ab, dass Demokratie pluralistisch sein muss – ohne dabei die Position vertreten zu müssen, dass der Pluralismus selbst einen Wert erster Ordnung darstellt (etwa nach dem Motto: Mehr Vielfalt ist immer besser). Die Demokratie muss pluralistisch sein, weil – wie Lefort am berühmtesten argumentiert hat – in einer Demokratie das Volk regiert, aber der Ort der Macht leer bleiben muss. Kein politischer Akteur kann von sich behaupten, das Volk vollumfänglich zu vertreten oder gar zu verkörpern; stattdessen gibt es eine gemeinsame politische Bühne (wie im Rahmen einer Verfassung festgelegt), auf der die verschiedensten Akteure Repräsentationsansprüche erheben können, die allerdings immer als fehlbar und selbstlimitierend verstanden werden müssen. Die Demokratie, wie Lefort nicht müde wurde zu betonen, ist institutionalisierte Ungewissheit (wo die Institutionalisierung wieder von einer Verfassung vorgesehen wird). Populist_innen hingegen versprechen Gewissheit und, wie einige der hier aufgeführten Beispiele zeigen, scheuen davor nicht zurück, Verfassungen dazu zu nutzen, um ihr eigenes Volksbild und das, was sie für moralisch richtige Politik halten, möglichst gewiss zu machen. Was sie dadurch zerstören ist die Demokratie selbst.

Literatur

Abts, Koen/*Rummens*, Stefan, 2007: Populism versus Democracy. In: Political Studies 55:2, S. 405–424.

Achcar, Gilbert, 2013: The People Want: A Radical Exploration of the Arab Uprising. Berkeley.

Ackerman, Bruce, 2015: Three Paths to Constitutionalism – and the Crisis of the European Union. In: British Journal of Political Science 45:4, S. 705–714.

Arato, Andrew, 2013: Political Theology and Populism. In: Social Research 80:1, S. 143–172.

Beaumont, Elizabeth, 2014: The Civic Constitution: Civic Visions and Struggles in the Path toward Constitutional Democracy. New York/Oxford.

Brettschneider, Corey, 2006: Popular Constitutionalism and the Case for Judicial Review. In: Political Theory 34:4, S. 516–21.

Ders., 2015: Popular Constitutionalism Contra Populism. In: Constitutional Commentary 147, S. 81–88.

Dahrendorf, Ralf, 2003: Acht Anmerkungen zum Populismus. In: Transit: Europäische Revue, H. 25, S. 156–163.

Edelstein, Dan, 2009: The Terror of Natural Right: Republicanism, the Cult of Nature, and the French Revolution. Chicago.

Frank, Jason, 2010: Constituent Moments: Enacting the People in Postrevolutionary America. Durham.

Garsten, Bryan, 2009: Representative government and popular sovereignty. In: Shapiro, Ian et al. (Hrsg.): Political Representation, Cambridge/New York, S. 90–110.

Gentile, Giovanni, 1928: The Philosophic Basis of Fascism. In: Foreign Affairs 6:2, S. 290–304.

Häberle, Peter, 1975: Die offene Gesellschaft der Verfassungsinterpreten. In: Juristenzeitung 30, S. 297–305.

Halmai, Gábor, 2013: Guys with Guns versus Guys with Reports: Egyptian and Hungarian Comparisons. In: Verfassungsblog, 15.7.2013. URL: http://www.verfassungsblog.de/de/eg ypt-hungary-halmai-constitution-coup (letzter Zugriff am 13.11.2013).

Jacobsohn, Gary J., 2010: Constitutional Identity. Cambridge.

Kantorowicz, Ernst H., 1997[1957]: The King's Two Bodies: A Study in Medieval Political Theology. Princeton.

Kelsen, Hans, 1981[1929]: Vom Wesen und Wert der Demokratie. Aalen.

Kramer, Larry, 2004: The People Themselves. Oxford/New York.

Laclau, Ernesto, 2005: On Populist Reason. London.

Landau, David, 2013: Abusive Constitutionalism. In: University of California Davis Law Review 47, S. 189–260.

Lefort, Claude, 1986: The Political Forms of Modern Society: Bureaucracy, Democracy, Totalitarianism. Cambridge.

Ders., 1988: Democracy and Political Theory. Cambridge.

Lepore, Jill, 2010: The Whites of their Eyes: The Tea Party's Revolution and the Battle over American History. Princeton.

Loughlin, Martin, 2015: The Constitutional Imagination. In: Modern Law Review 78:1, S. 1–25.

Parker, Richard D., 1993: „Here the People Rule": A Constitutional Populist Manifesto. In: Valparaiso University Law Review 27, S. 531–584.

Pitkin, Hanna Fenichel, 1967: The Concept of Representation. Berkeley.

Priester, Karin, 2012: Rechter und linker Populismus. Annäherung an ein Chamäleon. Frankfurt a.M.

Rancière, Jacques, 2009: Hatred of Democracy. London.

Rosenblum, Nancy L., 2008: On the Side of the Angels: An Appreciation of Parties and Partisanship. Princeton.

Rovira Kaltwasser, Cristóbal, 2013: Populism vs. Constitutionalism? FLJS Policy Brief. URL: http://www.fljs.org/sites/www.fljs.org/files/publications/Kaltwasser.pdf (Letzter Zugriff am 16.6.2015).

Sartori, Giovanni, 1962: Constitutionalism: A Preliminary Discussion. In: American Political Science Review 56:4, S. 853–864.

Saward, Michael, 2006: The Representative Claim. In: Contemporary Political Theory 5:3, S. 297–318.

Tóth, Gábor Attila (Hg.), 2012: Constitution for a Disunited Nation: On Hungary's 2011 Fundamental Law. Budapest.

Tsai, Robert L., 2014: America's Forgotten Constitutions: Defiant Visions of Power and Community. Cambridge.

Uitz, Renáta, 2015: Can you tell when an illiberal democracy is in the making? An appeal to comparative constitutional scholarship from Hungary. In: International Journal of Constitutional Law 13:1, S. 279–300.

Daniel de Mendonça & Bianca de Freitas Linhares

„Ich bin eine Idee". Der Diskurs des Lulismus in Brasilien (2006–2018)

1. Einleitung

Am 7. April 2018 hielt der 72-jährige Ex-Staatspräsident Luis Inácio Lula da Silva in der Stadt São Bernardo do Campo im Bundesstaat São Paulo seine letzte politische Rede als freier Mensch. Hierfür wählte er eine symbolträchtige Kulisse: Er sprach nämlich vor dem Sitz der Metallarbeiter-Gewerkschaft der ABC-Region – die für ihre Streikaktionen gegen die Militärdiktatur einen nahezu mythischen Status genießt – Tausende seiner Anhänger_innen an. In wenigen Stunden sollte sich Lula der Bundespolizei ergeben, um eine Haftstrafe von 12 Jahren anzutreten. In seiner Rede zog Lula Bilanz über seine politische Karriere als populare Führungsfigur – die Ende der 1970er Jahre in der genannten Gewerkschaft begann und in seiner präsidentiellen Amtszeit von 2003 bis 2010 kulminierte – und sandte eine Warnung an seine Gegner: „[E]s hat keinen Sinn, wenn sie denken, dass sie mich aufhalten werden, ich werde nicht aufhören, weil ich kein Mensch mehr bin. Ich bin eine Idee. Eine Idee vermischt mit eurer Idee" (FSP 2018).

Dieser dramatische Moment beim Haftantritt Lulas markiert den Höhepunkt des zentralen politischen Antagonismus der letzten Jahrzehnte in Brasilien: Lulismus gegen Anti-Lulismus. Der Lulismus, vereinfacht gesagt, ist ein Diskurs, der ein „Volk" politisch konstruiert, das mehrheitlich von den ärmsten Brasilianer_innen konstituiert wird und Lula als Führungsfigur hat. Wie wir im vorliegenden Beitrag zeigen werden, entspricht der Lulismus einer Form des Linkspopulismus, der die Politik und die Gesellschaft Brasiliens in zwei antagonistische Blöcke teilt: Arme gegen Reiche.

Dieser Beitrag beansprucht nicht, eine umfassende Analyse sämtlicher Momente des Lulismus zu sein, zumal diese Aufgabe im Rahmen eines einzigen Kapitels unmöglich zu erfüllen wäre. Die dreizehn Jahre Erfahrung der Partei der Arbeiter (PT) an der Macht, die Ereignisse, die zur Amtsenthebung der Präsidentin Dilma Rousseff führten sowie die Rolle, die der Lulismus nach dieser Episode und bei den Wahlen 2018 spielte, erfordern weitaus mehr Platz. Ebenso wenig lässt sich der Aufstieg rechter und rechtsradikaler Kräfte in Brasilien insbesondere nach 2014 und deren Rolle beim parlamentarischen Putsch zur Absetzung Rousseffs sowie der Verurteilung und Inhaftierung Lulas in nur einem Kapitel abhandeln. Im vorliegenden Text präsentieren wir vielmehr einen Panoramablick auf den Lulismus mit dem Hauptziel zu zeigen, dass die Lektüre dieses Phänomens als linkspopulistisch bei seiner Einordnung helfen kann.

Die Behauptung, dass der Lulismus eine spezifische Form des Linkspopulismus darstellt, kann weder in der Welt der professionellen Politik noch in der intellektuellen Szene Brasiliens als Selbstverständlichkeit gelten. Unter den Berufspolitiker_innen passt Lula nicht zum Profil eines Außenseiters, das populistischen Führungsfiguren generell zugeschrieben wird. Unter den Wissenschaftler_innen ist die Einschätzung, dass der Lulismus keinem populistischen Phänomen entspricht, eher mit dem Vorurteil verbunden, das der Begriff des Populismus mit sich bringt – und das zur hegemonialen Position innerhalb der brasilianischen Wissenschaft führt, ihn zu ignorieren – und weniger mit einer Analyse, die jüngere Theorien des Populismus berücksichtigt, die wiederum für ein besseres Verständnis des Lulismus entscheidend wären.

Unsere Analyse hat daher auch das Ziel, die Deutungshegemonie über das Phänomen Lulismus zu hinterfragen. Mit diesem Ziel im Blick besteht unser Text – neben dieser Einleitung – aus vier Teilen. Zuerst stellen wir unser theoretisches Verständnis des Populismus vor. Im zweiten Abschnitt unternehmen wir eine kritische Analyse der führenden Interpretation des Lulismus, nämlich der von André Singer (2012, 2016, 2018). Im dritten Teil stellen wir unsere eigene Lesart des Lulismus als spezifische Form des Linkspopulismus vor. Im vierten und letzten Abschnitt vergleichen wir den Lulismus und dessen antagonistischen Gegenpol, den Bolsonar'schen rechtsradikalen Populismus.

2. Einige konzeptuelle Elemente des Populismus und des Linkspopulismus

Es ist wohlbekannt, dass es eine breite Debatte über den Populismus gibt, die aus verschiedenen theoretischen Blickwinkeln geführt wird. Da es unser Ziel ist, eine bestimmte populistische Erscheinung vorzustellen, beschränken wir uns in diesem Abschnitt darauf, nur die theoretischen Elemente vorzustellen, die uns für dieses Vorhaben nützlich sind.

Im Allgemeinen folgt unser Ansatz der Diskurstheorie Ernesto Laclaus und Chantal Mouffes (2012[1985]) und insbesondere den letzten Arbeiten Laclaus (2005a, 2005b) zum Populismus. Diese theoretische Position stellt uns bereits vor einen poststrukturalistischen Ansatz, der darauf verweist, dass unser Verständnis des Populismus in einem ontologischen Sinne keinen apriorischen und axiologischen Beurteilungen standhält. Dementsprechend hängt die positive oder negative Einschätzung spezifischer populistischer Erscheinungen vom ethischen Standpunkt des Bewertenden ab, so wie bei jeder anderen politischen Erscheinung auch.

Der Populismus ist weder ein *bête noire* noch Allheilmittel für politische Probleme. Jedoch weist das Vorkommen des Populismus in symptomatischer Weise darauf hin, dass die Normalität eines politischen Systems einem erheblichen Teil der Bevölkerung soweit missfällt, dass dieser sich politisch als ein „Volk" konstituiert. Dieses Volk ist zunächst weder als die Personifizierung des Guten noch des Bösen, weder von Weisheit noch von Ignoranz zu verstehen: Es handelt sich vielmehr um eine politische Reaktion auf einen *Status quo*, der für diesen politisch mobilisierten Teil eine Bedrohung darstellt. Nochmal: Ein Werteurteil hängt grundsätzlich von der ideologischen Konstellation ab, auf die die bewertende Person zurückgreift.

Daher sollte die erste Frage „Was ist Populismus?" vom Einfluss der Erfahrungen, die diesen Namen tragen, befreit werden. Aus diesem Grund ist Laclaus (2005a) Ansatz für uns wertvoll, da sein ontologisches Anliegen eine Reihe von Missverständnissen und Vorurteilen beseitigt, die häufig mit dem Phänomen verbunden sind. Laclau befasst sich mit dem, was allen populistischen Erscheinungen eigen ist, also dem, was wir den „harten Kern" nennen werden. Treffend resümiert Chantal Mouffe (2018, S. 20f.) diese Perspektive folgendermaßen: „Laclau [definiert] Populismus als eine Diskursstrategie, die eine politische Frontlinie aufbaut, indem sie die Gesellschaft in zwei Lager aufteilt und zu einer Mobilisierung der ‚Benachteiligten' gegen ‚die an der Macht' aufruft."

Der harte Kern des Populismus besteht in der Spaltung des Sozialen in zwei antagonistische Pole, nämlich das Volk und seine Feinde. Diese Minimalstruktur kann in den verschiedensten sozialen Konfigurationen artikuliert werden und dabei unterschiedliche politische Prägungen, linke sowie rechte, aufweisen. Dies bedeutet, dass der Populismus nicht unbedingt autoritär oder demokratisch ist. Das Einzige, was man apriorisch über dieses Phänomen sagen kann, ist die Spaltung in diese beiden antagonistischen Pole.

Folgt man Laclau (2005a), ist diese Konstruktion das Resultat einer Artikulation von Differenzen um einen oder mehrere Knotenpunkte, die den Diskurs von Volk hegemonisieren. Gleichzeitig verstehen wir den Populismus als einen Prozess, der aus einer konstitutiven Heterogenität heraus gemeinsame Bedeutungen artikuliert und damit Prozesse der Repräsentation einleitet. Die Behauptung, dass populistische Erscheinungen heterogen und repräsentativ sind, ist nicht verwunderlich, da auch die Politik als solche auf diese Art und Weise funktioniert. Um beide Prozesse verstehen zu können, müssen wir uns zunächst überlegen, was wir unter der „politischen Konstruktion eines Volkes" verstehen.

Diese Konstruktion ist immer politisch, das heißt, es handelt sich um eine diskursive Struktur unerfüllter Einzelforderungen, die in hegemonial repräsentierte populäre Forderungen übersetzt werden (Laclau 2005a, 2005b). Somit ist die von einigen Theoretiker_innen und Analytiker_innen (etwa Mudde/Rovira Kaltwasser 2017) unterstellte Homogenität populistischer Erscheinungen tatsächlich erst das Resultat der Homogenisierung einer vorherigen Heterogenität von Forderungen.

Der zweite Teil des Minimalkonzepts des Populismus – der Teil also, der die politische Konstruktion eines Volkes im Gegensatz zu seinen Feinden vorsieht – setzt wiederum nach Laclau und Mouffe (2012[1985]) die Existenz eines Antagonismus voraus. Eine antagonistische Relation ist dadurch gekennzeichnet, dass die Präsenz des Anderen die volle Konstitution des „Wir" blockiert und politisch als Bedrohung wahrgenommen wird. Nach Mouffe (2007, S. 30) entspricht der antagonistische Andere somit einem Feind, insofern „der Antagonismus eine Wir-Sie-Beziehung ist, in der sich Feinde ohne irgendeine gemeinsame Basis gegenüberstehen [...]."

Der Antagonismus ist also die politische Identifikation eines Feindes und die Möglichkeitsbedingung der Politik selbst. Eine antagonistische Relation bringt die Feindkonstruktion immer erst auf prekäre und kontingente Weise hervor. Aus diesem Grund werden im Populismus „das Volk" und seine Feinde immer erst dann sichtbar, wenn die antagonistische Relationierung vollzogen wird. Weder „das Volk" noch seine Feinde haben irgendeine Essenz, da ihre Identitäten jeweils antagonistisch konstruiert werden. In diesem Sinne bildet der Antagonismus sowohl die Möglichkeits- als auch die Unmöglichkeitsbedingung einer politischen Identität. „Das Volk" wird überhaupt erst möglich bzw. kommt politisch erst durch die Präsenz eines Feindes zustande. Seine Identität ist im Angesicht der Existenz des antagonistischen Anderen blockiert und ihre vollständige Konstituierung somit unmöglich.

Ein Schlüsselaspekt des Populismus nach Laclau ist die Unterscheidung zwischen der Logik der Differenz und der Logik der Äquivalenz. Diese Unterscheidung ist, wie wir noch sehen werden, fundamental, um den Lulismus besser zu verstehen. Kennzeichnend für den Populismus ist grundsätzlich die „prevalence of the equivalential over the differential logic – independently of the actual *contents* that are articulated" (Laclau 2005b, S. 44, Herv. i.O.; vgl. ausführlicher Laclau 2005a; Laclau/ Mouffe 2012[1985]; Mouffe 2018). So ist die populistische Mobilisierung erst das Resultat der diskursiven Artikulation unerfüllter Forderungen entgegen einer Macht, die diese bedroht. Auf diese Weise findet auch die Logik der Äquivalenz statt: Heterogene bzw. unterschiedliche Forderungen werden zu äquivalenten in einer diskursiven Struktur, deren erster Artikulationspunkt in einer oder mehreren gemeinsamen Bedrohungen (Antagonismus) besteht und deren Positivität wiederum aus jenen Knotenpunkten hervorgeht, die die hegemoniale Einheit repräsentieren. In unserem Fallbeispiel werden wir sehen, wie sich diese Artikulationen im Lulismus und im Bolsonarismus unterscheiden: Der erstere zielt auf die Inklusion der Ärmsten, während der letztere ein typisches Beispiel für einen exkludierenden, rechtsradikalen Populismus darstellt.

Eine letzte theoretische Beobachtung sei gestattet, bevor wir auf die Analyse des Lulismus eingehen. Sie betrifft nämlich die Frage, wie wir den Unterschied zwischen Links- und Rechtspopulismus verstehen. Für uns ist der erstere demokratisch und der letztere antidemokratisch. Diese Position mag polemisch erscheinen und ist daher präzisierungsbedürftig. Hierfür ist es besonders wichtig zu erläutern, was wir unter „demokratisch" in diesem Kontext verstehen. Demokratisch ist ein Diskurs, der auf die Inklusion derer abzielt, die von einem soziopolitischen System exkludiert werden. Antidemokratisch ist im Gegenteil ein Diskurs, der gerade auf die Exklusion von Gruppen in einem sozialen Kontext abzielt.[1] Der Lulismus ist eine Form des Linkspopulismus, also demokratisch, da er auf die politische und soziale Inklusion der ärmsten Brasilianer_innen abzielt. Der Bolsonarismus ist hingegen eine Form des Rechtspopulismus und antidemokratisch, da er ausdrücklich die Exklusion verschiedener gefährdeter Segmente der brasilianischen Gesellschaft anstrebt. Wir hoffen, dass die verkürzten Erläuterungen der in diesem Abschnitt eingeführten theoretischen Elemente durch die nachfolgende Analyse plausibel werden.

3. Der Lulismus nach André Singers Interpretation

Der Lulismus ist ein neues Phänomen in der brasilianischen Politik. Es handelt sich hierbei um die politisch-diskursive Einbindung der ärmsten Segmente der Bevölkerung um eine charismatische politisch-historische Symbolfigur der Linken – nämlich Lula, Gründer und Führungsfigur der PT. In diesem Abschnitt gehen wir kritisch auf die wegweisende und führende Interpretation des Lulismus ein, die von André Singer formuliert wurde.

Für Singer (2012) stellt der Lulismus einen spezifischen Moment in der jüngsten politischen Geschichte Brasiliens dar. Er entstand während der ersten Amtszeit Lulas, erblickte bei den Wahlen 2006 das Licht der Welt und endete mit der Amtsenthebung Dilma Rousseffs am 31. August 2016. Dem Autor nach entspricht der Lulismus also sowohl einer Periode – nämlich den Amtszeiten von Lula (2003–10) und Rousseff (2011–16) – als auch einem ideologischen Typus. Es handelt sich um eine Ideologie, die die Armen und insbesondere die Ärmsten unter den Armen ökonomisch zu integrieren versucht; eine Ideologie also, die die systemische Armut und Ausgrenzung von Millionen von Brasilianer_innen bekämpfen will.

Es ist wichtig bereits an dieser Stelle zu betonen, dass der Lulismus zu keinem Zeitpunkt von Singer als populistisch betrachtet wird,[2] obwohl das Phänomen für

---

1 An diesem Punkt lässt sich eine Ähnlichkeit zwischen unserer Perspektive einerseits und Muddes und Rovira Kaltwassers (2013) Unterscheidung zwischen „inclusionary" und „exclusionary" Populismus andererseits feststellen.

2 Die theoretischen Vorurteile brasilianischer Wissenschaftler_innen gegen den Populismusbegriff geht soweit, dass dessen Nicht-Gebrauch gefeiert wird. In diesem Zusammenhang analysiert Domingues (2013, S. 8) Singers Analyse des Lulismus folgendermaßen: „Wenigstens greift Singer nicht auf die Idee des Populismus zurück. War es von Anfang an schon mit Gino Germani

ihn verschiedene Ähnlichkeiten mit der ersten Regierungszeit von Getúlio Vargas (1930–45) und der sogenannten populistischen brasilianischen Demokratie (1945–64) aufweist. „Auf der ideologischen Ebene", so Singer (2012, S. 16), „brachte [der Lulismus] die varguistische Grammatik wieder ans Licht, die das ‚Volk' dem ‚Anti-Volk' entgegensetzte". An anderer Stelle bekräftigt der Autor, dass die PT während der Amtszeit Lulas einer „‚Partei der Armen' der Art vor 1964" insofern ähnelte, als die Links-Rechts-Polarisierung „ersetzt [wurde] durch eine Polarisierung zwischen Reichen und Armen, ähnlich wie in der populistischen Periode" (Singer 2012, S. 34).[3]

Die Analyse von Singer lässt einen Zweifel aufkommen, der den Lulismus begleitet: „[Der] Lulismus existiert im Zeichen des Widerspruchs. Bewahrung und Veränderung, Reproduktion und Überwindung, Enttäuschung und Hoffnung in derselben Bewegung. Es ist der zweideutige Charakter des Phänomens, der dessen Interpretation erschwert" (Singer 2012, S. 9). Dieser „Widerspruch" bezieht sich auf die Versprechen, die Lula und die PT seit ihrer Gründung 1980 den unterprivilegierten Brasilianer_innen machten. In diesem Sinne gab es einerseits die Befürchtung unter den rechten und ökonomisch privilegierten Sektoren, dass die Lula-Regierung weitreichende politische und ökonomische Umwälzungen im Namen der Armen und der Arbeiter_innen herbeiführen würde, während die Linken andererseits – die traditionellen Verbündeten der PT – solche Veränderungen gerade herbeisehnten.[4]

In seinen ersten Schritten realisierte der Lulismus eine Politik der Inklusion der Ärmsten und handelte gleichzeitig verschiedene Zugeständnisse an die ökonomisch privilegierten Sektoren aus. Diese dubiose Haltung wird von Singer (2012) als „konservativer Pakt" bezeichnet. Lula, so Singer, erkannte ein „Gelegenheitsfenster" für die Reduktion ökonomischer Ungleichheiten mithilfe der hohen Rohstoffpreise an den internationalen Märkten und verfolgte verschiedene Politiken der Armutsbekämpfung sowie eines in Brasilien nie zuvor gesehenen Beschäftigungszuwachses, allerdings ohne am neoliberalen Dreisäulen-Modell – Inflationsziele mit hohen Zinsen, hoher Primärüberschuss und schwankende Wechselkurse – zu rütteln. Für Sin-

---

ein extrem fehlgeleitetes Konzept und in Brasilien mit einem höchst ökonomistischen Marxismus vermischt, so ist Populismus heute lediglich ein Schimpfwort. Ihn wiederzubeleben scheint eine konzeptuell unmögliche oder zumindest sehr fehlerhafte Operation zu sein, trotz solcher Bemühungen wie etwa von Laclau (2005a). Es ist offensichtlich, dass sich in Bezug auf politische Bewegungen relative Spuren in Richtung Demagogie und Desinstitutionalisierung beobachten lassen, historisch sowie heute in Lateinamerika und anderen Regionen."

3 Diese zögerliche Art und Weise, wie Singer den Lulismus als nicht-populistisches Phänomen behandelt, obwohl dieser dem Populismus ähnelt, haben wir bereits an anderer Stelle analysiert (Mendonça 2014).

4 Unerfüllt blieb allerdings jene Hoffnung auf wichtige Reformen, die die innerparteiliche Linke in die Präsidentschaft der Republik investiert hatte, was den Geschäftsleuten und Rechten wiederum Erleichterung verschaffte. Den Lulismus verstehen heißt laut Singer (2012) eine Erfahrung voller Widersprüche zu konfrontieren: „Bewahrung und Veränderung", „Reproduktion und Überwindung", „Enttäuschung und Hoffnung".

ger wiesen die ersten Jahre der Lula-Regierung ein weiteres Alleinstellungsmerkmal in der politischen Geschichte Brasiliens auf: Lula gelang es nämlich, seinen sukzessiven Reformkurs beizubehalten, der die Ärmsten (bzw. die Subproletarier_innen nach Singer) zunehmend einbezog, und gleichzeitig die Märkte mit wirtschaftlichen sowie fiskalen Austeritätsmaßnahmen zu befriedigen. Wie wir im Folgenden sehen werden, schaffte es Lula in seiner ersten Amtszeit, die Forderungen sowohl der Reichen als auch der Armen zu berücksichtigen und bevorzugte im Sinne von Laclau und Mouffe eine Differenz- anstatt einer Äquivalenzlogik.

Allerdings erlitt der konservative Pakt unter der ersten Lula-Regierung seinen ersten Unfall im Jahre 2005 mit den medialen Folgen des sogenannten Mensalão-Skandals, auf die wir noch zu sprechen kommen werden. In diesem Moment begann, so Singer, die Mittelschicht als historisches Wählerklientel der PT ihre Unterstützung zurückzunehmen und zunächst an die PSDB – die Hauptgegnerin der PT – zu geben. Dies wurde für die Partei Lulas bei dessen Wiederwahl 2006 spürbar. Von diesem Punkt an trat der Lulismus nach Singer erst als politisches Phänomen hervor, das bis zur Amtsenthebung Dilmas im Jahre 2016 anhalten würde.

Obwohl die Mittelschicht ihre elektorale Unterstützung zurückzog, stellte laut Singer die zweite Lula-Regierung die eigentliche Geburtsstunde des Lulismus dar. Am Ende dieser Amtszeit konnte Lula Zustimmungswerte von über 80 Prozent vorweisen, die letztlich in die Wahl seiner Nachfolgerin, Dilma Rousseff, mündeten.

Rousseff trat ihr Amt 2011 mit breiter Unterstützung innerhalb der Bevölkerung an. Im Jahre 2012 initiierte sie laut Singer (2016, 2018) ihr „developmentalistisches Experiment". Allgemein gesprochen zielte dieses auf die Reindustrialisierung Brasiliens ab, um nicht nur das Wirtschaftswachstum anzukurbeln, sondern auch die Armut zu beseitigen. Hierfür nahm die Regierung eine drastische Senkung der Zinssätze vor, um produktive Wirtschaftssektoren zu fördern: „die Zentralbank reduzierte zwischen August 2011 und April 2013 den Basiszinssatz von 12,5 auf 7,25 Prozent pro Jahr, während die Selic-Steuer ihren niedrigsten Wert seit ihrer Einführung 1986 erreichte" (Singer 2016, S. 28).

Diese Zinssenkung fand im Kontext eines Tauziehens zwischen Regierung und Finanzmärkten statt, das zum partiellen Sieg der Regierung bis zu den ersten Monaten des Jahres 2013 führte. Allerdings begann sich das Blatt zugunsten der Märkte zu wenden, nachdem der Präsident der Zentralbank, Alexandre Tombini, in einer Erklärung im Februar 2013 die Gefahr einer unkontrollierten Inflationsspirale befürchtete. Singer weist darauf hin, dass mit diesem Ereignis – eigentlich ab April 2013 – die Zinsen wieder zu steigen begannen, was das developmentalistische Experiment so gefährdete, dass die Regierung es angesichts einer schweren Wirtschaftskrise aufgeben musste, die Brasilien ab Mitte der ersten Amtszeit der Präsidentin traf und sich für den parlamentarischen Putsch 2016 als entscheidend erweisen sollte.

Allgemein gesagt legt die Analyse Singers den folgenden Ablauf nahe. Der Lulismus entstand während der ersten Amtszeit Lulas und wurde erst mit dessen Wiederwahl 2006 geboren. Die zweite Amtszeit Lulas stellt die Einweihung des Lulismus dar, die in den Wahlsieg seiner Nachfolgerin, Dilma Rousseff, mündete. Dilma konnte bis zur Mitte ihrer ersten Amtszeit hohe Zustimmungswerte vorweisen und initiierte – größtenteils auf dieser Grundlage – ihr developmentalistisches Experiment. Von diesem Punkt an musste die Präsidentin allerdings die allmähliche Zunahme von Antagonismen – vor allem von Seiten der Finanzmärkte – gegen ihre Regierung hinnehmen. Darüber hinaus lieferten die Demonstrationen im Jahr 2013, die sogenannte Operation *Lava Jato* und die Proteste, die ab 2015 zu einer direkten antagonistischen Herausforderung für die Regierung wurden, die populare Akklamationsbasis für den Amtsenthebungsantrag gegen Dilma, der im Dezember 2015 durch den damaligen Präsidenten der Abgeordnetenkammer, Eduardo Cunha, angenommen wurde. Der bekannte Komplott führte zur Absetzung der Präsidentin durch den Bundessenat am 31. August 2016 und markiert laut Singer (2018, S. 18) die „Zerschlagung des Lulismus".

Singers Analyse stellt eine wichtige historische Rekonstruktion der zentralen Momente des Lulismus während der Lula- und Dilma-Regierungen dar, lässt jedoch auch einige theoretische Elemente für ein tiefergreifendes Verständnis dieses historischen Phänomens vermissen. Unser zentraler Kritikpunkt an Singers Ansatz bezieht sich direkt auf die Tatsache, dass Singer den Lulismus nicht als Form des Populismus betrachtet, sondern als eine „Form des Regierens", die mit der abrupten Absetzung der Dilma-Regierung für ihn endet.

Diese Betrachtungsweise des Lulismus ist nicht nur zeitlich beschränkt, sondern unterschätzt auch das jenseits der Regierungserfahrungen weiterbestehende diskursive Potenzial des Phänomens. Der Lulismus, wie wir zeigen werden, wird nach der Amtsenthebung noch stärker, während der Ex-Präsident bis heute ein zentrales Subjekt der brasilianischen Politik bleibt.

4. Der Lulismus als demokratischer Linkspopulismus

Neben der Beurteilung des Lulismus mit dessen Mängeln und Grenzen ist es unsere Absicht, ihn aus einer theoretischen Perspektive zu verstehen, die seine Entscheidungen erklären kann. In dieser Hinsicht ist es zunächst wichtig zu verstehen, dass die PT-Regierungen nicht angetreten sind, um die Konfrontation mit dem Kapital zu suchen, sondern um mit diesem zu verhandeln. Was letztlich geschah, stellt einen beispiellosen Versuch in der Geschichte des Landes dar, sich der strukturellen Problematik des Hungers und des Elends von Millionen von Brasilianer_innen zu stellen; dabei bestand das von den PT-Regierungen ins Visier genommene Mittel darin, groß angelegte, durch die günstige wirtschaftliche Lage ermöglichte Maßnahmen der sozialen Inklusion zu ergreifen, während die im letzten Jahrzehnt erreichten ökonomischen Meilensteine weiterhin intakt blieben. Es liegt also nahe, dass der Lulismus an der Macht eine Reihe von Einschränkungen nach sich zog, beginnend mit der Nicht-Konfrontation mit dem Kapital. Nichtsdestotrotz schaffte es eine brasilianische Regierung zum ersten Mal in der Geschichte des Landes, durch direkte Interventionen und sozialpolitische Maßnahmen die massive soziale sowie ökonomische Inklusion der Ärmsten zu ermöglichen.

Die Frage stellt sich also nach der theoretischen Einordnung dieser Politik der Aushandlung, die die PT-Regierungen in Brasilien umsetzten und die während der Amtszeit Lulas besonders effektiv funktionierte. Nach der Begrifflichkeit Laclaus wussten die PT-Regierungen mit den zerstreuten Forderungen im sozialen Raum auf eine Art und Weise umzugehen, die Laclau als Logik der Differenz bezeichnet und damit einen administrativen Modus der Bearbeitung isolierter Forderungen beschreibt. Es liegt nahe, dass diese Logik nichts Revolutionäres auf sich hat und sicherlich eine Enttäuschung für jene war, die sich von den PT-Regierungen eine progressivere Politik erhofft hatten.

Allerdings handelt es sich hierbei um eine Logik, die für jene Regierungen angemessen ist, die die politische Stabilität aufrechtzuerhalten und die innerhalb des Sozialen vorhandenen antagonistischen Pole zu minimieren versuchen. Die Logik der Differenz ist pragmatisch und konservativ, da jede etablierte Macht ihre eigene Erhaltung anstrebt und in dieser Hinsicht die Verwendung der effektivsten Mittel zur Aufrechterhaltung der instituierten Ordnung absolut normal ist.

Für uns wird der Lulismus erst mit dem Auftreten zweier gleichzeitiger Bewegungen zu einem linkspopulistischen Diskurs. Die erste war das Ergebnis der Inklusionspolitik, die die politische Unterstützung der Ärmsten ab den Wahlen 2006 – wie Singer (2012) bereits festgestellt hatte – und mindestens bis zu den Präsidentschaftswahlen 2018 sicherte. Die zweite Bewegung wurde vom Lulismus nicht eingeleitet, sondern eher erlitten, als im Zuge des Mensalão-Skandals die Sektoren, die die Regierungen zuvor unterstützt hatten – allen voran die Mittelschicht – ihre Unterstützung allmählich zurückzogen und es durch die Überlegenheit der Äquivalenz- über die Differenzlogik zu einer antagonistischen Konfrontation zwischen Lulismus und Anti-Lulismus kam, die das Land ab den Präsidentschaftswahlen 2006 spaltete.

In dieser Hinsicht war der Lulismus als populistischer Diskurs nicht das Ergebnis einer antagonistischen Konfrontation, die Lula und die PT gegen die Mittelschicht, die ökonomische Elite und die Finanzmärkte selbst einleiteten, sondern der Lulismus als Regierungsprojekt wurde im Gegenteil von einem anti-lulistischen Diskurs angefeindet, der von den genannten sowie anderen Sektoren der brasilianischen Gesellschaft artikuliert wurde und später in den Bolsonar'schen rechtsradikalen Populismus münden würde. Mit anderen Worten: Der Lulismus wurde vielmehr erst durch die zunehmende Radikalisierung seiner antagonistischen Gegenpole in den populistischen Diskurs gebracht, statt diesen selbst herbeigeführt zu haben.

Es gibt vier Schlüsselphasen, die der Lulismus bis jetzt durchlaufen hat: I) der Aufstieg des Lulismus (2002–06); II) der Höhepunkt des Lulismus (2006–12); III) der Niedergang des Lulismus an der Macht (2013–16); IV) der Lulismus jenseits der Macht (2016–18). Die ersten drei beziehen sich also auf die Regierungserfahrung des Lulismus. Wir werden nun aufzeigen, dass in den ersten beiden Phasen die Differenzlogik vorwiegt, während in den letzten beiden die Äquivalenzlogik Vorrang erhält.[5]

I) Der Aufstieg des Lulismus: Als Lula 2002 zum Präsidenten gewählt wurde, gab es eine Mischung aus Hoffnung (seitens der Linken) und Unruhe (seitens der Rechten und der Wirtschaftsakteure). Zum ersten Mal in der Geschichte Brasiliens hatte ein Emigrant aus dem Nordosten, ein Mann, der vor Dürre und Elend geflohen war und zugleich ein ehemaliger Gewerkschafter die Präsidentschaft der Republik übernommen. Vor seinem ersten Wahlerfolg hatte Lula drei Präsidentschaftswahlen in Folge verloren: 1989 gegen Fernando Collor de Mello und 1994 sowie 1998 gegen Fernando Henrique Cardoso.

Allerdings wurde sowohl die Hoffnung als auch die Unruhe von Lula selbst bereits vor dessen Amtsantritt gedämmt. Bei den Wahlen 2002 hatte Lula den Politiker und Unternehmer der Liberalen Partei, José Alencar, als Kandidaten für das Amt des Vizepräsidenten ausgewählt. Nach den Wahlen veröffentlichte Lula einen „Brief an die Brasilianer", ein Dokument, das eigentlich das Ziel hatte, „die Märkte zu besänftigen". Lula gab damit klare Signale, dass er versuchen würde, möglichst konfliktfrei zu regieren und etwaige Konflikte immer in ausgehandelter Form zu lösen.

Lula behielt nach seinem Amtsantritt das ökonomische Dreisäulen-Modell bei und setzte gleichzeitig eine Sozialpolitik der Armutsbekämpfung um. Das im ersten Amtsmonat eingeführte Programm *Fome Zero* (dt. „null Hunger") hatte das Ziel sicherzustellen, dass alle Brasilianer_innen drei Mahlzeiten am Tag haben. Im Jahre 2004 führte die Regierung ihr sozialpolitisches Hauptprogramm ein: die *Bolsa Família* (dt. „Familienbeihilfe"), ein Transferprogramm, das Millionen von Familien in Armut zugutekam. Die Bedingung für den weiteren Zugang der begünstigten Familien zum Programm war die Verpflichtung, dass ihre Kinder bis zum Alter von 15 Jahren die Schule mit einer Anwesenheitsquote von mindestens 85 Prozent besuchen und auf dem neusten Stand geimpft würden.

---

5 In Anlehnung an Laclau (2005a) ist es an dieser Stelle wichtig zu betonen, dass die eine Logik niemals die andere ersetzt, d.h. Äquivalenz und Differenz sind immer vorhanden, wobei die Differenzlogik in bestimmten Momenten den Vorrang übernimmt, wie es in der Normalität einer Verwaltungsmacht üblich ist, während die Äquivalenzlogik dann zum Vorschein kommt, wenn eine etablierte Macht oder ein hegemonialer Diskurs etwa von einem populistischen konfrontiert wird.

In der Periode, die die erste Amtszeit Lulas (2003–06) einschließt, schaffte es der Präsident, vornehmlich durch die Logik der Differenz sowohl die historischen Forderungen der Armuts- und Elendsbekämpfung als auch die Forderungen der Märkte – wonach Brasilien im weltwirtschaftlichen Spiel vollständig integriert bleiben sollte – zu bearbeiten, und steuerte dementsprechend auf eine im brasilianischen Kontext beispiellose Macht- und Klassenhegemonie zu. Die günstige wirtschaftliche Lage im Land, getrieben durch die Aufwertung von Rohstoffen an den internationalen Märkten, ermöglichte die Realisierung sozialpolitischer Maßnahmen, ohne die Grundsteine des ökonomischen Dreisäulen-Modells zu gefährden. Lulas Brasilien war sowohl Vorreiter der Sozialpolitik als auch wirtschaftlicher Partner des Neoliberalismus.

Alles deutete darauf hin, dass sich Lula in seiner Wiederwahlkampagne 2006 auf klassenübergreifenden Zuspruch verlassen könnte. Allerdings trat im Jahre 2005 der sogenannte Mensalão-Skandal an die Öffentlichkeit. Der damalige Bundesabgeordnete für Rio de Janeiro und ehemaliger Verbündeter der Regierung, Roberto Jeferson, warf dieser vor, monatliche Zahlungen an Parlamentsabgeordnete im Gegenzug für deren Stimmen zugunsten der Initiativen des Präsidialamts im Nationalkongress zu tätigen. Die Hauptfolge des „Mensalão" war, wie Singer (2012) zeigte, der Verlust der Unterstützung der Mittelschicht, die die historische Wählerbasis der PT bildete und nun zur größten Oppositionspartei PSDB migrierte. Dieser Effekt war in den Ergebnissen der Präsidentschaftswahlen 2006 zu spüren, als Lula wiedergewählt wurde und das Profil seiner Wählerschaft sich erheblich veränderte.

Das Hauptzeichen für den Wandel der Wählerschaft Lulas und der PT bestand darin, dass ihre Unterstützung inzwischen hauptsächlich von den ärmsten, am wenigsten gebildeten und in den ökonomisch am wenigsten entwickelten Nord- und Nordostregionen wohnhaften Brasilianer_innen kam. Dieses Profil des durchschnittlichen Lulismus-Wählers gilt bis heute, auch bei den jüngsten Präsidentschaftswahlen 2018; d.h. es handelt sich um eine Wählerschaft, die den Lulismus bereits seit mehr als 12 Jahren unterstützt. Die Unterstützung der Ärmsten ergibt sich eindeutig aus den diversen sozialpolitischen Maßnahmen, die sich an die ökonomisch meistgefährdeten Bevölkerungsschichten richten.

II) Der Höhepunkt des Lulismus (2006–12): Wenn die erste Amtszeit Lulas im sozialpolitischen Bereich von der Einführung der *Bolsa Família* geprägt war, war das prägende Projekt der zweiten Amtszeit ab 2007 das Programm der Wachstumsbeschleunigung (PAC), das die Einführung von Maßnahmen auf Bundesebene zur Beschleunigung des Wirtschaftswachstums anvisierte und Infrastrukturinvestitionen in Bereichen wie u.a. Sanitäranlagen, Wohnen, Verkehr, Energie und Wasserressourcen vorsah. Im Jahre 2010 wurde das PAC II eingeführt und umfasste eine Reihe weiterer Bereiche. Zu diesem Zeitpunkt entstanden Programme wie „Bessere Stadt", „Zivile Gemeinschaft", „Mein Zuhause, mein Leben" und „Wasser und Licht für Alle" (eine Erweiterung von „Licht für Alle"). Währenddessen nahm auch die formelle Beschäftigung im Land zu, was mit steigenden Durchschnittseinkommen und folglich mit einem erheblichen Anstieg des Haushaltskonsums einherging, der einen großen Anteil an Brasiliens Meisterung der Weltwirtschaftskrise (2008ff.) hatte. Diese ausgezeichnete wirtschaftliche und soziale Lage in Brasilien neutralisierte den Antagonismus gegen den Lulismus fast vollständig und bereitete Dilma Rousseff den Weg, die seit 2008 als die „Mutter des PAC" (G1 2008) bezeichnet worden war. Mit Zustimmungswerten von 80 Prozent schaffte Lula 2010, Dilma zu seiner Nachfolgerin und zur ersten Präsidentin in der Geschichte Brasiliens zu machen.

III) Der Niedergang des Lulismus an der Macht: Dilma Rousseff wurde bei der ersten Wahl, die sie in ihrem Leben bestritten hatte, zur Präsidentin der Republik gewählt. Sie hatte schon immer ein eher technokratisches Profil und war zuvor in verschiedenen leitenden Funktionen tätig, etwa als Stadträtin für Finanzen in Porto Alegre, Bergbau- und Energieministerin im Bundesstaat Rio Grande do Sul sowie Bergbau- und Energieministerin und Chefin des Präsidialamts in der Lula-Regierung. Obwohl Dilma reichliche Verwaltungserfahrung vorweisen konnte, hatte sie keine Erfahrung mit politischen Verhandlungen. Diese mangelnde Erfahrung, gekoppelt mit einem strengen und harten Umgang mit Verbündeten und Gegnern, bildeten stets wichtige Kritikpunkte an ihrer Amtsführung als Präsidentin.[6]

Die Anfangszeit ihrer Regierung war vom Versuch der Kontinuität mit der Lula-Regierung gekennzeichnet. Verfolgte Dilma einerseits eine Wirtschaftspolitik der Nicht-Konfrontation mit dem Kapital – einschließlich der ausgeschriebenen Vergabe von Straßen und Bundesflughäfen – so hielt sie andererseits an der Logik der sozialpolitischen Maßnahmen fest und rief 2012 das „Liebende Brasilien" ins Leben, ein Programm für die frühe Kindheit in Verbindung mit der *Bolsa Família*.

Dabei lancierte Dilma 2012 – bei Zustimmungswerten von 64 Prozent – eine Kampagne zur Verstärkung der nationalen Industrie. Hierzu initiierte die Zentralbank einen Zyklus von Zinssenkungen, der auch den Anfang eines Tauziehens zwischen der Regierung einerseits und den Finanz- und Spekulationsmärkten andererseits signalisierte. Dieser Moment, der sich für die noch kommenden politischen und ökonomischen Krisen als entscheidend erweisen würde, wurde von Singer (2016) als „developmentalistisches Experiment" bezeichnet, d.h. ein Versuch der Regierung, ein Bündnis von Industriellen und Arbeiter_innen zu schmieden, um die Reindustrialisierung, Entwicklung und Elendsbekämpfung im Land voranzutreiben.

Nach Singer erlebte dieses Experiment zunächst eine Reihe von Regierungserfolgen im Streit mit den Banken und sonstigen Spekulanten, nahm dann aber im Febru-

---

6 Dieser Ruf des „harten Hundes" mag im Profil Dilmas eine sonst irrelevante Eigenschaft sein, spielte aber für einige Abgeordnete, die 2016 für ihre Amtsenthebung stimmten, eine wichtige Rolle.

ar 2013 eine Wende zugunsten der Spekulanten, als der Präsident der Zentralbank, Alexandre Tombini, öffentlich zugab, dass die Inflation eine nicht „bequeme" Situation erreicht habe (Singer 2016, S. 37). In diesem Moment, so der Autor, setzten und drängten die Investoren auf eine Zinserhöhung, die ab April 2013 einsetzte und „das Genick des dilmistischen Projekts" brach (Singer 2016, S. 38). Die wohlbekannte Wirtschaftskrise, die aus dem Konflikt zwischen Märkten und Regierung resultierte, war für die politische Schwächung der Regierung maßgeblich verantwortlich und diente *urbi et orbi* als Rechtfertigung für die Amtsenthebung der Präsidentin durch das brasilianische Parlament.

Neben den Misserfolgen des developmentalistischen Experiments unterminierten zwei Protestwellen den Lulismus während der Dilma-Jahre. Erstens gab es die Proteste des „Juni 2013", die nicht spezifisch gegen die Dilma-Regierung gerichtet waren, sondern gegen die politische Klasse als Ganze. Diese Proteste gingen aus Demonstrationen gegen Tariferhöhungen im Bus- und U-Bahn-Verkehr in São Paulo hervor, breiteten sich schnell auf ganz Brasilien aus und wurden als größte Protestwelle in der Geschichte des Landes bekannt.[7]

Die zweite Protestwelle erfolgte 2015 während der zweiten Amtszeit Dilmas. Die Ursprünge gehen auf zwei Episoden während der Wahlperiode 2014 zurück. Die erste war die *Lava Jato* (dt. „Autowäsche"), eine groß angelegte Ermittlungsoperation gegen die Korruption im größten staatlichen Unternehmen Petrobras.[8] Die zweite war die Anfechtung des Wahlergebnisses durch den Oppositionskandidaten Aécio Neves, der im zweiten Wahlgang gegen Dilma Rousseff knapp verloren hatte – ein Vorgang, der in der demokratischen Geschichte Brasiliens nach 1985 beispiellos war. Diese beiden Episoden bildeten zusammen mit der schweren Wirtschaftskrise den Impetus für die zweite Protestwelle ab März 2015, die sich diesmal spezifisch gegen die Regierung, Lula und die PT richtete.[9] Diese Proteste bildeten zusammen mit einer breiten Einigung der Anti-PT-Elite der nationalen Politik, die die Abgeordnetenkammer und den Bundessenat kontrollierte, die maßgeblichen Faktoren bei der am 31. August 2016 erfolgten Amtsenthebung der Präsidentin.

---

7 Den „Juni 2013" haben wir an anderer Stelle analysiert (Mendonça, 2015).
8 Die gerichtliche Verurteilung Lulas ist der auffälligste politische Ausdruck dieser Operation. Ein Prozess ohne eindeutige Beweise seitens der Staatsanwaltschaft, dessen außergewöhnlich schneller Urteilsspruch in zwei Instanzen wortwörtlich dazu diente, Lula aus den Wahlen 2018 zu nehmen. Inzwischen weisen geleakte Nachrichten zwischen den Staatsanwälten, die die Anschuldigungen gegen Lula brachten, und dem Richter, der über den Fall entschied und inzwischen Justizminister in der Bolsonaro-Regierung ist, auf die offenkundigen politischen Konnotationen dieses Kriminalisierungsverfahrens gegen die PT, Lula und sonstige Führungsfiguren der Partei hin.
9 Ab diesem Punkt begann Jair Bolsonaro, der sich aktiv an den Protesten beteiligte, ein landesweites Ansehen zu genießen.

IV) Der Lulismus jenseits der Macht: Wir werden nun den Lulismus jenseits der Macht analysieren, von der Amtsenthebung gegen Dilma bis zu den Präsidentschaftswahlen 2018 und der Niederlage von Fernando Haddad, dem Kandidat Lulas und ehemaligen Bürgermeister São Paulos, gegen Jair Bolsonaro – d.h. die Zeit zwischen September 2016 und Oktober 2018.[10] In diesem Zeitraum bildeten Lula und seine Partei die Opposition gegen Michel Temer (PMDB), den ursprünglich mit Dilma gewählten Vizepräsidenten, der einer der Protagonisten im parlamentarischen Amtsenthebungsputsch war. Dies ist die Phase, in der wir den Lulismus am eindeutigsten als linkspopulistischen Diskurs identifizieren können; nach den Begriffen von Laclau und Mouffe handelt es sich um die Überlegenheit der Äquivalenz- über die Differenzlogik.

Die Temer-Regierung trat inmitten der schweren, von der Dilma-Amtszeit beerbten Wirtschaftskrise an. Sie versuchte, die Effekte dieser Krise mithilfe von wirtschaftsliberalen Maßnahmen zur Besänftigung der „Märkte" abzuschwächen. Obwohl sich einige ökonomische Indizes bis zum Ende ihrer Amtszeit verbesserten, blieb der wirtschaftliche Aufschwung hinter den Erwartungen zurück – größtenteils deshalb, weil der Präsident und einige seiner Minister in Korruptionsskandalen verwickelt waren, was wiederum die Glaubwürdigkeit seiner Regierung in den Augen der Bevölkerung und der Wirtschaftsakteure erheblich beeinträchtigte.

Inmitten einer Reihe unpopulärer wirtschaftspolitischer Maßnahmen Temers – darunter der Vorschlag zur Verfassungsänderung Nr. 55, der die zukünftigen Ausgaben der Bundesregierung begrenzte, mit weitreichenden Folgen für die Sozialpolitik; eine Reform des Arbeitsrechts, die die Position der Arbeitnehmer_innen in Beschäftigungsverhältnissen schwächte; die Autorisierung der Auslagerung von Kerngeschäften – startete Lula im September 2017 eine Wahlkampftour („Caravan") durch Brasilien, um erneut für das Amt des Präsidenten zu kandidieren.

Wir wollen nun den linkspopulistischen Diskurs des Lulismus an einigen Tweets des offiziellen Twitter-Accounts des Ex-Präsidenten veranschaulichen.[11] Die Analyse basiert auf dem oben dargelegten Konzept des Populismus, d.h. *Populismus als politische und antagonistische Konstruktion eines Volkes gegen dessen Feinde*, der in seiner linken Variante voraussetzt, dass diese Konstruktion auf einem Diskurs der Inklusion der sozial Ausgegrenzten gründet. Hierzu wird sich unsere Analyse auf die Suche nach den Bedeutungen von „Volk" und dessen Feinden sowie der Art und Weise, wie dieser Antagonismus hergestellt wird, konzentrieren.

---

10 Diese Periode wurde von Singer nicht analysiert, da für ihn der Lulismus als politisches Projekt mit der Amtsenthebung der Präsidentin endet.

11 Die hier analysierten Tweets wurden in dem Zeitraum Februar bis April 2018 veröffentlicht, in dem Lulas Caravan durch die südlichen Bundesstaaten Brasiliens zog.

Im lulistischen Diskurs sind das Volk eindeutig die ärmsten und schwächsten Brasilianer_innen, die historisch von den Reichen ausgebeutet und vom Staat im Stich gelassen wurden. Es sind schwarze, indigene, Quilombolo-Männer und Frauen, die unter Hunger und Elend leiden und für ihre Arbeit schlecht bezahlt werden; es sind Kleinbauer und Landlose, die keinen oder geringen Zugang zu Bildung haben: „Ein Präsident ist Präsident aller Brasilianer. Doch er muss sich seiner Rolle bewusst sein, sich um diejenigen zu kümmern, die es am meisten brauchen" (Tweet 23.8.2018).

Es ist wichtig zu betonen, dass sich der Diskurs der PT historisch an die Ärmsten und an die Arbeiter_innen richtete. Allerdings gab es bis zur Wiederwahl Lulas 2006 keine Anbindung dieser Brasilianer_innen an die PT, während die Partei bei der Mittelschicht, den Intellektuellen und den Beamten im öffentlichen Dienst eine beachtliche hegemoniale Stellung genoss. Es war gerade der Regierungserfahrung zu verdanken, dass die PT stark mit den Ärmsten assoziiert wurde. In dieser Hinsicht liegt es nahe, dass für einen Linkspopulismus die Verwendung einer popularen und antagonistischen Rhetorik gegen die Reichen alleine nicht ausreicht, sondern diese muss als Artikulationspunkt historisch-popularer Forderungen dienen können. In diesem Sinne wurde der Lulismus erst mit Lula an der Macht möglich.

Im Hinblick auf den Populismus müssen die antagonistischen Pole ebenfalls überprüft werden. Im Fall des Lulismus gibt es verschiedene Feinde, die allgemein als die „Reichen" oder die „Elite" bezeichnet werden können. Zu den Feinden des Volkes gehören die Märkte, die gegen die sozialpolitischen Maßnahmen sind; die brasilianische Elite, die einen „Köterkomplex" hat und „Stiefellecker" der USA ist; die reichen Brasilianer_innen, die die Armen und deren sozioökonomischen Aufstieg während der Lula-Regierung hassen; die rechten Politiker_innen, die dem Willen der Reichen folgen und versuchen, die Rechte der Armen zu beseitigen; die großen Medien, allen voran *Rede Globo de Televisão* und die Zeitungen *Folha de São Paulo* und *Estadão*, die den Lulismus systematisch angreifen:

- Diese Leute haben Dilma gestürzt und wollen nicht, dass ich zurückkomme. Sie wollen es nicht, weil unsere Regierungen den Mindestlohn erhöht haben und den Mut hatten, die Gehaltsuntergrenze für Lehrer zu schaffen.
- Sie wollen nicht, dass die Menschen zurückkommen, weil wir Quoten verabschieden konnten, damit Schwarze an die Universitäten können.
- Sie wollen nicht, dass die Menschen zurückkommen, weil die Magd zum ersten Mal als Bürgerin und nicht als Sklavin behandelt wurde.
- Ich will ihnen beweisen, dass ein Dreher fähiger ist, Brasilien zu regieren, als diese Elite, die jetzt regiert. Ich werde dieses Land nicht verkaufen. (Tweets 20.3.2018)

Der Kampf gegen die Feinde des Lulismus ging mit der erneuten Kandidatur Lulas für die Präsidentschaft der Republik einher. Der Ex-Präsident untermauerte seine

Rückkehrambitionen mit Bezugnahme auf seine Errungenschaften im Amt sowie darauf, was er zu tun gedenkt, falls er an die Macht zurückkehrt. In Bezug auf seine Errungenschaften insbesondere im internationalen Kontext bekräftigte er, dass Brasilien „zu einem internationalen Protagonisten wurde und in der ganzen Welt respektiert worden ist". Lula bekräftigte auch, dass er beim Scheitern der Amerikanischen Freihandelszone entscheidend und der einzige brasilianische Präsident gewesen sei, der an allen G8-Treffen teilnahm.

Allerdings sind die Errungenschaften auf nationaler Ebene der größte Stolz des Ex-Präsidenten, der immer wieder seine armutsbetroffene Vergangenheit und seine Auswanderung aus dem Nordosten betont. Mit anderen Worten: Die sozialpolitischen Maßnahmen seiner Regierungen richteten sich an die Ärmsten und an einen Zustand sozialer Gefährdung, die zur Lebenserfahrung des Präsidenten selbst gehörte. In dieser Hinsicht weist Lula mit Stolz darauf hin, 18 neue Bundesuniversitäten gebaut,[12] im Vergleich zu dem, was die „Elite" Brasiliens „in hundert Jahren gebaut hat" viermal so viele technische Schulen eröffnet, das Prouni- und das Fies-Programm eingeführt,[13] „den Sohn des armen Mannes an die Universität gebracht" und Quoten verabschiedet zu haben, „damit Schwarze an die Universitäten können", „weil die Armen dieselben Rechte haben müssen wie die Reichen".

Lula bekräftigt, dass er „der einzige Präsident [ohne] Universitätsabschluss" gewesen sei und gleichzeitig die meisten Universitäten im Land gebaut habe. Diese Information könnte streng interpretiert werden, d.h. es handelt sich einfach um jemanden, der über keine Hochschulbildung verfügt. Allerdings muss die Aussage in einem breiteren Kontext verstanden werden. Lula setzt sich damit von allen seiner Vorgänger ab – Mitgliedern der Elite, von seinem Feind also – indem er sich auf die Seite der armen und einfachen Bevölkerung stellt. Die Geschichte Lulas ist gleichzeitig die von Millionen von Brasilianer_innen, die vor Elend, Hunger und Dürre im Nordosten des Landes flüchten.

Für diese Brasilianer_innen will Lula zum Präsidialamt zurückkehren: „Ich will der Elite beibringen, wie sich ein Dreher um das Volk kümmern kann" (Tweet 25.3.2018). Seine Rede als Kandidat griff einerseits das brasilianische Volk als Protagonisten auf, der sich mit dem Aufstieg Temers zurückgezogen hatte, und attackierte die Feinde des Volkes andererseits. Gegen diese versprach Lula ein „Abwahlreferendum" oder eine „neue Verfassung", um „rückgängig [zu] machen, was diese Betrüger gemacht haben" – eine klare Bezugnahme auf die neoliberale Politik

---

12 D.h. Institutionen, in denen Studierende über einen kostenlosen Zugang zur besten Hochschulbildung des Landes verfügen.
13 Das Programm „Universität für Alle" (Prouni), „das Voll- und Teilstipendien (50 Prozent) an privaten Hochschuleinrichtungen anbietet" (MEC 2019a) und der Studentenfinanzierungsfonds (Fies), der „dafür bestimmt [ist], den Hochschulabschluss für Studierende in nicht-kostenlosen Studiengängen zu finanzieren" (MEC 2019b), sind beides Programme, die den Zugang zur Hochschulbildung für die ärmsten Brasilianer_innen begünstigen sollen.

Temers. Gegen *Rede Globo de Televisão* versprach er auch die Regulierung der Medien als eine der Maßnahmen, um die Feinde des Volkes direkt anzugreifen.

Einen schweren Schlag gegen Lula und dessen präsidentiellen Rückkehrambitionen stellte seine Verurteilung am 24. Januar 2018 in zweiter Instanz zu 12 Jahren und einem Monat Haft wegen passiver Korruption und Geldwäsche dar. Nach dieser Verurteilung sollte seine Haftstrafe in wenigen Wochen beginnen, was seine Präsidentschaftskandidatur 2018 verhindern sollte.

Lula trat im April 2018 seine Haftstrafe an, während er die Umfragen für die im Oktober anstehenden Wahlen anführte. Die PT unterstützte seine Kandidatur bis zur erlaubten Grenze des brasilianischen Wahlrechts in der Hoffnung, dass seine möglichst lange Präsenz im Wahlkampf die Kampagne des PT-Ersatzkandidaten und ehemaligen Bürgermeisters São Paulos, Fernando Haddad, stärken würde. Unten zeigen wir in einer Grafik die Wahlabsichten für Lula (und dann Haddad) und für seinen Hauptgegner Jair Bolsonaro.

Grafik 1: Wahlabsichten (%)

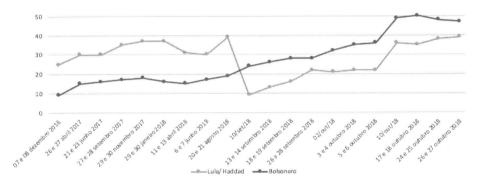

Quelle: eigene Darstellung und Zusammenstellung der Daten des Umfrageinstituts Datafolha (2018).

Die obige Grafik veranschaulicht die Kraft des Lulismus. Die Daten zeigen die Wahlabsichten für die zwei Hauptkräfte bei den Präsidentschaftswahlen 2018, Lula und Bolsonaro. Wir sehen, dass Lula, solange er noch Kandidat war, auch nach dem Beginn seiner Haftstrafe einen großen Vorsprung gegen Bolsonaro vorweisen konnte. Als seine Kandidatur durch das Oberste Wahltribunal für ungültig erklärt und durch Haddad ersetzt wurde, sank der 40-Prozent-Wert für Lula (in den Umfragen vom 20. und 21. August) auf 10 Prozent für den ehemaligen Bürgermeister São Paulos in der darauffolgenden Umfrage (vom 10. September).

Ein solcher Sturz lässt sich damit begründen, dass Haddad, obwohl er Lulas Kandidat war, in der nationalen politischen Szene noch wenig bekannt war, und dass es einige Zeit dauerte, bevor die Assoziation seines Namens mit Lula für die Wählerschaft spürbar wurde. Dies passierte erst allmählich, da die Umfragewerte des Ex-Bürgermeisters, wie es in der Grafik sichtbar wird, bis zum Ende des zweiten Wahlgangs stetig anstiegen.

Bolsonaro gewann die Wahl fast schon in der ersten Runde mit 46,03 Prozent der gültigen Stimmen. Haddad lag mit 29,28 Prozent der Stimmen auf dem zweiten Platz und qualifizierte sich damit für die zweite Runde. Es gab die Befürchtung, dass der rechtsradikale Kandidat im zweiten Wahlgang einen haushohen Sieg gegen den Lulismus einfahren würde, aber so kam es nicht. Bolsonaro gewann mit 55,13 Prozent der Stimmen gegen 44,87 Prozent für Haddad, was einen Zuwachs für den PT-Mann und einen Rückgang für Bolsonaro darstellte.

Es gibt also zwei Missverständnisse über den Lulismus. Das erste – das von Singer (2018) – ist, dass das Phänomen mit der Amtsenthebung von Dilma endete. Eine Analyse aus der Perspektive der jüngeren Theorien des Populismus zeigt, dass der Lulismus als politisches Projekt auch nach dem parlamentarischen Putsch, der die Präsidentin absetzte, überlebte. Das zweite Missverständnis bildet die Behauptung, dass der Lulismus mit dem Wahlsieg Bolsonaros endete. Auch hier sind wir anderer Meinung. Für uns wird sich in sehr naher Zukunft die Stärke zeigen, die Lula in der brasilianischen politischen Szene hat, auch wenn seine jüngste Kandidatur verhindert wurde.

5. Der Anti-Lulismus/Anti-PTismus und das Phänomen Bolsonaro

Der politökonomische Mainstream Brasiliens misstraute immer Lula und der PT, die ständig mit der „Gefahr des Kommunismus" assoziiert wurden. Die sukzessiven Niederlagen bei den Präsidentschaftswahlen 1989, 1994 und 1998 lassen sich mit dieser Assoziation der PT und deren Gallionsfigur zum großen Teil erklären. Der Wahlsieg 2002 war wiederum nicht zuletzt der Fähigkeit Lulas und der PT zu verdanken, inzwischen „bewiesen" zu haben, dass sie Brasilien nicht in „ein neues Kuba" verwandeln würden.

In gewisser Weise wollten die PT-Regierungen „beweisen", dass sie mit dem politischen und wirtschaftlichen Establishment nicht brechen würden. Obwohl sie, wie wir gesehen haben, die Sozialpolitik der Inklusion klar priorisierten, hielten sie auch am Ziel fest, sich mit „den Märkten" nicht anzulegen.

Allerdings können wir sagen, dass die PT an der Macht ein bisschen wie jener Außenseiter war, der zur Feier nie eingeladen wurde und auf einmal zum Missfallen der Stammgäste nicht nur zum Teilnehmer, sondern auch zum eigentlichen Gastgeber avancierte. Bei seiner Wahl 2002 trug Lula, um „akzeptiert" zu werden, eine schwarze Krawatte und machte einen Unternehmer zu seinem Vizepräsidenten. Doch hätte Lula auch die teuerste Kleidung anziehen können, er wäre in den Augen der brasilianischen Elite trotzdem der schlecht gebildete Ex-Proletarier mit subversiven Ideen geblieben.

Es lohnt sich zu betonen, dass Lula auf der Feier immer akzeptiert werden wollte.[14] Es war eben nicht seine Popularität, die ihn zur populistischen Führungsfigur machte; er wollte niemals die Gesellschaft in zwei antagonistische Blöcke spalten. Nach der Begrifflichkeit von Laclau und Mouffe suchte Lula immer die Differenz und nicht die Äquivalenz. Mit der PT an der Macht kam der Antagonismus immer von der Opposition – eine Aussage, die redundant und banal klingen mag, da dies üblicherweise auch die Funktion der Opposition ist. Allerdings hat der Antagonismus, auf den wir uns beziehen, mit einem normalen Streit zwischen unterschiedlichen Projekten, wo zwei Gleiche nach einer agonistischen Logik um die Macht ringen, nichts zu tun – und das obwohl es sich formell um Wahlen handelt.

Der Antagonismus gegen Lula und dessen Partei ging aus den brasilianischen Mittel- und Oberschichten hervor, die sich vom sozioökonomischen Aufstieg der Ärmsten bedroht fühlten – ein Bedrohungsgefühl, das durch die Inklusionspolitik der PT-Regierungen, die in ihren Augen Minderwertige oder Bürger_innen zweiter Klasse waren, verstärkt wurde. Wie lässt sich aber diese Bedrohung nachvollziehen? Was bedeutet sie überhaupt?

Die PT bedroht in kultureller Hinsicht die Ordnung der Dinge, wenn sie etwa durch Quoten vorschreibt, dass ein Schwarzer aus armen Verhältnissen zum Kommilitonen eines Weißen aus einer reichen Familie an einer renommierten Medizinischen Fakultät werden soll. Lula korrumpiert die Ordnung der Dinge, wenn sich reiche Damen beschweren, dass die Flughäfen wie Bushaltestellen aussehen, weil die günstige wirtschaftliche Lage, die den Großteil der PT-Jahre kennzeichnete, auch den Armen zum ersten Mal Flugreisen ermöglichte. Die PT bedroht die Ordnung der Dinge, wenn sie die Hausangestellten mit den Arbeiternehmerrechten professioneller Berufsgruppen ausstattet und damit zum ersten Mal aufwertet. Der Antagonismus gegen Lula und dessen Partei ist in Wirklichkeit das Symptom einer Erbschaft der Sklavengesellschaft, die der brasilianischen Gesellschaft bis heute innewohnt. Es ist so, um auf die Party-Analogie zurückzukommen, als müssten die traditionellen Gäste plötzlich ihren Sekt mit denen teilen, die nur da sein sollten, um sie zu bedienen. Kurzum: Die Oberklassen Brasiliens sahen in Lula das Symbol des Aufstiegs der Armen, die historisch gesehen der Pöbel sind.

Die Bedrohung, die die PT-Regierungen verkörpern, ist also der Aufstieg der Armen. Allerdings wäre es politisch nicht effektiv gewesen, gegen die PT und den Lulismus mit solchen kruden und exkludierenden Begriffen zu kämpfen, mit einem eli-

---

14 Wir kommen also immer wieder auf den Wunsch der PT zurück, sich an der Macht mit der brasilianischen Elite zu versöhnen, und das sogar soweit, dass der Ex-Präsident Lula offen zugibt, dass die Banken in der Geschichte des Landes selten so profitiert haben wie während seiner Amtszeit (O Globo 2011).

tären Ethos, der in der brasilianischen Gesellschaft als „unausgesprochen" gilt. So etwas hört man unter den Angehörigen der Oberklassen schließlich kaum. Allerdings erschöpfen sich Diskurse nicht in Worten, sondern alle Handlungen gehören dazu. In Brasilien trägt nämlich die Missachtung der Ärmsten und Schwächsten extravagante Züge. Hierzu reicht die Feststellung, dass die Millionen von Familien, die unter den PT-Regierungen[15] in soziale Programme wie insbesondere die *Bolsa Família* aufgenommen wurden, unter den Vorgängerregierungen ihrem Schicksal überlassen waren.

Es fehlte also ein Begriff, der die wahre Bedrohung der Elite durch die PT verdrehen und gleichzeitig im Laufe der Zeit als negativer Signifikant dienen konnte, um den öffentlichen Diskurs gegen Lula und dessen Partei zu hegemonisieren. Hierzu haben die großen Medien seit 2005 und bis heute immer wieder die PT als Symbol der Korruption schlechthin konstruiert. Dabei gibt es zwei besonders prägende Momente, die neun Jahre auseinanderliegen. Der erste kam 2005 mit dem sogenannten Mensalão-Skandal und der zweite, der Petrobras-Skandal, hält seit 2014 bis heute an.

Wir haben oben gesagt, dass der Verlust der traditionellen Unterstützung der Mittelschicht für die PT auf den Mensalão-Skandal zurückgeht. Seitdem intensivierten sich Kampagnen der großen brasilianischen Medien gegen die Partei, als würde diese für die systemische Korruption, die seit jeher zur politischen Kultur des Landes gehört, die Alleinverantwortung tragen. Es ist zwar offensichtlich, dass PT-Mitglieder während der Lula- und Dilma-Regierungen an Korruptionsaffären aktiv beteiligt waren und dass die Partei insofern eine große Gelegenheit verpasst hat, sich in wirksamer republikanischer Manier mit der Sache auseinanderzusetzen. Doch der ständige Vorwurf der brasilianischen Medien war, dass allein die PT für die Korruption im Land verantwortlich sei.

Daher wurde die Korruption ab 2005 zu einem zentralen Thema in den tagespolitischen Meldungen, ohne allerdings die Wahlsiege Lulas 2006 und Dilmas 2010 und 2014 verhindern zu können. Was die sukzessiven Wahlerfolge der PT zum größten Teil erklärte, war die günstige wirtschaftliche Lage, die das Land praktisch während dieser ganzen Periode erlebte, selbst im Kontext der Weltwirtschaftskrise 2008.

Die gute Wirtschaftsleistung, der Anstieg des Durchschnitteinkommens und die Erwartung, dass das Land endlich in die Liste der entwickelten Länder aufgenommen wird, sind die Schlüsselelemente für die Erklärung der vier aufeinanderfolgenden Präsidentschaftswahlsiege der PT. Trotz der Opposition der Medien während der gesamten Periode sowie jener Kampagne, die die PT fast ausschließlich der Korruption bezichtigte, machten der Wirtschaftswachstum sowie die inklusive Sozialpolitik den Lulismus geradezu unschlagbar.

---

15 Im Jahre 2010 – dem letzten Jahr der zweiten Amtszeit Lulas – erreichte die Bolsa Família ca. 12 Millionen Familien (Carvalho 2018).

Alles änderte sich, wie wir gesehen haben, mit der großen Krise und der wirtschaftlichen Rezession, die in der zweiten Hälfte der Dilma-Regierung anfing und mit deren Folgen das Land bis heute konfrontiert ist. Im Jahre 2013 war die Regierung mit den Juni-Protesten konfrontiert, die sich gegen die politische Klasse im Allgemeinen richteten. In dieser denkbar ungünstigen Lage kam der andere große Skandal während der Wahlperiode 2014 zustande, als Dilma ihre Wiederwahl anstrebte: der Skandal um die Veruntreuung von Milliarden von Dollar bei Petrobras, dem größten staatlichen Unternehmen Brasiliens.

Dilma wurde wiedergewählt, nachdem sie im zweiten Wahlgang den Kandidaten der größten Oppositionspartei knapp besiegte. Allerdings handelte es sich hierbei um einen Pyrrhussieg. Die Präsidentin trat ihre zweite Amtszeit in einem Land an, das politisch tief gespalten und wirtschaftlich von einer schweren Rezession betroffen war. Darüber hinaus war ihre Regierung mit dem großen medialen sowie juristischen Spektakel um die Petrobras-Affäre, nämlich der Operation *Lava Jato*, konfrontiert. Die politische Instabilität, die durch die oppositionellen Medien und Parteien ab dem Beginn ihrer zweiten Amtszeit herbeigeführt wurde, hinderte Dilma praktisch daran, zu regieren. Im März 2015 fanden verschiedene rechte Demonstrationen gegen ihre Regierung statt, die die Amtsenthebung der Präsidentin, die Inhaftierung Lulas und das Ende der PT forderten. Letztlich entfaltete also die groß angelegte, seit Jahren andauernde mediale Kriminalisierungskampagne gegen die Partei praktische Wirkungen.

In diesem Sinne bildeten eine äußerst ungünstige wirtschaftliche Lage, große Proteste auf den Straßen, eine anhaltende mediale Kampagne und ein Abkommen zwischen den Führungen der größten Parteien die Voraussetzungen dafür, dass die Amtsenthebung der Präsidentin im Dezember 2015 vom damaligen Präsidenten der Abgeordnetenkammer Eduardo Cunha angenommen wurde. Unter normalen Bedingungen wäre dieses Verfahren niemals vorangekommen, da eine der Hauptaufgaben der Opposition während des Verfahrens in der Abgeordnetenkammer und im Bundessenat darin bestand, ohne jegliche Überzeugung zu beweisen, was genau das Verbrechen sein soll, das von Dilma Rousseff angeblich begangen wurde. Dilma, Lula und die PT waren wortwörtlich Opfer eines parlamentarischen Putsches, der völlig geplant war und innerhalb der politischen und rechtlichen Institutionen des Landes vollstreckt wurde.

Das Amtsenthebungsverfahren dauerte bis zum 31. August 2016, als die Präsidentin ihr Amt abtreten musste. Damit war die erste Aufgabe zur Ausschaltung des Lulismus durch die Rechte erfüllt. Die zweite bestand darin, die Absicht des Ex-Präsidenten Lula, bei den Wahlen 2018 zu kandidieren, vollständig zu beseitigen. Dies gelang mit der Verurteilung Lulas in zweiter Instanz im Januar 2018 in einem abermals dubios durchgeführten Prozess, der keine wirksamen Beweise gegen Lula liefern konnte.

In diesem Kontext der Kriminalisierung Lulas und der PT als Resultat einer seit mehr als zehn Jahren andauernden medialen Kampagne trat Jair Bolsonaro in die breitere Öffentlichkeit als jemand hervor, der nicht nur den Hass gegen die PT verkörperte, sondern auch eine Alternative zur etablierten Politik bot, die vom Durchschnittsbürger als gleichermaßen korrupt wahrgenommen wurde.

Bolsonaro, ein Ex-Militär außer Dienst, übte – trotz des beharrlichen Versuchs, ihn als Politik-Neuling zu stilisieren – bereits sieben Mal ein Mandat als Bundesabgeordneter (1991–2018) aus und gehörte in diesem Zeitraum sieben verschiedenen Parteien an. In seiner parlamentarischen Karriere hatte er nie eine große politische Ausstrahlung und trat immer als Parlamentarier des sogenannten „niederrangigen Klerus" auf. Seinen „Ruhm" als „öffentliche Figur" hat er seinen rechtsradikalen Hasstiraden sowie Demonstrationen mit sexistischen und rassistischen Botschaften, für die Militärdiktatur (1964–1985), für Folterpraktiken und gegen Menschenrechte zu verdanken.

Bolsonaro hatte in seinem Bundesstaat Rio de Janeiro immer starke Wahlergebnisse erzielt. Allerdings war er bis zu den Protesten 2015 gegen die Dilma-Regierung auf nationaler Ebene praktisch unbekannt. In der Tat erlangten erst in dieser Zeit verschiedene Führungsfiguren der Rechten, u.a. Bolsonaro, eine nationale Bekanntheit.

Dieser Punkt ist zentral, da er mit Laclau (2005a) hinsichtlich der Konstruktion einer populistischen Logik übereinstimmt und einen Unterschied zu vereinfachten Analysen nahelegt, die davon ausgehen, dass der Populismus in erster Linie auf den Appell einer charismatischen Führungsfigur *à la* Weber an ein blauäugiges Volk angewiesen sei. Der Populismus ist im Gegenteil eine politische Logik, die aus Antagonismen gegen eine instituierte Macht hervorgeht. Die Führungsfigur ist die Konsequenz, und keine apriorische Gegebenheit, dieser politischen Artikulation.[16]

Wir haben also die Entstehungsbedingungen des rechtsradikalen Diskurses gesehen, der letztlich in Bolsonaro seine Führungsfigur fand, in der sich das Hauptziel der Überwindung der PT und des Lulismus verkörperte. Diese Bedingungen waren: eine schwere Wirtschaftskrise, eine andauernde Kriminalisierungskampagne gegen die PT und deren Hauptfiguren sowie sexistische, rassistische und elitistische Hassdiskurse. Die Feinde der radikalen Rechte waren die PT, Lula, Dilma, die Feministinnen, die Nicht-Weißen, die Armen. Wie wir gesehen haben, handelt es sich hierbei um exkludierende und schwer vertretbare Forderungen, die höchstens unterschwellig über einem Land voller Euphemismen wie Brasilien schweben. Diese Forderungen brauchten einen leeren Signifikanten, der sogar einen Teil derjenigen mit artikulieren könnte, die selbst Gegenstand des Hasses der weißen Elite sind. Dieser Signifikant war der Kampf gegen die Korruption der Politiker_innen. Wir sagen

---

16 Im Fall Bolsonaros ist dies umso deutlicher, da seine Führungsrolle bis wenige Monate vor der Wahl nicht konsolidiert war.

„Kampf gegen die Korruption der Politiker_innen" in einem allgemeinen Sinne, da der Anti-Korruptionsdiskurs auch andere etablierte politische Parteien traf – insbesondere die Hauptgegnerin der PT, die PSDB – obwohl die PT die Hauptzielscheibe bildete.

Es waren gerade seine politische Bedeutungslosigkeit und natürlich auch sein rechtsradikaler Diskurs gekoppelt mit uneingeschränktem Hass gegen die PT, die Bolsonaro zu einer Figur machten, die die exkludierende Rechte in Brasilien repräsentieren konnte. Allerdings ist es wichtig zu betonen, dass Bolsonaros Funktion als Kristallisationspunkt dieser Artikulation nicht bereits bei den Protesten 2015 vorentschieden war, sondern sich erst in den letzten zwei Monaten des Wahlprozesses 2018 konsolidierte.

Bolsonaro war nicht der Kandidat der großen Medien; er verfügte nicht über die Unterstützung der größten Parteien und kandidierte stattdessen für die PSL (Sozialliberale Partei), eine zuvor bedeutungslose Kraft. Keine ernstzunehmende Person aus der brasilianischen Politikwissenschaft setzte sogar zwei Monate vor der Wahl auf seinen Wahlsieg. Es gab die Erwartung, dass sein Vorsprung in den Umfragen – nach dem Rückzug Lulas durch die Entscheidung des Obersten Wahltribunals – mit dem Beginn des Wahlkampfs im Radio und im Fernsehen verschwinden würde und dass sich im zweiten Wahlgang das seit 1994 konstant eintretende Zweikampfszenario zwischen PT und PSDB abermals wiederholen würde. Bolsonaro gewann den ersten Wahlgang mit magerer Übertragungszeit im Radio und im Fernsehen. Sein Wahlerfolg ist zwei Schlüsselfaktoren zu verdanken: dem Hintergrund rechtsradikaler Diskurse, die seit 2015 einen erheblichen Zuwachs im Land erlebten, sowie einer massiven Kampagne in den sozialen Netzwerken, die vor diesem Hintergrund den unter dem Deckmantel des Korruptionskampfs verpackten Hassdiskurs extrem förderte. Brasilien durfte in Bolsonaros Wahlkampagne rassistisch, sexistisch und exkludierend werden, solange die PT von der Politik ausgeschlossen wurde.

Wie wir wissen, besiegte Bolsonaro Haddad im zweiten Wahlgang. Sein Sieg konsolidierte den 2016 mit der Amtsenthebung Dilmas initiierten Putsch. Die Inhaftierung Lulas, die zum selben Projekt der Vertreibung der PT vom nationalen politischen Leben gehörte, bildete die *conditio sine qua non* für den Wahlsieg Bolsonaros. So wurde der Lulismus von allen Seiten umzingelt, angegriffen und vorübergehend ausgeschaltet. Doch der Lulismus scheint nicht am Ende zu sein. Der Lulismus ist nicht mehr, wie Lula andeutete, eine Person aus Fleisch und Knochen, sondern eine „Idee". Der Lulismus ist ein linkspopulistischer Diskurs, der bereit ist, sein Volk gegen die Elite, die seine Stimme zum Schweigen bringen will, aufs Neue zu artikulieren.

Literatur

Carvalho, Laura, 2018: Valsa Brasileira: do boom ao caos econômico. São Paulo.

Datafolha, 2018: Eleições, 2018, Presidente. URL: http://datafolha.folha.uol.com.br/eleicoes/2018/presidente/indice-1.shtml (Letzter Zugriff am 17.6.2020).

Domingues, José Maurício, 2013: Pobres, esquerda e mudança social no Brasil contemporâneo: uma leitura crítica de Os Sentidos do Lulismo, de André Singer. In: Série Cadernos Flacso, H. 9.

FSP – Folha de São Paulo, 2018: Leia a íntegra do discurso do ex-presidente Lula antes de se entregar à PF. URL: https://www1.folha.uol.com.br/poder/2018/04/leia-a-integra-do-discurso-do-ex-presidente-lula-antes-de-se-entregar-a-pf.shtml (Letzter Zugriff am 22.12.2018).

G1, 2008: Lula: „Dilma é uma espécie de mãe do PAC". URL: http://g1.globo.com/Noticias/Politica/0,,MUL341272-5601,00-LULA+DILMA+E+UMA+ESPECIE+DE+MAE+DO+PAC.html (Letzter Zugriff am 26.5.2019).

Laclau, Ernesto, 2005a: On Populist Reason. London.

Ders., 2005b: Populism: What's in a Name? In: Panizza, Francisco (Hrsg.): Populism and the Mirror of Democracy, London, S. 32–49.

Ders./Mouffe, Chantal, 2012[1985]: Hegemonie und radikale Demokratie. Zur Dekonstruktion des Marxismus. Wien.

MEC, 2019a: Prouni. URL: http://siteprouni.mec.gov.br. (Letzter Zugriff am 28.7.2019).

MEC, 2019b: Fies. URL: http://sisfiesportal.mec.gov.br/?pagina=fies. (Letzter Zugriff am 28.7.2019).

Mendonça, Daniel de, 2014: ¿Por qué el lulismo no sería populista? In: Debates y Combates, H. 6, S. 195–216.

Ders., 2015: As Jornadas de Junho e a Vontade dos Iguais. In: Miguel, Luis Felipe et al. (Hrsg.): A Democracia Face às Desigualdades: problemas e horizontes, São Paulo.

Mouffe, Chantal, 2005: On the Political. London.

Dies., 2018: Für einen linken Populismus. Berlin.

Mudde, Cas/*Rovira Kaltwasser*, Cristóbal, 2013: Exclusionary vs. Inclusionary Populism: Comparing Contemporary Europe and Latin America. In: Government and Opposition 48:2, S. 147–174.

Dies., 2017: Populism: A Very Short Introduction. Oxford.

O Globo, 2011: Na Era Lula, bancos tiveram lucro recorde de R$ 199 bilhões. URL: https://oglobo.globo.com/economia/na-era-lula-bancos-tiveram-lucro-recorde-de-199-bilhoes-2818232 (Letzter Zugriff am 26.7.2019).

Singer, André, 2012: Os Sentidos do Lulismo: reforma gradual e pacto conservador. São Paulo.

Ders., 2016: A (falta de) base política para o ensaio desenvolvimentista. In: Ders./Loureiro, Isabel (Hrsg.): As Contradições do Lulismo: a que ponto chegamos? São Paulo.

Ders., 2018: O lulismo em crise: um quebra cabeça do período Dilma (2011-2016). São Paulo.

Ybiskay González Torres

Populismus und Hegemonie in Venezuela in der Chávez-Ära und danach

1. Einleitung

Eine postfundamentalistische Diskursanalyse (PDA) des Populismus kann für ein tieferes Verständnis der politischen Konflikte seit 2001 in Venezuela wichtige Erkenntnisse liefern. Die PDA kann dies, weil sie auf den diskursiv-relationalen Charakter der Politik und die damit verbundenen Deutungskämpfe aufmerksam macht (Palonen/Sundell 2019). Der vorliegende Beitrag verwendet eine Diskursanalyse des Populismus insbesondere in Bezug auf den Chávez-Diskurs der „partizipativen Demokratie", um das Verhältnis von Populismus und Hegemonie zu beleuchten. Während der 14-jährigen Amtszeit (1999–2013) von Hugo Chavéz gab es in Venezuela nicht nur einen populistischen Staatschef, sondern auch ein neues politisches Projekt, das Partizipative Demokratie hieß und das in Venezuela dominant verankerte, elitäre Verständnis der liberalen Demokratie herausfordern sollte. Üblicherweise wird der Populismus als Bedrohung der liberalen Demokratie sowie Hauptquelle politischer Konflikte ausgemacht, fast so, als wäre davor gar nichts gewesen. Somit wird jegliches Transformationsprojekt und seine Wirkmächtigkeit eingedämmt. Im Fall Venezuelas führte die Konstruktion eines gegenhegemonialen Blocks gegen das oligarchische System zu einem Hegemoniekampf bzw. „Stellungskrieg" im Gramscianischen Sinne.[1] Dadurch entstand ein antagonistisches Verhältnis zwischen Unterstützer_innen und Gegner_innen des neuen Projekts. Dabei ist auch ein Spannungsverhältnis zwischen popularen Forderungen nach horizontaler Beteiligung an der Politik einerseits und der Rolle der Führungsfigur in der Schaffung des gegenhegemonialen Blocks andererseits zu verzeichnen. Eine Untersuchung der Artikulationslogiken hinter dem Projekt Partizipative Demokratie ermöglicht es uns, die Erforschung des Populismus mit der Konstruktion des gegenhegemonialen Blocks und den damit verbundenen Spannungen zu verknüpfen.

Im Anschluss an Laclau (2005b) wird hier Populismus als bestimmter Modus der diskursiven Artikulation verstanden, der immer wieder an „das Volk" als Außenseitergruppe gegen eine Elite an der Macht appelliert. Die Bezugnahme auf „das Volk", das in jedem diskursiven Akt als einheitliche Entität dargestellt wird, wird dann

---

1 Der Begriff geht auf Gramscis *Gefängnishefte* zurück (McNally 2015, S. 35).

möglich, wenn ein institutionell-administratives System die frustrierten Forderungen der Machtlosen nicht aufnehmen kann. Diese sozialen Forderungen verwandeln sich in eine Äquivalenzkette, was wiederum einen populistischen Bruch herbeiführt (Laclau 2005b, S. 5). Hinzu kommt die Mobilisierung der Entrechteten zum politischen Handeln um einen verbindenden Identifikationspunkt, der das Außenseitersubjekt anspricht (Salter 2016, S. 116). Für Laclau ruft jeder Repräsentationsakt insofern einen populistischen Akt hervor, da der Populismus eine Dimension der Identifikation schafft, die politischen Akteuren im diskursiven Feld zugänglich ist (Laclau 2005a; Panizza 2005). Im Zusammenhang mit einer Politik der Repräsentation lassen sich populistische rhetorische Elemente und Praktiken als flexibles Mittel zur Herausbildung politischer Subjektivität auffassen (Panizza 2005, S. 40; Jansen 2011, S. 77). In dieser Hinsicht hat der Populismus das Potenzial, einen verbindenden Identifikationspunkt zu schaffen und im Kampf um Hegemonie mobilisierend zu wirken (Laclau 2006). Weist der Populismus ein solches Potenzial zur Konstruktion eines gegenhegemonialen Projekts auf, so muss das Verhältnis von Populismus und Hegemonie auch auf die spezifische, in Machtverhältnisse eingebettete Logik des Regierens hin befragt werden. Denn auch gegenhegemoniale Projekte können Mechanismen reproduzieren, die ein hierarchisches Verhältnis von Regierenden und Regierten aufrechterhalten.

Obwohl sich dieser Beitrag innerhalb der Laclauschen Populismusforschung verortet, setzt es sich kritisch mit der These auseinander, dass die Konstituierung eines populären Kampfs in der repräsentativen Funktion eines verbindenden Signifikanten kulminiert (Stavrakakis et al. 2016; Kim 2019). Ein solcher kritischer Ansatz kann durch die Befragung von Laclaus Hegemonieverständnis auch die gefährlichen Seiten populistischer Politik aufzeigen. Laclau (2006, S. 647) versteht Hegemonie als „a relationship by which a certain particularity becomes the name of an utterly incommensurable universality". Kennzeichnend für sein Hegemonieverständnis ist die Spannung zwischen Partikularität und Universalität, an der nicht zuletzt seine Populismustheorie ansetzt. Einerseits geht der Populismus aus dieser Spannung hervor, reproduziert aber andererseits eine Spannung zwischen der horizontalen Autonomie sozialer Forderungen und vertikaler Führung. Der *Chavismo* zeigt diese Spannung in exemplarischer Manier auf, indem die vertikale Führung tendenziell die horizontale Autonomie überstimmt.

Der folgende Beitrag skizziert erstens eine kurze Geschichte Venezuelas, um die strukturellen Faktoren hinter dem Aufstieg des Populismus nach Jahren elitärer Demokratie zu beleuchten und diesen Populismus als politisches Transformationsprojekt zu verorten. Zwei strukturelle Faktoren werden dabei aufgezeigt: das politische System vor der Wahl von Hugo Chávez im Dezember 1998 sowie die ökonomischen und sozialen Spaltungen in Venezuela. Zweitens werden die Elemente der Diskursanalyse vorgestellt, um die von Chávez bei der Schaffung eines gegenhegemonialen

Projekts verwendeten Artikulationslogiken zu identifizieren. Drittens wird auf diese Artikulationen detailliert eingegangen, um das Verhältnis von (Gegen-)Hegemonie und Populismus zu beleuchten. Viertens werden an diesem Verhältnis auch die Defizite und insbesondere das Scheitern der *Chavista*-Führung bei der Schaffung der Mechanismen hegemonialer Reproduktion aufgezeigt.

2. Der Aufstieg des Populismus in Venezuela

Der Populismus gehört zur politischen Kultur Lateinamerikas (De la Torre 2010, S. xx) – ein „Erbe" (Lynch 2012, S. 177), das als „Bedrohung" (Peruzzotti 2017) oder auch als „Korrektiv" für die Demokratie (Laclau 2005a; Rovira Kaltwasser 2012; Mudde/Rovira Kaltwasser 2013) betrachtet wird. Nach De la Torre (2007) fungiert der Populismus in der Region als Mittel zur Einbeziehung der Ausgeschlossenen, indem politische Akteure den Anspruch erheben, mit der authentischen Stimme des wahren Volkes zu sprechen.

Das Kernproblem des Populismus in Lateinamerika besteht darin, dass die Politik stets mit der Idee abstrakter Rechtssubjekte artikuliert wurde, anstelle politischer Subjekte mit der Fähigkeit zum kollektiven Handeln (Arditi 2010). Es handelt sich um postkoloniale Gesellschaften, die historisch in rassifizierte und weiße/europäischstämmige Menschen gespalten und hierarchisiert waren und seitdem eine Logik der Trennung zwischen Subjekten/Bürgern und Nicht-Subjekten/-Bürgern reproduziert haben. Taylor (1994) verweist darauf, dass in unterentwickelten Ländern der Demokratisierungsprozess mit Bezug auf ein bestimmtes Modernitäts- und Fortschrittsparadigma konstruiert wurde und nicht auf die Kapazitäten einzelner Gesellschaften zur Erzeugung und Aufrechterhaltung der ihnen angemessenen Institutionen achtete. Anders gesagt: Der Demokratisierungsprozess klammerte das Wissen und die Geltungsansprüche von Mehrheiten aus, die sich im westlichen Modernitäts- und Fortschrittsparadigma sowie der Idee abstrakter Rechtssubjekte nicht wiederfanden. Er beschränkte die politische Gestaltungsmacht gegenüber Institutionen und Politiken in den Händen einiger Weniger.

Das Ergebnis war eine ungleiche Verteilung materieller und symbolischer Ressourcen: Die nicht-besitzende, als minderwertig dargestellte Unterschicht steht einer Elite gegenüber, die durch die Reduzierung von Politik auf das Handeln der Herrschenden und Repräsentant_innen (während alle anderen lediglich als periodische Wähler_innen auftreten) ihre Privilegien reproduziert. Die Verfechter_innen des Populismus in der Region treten hierbei für eine substanziellere Demokratie ein, die wieder die Mehrheit der Bevölkerung ins Zentrum der Demokratie einbringen und keine bloße Fassade für Elitenherrschaft sein soll.

2.1 Das politische System vor der Chávez-Präsidentschaft

Kennzeichnend für die populistische Bewegung des *Chavismo* unter Hugo Chávez war ihre radikale Opposition zum „*Punto Fijismo*": einem elitenübergreifenden Konsens hinter der Errichtung eines demokratischen politischen Regimes nach dem Ende der Militärherrschaft im Januar 1958 (Rey 2003). Als der „*Punto Fijismo*" zu einem geschlossenen System unter der exklusiven Kontrolle einiger weniger Politiker_innen aus den das Abkommen tragenden Parteien[2] wurde, wurde die Politik zunehmend auf eine demokratische Fassade reduziert (Rojas/Salas 2005, S. 332). Nach Coppedge (2000) wurde das Abkommen zu einem Bekenntnis der beiden führenden Parteien zur Abwechslung der Macht, um die Stabilisierung der Demokratie nach der Diktatur und letztlich auch ihre eigenen politischen Privilegien abzusichern. In diesem Sinne ist die Zeit des *Punto Fijismo* als „inter-elite consensus" (Rey 2003; Raby 2006) bezeichnet worden, wobei populistische Strategien gezielt zur Verwendung kamen, um Wahlen zu gewinnen. Nach den Wahlen wiederum blieben Entscheidungsprozesse unter der Kontrolle mächtiger Sektoren aus den Elitenfamilien, die Bündnisse mit der Regierung ausverhandelten (Rey 2003, S. 15). Beispielsweise galt Carlos Andrés Pérez während seiner zwei Amtszeiten (1974–79; 1989–93) als Populist, der im Wahlkampf an das Volk appellierte, an der Macht aber weiterhin mächtige wirtschaftliche Gruppen favorisierte (Buxton 2001).

Während des *Punto Fijismo* dominierten Eliten die Kontrolle und Verteilung von Macht und Ressourcen. Weder der politisch-liberale Pluralismus als System zur Gewährleistung von Grundrechten und Toleranz noch die Deliberation lag dem Demokratieverständnis des *Punto Fijismo* zugrunde. Im neuen demokratischen Regime hatte das historische Erbe des Kolonialismus, einschließlich eines Systems rassifizierter und soziokultureller Spaltungen, weiter Bestand (Coronil 1997) und markieren bis heute die Grenzen des kollektiven Handelns.

Die politische Bedeutung dieses historischen Erbes besteht darin, dass gewisse Wissens-, Ethik- und Machtverhältnisse zu einer Normalisierung politischer Grenzen führen, die ein System hierarchischer sozialer Differenzierung zwischen den wenigen zum Regieren Berufenen einerseits und den Regierten andererseits begünstigen. Anstelle von Demokratie als „Regieren des Volkes" gab es eine Oligarchie, die die Politik bestimmte. In einer Oligarchie wird die Politik vom Reichtum bzw. von den reichsten Bürger_innen dominiert (Winters 2011) und demzufolge ein Diskurs der Politik reproduziert, der die Mehrheit der Bevölkerung nicht als politische Akteure anerkennt. Somit wurden Kämpfe um Bürgerrechte entweder verschwiegen oder durch bevölkerungsferne politische Parteien ausgetragen.

---

2 Die Partei „Demokratische Aktion" (*Acción Democrática*, „AD") und die Sozial-Christliche Partei (*Partido Social Cristiano*, „COPEI").

Da die politischen Parteien in Venezuela für nicht-elitäre Akteure geschlossen blieben, kommt die Präsenz linksradikaler Gruppen in diesem Kontext nicht überraschend vor. Obwohl diese in den 1960er Jahren in ihrer Radikalität beharrten und nicht populär wurden, entstand in der Folge eine jüngere Generation von Aktivist_innen (Velasco 2010), welche die Demokratie in den Vordergrund stellte und die Grenzen des legitimen politischen Handelns neu definierte, wobei sie ein hybrides politisches Bewusstsein von Taktiken direkter Aktion bei gleichzeitigem Bekenntnis zu den Gründungsprämissen und -versprechen der liberalen Demokratie aufrechterhielt. Sie forderte kurzum eine partizipative Politik, die direkter und anders als bürgerliches Engagement sein sollte. Spronk et al. (2011) verweisen darauf, dass radikale Gruppen in Lateinamerika versuchten, den Staat und die Politik radikal zu transformieren; ebendiese Radikalen schlossen sich Chávez vor dessen Wahlsieg an.

2.2 Ökonomische und soziale Spaltungen als strukturelle Bedingungen

Die vom *Punto-Fijo*-Abkommen ausgelöste politische Dynamik wurde durch eine Rentenökonomie des Erdöls möglich (Karl 1997). Seit der zweiten Hälfte des 20. Jahrhunderts bildet Öl das Herzblut der venezolanischen Volkswirtschaft. Insbesondere nach der Verstaatlichung der Ölindustrie 1975 traten Marktlagengewinne ein, die von Öleinnahmen getrieben wurden und die soziopolitische Struktur des Landes transformierten. Coronil (2008, S. 4) schreibt in diesem Zusammenhang:

> oil wealth is the key to understand the specific character of the state in Venezuela, including the appearance of presidents who embody collective powers as their own and act as magnanimous sorcerers who can bring fantastic realities out of a hat.

Da eine zentralistische Tradition und ein personalistischer Präsidentschaftsstil die venezolanische Politik kennzeichnen, wodurch der Präsident über politische Macht und staatliche Ressourcen verfügt, stellt die Kontrolle des Exekutivamts den Kern politischer und ökonomischer Macht dar. Außerdem hat die Ölabhängigkeit (Karl 1997) zu schwachen institutionellen Kontrollmechanismen und zu einer Bürokratie geführt, die lediglich zur Reproduktion der formellen und informellen Mechanismen zur Verteilung und Aneignung von Ölgeldern gedacht ist (Tinker Salas 2009). Die Rentenökonomie wurde zum Mechanismus, der es bestimmten politischen Gruppen ermöglichte, ihre eigenen Interessen durch die Nähe zur politischen Macht zu bedienen; diese Gruppen mit ihren wechselnden Mitgliedern bildeten einen geschlossenen Familien- und Freundeskreis, dem die Ölrenten zugutekamen. Dadurch entstand, wie Di John (2009) argumentiert, ein auf Patronage beruhendes Mittelschichtsklientel, das von staatlicher Beschäftigung sowie Subventionen und Handelslizenzen profitierte.

Diese Gruppen waren namentlich der Unternehmerverband FEDECÁMARAS, der Gewerkschaftsbund CTV, die hohen Militärs und die Hierarchie der Katholischen Kirche. Sie beeinflussten als „Interessengruppen" die Entscheidungsprozesse, was mit dem etablierten Partizipationsdiskurs übereinstimmte, und profitierten von den Rentenverteilungspraktiken des Staates (Di John 2014, S. 334ff.). Zunehmend kamen politische Entscheidungen ausschließlich diesen Gruppen zugute, während die Ungleichheit anstieg. Zu den Ursachen dieser Ungleichheit gehörte ein stetiger Abbau sozialer Infrastrukturen und Dienstleistungen sowie ein limitiertes Wohlfahrtssystem, das auch in Zeiten hoher Arbeitslosigkeit und informeller Beschäftigung bei niedrigen Gehältern auf formell Beschäftigte beschränkt blieb – allesamt Faktoren, die mit einem kleinen, fast ausschließlich auf Ölexporte angewiesenen Markt einherging (Pineda/Rodriguez 2014). Demzufolge assoziierten die meisten Venezolaner_innen, die weder mit den Parteien noch mit sonstigen Elitengruppen affiliiert waren, die Wohlhabenden mit der Aneignung des öffentlichen Ölreichtums mithilfe des Staates.

Wichtig für ein Verständnis der sozial-räumlichen Polarisierung sind auch soziale Unterschiede zwischen Nachbarschaften in städtisch-formalisierten Gebieten und in den *barrios*. Die Nachbarschaften in geplanten Wohnvierteln waren mit den Mittel- und Oberschichten verbunden, die hinter dem Projekt einer auf wirtschaftlicher Freiheit und Schutz des Privateigentums basierenden liberalen Demokratie standen (García-Guadilla/Roa 1997). In den *barrios* bzw. den mit Unsicherheit assoziierten armen Stadtvierteln hingegen waren Nachbarschaftsorganisationen schwach ausgeprägt, dennoch bildeten sie sich etwa um Fragen der Nahrungsverteilung, persönlichen Sicherheit und Grundschulausbildung heraus (Buxton 2004, S. 117). Während sich Partizipationsforderungen in den bürgerlichen Nachbarschaftsverbänden nach Dezentralisierung richteten, bezogen sie sich in den *barrios* auf örtliche Leidenserfahrungen und ihre Stigmatisierung als „Unzivilisierte" (Gómez-Calcaño 2009). Anders gesagt: Die Menschen in den Volksvierteln waren nicht nur arm, sondern auch außerhalb der Zivilgesellschaft positioniert, da sie als traditionell und damit feindlich gegenüber der Moderne und den Beziehungen zum globalen Norden/Westen galten (Uribe/Lander 1991). Nur einige Wenige genossen einen realen Status als Bürger_innen, während die Mehrheit reale Bürgerrechte sowie politische Anerkennung vermisste.[3]

Kurzum: Das historische Erbe sozialer Exklusion sowie die politische Ökonomie von Ölrenten, die einer kleinen Gruppe zugutekamen, gehörten zu den Möglichkeitsbedingungen für den Linkspopulismus in Venezuela. Obwohl der *Punto Fijismo*

---

3 Siehe O'Donnell, der argumentiert, dass Lateinamerika unter „low intensive citizenship" (zitiert in PNUD/UNDP 2004) leidet, sprich dass ein großer Anteil der Bevölkerung seine Bürgerrechte nicht ausüben kann und Diskriminierungen ausgesetzt ist, obwohl seine politischen Rechte formell geschützt sind.

selbst den Populismus als erfolgsbringende Strategie bei Wahlen einsetzte, war es der linksradikale Populismus von Chávez, der die Reartikulation eines Diskurses der partizipativen Demokratie als gegenhegemoniales Projekt ermöglichte.

3. Hegemoniale Logiken

Nach Laclau und Mouffe (2012[1985]) bildet Hegemonie sowohl eine Praxis (durch Artikulationen) als auch ein Ensemble „sedimentierter" Bedeutungen und Praktiken, die das Sozio-Politische durch die Formierung eines vorherrschenden Bündnisses stabilisieren. Nach Laclau (1990) bringt die Möglichkeit, dass eine bestehende soziale Ordnung von ihrer hegemonialen Position verdrängt wird, sowohl den Antagonismus als auch die Konstruktion eines neuen Horizonts durch die Herausbildung einer Gegenhegemonie mit sich.

Im Anschluss an Laclau identifizieren Howarth und Torfing (2005, S. 323) die Logik der Hegemonie als jene, die darauf abzielt, „to elucidate the practice of building political alliances and coalitions among social actors positioned differently". Im Mittelpunkt der Analyse steht daher das politische Spiel um Prozesse der Konstruktion, Stabilisierung und Transformation von Gesellschaft, wodurch politische Gruppen versuchen, die bestehende soziopolitische Ordnung entweder aufrechtzuerhalten und/oder gegenüberstehende Koalitionen aufzuspalten und neue zu etablieren.

Hegemoniale Logiken drehen sich um die Einrichtung des Sozialen und die Möglichkeiten von deren Anfechtung, die wiederum „can never be totally external, and thus arbitrary, in relation to the social formation itself. Instead, the radical institution of the social emerges from concrete empirical demands within a particular order" (Glynos/Howarth 2007, S. 142f.). Dementsprechend ist auch die Anfechtung der dominanten Bedeutungen von „Partizipation" und die mögliche Einrichtung einer neuen Hegemonie in die konkreten politisch-historischen Komplexitäten Venezuelas eingebettet.

Für Laclau (2005a, S. 129ff.) handelt es sich hierbei um einen Prozess, der den Kampf um die Kolonialisierung von Schlüsselsignifikanten und gleichzeitig die Schaffung politischer Identifikation mit sich bringt. Der Prozess der Identifikation ist realisierbar, weil die Verfügbarkeit diskursiver Elemente (flottierende Signifikanten) kontingenten ideologischen Formationen es ermöglicht, Äquivalenzketten zu bilden. Ein leerer Signifikant wie etwa „Demokratie" und „Freiheit" hat keine partikulare Bedeutung und kann dementsprechend für die Gesamtheit einer Äquivalenzkette stehen (Laclau 2006).

Darüber hinaus führt Laclau das Konzept von Fantasien ein, um der Logik der Hegemonie zusätzliche Struktur zu verleihen. Mythen und Narrative verweisen auf Fantasien, die durch die Einbeziehung sozial verbotener Bezüge oder auch die Produktion von Genuss offenbaren, was und wie etwas begehrt wird. Anders gesagt: Die Schaffung einer neuen Hegemonie setzt eine ansprechende und als legitim geltende Botschaft an die Bevölkerung sowie Mythen und Narrative zur Erleichterung von Identifikationsprozessen voraus (Howarth 2010). Solche Narrative wie etwa ein revolutionäres venezolanisches Volk in der Tradition Simón Bolívars, messianischer Religionsmuster oder auch Ölreichtum gehörten zu einer neuen fantasmatischen Dimension, die auf die Möglichkeit politischer Transformation verweist.

Der Populismus folgt derselben Logik der Hegemonie, wobei sich das Verhältnis von Hegemonie und Populismus, wie Arditi (2010, S. 492) argumentiert, als „one of genus to species" auffassen lässt: Populismus ist jene Form von Hegemonie, die Identifikationen um den Namen eines „Volkes" in Abgrenzung zu einem Machtblock produziert. Da sich die meisten Forschungen zum Populismus in der Chávez-Ära darauf fokussieren, wie Chávez „das Volk" reartikulierte,[4] geht der folgende Abschnitt zuerst darauf ein, wie Chávez durch den Einsatz verschiedener leerer Signifikanten die Bedingungen für die Konstruktion eines neuen gegenhegemonialen Projekts hervorbrachte.

4. Die Anfänge eines gegenhegemonialen Projekts

Chávez trat im Februar 1999 das Präsidialamt an. Sein populistischer Stil – sprich das Appellieren ans Volk und die Suche nach direkter Kommunikation ohne institutionelle Vermittlung – wurde von einem neuen politischen Projekt ergänzt: einem neuen Modell „partizipativer Demokratie", das die Räume für mehr Partizipation sowie eine Neuorganisierung des politischen Raums schaffen sollte (Duffy 2015).

Der Diskurs der partizipativen Demokratie bringt die Ziehung einer antagonistischen Grenze zwischen Verteidigern und Kritikern der liberalen repräsentativen Demokratie mit sich. Damit werden „Demokratie" und insbesondere die Bedeutung politischer „Partizipation" zu umkämpften Objekten. Gewiss war Chávez nicht derjenige, der in Venezuela die Idee einer partizipativen Demokratie einführte.[5] Dabei ermöglichte er die Herausbildung eines gegenhegemonialen Blocks als realer Herausforderung gegen das bestehende Modell (López Maya/Lander 2011, S. 59). Bei der Verabschiedung einer neuen Verfassung 1999 dachten die meisten Venezolaner_innen, dass ein Zusammenwachsen partizipativer und liberal-repräsentativer Demokra-

---

4   Siehe insbesondere Hawkins (2010), der die detaillierteste Beschreibung der Reartikulation des „Volkes" durch Chávez vorgelegt hat.

5   Jüngst haben venezolanische Historiker_innen aufgezeigt, dass Herausforderungen zur liberalen Demokratie auf die frühen 1970er Jahre zurückgehen, als der damalige Präsidentschaftskandidat und zukünftiger Staatspräsident Luis Herrera Campins von der christdemokratischen COPEI-Partei argumentierte, dass die partizipative Demokratie die repräsentative ersetzen soll. Allerdings rahmte Campins seine Kritik nicht als gegenhegemoniales Projekt ein.

tie möglich wäre, zumal in Demokratisierungstheorien die „Partizipation" als Antwort auf die Probleme im liberal-repräsentativen Demokratiemodell – nämlich die Schwierigkeiten bei der Übersetzung von Stimmen in reale Repräsentation – hochgehalten wird. Allerdings trat eine Spannung zwischen den beiden Demokratiemodellen hervor, als der neue Diskurs der partizipativen Demokratie eine direkte Herausforderung der liberalen repräsentativen Demokratie durch die Transformation der Beziehungen zwischen Staat und Gesellschaft signalisierte. Mitte 2001 fing Chávez an, die Vision eines neuen politischen Subjekts offenzulegen, indem er „das Volk" dazu anregte, „to actualise their citizenship through politicization and mobilization" (Spanakos 2011, S. 19). Die Möglichkeit der Konstruktion einer anderen Nation wurde offensichtlich: Hierbei sollte der *Chavismo*, wie Spanakos (2011) anmerkt, zu einer Koproduktion zwischen Chávez und „dem Volk" werden, da die popularen Bevölkerungssegmente (wie etwa die Einwohner_innen der *barrios* bzw. Slums mit ländlich-traditionellem und nicht modern-westlichem Hintergrund) an der Schaffung des neuen politischen Projekts aktiv mitwirken sollten. Eine solche Koproduktion ermöglichte es diesen Segmenten, nicht nur als diskursive Konstruktion von Chávez, sondern auch als Partizipierende sichtbar zu werden.

Die popularen Sektoren forderten die Anerkennung ihrer eigenen Identitäten als politische Subjekte sowie gleichberechtigte Mitglieder der Gesellschaft (Ciccariello-Maher 2013). López Maya (2011, S. 124) stellte in ihrer Forschung zu partizipativen Innovationen in Caracas fest: Partizipative Erfahrungen wie etwa die Bolivarischen Kreise, Kommunalräte und gemeinschaftlichen Wasserräte in der ersten Amtszeit von Chávez „provoked enthusiasm and created conditions to propel the development of a feeling of belonging and self-esteem amongst the inhabitants of the popular neighbourhoods, invisible and stigmatized in previous epochs".

Damit griff der neue Diskurs der politischen Partizipation Forderungen auf, die von den popularen Sektoren selbst artikuliert wurden. Auch wenn der Begriff „Empowerment" in offiziellen Dokumenten nicht aufkam, waren „partizipativ und protagonistisch" die Schlüsselsignifikanten, die mit Demokratie in Verbindung kamen. Chávez (2007, S. 8) definierte letzteren unter Berufung auf Martín wie folgt: „protagonistisch [...] impliziert Freiheit und eine stärkere und autonome Kapazität, dieselben Ausgangsregeln gar zu verändern". In diesem Zusammenhang unterscheidet sich der Begriff „protagonistisch" in zweierlei Hinsicht vom Begriff der „Autonomie", der von der Opposition häufig verwendet wurde. Die erste Differenz kann als politisch bezeichnet werden: Die Grundidee besteht darin, dass kollektives Handeln die Einschränkungen sozialer, ökonomischer und politischer Abhängigkeiten schwächt und damit ermächtigend wirkt. Die zweite kann als materialistisch bezeichnet werden, denn egal, wie staatliche Politiken neu definiert und benannt werden, können Menschen nicht partizipieren, wenn sie sich in schwerer Armut befinden. Insofern sind mehr Maßnahmen zugunsten der Armen notwendig, um soziale

Problemlagen anzupacken und die Ressourcenverteilung als politische Frage anzugehen. Wenn die Partizipation die „Entwicklung der Individuen" bei der Ausübung von Demokratie voranbringen soll, muss sie das Ziel der Überwindung der Armut ebenfalls auf die Fahnen schreiben. In einer liberalen repräsentativen Demokratie werden die beiden Aspekte nicht verknüpft, aber in einer partizipativen Demokratie gehören die Überwindung der Armut und das politische Subjektwerden grundsätzlich zusammen. Mit dem neuen Modell partizipativer Demokratie wurden Veränderungen im Demokratieverständnis in Venezuela sichtbar, die das Potenzial hatten, nicht nur in den Prozess des Regierens, sondern auch in die Reproduktion ihrer epistemischen Grundlagen hineinzuwirken. Anders gesagt: Diese Veränderungen könnten die Praktiken und Verständnisse von Politik und damit auch die Machtverhältnisse innerhalb des Staates beeinflussen.

4.1 „Revolution" als neuer Signifikant

Chávez konnte breiteren Zuspruch für ein gegenhegemoniales Projekt erzielen, indem er seine Erfahrungen mit affektiver und einfacher Sprache artikulierte (Zúquete 2008) und damit ein nahes und familiäres Bild vermittelte. Er sprach zudem die Ärmsten an, um zu zeigen, dass er deren tägliche Demütigung und Wut versteht (Fernandes 2010, S. 85). Eine solche persönliche Sprechweise unterschied sich von jenen, die im zunehmend technokratischen und volksfern gewordenen Diskurs der politischen Macht in Venezuela traditionell vorkamen.

Außerdem verfügte Chávez über Zugang zu den Medien und sprach auf diesem Wege seine Anhänger_innen direkt an. Er lancierte die wöchentliche Sendung *Aló Presidente* und benutzte die landesweiten *cadenas* als Mittel „to combat disinformation and lies spread by opponents" (Tanner 2003, S. 13). Ergänzt wurde die Kommunikationsstrategie von Chávez durch das Projekt Partizipative Demokratie, das in der Folge als internationaler Kampf gegen die „Tyrannei" neoliberaler Kräfte ausgemacht wurde. Andererseits wurde das Projekt „von unten" performativ ausgetragen (Velasco 2015): nämlich als Bewegung, die sich der grundlegenden Transformation der Gesellschaft widmen sollte – nicht zuletzt mit der Verfassung von 1999, in der die „Partizipation" als Ausdruck der Volkssouveränität durch die aufgerufene konstituierende Macht artikuliert wurde. Konnte die Chávez-Regierung durch die Verfassung das eigene Verständnis von partizipativer Demokratie verankern, so deutete sie das aus ihrer Sicht erfolgreich verlaufene Amtsenthebungsreferendum von 2004 als Mandat, um radikaler zu werden.

In Porto Alegre erklärte Chávez am 30. Januar 2005 Venezuela zu einem sozialistischen Staat. Zu diesem Zeitpunkt blieb der Begriff „Sozialismus des 21. Jahrhunderts" noch sehr vage (Wilpert 2007, S. 7). Am 3. Dezember 2006 sagte Chávez

(2014, S. xxi) in seiner Dankesrede nach der Verteidigung eines weiteren sechsjährigen Mandats bei den Präsidentschaftswahlen, dass die Venezolaner_innen nicht Chávez, sondern den Bolivarischen Sozialismus gewählt hätten. Mit der Einführung des Begriffs „Sozialismus" wurde es nun möglich, die partizipative Demokratie neu zu artikulieren, wobei „Revolution" zu einem Schlüsselsignifikanten für die Erzeugung politischer Identifikation mit dem *Chavismo* wurde.

„Revolution" tauchte in jeder öffentlichen Rede während der Chávez-Präsidentschaft auf. Beispielhaft hierfür sind zwei Chávez-Reden von 1999 bzw. 2000,[6] in denen er „Revolution" 59 bzw. 34 Mal erwähnte. Der Signifikant „Revolution" bot in Abgrenzung zum oligarchischen System eine Zukunftsvorstellung und einen antagonistischen Bruch mit dem alten Demokratiemodell, der „Demokratie der Eliten", an. Bei einem Sondertreffen des ALBA-Bündnisses in Kuba im April 2005 erklärte Chávez (2005, S. 79) diesen wie folgt:

> Es ist nicht demokratische Revolution, die wir in manchen Räumen besprochen haben, weil unserer Meinung nach der Begriff der demokratischen Revolution ein konservatives Zeichen trägt, da kann einer sagen: „Ah! Das ist eine Revolution." Ah! Aber es ist demokratisch [...] Revolutionäre Demokratie [anstelle von demokratischer Revolution] ist ein befreiendes Konzept, weil es die Demokratie von der Falle der Eliten befreit; beispielsweise ist die repräsentative Demokratie in Venezuela eine wahre Falle geworden, in der man die Hoffnungen und Illusionen eines Volkes gefangen hält.

„Revolution" gab Chávez sowohl die Gelegenheit, weitere Signifikanten zur Konsolidierung einer politischen Identität einzubeziehen, als auch eine fantasmatische Dimension der Hoffnung, die die Subjekte faszinierte und im Bann hielt. Damit nahm die Artikulation der Kämpfe zwischen dem Volk und der oligarchischen Elite eine Schlüsselrolle im Diskurs von Chávez ein. Der Signifikant „Revolution" diente in diesem soziokulturellen und historisch-politischen Kontext dazu, die Identität des „Wir" und des Gegners zu definieren.

Chávez setzte somit den leeren Signifikanten „Revolution" neben „dem Volk" ein, um der antagonistischen Repräsentation von Wir/Sie und dem Projekt des „Sozialismus des 21. Jahrhunderts" neue Bedeutung zu verleihen. Letzteres sollte den zweiten Schritt zur realen Transformation bilden: zu „eine[r] neue[n] demokratische[n] Hegemonie" in den Worten von Chávez (2012, S. 17) beim ersten Ministerientreffen nach seiner Wiederwahl zum Präsidenten.

Der Begriff der „Revolution" schaffte es, eine klarere antagonistische Grenze von Wir/Sie zu schaffen, die zum „Sie" nicht nur die Opposition zählte, sondern auch explizit internationale Mächte und den Kapitalismus, während das „Wir" in antiimperialistischer und antikapitalistischer Manier definiert wurde. Das neue Narrativ der

---

6 1) Rede zur Vorstellung des Vorhabens einer neuen Verfassung und 2) Rede zur Vorstellung des „Nationalen Ökonomischen und Sozialen Entwicklungsplans 2001-07" in der Nationalversammlung.

„Revolution" wurde mit verschiedenen politischen Symbolen aus der venezolanischen Geschichte artikuliert, um sowohl die ausländische Unterstützung der Opposition als auch die imperialistischen Ansprüche der USA zu monieren – obwohl der
Staat dabei war, auch an die USA Erdöl zu verkaufen.

Zu diesen symbolischen Elementen gehörte zuerst ein mythisches historisches
Narrativ, das allen voran Simón Bolívar umfasste. Im venezolanischen nationalen
Imaginären steht Bolívar für „Freiheit von der Kolonialmacht" sowie für „Durchhaltevermögen und Mut" und personifiziert die idealisierte Identität der Venezola-
ner_innen. Durch die Anerkennung von Bolívar als zentrale Figur der venezolanischen Vergangenheit verlieh Chávez seinem politischen Projekt eine historische Erzählung sowie Mission, die es ihm ermöglichte, den pragmatischen Liberalismus
von Bolívar für das eigene Projekt zu rekrutieren (Marcano/Tyszka 2007, S. 39) und
insbesondere nach dem gescheiterten Putschversuch von 2002 gegen den US-Impe-
rialismus zu wenden (Ellner 2008, S. 19).

Zweitens wurde „das Volk" als historisches Subjekt sowie treibende Kraft hinter
dem Transformationsprojekt präsentiert. Der Chávez-Diskurs umfasste ein „Wir",
das einen im Zuge der Krise des *Punto Fijismo* verloren gegangenen Kollektivwillen
inspirieren sollte (Coronil 2008). Für den *Chavismo* gilt: „the people are the fuel of
the engine of history" (zitiert von Hawkins 2003, S. 1153). Das heroische Volk verkörpert demnach die Revolution. In den Worten von Chávez (2014, S. 246): „[D]ie
Bolivarische Revolution hängt nicht mehr von einem Mann ab, sie hängt nicht von
Chávez ab, es ist ein Volk, das sich aktiviert und ab heute umso mehr." Damit stellte
Chávez mit einem neuen politischen Register die unsichtbar gemachten Bevölkerungssegmente in den Vordergrund und reartikulierte auch die Bedeutung der Kämpfe der Armen. Widerstand und Durchhaltevermögen stellen somit zwei weitere Elemente bei der Anrufung des heroischen Volkes und der Identität des *Chavismo* dar.

Drittens wurde dem Bild von Chávez durch die Verwendung religiöser Rhetorik
eine messianische Aura verliehen. Dieses Bild kann als Bestandteil der demokratischen Politik betrachtet werden, die in der venezolanischen politischen Kultur verankert ist. Beispielsweise zeigt Levine (1994), dass sich Chávez etwa durch das Ver-
fassen eines Gebets nach dem Putsch von 1992 bereits als messianische Figur darstellen ließ. Messianische Darstellungen bilden neben der verwestlichten eine symbolische Dimension in Lateinamerika (Mignolo 2012). Beide Dimensionen ermöglichen Formen von Identifikation, wie Mignolo erläutert, und können weder als besser
oder schlechter noch als Teil einer homogenen imaginierten Gemeinschaft aufgefasst
werden. Durch die Verknüpfung mit der Idee der Revolution konnte Chávez diesen
messianischen Geist bekräftigen. Beispielsweise sagte Chávez: „Bolívar ist nicht
wahrlich gestorben […] er hat uns seinen Körper hinterlassen" (zitiert von Frajman
2014, S. 512) und „Christus ist mit der Revolution" (zitiert von Fernandes 2010,
S. 84).

Dieses auf einem national-popularen Imaginären sowie religiösen Symbolismus (Zúquete 2008) basierende Narrativ stellte einen bedeutenden Bruch mit den Konstruktions- und Darstellungsweisen sozialer Subjekte und den Registern des (sichtbar-verkörperten) Politischen im Machtdiskurs des *Punto Fijismo* dar. Dieses neue Narrativ, welches durch emotionale Investitionen von Leidens- und Heldenmythen gestützt wurde, ermöglichte Chávez, das Versprechen eines neuen Horizonts zu geben und sich selbst dabei als treue Führungsfigur zu positionieren.

Mit diesem affektiven Register schuf das neue Narrativ das, was Laclau (2005a, S. 115) die Würde „des Dinges" als neue unmögliche Universalität nennt, und damit einen Identifikationspunkt für die Menschen. Nach Laclau ermöglicht dieses Zusammenspiel von Mythen, leeren Signifikanten und antagonistischem Diskurs um einen neuen „Namen" kontingente Momente der Entscheidung, die er als „radikale Investition" bzw. „Affekt" zur Erfassung der Anziehungskraft bestimmter Signifikanten bezeichnet. Somit wurde die Bildung politischer Bündnisse und Koalitionen durch die populistische Artikulation des gesellschaftlichen Transformationsprojekts des *Chavismo* überhaupt erst möglich. Allerdings erlangte dieser Prozess keinen hohen Stabilisierungsgrad. Denn während jene, die sich als *Chavistas* identifizierten, an die Transformation des politischen Systems durch partizipative Demokratie glaubten, wurde durch die Einführung des Sozialismusbegriffs eine Umdeutung von Partizipation offensichtlich.

4.2 Sozialismus als das neue politische Projekt

Als es um die Abgrenzung von Demokratie gegenüber Nicht-Demokratie ging, hob Chávez zunehmend den Begriff des Sozialismus hervor. Im Januar 2006 sagte er etwa in einer Rede:

> Wie sind die Barrieren zu überwinden, die das Aufkommen, das Vorankommen wahrer Demokratie verhindern, partizipativer [Demokratie], die damit revolutionär wird? Denn die repräsentative Demokratie der Elite ist keine revolutionäre, sondern eine konterrevolutionäre [...] Wie lösen wir das? [Mit der] Transition [...] eine Mischung, die permanent werden könnte, denn, wie ich immer gesagt habe, die partizipative Demokratie verleugnet nicht die repräsentative, sondern nimmt sie auf, assimiliert sie in ihren Metabolismus, in den neuen sozialistischen Sozialmetabolismus. (Chávez 2014, S. 93f.)

Kurzum: Der Aufbau des partizipativen Demokratiemodells muss als sozialistisch benannt werden, um revolutionär zu werden. Tatsächlich definierte Chávez den Sozialismus als identisch mit der Demokratie: „Nur mit einem Modell, das wir dabei sind zu erfinden, den Sozialismus des 21. Jahrhunderts, wird es wahre Demokratie geben" (MINCI 2007, S. 4). Nach Chávez sollten von der neuen Artikulation von Demokratie der Kapitalismus und der Neoliberalismus ausgeschlossen werden. Beispielsweise stellte Chávez (2014, S. 94) im Januar 2005 bei der Vorstellung des Nationalen Bilanzberichts 2004 im Kongress fest:

> Niemand bezweifelt in dieser Welt, in der ehrlichen Welt [...] niemand bezweifelt das, was hier wirklich stattfindet, dass wir nämlich aus einer bösen Ära herauskommen, einer falschen Demokratie, einer wahren Diktatur der Minderheiten gegen die Volksmehrheiten [...], und dass wir hier in einer Demokratie wiedergeboren werden, hin zu den Horizonten größerer politischer, ökonomischer, sozialer, integraler Demokratie; einer neuen Lebensweise.

Bei der empirischen Feststellung einer Verschiebung hin zum Sozialismus stechen drei Ereignisse hervor. Erstens rief Chávez 2007 zur Gründung einer Vereinigten Sozialistischen Partei Venezuelas (PSUV) auf. Unter den Mitgliedern dieser Partei war die Ansicht weit verbreitet, dass der Fortbestand „kapitalistischer" bzw. „individualistischer" Einstellungen in der allgemeinen Bevölkerung das Regierungsprojekt des Sozialismus des 21. Jahrhunderts verhindert (Wilde 2017, S. 148).

Zweitens verkündete die Regierung im Januar 2007 eine neue Ära der Medien in Venezuela und berief sich dabei auf die „kommunikative und informationelle Hegemonie des Staates". Somit wurden drei Ziele deutlich, wie Canelón-Silva (2014) argumentiert: (1) ein neuer nationaler Rechtsrahmen; (2) die Entwicklung „alternativer, kommunitaristischer Medien"; und (3) die Schaffung von Aufsichts- und Kontrollbehörden. Dieser kommunikationspolitische Aufrüstungskurs der Regierung hilft uns dabei, die Schaffung eines neuen gegenhegemonialen Diskurses und einer Wahrheitspolitik nachzuzeichnen. Bei der Ausrufung einer neuen Verfassungsperiode im Januar 2007 bezeichnete Chávez (2014, S. 233) den Sozialismus als einzigen Horizont: „Ich habe keine Zweifel daran, dass dies der einzige Weg zur Erlösung unseres Volkes ist"; dabei stand der Begriff „Volksmacht" für die Kraft des Volkes: „der einzige und wahre Weg zur endgültigen Befreiung unserer Heimat ist der Weg des Sozialismus" (2014, S. 383), wie Chávez 2008 bei der Vorstellung des Nationalen Bilanzberichts 2007 im Kongress erklärte.

Drittens: Wenn die Gründung der Kommunalräte ab 2005 ein Beispiel für den Aufbau partizipativer Demokratie ist, so wurden die Räte ab 2009 zum Vertretungsorgan der Volksmacht im Zuge der Transformation der Beziehungen Staat-Gesellschaft, wodurch die Gesellschaft als sozialistisch und der Staat als kommunal dargestellt wurde. Diese Transformation wurde zum Hauptziel der Regierung, wobei die „Volksmacht" weiterhin als Organisationsraum der Partizipation des Volkes galt, aber inzwischen in einem neuen, auf den Aufbau des Sozialismus hin orientierten Gesetzgebungsrahmen.

Als die Verfassungsänderungen im Dezember 2007 per Referendum abgelehnt wurden, kam der *Chavismo* zur Erkenntnis, dass Venezuela noch nicht für den Sozialismus vorbereitet sei, und leitete daraufhin einen neuen Transformationsprozess ein. Hier traten Spannungen innerhalb des *Chavismo* zwischen Basisorganisationen und Kontrollen von oben zutage (Azzellini 2010). Der Zwang setzte sich zunehmend an die Stelle der Zustimmung, wie das Durchpeitschen von Gesetzen ohne Debatten aufzeigte. Die PSUV wurde zur Kontrolleurin des politischen Lebens, während die Volkssektoren ihren partizipativen Enthusiasmus allmählich verloren und ihre Unzufriedenheit mit administrativer Inkompetenz kundgaben. Beispielsweise stellte López Maya (2010, S. 114) fest, dass Menschen aus den popularen Sektoren, die sie interviewten, das Gefühl hatten, dass ihre Arbeit ins Nirgendwo führt: „they drop out, they get frustrated and they tend to adapt themselves to the requirements of public servants, who, if they too are badly prepared, end up bureaucratising the process".

Es lohnt sich hervorzuheben, dass sich eine solche Unzufriedenheit nicht an Chávez als Führungsfigur des *Chavismo* richtete, sondern an die „*Chavista*-Bürokratie". Insofern waren die alltäglichen Beschwerdelagen der Menschen immer noch vorhanden, wenn auch in institutioneller Form und von unterschiedlichen Subjekten ausgedrückt – was auf die Vielfältigkeit innerhalb des *Chavismo* verweist – während die Machtkonzentration in der Exekutive als notwendig dargestellt und gerechtfertigt wurde, um den gesamten Prozess in Richtung Sozialismus als Ziel voranzubringen.

Anders als die mit der partizipativen Demokratie artikulierten Forderungen wurde „Sozialismus" zu einem politischen Projekt, das vom Staat umgesetzt und nicht als Klassenkampf bzw. populare Kreativität von unten initiiert werden sollte, was zu einer Reproduktion der Rationalität des Regierens führte. Anders gesagt: Da die Anhänger_innen von Chávez akzeptieren mussten, dass sich die Kämpfe um Partizipation nun mal um die Realisierung des Sozialismus drehen, wurde der *Chavista*-Horizont zunehmend mit Bezug auf ein vom Staat gesetztes Endziel eingeschränkt. Obwohl die popularen Sektoren zur Partizipation aufgerufen waren, wurde deutlich, dass die Vorgabe in Richtung Sozialismus von oben kam. Der Druck von unten hin zu mehr Deliberation wurde zunehmend missachtet, während die PSUV mehr Kontrolle über institutionelle Entscheidungen übernahm.

Dieses komplexe Wechselspiel zwischen Forderungen nach mehr Partizipation und der Umsetzung von Sozialismus als nationalem Projekt von oben verweist auf das, was Stavrakakis et al. (2016) als Widerspruch zwischen zwei Logiken auffassen: Top-Down-Vorgaben einerseits und egalitären Bottom-Up-Formen der sozialen Organisation andererseits. Sie nennen diese Logiken Horizontalität und Vertikalität und beschreiben sie als Ambivalenz, die dem Populismus unter Chávez innewohnt. Denn die PSUV behauptet zwar, dass sie die Mehrheit der Venezolaner_innen (die popularen Sektoren) vertritt und dass in der liberalen repräsentativen Demokratie einige Wenige (die Eliten) regieren; auch wenn sie dabei den Sozialismus als Ziel ausruft, in dem „das Volk" regieren soll, bleibt die Rationalität des Regierens letztlich dieselbe. Daraus resultiert wiederum das, was Biardeau (2009, S. 65) als Konfrontation zwischen „bürokratischen Marxisten", die sich als „kreatives Genie" bzw. „intellektuelle Avantgarde" sehen, und den „Volksmassen", die sich als Mitglieder des neuen Hegemonieprojekts für den Sozialismus einbringen wollen.

Nun lässt sich eine Spaltung zwischen den popularen Sektoren, die den *Chavismo* an der Macht unterstützten, und den popularen Sektoren selbst beobachten. Bei der Ausrufung einer neuen Verfassungsreform 2007 verkündete Chávez beispielsweise mit Stolz, dass er die sozialistisch inspirierten Verfassungsänderungen eigenhändig verfasst habe (Coronil 2011, S. 52). Die hohen Funktionäre der Parteien betrachteten sich als politische Maschine für den radikalen Wandel. Die PSUV wurde zunehmend von der Basis distanziert und zur Gestalterin und Umsetzerin des neuen Rechtssystems, das die Beziehung Staat-Gesellschaft neu strukturieren sollte. Die Artikulation neuer Bilder, mit denen sich Menschen identifizieren konnten, kam allmählich zum Halt angesichts radikalerer Forderungen nach einer anderen Beziehung zwischen Staat und Gesellschaft. Die Schaffung einer neuen sozialen Ordnung bzw. das gegenhegemoniale Projekt hörte auf, emanzipatorisch zu wirken, und griff stattdessen auf eine Logik des Regierens zurück, in der die wenigen Etablierten über die Vielen regieren.

Das Wichtige hierbei ist, dass obwohl der *Chavismo* zur Partizipation aufruft, die Komplexitäten des Widerstands bei den Regierenden die verschiedenen pluralen Wissensformen des Volkes ausschließen und stattdessen Machträume wie die Bürokratie und den Staat privilegieren. Chávez artikulierte nicht nur den „Sozialismus" mit den Idealen partizipativer Demokratie und „Revolution" mit ihm selbst als Anführer und Gestalter des Sozialismus, sondern setzte auch die Zensur gegen jegliche Kritik an seiner Regierungsleistung ein. Zudem betonte Chávez immer wieder, dass erst die partizipative Demokratie und dann auch der Sozialismus von seinem Erfolg im Kampf gegen die Opposition abhängen – ein Indiz dafür, dass das autoritäre Potenzial vertikaler Führung nicht erst mit der Akzentuierung des Sozialismus entstand, sondern im *Chavismo* als Projekt populistischer Identifikation von Anfang an angelegt war.

Darüber hinaus war der Prozess der Bündnisbildung von antagonistischen Relationen zwischen dem Volk und dessen Gegnern bzw. der Elite gekennzeichnet, was Laclau als Gründungsmoment der Politik bzw. als Moment der Schaffung einer politischen Identität identifiziert (Marchart 2006). Dabei nehmen antagonistische Relationen die manichäische Form von Kämpfen – ein Schwarz-Weiß-Bild ohne Grauzonen – an, was nach dem Motto „entweder mit mir oder gegen mich" die Möglichkeit von Identifikation entsprechend eingrenzt. In diesem Sinne setzte Chávez die Macht zunehmend als Herrschaft denn als Zustimmung ein,[7] um sein gegenhegemoniales Projekt zu entfalten.

---

7 Nach Gramscis Hegemonieverständnis kann Zustimmung als intellektuell-moralische Führungsform verstanden werden, die das Potenzial hat, zum „Gemeinschaftssinn" zu avancieren (zitiert in McNally 2015).

Kurzum: Die Regierenden konnten es sich nicht verkneifen, die transzendentale Position von Autoritätssubjekten anzunehmen und eine Logik des Regierens zu reproduzieren, die auf Dichotomien von Regierten als Ignoranten und den Regierenden als Autoritätssubjekten beruht. Dieser Top-Down-Ansatz reproduziert letztlich die Repräsentationsstruktur, die der *Chavismo* ursprünglich ausräumen wollte: eine politische Elite mit hoher Bürokratie, die den Sinn von Partizipation in Bezug auf die Forderungen, die die Chavista-Äquivalenzkette anfänglich konstituiert hatten, verschwimmen lässt.

5. Defizite

Neben dem Sinken der Ölpreise ab 2010 und dem Beginn der Wirtschaftskrise war es der Verlust des leeren Signifikanten „Chávez", der dem Diskurs des Sozialismus eine neue Intensität verlieh. Nach dem Tod von Chávez am 5. März 2013 wurde Nicolás Maduro zum Präsidenten, was den Anfang einer neuen Phase in Venezuela markiert. Seit seinem Wahlsieg am 14. April 2013 ist Maduro für seinen Kontrollverlust gegenüber der venezolanischen Volkswirtschaft und sein autoritäres Regieren des Machterhalts international kritisiert worden.

Durch die Verteidigung des Sozialismus als Top-Down-Ideologie unter der Kontrolle der *Chavista*-Führung ist der Populismus als diskursive Artikulationslogik des Appellierens ans Volk vom Diskurs des *Chavismo* so gut wie verschwunden, was zu einer Kurzschließung der sozialen Imagination des *Chavismo* und einer Verengung der Mechanismen hegemonialer Reproduktion geführt hat. Einerseits hat Maduro versucht, den direkten Kontakt mit „dem Volk" aufrechtzuerhalten, aber sein mangelndes Charisma sowie die Wirtschaftskrise in Venezuela haben ihn dazu geführt, die Ideologie (d.h. die Mischung aus Partizipation und Sozialismus) unter einen militärisch-parteilichen Opportunismus unterzuordnen (López Maya 2018). Andererseits hat die autoritäre Umgangsweise mit der Krise die epistemologischen Autoritätsansprüche bloßgestellt, die das Projekt der partizipativen Demokratie von den Entwicklungen vor Ort zunehmend entkoppeln. Beispielsweise ist die PSUV zum Hindernis und nicht zur Gestalterin eines neuen Hegemonieprojekts geworden, da sie als bürokratischer Raum verharrt, anstatt die während der Wirtschaftskrise entstandenen neuen Forderungen zu reartikulieren. Die politische Führung und „the technocratic socialist", wie Ellner (2019, S. 183) argumentiert, haben es nicht geschafft, ihre Strategien an die neuen politischen Bedingungen anzupassen und Maßnahmen zur Ankurbelung der Produktivität zu ergreifen.

Die Identifikations- und Exklusionsmechanismen, die von Chávez unter dem Mantel von Sozialismus/Revolution erschaffen wurden, helfen nicht dabei, im Krisenkontext einen neuen Diskurs zu reartikulieren. Während die meisten Venezolaner_innen eine Lösung der Hyperinflation sowie politische Veränderungen in Richtung mehr „Frieden" fordern, betont die *Chavista*-Führung als defensive Strategie weiterhin die Rolle der Opposition und der USA bei der Unterminierung der Revolution. In diesem Zusammenhang verweist Maduros Diskurs der epischen Revolutionäre als Verteidiger_innen des Erbes des *Chavismo* auf ein realitätsfremdes Verhältnis zu sozialen Akteuren.

Das Fehlen eines Mechanismus der hegemonialen Reproduktion führt zu einem Hegemoniekampf, der sich um den Erhalt der Staatsmacht und nicht um die Reartikulation neuer Identifikationsoperationen dreht. Da die neue Hegemonie vermeintlich nur durch die Besetzung des Staates durch die Partei möglich ist, überstimmt die Dimension vertikaler Führung die horizontalen Beziehungen zwischen den heterogenen Teilen „des Volkes". Auch wenn „das Volk" immer noch reartikuliert wird, wird die Verstetigung des *Chavista*-Regimes zum Imperativ angesichts des drohenden Kontrollverlusts gegenüber dem Staat, was wiederum auf die Rationalität eines Nullsummenspiels verweist (die auch bei Laclau vorhanden ist), die eine Führungsrolle zum Zweck des Machterhalts rechtfertigen kann.

Indem sie sich als Inhaberin des Präsidialamts und niemals als Opposition betrachtete, hörte die *Chavista*-Führung auf, das Narrativ der Demokratie und damit auch die fantasmatische Dimension politischer Transformation zu reproduzieren, die dem gegenhegemonialen Projekt ursprünglich Sinn verliehen hatte. Somit wurde der spontane Charakter der popularen Zustimmung, die die Anfangsjahre der populistischen Mobilisierung begleitet hatte, nicht nur durch die Wirtschaftskrise, sondern auch durch das Scheitern der *Chavista*-Führung an der Schaffung einer inklusiveren hegemonialen Reproduktion bzw. horizontaler Ausdrucksformen beeinträchtigt.

Mit einem staatszentrierten Verständnis des Hegemoniekampfs versperrte die *Chavista*-Führung die Pluralität der von unten aufkommenden Kräfte und letztlich auch das Volk (im Plural). Im Gegensatz zum Projekt Partizipative Demokratie, die multiple soziale und politische Sektoren umfasste und die Politik in den Alltag hineintrug (Smilde 2011), wurde die soziopolitisch heterogene Bewegung des *Chavismo* immer mehr auf die Reproduktion des Exekutivamts fixiert.

Allerdings wäre es falsch, die Dynamik der Polarisierung auszuklammern, die durch die Suche nach Hegemonie reproduziert wurde. Das Nullsummenspiel zwischen der *Chavista*-Führung und der Opposition gab den *Chavistas* Gründe an die Hand, um einen ewigen Anspruch auf das Exekutivamt aufrechtzuerhalten. Die Polarisierung erzeugte ein Narrativ, welches das Wir/Sie zum primären Antreiber der Mobilisierung im Hegemoniekampf machte. Durch die ständige Reproduktion antagonistischer Relationen erleichterte sie nämlich eine antagonistische Subjektivität auf beiden Seiten des Kampfes, was sich zuerst in der Figur des Gegners/Verbündeten bei der Konstruktion der partizipativen Demokratie herauskristallisierte. Anders als die inklusive Hegemonie der partizipativen Demokratie griff die *Chavista*-Führung auf ein Politikverständnis zurück, das auf ständigen Antagonismen (Regierende/Regierte und Freund/Gegner) basierte. Ein solches Verständnis mag für die Schaffung einer Grenze in der Artikulation einer gegenhegemonialen Bewegung, wie Laclau dies versteht, nützlich sein; wenn es aber bei der Reartikulation des „Volkes" ständig aufrechterhalten wird, droht jedem Projekt einer partizipativen Demokratie das Scheitern.

6. Fazit

Der Fall Venezuelas verweist auf die zentrale Rolle hegemonialer Logiken und des Populismus im Prozess des politischen Wandels. Dabei werden durch die Hervorhebung einer Politik der Repräsentation zahlreiche Widersprüche sichtbar. Obwohl sich der Populismus als Bestandteil der politischen Kultur Venezuelas identifizieren lässt, war es Hugo Chávez als populistische Führungsfigur, die sowohl das Volk als auch die partizipative Demokratie als gegenhegemoniales Projekt neu artikulierte. Es war das Projekt Partizipative Demokratie als Koproduktion mit dem Volk, das die Zusammenführung von Forderungen verschiedener Gruppen ermöglichte – einschließlich derer, die in den Zeiten des *Punto Fijismo* unsichtbar waren.

Dabei zeigt dieser Beitrag auf, dass die zunehmende Hervorhebung des Sozialismus, anstatt die Machtdefizite anzupacken, die das gegenhegemoniale Projekt inspiriert hatten, jene Defizite verschärft hat, indem zielbezogene Einschränkungen der Bedingungen für politische Transformationen aufgezwungen wurden. Chávez als hegemonialer Agent eines „hegemonisierenden" Projekts besaß immer mehr eine unanfechtbare epistemologische Autorität, die vom Projekt Partizipative Demokratie immer weiter entfernt wurde. Im selben Zuge wurde der Sozialismus zur Standardlogik der „Wahrheit" der *Chavista*-Bürokratie und der neuen politischen Elite, anstatt es den popularen Sektoren zu ermöglichen, die Bedingungen ihrer eigenen Emanzipation zu definieren. Solche Bedingungen wären auch vielfältiger ausgefallen, da die Kämpfe gegen Herrschaftsverhältnisse eine Reihe von Kämpfen etwa gegen Rassismus und Klassendiskriminierung umfassen. Da das Projekt des Sozialismus unter der Kontrolle der *Chavista*-Führung stand und die Wirtschaftskrise hinzutrat, kam die soziale Imagination des *Chavismo* zum Halt und die Mechanismen hegemonialer Reproduktion wurden verengt. Die Kombination eines fehlenden Mechanismus der Reproduktion partizipativer Demokratie und der Logik des Regierens hinter dem Projekt des Sozialismus verweist auf die Risiken, die das Verhältnis von Populismus und Hegemonie insgesamt kennzeichnen.

Zielt die Logik der Hegemonie auf die Konsolidierung eines Bündnisses ab, was durch populistische Artikulationen begünstigt wird, laufen Letztere auch Gefahr, auf eine exklusive Hegemonie in Bezug auf „das Volk" reduziert zu werden, wenn diese

Logik auf ein machtzentriertes Politikverständnis zurückgreift. Durch die Schaffung einer exklusiven Hegemonie wird das Potenzial des Populismus zur Neuerschaffung des Volkes im Plural eingeschränkt und ein dynamisches Nullsummenspiel begünstigt.

Die Herausforderung für populistische Bewegungen, die Horizontalität schaffen wollen, besteht darin, exklusive Hegemonie zu überwinden und eine Nullsummenspiellogik zu vermeiden, welche die Logik des Regierens reproduziert. Als erster Schritt muss dabei die Spannung zwischen Horizontalität und Vertikalität erkannt werden, die im Verhältnis von Populismus und Hegemonie angelegt ist.

Literatur

Arditi, Benjamin, 2010: Review Essay: Populism is Hegemony is Politics? On Ernesto Laclau's *On Populist Reason*. In: Constellations 17:3, S. 488–497.

Azzellini, Dario, 2010: Constituent power in motion: Ten years of transformation in Venezuela. In: Socialism and Democracy 24:2, S. 8–31.

Biardeau, Javier, 2009: Del árbol de las tres raíces al socialismo bolivariano del siglo xxi. ¿Una nueva narrativa ideológica de emancipación? In: Revista Venezolana de Economía y Ciencias Sociales 15:1, S. 57–113.

Buxton, Julia, 2001: The Failure of Political Reform in Venezuela. Farnham.

Dies., 2004: Economic Policy and the Rise of Hugo Chávez. In: Ellner, Steve/Hellinger, Daniel (Hrsg.): Venezuelan Politics in the Chávez Era: Class, Polarization and Conflict, London, S. 113–130.

Canelón-Silva, Agrivalca, 2014: Del Estado Comunicador al Estado de los Medios. Catorce Años de Hegemonía Comunicacional en Venezuela. In: Palabra Clave 17:4.

Chávez, Hugo, 2005. Discurso del Presidente de la República Bolivariana de Venezuela, Hugo Chávez Frías, con Motivo de la Sesión Especial sobre el ALBA en el Marco del IV Encuentro Hemisférico contra el ALCA, Teatro Karl Marx, La Habana, Cuba, 29 de abril de 2005. In: Selección de Discursos del Presidente de la República Bolivariana de Venezuela, Hugo Chávez Frías 2005, Año del Salto Adelante: Hacia la Construcción del Socialismo del Siglo XXI, Caracas, S. 259–304.

Ders., 2007: El Libro Azul. Caracas.

Ders., 2012: Golpe de Timón: I Consejo de Ministros del Nuevo Ciclo de la Revolución Bolivariana, hrsg. Oficina de la Presidencia, Caracas.

Ders., 2014: Hugo Chávez (2005-2008). Bd. 3, La Construction del Socialismo del Siglo XXI: Discursos del Comandante Supremo ante la Asamblea Nacional (1999-2012). Caracas.

Ciccariello-Maher, George, 2013: We Created Chávez: A People's History of the Venezuelan Revolution. Durham.

Coppedge, Michael, 2000: Venezuelan Parties and the Representation of Elite Interests. In: Middlebrook, Kevin (Hrsg.): Conservative Parties, the Right, and Democracy in Latin America, Baltmiore, S. 110–136.

Coronil, Fernando, 1997: The Magical State: Nature, Money, and Modernity in Venezuela. Chicago.

Ders., 2008: Chávez's Venezuela: a new magical state? In: ReVista: Harvard Review of Latin America 8:3-4.

Ders., 2011: State Reflections: the 2002 Coup against Hugo Chávez. In: Ponniah, Thomas/ Eastwood, Jonathan (Hrsg.): The Revolution in Venezuela. Social and Political Change under Chávez, Cambridge, S. 37–65.

De la Torre, Carlos, 2007: The resurgence of radical populism in Latin America. In: Constellations 14:3, S. 384–397.

Ders., 2010: Populist Seduction in Latin America, 2. Aufl. Athens.

Di John, Jonathan, 2009: From Windfall to Curse? Oil and Industrialization in Venezuela, 1920 to the Present. University Park.

Ders., 2014: The Political Economy of Industrial Policy in Venezuela. In: Hausmann, Ricardo/Rodríguez, Francisco (Hrsg.): Venezuela Before Chávez: Anatomy of an Economic Collapse, University Park, S. 321–370.

Duffy, Maura, 2015: (Re) conceptualising democracy: the limitations of benchmarks based on neoliberal democracy and the need for alternatives. In: Third World Quarterly 36:8, S. 1472–1492.

Ellner, Steve, 2008: Rethinking Venezuelan Politics: Class, Conflict, and the Chávez Phenomenon. Boulder.

Ders., 2019: Class Strategies in Chavista Venezuela: Pragmatic and Populist Policies in a Broader Context. In: Latin American Perspectives 46:1, S. 167–189.

Fernandes, Sujatha, 2010: Who Can Stop the Drums?: Urban Social Movements in Chávez's Venezuela, Durham.

Frajman, Eduardo, 2014: Broadcasting Populist Leadership: Hugo Chávez and Aló Presidente. In: Journal of Latin American Studies 46:3, S. 501–526.

García-Guadilla, María/*Roa*, Ernesto, 1997: La Red de Organizaciones Sociales Liberales y la Democracia en Venezuela: Potencialidades y Limitaciones. In: Cuadernos del CENDES, H. 35, S. 55–80.

Glynos, Jason/*Howarth*, David, 2007: Logics of Critical Explanation in Social and Political Theory. London.

Gómez-Calcaño, Luis, 2009: La Disolución de las Fronteras: Sociedad Civil, Representación y Política en Venezuela. Caracas.

Hawkins, Kirk, 2003: Populism in Venezuela: the Rise of Chavismo. In: Third World Quarterly 24:6, S. 1137–1160.

Ders., 2010: Venezuela's Chavismo and Populism in Comparative Perspective. Cambridge.

Howarth, David, 2010: Power, Discourse, and Policy: Articulating a Hegemony Approach to Critical Policy Studies. In: Critical Policy Studies 3:3-4, S. 309–335.

Ders./*Torfing*, Jacob (Hrsg.), 2005: Discourse Theory in European Politics: Identity, Policy and Governance. London.

Jansen, Robert, 2011: Populist mobilization: A New Theoretical Approach to Populism. In: Sociological Theory 29:2, S. 75–96.

Karl, Terry, 1997: The Paradox of Plenty: Oil Booms and Petro-States. Berkeley.

Kim, Seongcheol, 2019: Radical Democracy and Left Populism after the Squares: „Social Movement" (Ukraine), Podemos (Spain), and the Question of Organization. In: Contemporary Political Theory 19:2, S. 211–232.

Laclau, Ernesto, 1990: New Reflections on the Revolution of Our Time. London.

Ders., 2005a: On Populist Reason. London.

Ders., 2005b: Populism: What's in a Name? In: Panizza, Francisco (Hrsg.): Populism and the Mirror of Democracy, London, S. 32–49.

Ders., 2006: Why Constructing a People is the Main Task of Radical Politics. In: Critical Inquiry 32, S. 646–680.

Ders./Mouffe, Chantal, 2012[1985]: Hegemonie und radikale Demokratie. Zur Dekonstruktion des Marxismus. Wien.

Levine, Daniel, 1994: Goodbye to Venezuelan Exceptionalism. In: Journal of Interamerican Studies and World Affairs 36:4, S. 145–182.

Lynch, Nicholás, 2012: The Bad Uses of the Concept of Populism in Latin America. In: Peruzzotti, Enrique/Plot, Martín (Hrsg.): Critical Theory and Democracy: Civil Society, Dictatorship, and Constitutionalism in Andrew Arato's Democratic Theory, London, S. 170–184.

López Maya, Margarita, 2010: Caracas: The State and Peoples' Power in the Barrio. In: Pearce, Jenny (Hrsg.): Participation and Democracy in the Twenty-First Century City, New York.

Dies., 2018: Populism, 21st Century Socialism and Corruption in Venezuela. In: Thesis Eleven 149:1, S. 67–83.

Dies./Lander, Luis, 2011: Participatory Democracy in Venezuela: Origins, Ideas, and Implementation. In: Smilde, David (Hrsg.): Venezuela's Bolivarian Democracy: Participation, Politics and Culture under Chavez, Durham, S. 58–79.

Marcano, Cristina/*Tyszka*, Alberto Barrera, 2007: Hugo Chávez: The definitive biography of Venezuela's controversial president. New York.

Marchart, Oliver, 2006: En el Nombre del Pueblo la Razón Populista y el Sujeto de lo Político. In: Cuadernos del CENDES, H. 62, S. 39–60.

McNally, David, 2015: Antonio Gramsci. Basingstoke.

Mignolo, Walter, 2012: Local Histories/Global Designs: Coloniality, Subaltern Knowledges, and Border Thinking. Princeton.

Ministerio del Poder Popular para la Comunicación y la Informació, 2007: Socialismo del Siglo XXI: la Fuerza de los Pequeños. Caracas.

Mudde, Cas/*Rovira Kaltwasser*, Cristóbal, 2013: Exclusionary vs. Inclusionary Populism: Comparing Contemporary Europe and Latin America. In: Government and Opposition 48:2, S. 147–174.

Palonen, Emilia/*Sundell*, Taavi, 2019: Análisis Posfundacional del Discurso. In: Herzog, Benno/Ruiz Ruiz, Jorge (Hrsg.): Análisis sociológico del discurso: enfoques, métodos, procedimientos, Valencia, S. 77–100.

Panizza, Francisco, 2005: Introduction: Populism and the Mirror of Democracy. In: Ders. (Hrsg.): Populism and the Mirror of Democracy, London, S. 1–31.

Peruzzotti, Enrique, 2017: Regime betterment or regime change? A critical review of recent debates on liberal democracy and populism in Latin America. In: Constellations 24:3, S. 389–400.

Pineda, José/*Rodríguez*, Francisco R., 2014: Public Investment and Productivity Growth in the Venezuelan Manufacturing Industry. In: Hausmann, Ricardo/Ders. (Hrsg.): Venezuela Before Chávez: Anatomy of an Economic Collapse, University Park, S. 91–114.

PNUD/UNDP, 2004: La Democracia en América Latina: Hacia una Democracia de Ciudadanía y Ciudadanos. Buenos Aires.

Raby, D.L., 2006: Democracy and Revolution: Latin America and Socialism Today. London.

Rey, Juan Carlos, 2003: Esplendores y Miserias de los Partidos Políticos en la Historia del Pensamiento Venezolano. In: Boletines de la Academia Nacional de la Historia Tomo LXXXVI, H. 343, S. 9–43.

Rojas, Raquel/*Salas*, Yolanda, 2005: On Chavismo: Interview with Yolanda Salas. In: Journal of Latin American Cultural Studies 14:3, S. 325–333.

Rovira Kaltwasser, Cristóbal, 2012: The Ambivalence of Populism: Threat and Corrective for Democracy. In: Democratization 19:2, S. 184–208.

Salter, León, 2016: Populism as a fantasmatic rupture in the post-political order: integrating Laclau with Glynos and Stavrakakis. In: Kōtuitui: New Zealand Journal of Social Sciences Online 11:2, S. 116–132.

Smilde, David, 2011: Introduction: Participation, Politics, and Culture. In: Ders./Hellinger, Daniel (Hrsg.): Venezuela's Bolivarian Democracy: Participation, Politics and Culture under Chavez, Durham, S. 1–27.

Spanakos, Anthony, 2011: Citizen Chávez The State, Social Movements, and Publics. In: Latin American Perspectives 38:1, S. 14–27.

Spronk, Susan et al. 2011.: The Bolivarian Process in Venezuela: A Left Forum. In: Historical Materialism 19:1, S. 233–270.

Stavrakakis, Yannis et al. 2016: Contemporary Left-wing Populism in Latin America: Leadership, Horizontalism, and Postdemocracy in Chávez's Venezuela. In: Latin American Politics and Society 58:3, S. 51–76.

Tanner, Eliza, 2003: Conflict and the mass media in Chávez's Venezuela. In: LASA Forum, Dallas.

Taylor, Charles, 1994: Politics of Recognition. In Gutmann, Amy (Hrsg.): Multiculturalism, Princeton, S. 25–74.

Tinker Salas, Miguel, 2009: The Enduring Legacy: Oil, Culture, and Society in Venezuela. Durham.

Uribe, Gabriela/*Lander*, Edgardo, 1991: Acción social, efectividad simbólica y nuevos ámbitos de lo político en Venezuela. In: García-Guadilla, María Pilar (Hrsg.): Ambiento, estado y sociedad: Crisis y conflictos socio-ambientales en Venezuela y América Latina, Caracas.

Velasco, Alejandro, 2010: „A Weapon as Powerful as the Vote": Urban Protest and Electoral Politics in Venezuela, 1978–1983. In: Hispanic American Historical Review 90:4, S. 661–695.

Ders., 2015: Barrio Rising: Urban Popular Politics and the Making of Modern Venezuela. Berkeley.

Wilde, Matt, 2017: Contested spaces: The communal councils and participatory democracy in Chávez's Venezuela. In: Latin American Perspectives 44:1, S. 140–158.

Wilpert, Gregory, 2007: Changing Venezuela by Taking Power: The History and Policies of the Chávez Government. London.

Winters, Jeffrey, 2011: Oligarchy. Cambridge.

Zúquete, José Pedro, 2008: The Missionary Politics of Hugo Chávez. In: Latin American Politics and Society 50:1, S. 91–121.

Liv Sunnercrantz

Vom Gegner lernen. Der anti-etatistische und nicht-nationalistische Populismus der neoliberalen Rechten in Schweden*

1. Einleitung

Als ich Debatten zum politischen Wandel unter schwedischen Neoliberalen aus den späten 1980er Jahren untersuchte, fand ich überraschende Ähnlichkeiten zwischen den neoliberalen Analysen der schwedischen Arbeiterbewegung und Chantal Mouffes jüngeren Analysen des Thatcherismus und des nationalistischen Populismus. Die erfolgreichen Strategien, die Mouffe diesen politischen Bewegungen zuschreibt, ähneln denjenigen, die neoliberale Intellektuelle[1] der ebenfalls erfolgreichen schwedischen Arbeiterbewegung der Nachkriegszeit zugeschrieben hatten. Überrascht hat mich dabei insbesondere die Erkenntnis, dass die schwedischen Neoliberalen einer populistischen Logik gefolgt sind, die mich zur Hinterfragung des oft für selbstverständlich gehaltenen Zusammenhangs zwischen Nationalismus und Populismus führte. Es wurde mir klar, dass es sich um eine offen internationalistische politische Bewegung handelt, die es gleichzeitig schafft, populistisch zu sein.

Vor diesem doppelten Hintergrund verfolgt der vorliegende Beitrag zwei Ziele. Erstens versuche ich zu zeigen, wie die schwedische neoliberale Bewegung und ihr Diskurs nach einer populistischen Logik organisiert waren. Meine theoretische Perspektive baut auf postfundamentalistischen Theorien des Populismus, der Rhetorik und Diskursanalyse auf. Zentraler Ausgangspunkt ist Ernesto Laclaus (2005) Populismuskonzept, das im vergangenen Jahrzehnt zu einem wichtigen Ansatz in der diskurstheoretischen Forschung geworden ist. Da der Populismus einen umkämpften, breiten und abstrakten Begriff darstellt, welcher mit hegemonialen Praktiken und leeren Signifikanten verflochten ist, will ich aufzeigen, wie „das Volk" im Rahmen eines politischen Kampfes mit ganz unterschiedlichen Forderungen und kontingenten Sinnstrukturen artikuliert werden kann. Zweitens und im Anschluss daran gehe ich auf den nicht-nationalistischen Charakter des neoliberalen populistischen Dis-

---

* Es handelt sich hierbei um eine leicht modifizierte Übersetzung des folgenden Aufsatzes: *Sunnercrantz*, Liv, 2019: Populism Without Nationalism, or, Learning from the Enemy. POPULISMUS Working Papers Nr. 8. URL: http://www.populismus.gr/wp-content/uploads/201 9/03/sunnercrantz-upload-2019.pdf. Die Herausgeber bedanken sich herzlich bei der Autorin und bei der POPULISMUS-Forschungsgruppe an der Aristoteles-Universität Thessaloniki für die Möglichkeit den Aufsatz in deutscher Sprache veröffentlichen zu können.
1 Für eine ausführliche Theoretisierung des Begriffs der „Intellektuellen" vgl. Sunnercrantz 2017.

kurses in Schweden ein und erörtere, wie populistische Artikulationen nicht notwendig mit Nationalismus, Antimigrationspolitik und Xenophobie einhergehen. An meinem Fallbeispiel lässt sich veranschaulichen, wie es möglich ist, eine populistische Logik auf „Menschen" bzw. „Individuen" zu gründen und nicht auf „*dem* Volk". Damit hoffe ich zum Entwirren „populistischer" und „nationalistischer" Diskurse beitragen zu können (im Sinne von De Cleen/Stavrakakis 2017; Stavrakakis et al. 2017; Palonen 2018).

2. Ein postfundamentalistischer Populismusansatz

In diesem Beitrag wird der Populismus als performativer Prozess aufgefasst, in dem ein universelles politisches Subjekt wie „Volk/Menschen" gegen eine „Elite" positioniert wird. Als Inspiration ziehe ich eine postfundamentalistische Perspektive heran, die an Laclaus Populismus-, Hegemonie- und Diskurstheorien sowie Überlegungen zu den kontingenten, rhetorischen Grundlagen von Gesellschaft anschließt (Laclau 2005, 2014; Marchart 2010; Stavrakakis et al. 2017; Palonen 2018). Nun ist das Feld der Populismusforschung in den letzten Jahren regelrecht explodiert und es lassen sich produktive weiterführende theoretische Diskussionen beobachten. Im Folgenden lege ich die Theorien von Laclau (2005a, 2005b), Chantal Mouffe (2018a), Cas Mudde (2013; Mudde/Rovira Kaltwasser 2017), Ruth Wodak (2017), Emilia Palonen (2018) sowie Yannis Stavrakakis et al. (2017) zugrunde, um den Populismus als politische und diskursive Logik bzw. Logik der Artikulation zu konzeptualisieren. Demnach erzeugen populistische Diskurse die Teilung des Sozialen in zwei gegenüberstehende Lager. Populistische Artikulationen erzeugen ein Bild der Sprecherfigur als Erlöser des Volkes, der für das Volk gegen dessen Feind spricht – in Abgrenzung etwa zu unglaubwürdigen Politiker_innen. Zu dieser Logik gehört die Behauptung, dass die Politik den Volkswillen ausdrücken soll und dass die eigene Politik diesen Kollektivwillen des Volkes gegen die Elite repräsentiert. Aus einer postfundamentalistischen Perspektive lässt sich weiterführen, dass die universale Kategorie bzw. Identität des Signifikanten „das Volk" mit einer beliebigen Form des universalen und inklusiven „Wir" substituiert werden kann, das die Repräsentation des historisch-politischen Subjekts aufgreift und heterogene Identitäten sowie Forderungen in eine breitere Äquivalenzkette integriert (Laclau 2014; Wodak 2015, 2017; De Cleen 2016; De Cleen/Stavrakakis 2017; Mudde/Rovira Kaltwasser 2017; Stavrakakis et al. 2017; Mouffe 2018a; Palonen 2018). Außerdem verwendet die populistische Rhetorik Metaphern, die das Soziale um eine vertikale Oben-Unten-Achse mit Bezug auf Macht bzw. Ohnmacht positioniert, d.h. den Underdog dem Overdog entgegensetzt (Dyrberg 2003). Wie Benjamin De Cleen und Yannis Stavrakakis (2017, S. 311) erläutern:

Populist rhetoric often refers to these down/up identities with the words „the people" and „the elite", but also uses a range of other labels. What is crucial is that populists claim to speak for „the ordinary people", „the little man", „the common man", „the man in the street" as a down-group, an underdog, and reject „the establishment", „the political caste", „the ruling class" as an up-group for not representing „the people" and for endangering its interests. This down/up structure is one of the elements that differentiates populism from other discourses that also revolve around the signifier „the people".

Demzufolge ist es möglich, populistische Praktiken auch bei anderen Akteuren als bei der xenophoben Rechten zu identifizieren. Nach vielen Analysen stellt sich die Rhetorik als Schlüsselkomponente in der Konstituierung politischer Diskurse, der Herausbildung von Ideologien und der Performanz intellektueller Funktionen heraus (Finlayson 2007, 2012; Laclau 2014; Wodak 2015; Sunnercrantz 2017). Dementsprechend kann die Rhetorik auch ein integraler Bestandteil einer postfundamentalistischen Analyse des Populismus sein, was auch der Herangehensweise dieses Beitrags entspricht.

Mit einer kritischen Haltung gegenüber dem Trend der Gleichsetzung von Populismus und Nationalismus ziehe ich empirische Beispiele dafür heran, wie neoliberale politische Diskurse populistische Merkmale aufweisen können. In meinem Dissertationsprojekt (Sunnercrantz 2017) entwickelte ich einen performativen Ansatz, der auf einer rhetorisch-politischen Analyse (Finlayson 2007) als auch auf einer hegemonieanalytischen Diskurstheorie (Laclau/Mouffe 2012[1985]) basiert, um sinnproduzierende Praktiken in den öffentlich-mediatisierten Privatisierungsdebatten in Schweden während der Krisenjahre 1988–1993 zu untersuchen.[2] In diesem historischen Zeitraum von Krise und Dislokation entstanden neue politische Positionen, die die sozialdemokratische hegemoniale Formation in Schweden angriffen. In der Folge habe ich meine empirische Materialgrundlage über die Privatisierung in der öffentlichen Debatte hinaus und auf die strategischen Dimensionen des Neoliberalismus in Schweden in den späten 1980er und frühen 90er Jahren ausgeweitet.

Aus meiner Perspektive dreht sich der Populismus weder um die Inhalte politischer Forderungen noch kommt er populären Forderungen gleich. „Privatisierung" war keine populäre Forderung in Schweden, als sie von radikalen Neoliberalen gestellt wurde; im Gegenteil waren öffentliche Einstellungen zur Privatisierung öffentlicher Unternehmen negativ (Nilsson 1997; Svallfors/Tyllström 2018). Es gab eine klare Spaltung zwischen der neoliberalen Hegemonisierung der Medien einerseits und der öffentlichen Meinung andererseits. Mainstream-Debattenbeiträge repräsen-

---

2 Die empirischen Hauptquellen im Dissertationsprojekt, von denen einige auch hier herangezogen werden, bestanden aus Druck- und Rundfunkmedien, einschließlich der Meinungs- und Kulturressorts in regionalen und überregionalen Tageszeitungen (*Dagens Nyheter* und *Arbetet*), zweier politischer Zeitschriften (*Nyliberalen* and *TLM*) und eines Radioprogramms für Debatten zu kulturellen, ideellen und gesellschaftlichen Themen *(OBS!)*, das im nationalen öffentlich-rechtlichen Radiosender übertragen wurde.

tierten daher kaum die Einstellungen der allgemeinen Öffentlichkeit (was wiederum zu einer Anti-Establishment-Stimmung unter der Leserschaft beigetragen haben mag). Die Policy-Ergebnisse hingegen entsprachen jener Perspektive, welche die mediatisierte Mainstream-Debatte dominierte (Sunnercrantz 2017).

In den letzten Jahren hat es verstärkte Bemühungen in der Forschung gegeben, die Erfassung des Populismus nach empirischen Situationen und lokalen Fällen auszudifferenzieren (Rovira Kaltwasser et al. 2017; Wodak/Krzyżanowski 2017; Palonen 2018, um nur einige Beispiele zu nennen). In der Forschung zum skandinavischen Populismus ist etwa viel Aufmerksamkeit auf Wahlbeteiligung, Meinungsumfragen, numerische Medienpräsenz und redaktionelle Positionierungen von Mainstream-Zeitungen gegenüber Rechtsaußenparteien gerichtet worden; vernachlässigt wird dabei allerdings der große Erfolg des *neoliberalen* Populismus in Schweden, was wohl in der Gleichsetzung von „populistisch" und „nationalistisch" in vielen Forschungen begründet liegt (Rydgren 2006; Immerzeel/Pickup 2015; Hellström 2016; Hellström/Lodenius 2016). Entgegen dem wachsenden Trend hin zur Bezeichnung der radikalen Rechten als populistisch argumentiere ich, dass im Interesse eines umfassenden Verständnisses der heutigen soziopolitischen Landschaft außerparlamentarische und nicht-autoritäre Akteure nicht außer Acht geraten dürfen. Außerdem können die erfolgreichen politischen Bewegungen von gestern einen Einfluss auf die Politik von heute haben, auch wenn jenen keine Beachtung geschenkt wird. Es ist nämlich einfach von außerordentlichen Umständen und charismatischen politischen Sprecherfiguren[3] in den Bann gezogen zu werden sowie die gegenwärtige hegemoniale Formation als natürlich anzunehmen – und dabei zu vergessen, dass der Erfolgsweg des Neoliberalismus mit populistischen Logiken geebnet wurde (vgl. Fryklund 2018).

3. Die neoliberale Hegemonisierung des öffentlichen Diskurses in Schweden auf einen Blick

In einer diskurstheoretischen Analyse der Sinnproduktion in der schwedischen Privatisierungsdebatte stellte ich etablierte Analysen des schwedischen politischen Diskurses in Frage und argumentierte, dass der Neoliberalismus zum Ende der 90er-Krise den öffentlich-mediatisierten Diskurs in der Tat hegemonisiert hatte: Da die neoliberale Ideologie über divergente politische Foren hinweg als *Common Sense* wiedergegeben wurde und die neoliberale Definition des Privateigentums unumstritten war, schien jegliche Alternative unvorstellbar zu sein (Sunnercrantz 2017; vgl. Boréus 1997). Trotz ihrer radikalen Vorstellungen eines Nachtwächterstaats (und auch da-

---

3 Dies ist eine Übersetzung des Begriffs „spokesperson" (vgl. Sunnercrantz 2017, S. 221).

rüber hinaus) sowie gesetzeswidrigen politischen Handlungen schafften es die schwedischen Neoliberalen in den späten 1980er Jahren, eine breite und einheitliche Front für die Neoliberalisierung aufzustellen. Die neoliberale Rhetorik war breit und inklusiv: Sie stellte die neoliberale Bewegung als weite Koalition anti-etatistischer Gruppen dar, zu denen etwa Denkfabriken, private Universitäten, Wirtschaft, parlamentarische Fraktionsmitglieder und Vorfeldorganisationen, Kulturschaffende und Intellektuelle gehörten. Erreicht wurde dies etwa dadurch, dass bekannte Autor_innen, Musiker_innen und Filmemacher_innen (ungeachtet der eigenen politischen Absichten) angeeignet und deren Werke innerhalb eines neoliberalen Interpretationsrahmens wiedergegeben wurden (vgl. etwa Norberg 1997). Damit wurden verschiedene Gruppen und Forderungen in einer Äquivalenzkette um das verbindende Symbol „Neoliberalismus" artikuliert (Sunnercrantz 2017).

Im Gegensatz dazu zielten sozialdemokratische Sprecherfiguren ihre öffentlichen Beiträge auf ein internes Publikum ab (innerhalb der Partei und im Parlament). Der in diesen Beiträgen zur Privatisierungsdebatte dargestellte Kampf drehte sich um interne Kämpfe (Sunnercrantz 2017). Der rechte Flügel an der Spitze der Sozialdemokratischen Partei versuchte die eigene Position zu verteidigen, indem er in den 1980er Jahren eine Politik des „Dritten Weges" anstieß (Feldt 1985, 1991). Dies bedeutete eine Aufnahme einiger rechter Kritikpunkte und die Artikulation neoliberaler Forderungen und ökonomistischer Argumente, um die eigene soziale Basis zu erweitern. Die ideologische Feindseligkeit zwischen der „Kanzleirechten" („*Kanslihushögern*") innerhalb der Sozialdemokratischen Partei und den eher sozialistischen Gewerkschaften wurde im Streit um die sogenannten Arbeitnehmerfonds öffentlich zur Schau gestellt (Feldt 1991; Hort 2014a).[4] Wirtschafts- und rechte Akteure interpretierten das Vorhaben der Arbeitnehmerfonds als Bruch mit dem Nachkriegskonsens zwischen Arbeit und Kapital. In der Folge brachte der schwedische Arbeitgeberverband seine Kräfte für einen ideologischen Kampf zusammen (Blyth 2002; Harvey 2005). Rechte Kräfte im und außerhalb des Parlaments legten ihre Konflikte bei Seite und nahmen den Hauptfeind ins Visier: die Sozialdemokratie (Sunnercrantz 2017). Mit einer inklusiven politischen Rhetorik appellierte die neoliberale Rechte an das, was für alle das Beste sei: das Privateigentum. Neoliberale Argumente bezeichneten das Privateigentum als gewinnbringend nicht nur für jede Privatperson, sondern auch für die Gesellschaft und die Volkswirtschaft im Allgemeinen. Nach innen war dies als eine Klassenpolitik für das Bürgertum konzipiert; nach außen und in der Öffentlichkeit war jedoch von einer Politik für alle die Rede (vgl. Segerstedt 1988a). Das neoliberale Projekt wurde als Erweiterung der demokratischen Prinzipien von Freiheit und Gleichheit in Form eines breiten Privatisierungsvorhabens formuliert.

---

4 Die Arbeitnehmerfonds wurden in den 1970er Jahren entworfen, 1983 eingeführt und nach dem Antritt einer rechten Regierung 1991 abgeschafft.

Neoliberal-populistische Strategien schafften es, eher materiell geprägte Konflikte zu verdecken, indem sie die moralischen Aspekte des Kampfes um Privat- gegen öffentliches Eigentum hochschaukelten und ein feindliches Verhältnis zwischen dem Individuum und dem Staat konstruierten. Um die Grenzen dessen zu erweitern, was sie für „politisch unmöglich" (Segerstedt 1988a) hielten, nahmen die Neoliberalen das historische „Privileg, Probleme zu definieren" (Westholm 1988, S. 26) ins Visier und entwickelten Strategien, um die Realitätswahrnehmungen der Öffentlichkeit neu zu gestalten. Diese Strategien waren von der schwedischen Arbeiterbewegung inspiriert und durch eine Mobilisierungskampagne realisiert worden, um die Kontrolle der politischen Agenda zu übernehmen, indem nach außen hin der Anschein einer einheitlichen Front erzeugt wurde. Die Strategien lassen sich folgendermaßen zusammenfassen:

•   das Abtrennen der Bindung zwischen Wohlfahrtsstaat und Demokratie, indem argumentiert wurde, dass der öffentliche Sektor in illegitimer Manier aus den Händen der hart arbeitenden steuerzahlenden Individuen finanziert wird (vgl. Gergils 1993b; Hayek 1960; Holmberg 1990; Nordin 1988);
•   das Umschreiben von Privatisierung in eine moralische Frage von richtig oder falsch: „Steuern sind Diebstahl", denn es müsse doch moralisch falsch sein, das Geld der Individuen in staatliches Eigentum zu überführen; d.h. „Eigentum" sei immer individuell;
•   das Streben nach historischer Legitimierung, indem das individuelle Eigentum als originärer Naturzustand dargestellt und dem staatlichen und öffentlichen Eigentum als moderner Pervertierung entgegengesetzt wurde, womit der Grundstein für die Behauptung gelegt wurde, dass die individuelle Freiheit vom Recht auf Privateigentum abhängt.

Weder die Sozialdemokraten noch linke Intellektuelle stellten diese Behauptungen ernsthaft in Frage. Als die Privatisierung als eine Frage von richtig oder falsch und nicht als Frage von links oder rechts umformuliert wurde, etablierte sich damit ein neoliberales Weltbild als *Common Sense*. In Schweden verwendeten die Neoliberalen den Moralismus, um öffentliches Eigentum zu denunzieren – wobei das System und nicht der Gegner mit moralistischen Begriffen stigmatisiert wurde (Sunnercrantz 2017).[5] Die neoliberale Rhetorik konstruierte somit ein moralisches (und nicht etwa materialistisches) Terrain zur Aushandlung der Privatisierungsfrage – allerdings

---

5   Im Gegensatz also zu den vorherigen Diskussionen um ein „displacement of politics by morality" (Mouffe 2013, S. 181; vgl. auch Stavrakakis et al. 2017) wurde diese von den Neoliberalen nicht als antipopulistische Strategie eingesetzt, sondern im Rahmen der Herausbildung einer Äquivalenzkette zwischen dem moralisch Richtigen (Privatisierung, das Individuum, die Menschen, etc.) einerseits und der moralisch falschen Elite andererseits konstruiert.

nicht, um ein „reines" moralisches Volk im Sinne von Mudde und Rovira Kaltwasser (2017) zu definieren.[6]

Wodak (2015) weist darauf hin, dass der Rechtspopulismus als Produkt einer Erosion des Vertrauens in die Politik zu verstehen ist. Ein Vertrauensverlust gegenüber dem bestehenden politischen System und die Suche nach Alternativen stellen ein wiederkehrendes Muster in Folge von Krisen insbesondere in der Nachkriegszeit dar. In ähnlicher Weise betont die Diskurstheorie der Essex School die Rolle der Dislokationen von Diskursen und Mythen, die nicht zuletzt durch Intellektuelle zur Entfaltung gebracht werden und die Dislokationen stabilisieren (Laclau 1990; Howarth 2013). Im schwedischen Fall nutzten neoliberale politische Projekte eine allgemeine Erosion des Vertrauens in die sozialdemokratische Herrschaft aus. Die Unzufriedenheit mit staatlicher Kontrolle und Monopolen in vielen Bereichen (von der Produktion über den Alkoholverkauf bis hin zur Kinderpflege) wuchs unter Akteuren von links und rechts. Allerdings gab es vor 1990 keine erkennbare Krise. Erst mit der Eskalation der Fiskalkrise entstand in der öffentlichen Debatte eine markante ideologische Verschiebung nach rechts (wobei weitere Faktoren hier im Spiel waren, etwa die Entscheidung der führenden Tageszeitung ihr Ressort für kulturelle Debatten zu schließen). Als die schwedische Immobilienblase ab 1991 platzte und eine schwere Kreditkrise zur Folge hatte, versuchte die Regierung rasch die Banken zu retten und die schwersten Schulden zu verstaatlichen – eine Strategie, die später während der nordatlantischen Fiskalkrise 2008 in einem viel größeren Umfang ebenfalls verfolgt wurde (Krugman 2008; The Economist 2009). Als es hierbei um die Krisenursachen und Lösungsbestimmungen ging, wurde der Wohlfahrtsstaat einer harten Kritik unterzogen. Rechte Intellektuelle hatten schon lange an einer fertigen Schlussfolgerung gebastelt; Debattierende (Politiker_innen, Expert_innen, verschiedene Sprecherfiguren und Organisationen, etc.) stimmten zügig überein, dass der öffentliche Sektor zu groß, zu teuer, zu zentralisiert und zu undemokratisch sei. Damit zeigt sich, dass die Wiederbelebung populistischer Logiken durch neoliberale Artikulationen sowohl ein Krisengefühl miterzeugte als auch nutzte, um zugleich eine fertige Krisenlösungsstrategie vorzustellen: die Vermarktlichung. Insofern handelt es sich um eine Konstruktion, und nicht nur eine bloße Erosion des Vertrauens in die Politik (Blyth 2002; Hort 2014a, 2014b; Sunnercrantz 2017; vgl. auch Stavrakakis in diesem Band).

Ich stehe mit der These nicht allein, dass der zeitgenössische Populismus Aspekte neoliberaler Ideologie verstetigt und dass der Neoliberalismus populistisch sein kann. Ressentiments sowie antipolitische Attitüden scheinen sowohl für den Neoliberalismus als auch für die xenophobe radikale Rechte kennzeichnend zu sein (vgl. Hildebrand in diesem Band). Es ist auch darauf hingewiesen worden, dass zeitge-

---

6 Dennoch bin ich nicht überzeugt, dass der Moralismus ein Definitionskriterium für den Populismus sein sollte (vgl. Mudde/Rovira Kaltwasser 2017; Stavrakakis/Jäger 2018).

nössische rechtspopulistische Bewegungen etablierte Positionen mit Repräsentationsmonopol (Journalist_innen, Wissenschaftler_innen, politische Parteien) und nicht Produktionsmonopole attackieren, was ebenfalls mit der neoliberalen Rhetorik übereinstimmt (vgl. Wodak 2015; Davies 2016, 2018). Hans-Georg Betz (1994) analysierte seinerzeit den neoliberalen Populismus und erkannte, dass sich in Schweden die Wählerunzufriedenheit im Zeitraum von 1973 bis 1991 intensivierte. Auch wenn Betz die populistischen Aspekte der kurzlebigen rechten Partei „Neue Demokratie" untersuchte, schaffte er es nicht, die populistischen Praktiken der außerparlamentarischen neoliberalen Bewegung zu erfassen. Trotz aller Aufmerksamkeit auf den Populismus einerseits und den Neoliberalismus andererseits sind also die Konvergenzen zwischen den beiden weitgehend übersehen worden. Dabei offerierte der neoliberale Populismus „alternative Einflussinstrumente über das Wählen hinaus" – um eine Phrase von Emilia Palonen (2018) aufzugreifen – nämlich durch außerparlamentarische Organisationen, Unternehmerverbände, Denkfabriken, etc.

4. Vom Gegner lernen: Ähnlichkeiten zwischen postfundamentalistischen Analysen des Populismus und neoliberalen Analysen der Arbeiterbewegung

Der neoliberale Kampf um die Deutung der Privatisierung zielte „nicht nur auf die Beeinflussung des ökonomischen Systems, sondern auch die Realitätswahrnehmung der Menschen" (Westholm 1988, S. 41). Die Pläne und Strategien, die von Neoliberalen in den späten 1980er Jahren entworfen wurden, waren erstaunlich populistisch. Schwedische Unternehmen und rechte Intellektuelle bündelten ihre Kräfte, um theoretische wie praktische Möglichkeiten für eine gegenhegemoniale Offensive zu erörtern. Diese Akteure begrüßten die Globalisierung nicht nur mit Blick auf Marktbeziehungen, sondern auch aufgrund des Versprechens eines Machtverlusts nationaler Organisationen (z.B. der Gewerkschaften). Dies wiederum bedeutete neue Möglichkeiten für politische Alternativen zur sozialdemokratischen Herrschaft – so suggerierte es zumindest die neoliberale Argumentation (Segerstedt 1988b). Als ich die Diskussionen über politische Strategien in neoliberalen Denkfabrik-Publikationen, Seminaren und verschiedenen Debattenforen analysierte, fand ich die Ähnlichkeiten zwischen neoliberalen Strategien und zeitgenössischen Analysen des Populismus überraschend.[7] So wie Theoretiker_innen wie Chantal Mouffe den Thatcherismus

---

7 Hierzu gehört *Timbro*, das die wichtigste neoliberale Denkfabrik in Schweden seinerzeit war und immer noch ist. Dabei habe ich keine internationalen Denkfabriken untersucht, sondern Artikel, Aufsätze, etc. berücksichtigt, die aus internationalen Denkfabriken stammen und in den ausgewählten Medienquellen wiederveröffentlicht wurden. Das Verlagshaus *Ratio* (damals Teil von *Timbro* und später ein eigenes Forschungsinstitut) veröffentlichte nicht nur Bücher und Forschungsberichte, sondern auch Aufsatzsammlungen aus eigenen Seminaren. Über diese Seminare sowie andere Treffen und Konferenzen wurden oft in *Nyliberalen* („Der Neoliberale") berich-

(2018a) und den wachsenden nationalistischen Populismus im heutigen Europa analysieren, untersuchten die schwedischen Neoliberalen der 1980er Jahre die Arbeiterbewegung, die in Schweden die politische Landschaft der Nachkriegszeit dominiert hatte (vgl. insbesondere Westholm 1988; Zetterberg 1988). Indem sie die politischen Strategien sowie die Rhetorik, Organisation, Koalitionsbildung und verschiedene intellektuelle Praktiken hinter dem erfolgreichen sozialdemokratischen Projekt erforschten, gelangten neoliberale Intellektuelle zu vielen Schlussfolgerungen, zu denen heutige Analysen populistischer Politik ebenfalls kommen. Im folgenden Abschnitt werde ich auf einige dieser Gemeinsamkeiten eingehen. Zu diesen gehören performative Prozesse, die eine politische Grenze zwischen einem „Wir" und einem „Establishment" konstruieren; Konstruktionen eines gemeinsamen Gegners und einer einheitlichen Front; das Zwingen der Sozialdemokraten dazu, eine defensive Haltung anzunehmen und die neoliberale Kritik zu verinnerlichen; und die Hervorbringung eines Sündenbocks. Damit verwendeten sie eine emotional ansprechende Rhetorik, die sie dazu befähigte eine Außenseiterposition zu übernehmen und in die Rolle der Fortschrittsvertreter zu treten.

In einer rhetorischen Situation kann die Darstellung des historisch-politischen Subjekts von einem anderen universalen und inklusiven „Wir" übernommen werden als „das Volk". In den Analysen der erfolgreichen Strategien der Arbeiterbewegung identifizierten neoliberale Intellektuelle das Bedürfnis, ein „Wir" zu artikulieren und zwar als breite universale Kategorie, mit der sich alle identifizieren können. In der neoliberalen populistischen Rhetorik (und allmählich auch im öffentlichen Diskurs) wurde der Signifikant „Menschen" in einer Äquivalenzkette mit „Individuum", „einfache Menschen" und natürlich „Neoliberale" artikuliert, wobei Letztere die Vertreterrolle für „die Menschen" gegen den Staat übernahmen. Insofern wird der Signifikant „Menschen" in einem liberalen Diskurs weitgehend ohne die exkludierenden Elemente des Nationalismus konstruiert.[8] Die neoliberale Rhetorik, die „Menschen" gegen „den Staat" in Stellung brachte, setzte auf die erfolgreiche Vereinigung unterschiedlicher Gruppen um dieselbe Forderung.

---

tet, einer neoliberalen Zeitschrift für politische und philosophische Debatten. 1989 begann *Nyliberalen* seriös zu veröffentlichen und zog die Aufmerksamkeit sowohl der Mainstream-Presse als auch linker Zeitschriften auf sich. Sie war offen der Organisation *Frihetsfronten* („Die Freiheitsfront") angeschlossen. Die Mitarbeiter_innen, Mitglieder und regelmäßige Autor_innen bei *Nyliberalen*, *Timbro* und *Ratio* waren wiederum mit verschiedenen Organisationen verbunden, einschließlich der Mont-Pèlerin-Gesellschaft, Unternehmerverbände, Verlagshäuser sowie rechter Jugend-, Studierenden- und Parteiorganisationen.

8 Artikulationen, die „Nation" und „Volk" miteinander verbinden, wie etwa „das schwedische Volk", betonen tendenziell die partikularen Aspekte dieses Subjekts im Gegensatz zu eher transzendentalen Subjekten wie etwa „Menschen" oder „Liberale". Beispielsweise beklagten die Neoliberalen die Unwilligkeit des schwedischen Volkes, neoliberale Ideale zu akzeptieren, und positionierten damit das nationale Volk gegen das neoliberale „Wir"; sie belächelten auch die Behörden und deren Versuch, dem „Sie" des schwedischen Volkes „sozio-faschistische" Ideale aufzuzwingen (vgl. Nordin 1993).

Diese Neoliberalen sahen auch die Vorteile einer Zweiteilung ins universale „Wir" bzw. „Menschen" und eine Elite (im traditionellen sozialdemokratischen Diskurs war vom „Volk" gegen „die Kapitalisten" und das Establishment die Rede). In der öffentlichen politischen Debatte konstruierten neoliberale Argumente eine politische Grenze zwischen dem Individuum und dem sozialdemokratischen Wohlfahrtsstaat und desartikulierten damit die Bindungen zwischen der Linken, der Sozialdemokratie, dem Volk, der Arbeiterklasse, den Frauen, usw.

Durch ihre Analysen der Arbeiterbewegung erkannten die Neoliberalen, dass die Konstruktion einer einheitlichen Front wichtig und „der politische Erfolg [...] oft gleichbedeutend mit der Bildung erfolgreicher Koalitionen" (Westholm 1988, S. 25) ist. Ein Pluralismus der Strategien und Identitäten um die gemeinsame Forderung nach Privatisierung bildete den Schlüssel zur neoliberalen „Revolution" (Larsson 1988). In internen neoliberalen Foren fanden lebendige ideologische Debatten statt, aber nach außen zielten sie (neoliberale Organisationen, Netzwerke, Denkfabriken, Autor_innen, etc.) auf denselben Feind ab. Das neoliberale Projekt konnte nicht zuletzt deshalb die Unterstützung vieler Bevölkerungssegmente gewinnen, weil es durch Neoliberale, die die Vorteile einer solchen Darstellung erkannten, als breite Koalition von Akteuren artikuliert wurde; aber auch deshalb, weil linke Intellektuelle dieses Weltbild adoptierten.

Sehr bewusst waren sich die neoliberalen Intellektuellen sowohl des parteilichen Charakters der Politik als auch des Bedürfnisses, das Partikulare zu verdecken und die universalen Aspekte politischer Forderungen in den Vordergrund zu stellen. Durch die Analyse der Arbeiterbewegung lernten die Neoliberalen den Hegemoniekampf und die Konstruktion eines „Feindes" schätzen. Zur Veranschaulichung kann ein neoliberaler Seminarbeitrag zur Unterwürfigkeit des Bürgertums und zu zukünftigen Möglichkeiten dienen. Beginnend mit einer Analyse der sozialdemokratischen Bewegung baut diese auf der Sprecherposition des „Wir", der Menschen, auf. Darin wird folgendermaßen argumentiert:

> Sie brauchte einen Feind. Die Sozialdemokratie brauchte die Kapitalisten, insbesondere einige wenige von denen. Die Großkapitalisten hingen wie Karotten vor dem sozialdemokratischen Wahlkampfzug herab und zogen diesen vorwärts. *Hier eignete sich die Sozialdemokratie einen Doppelstandard an: Sie wollte die Kapitalisten am Leben halten, um einen Feind zu haben.* Gleichzeitig mussten sie den Feind bekämpfen. (Westholm 1988, S. 30)

Damit gelangte die neoliberale Rechte zur Erkenntnis, dass auch sie einen zu bekämpfenden Feind erschaffen muss. Dieser Feind war keine wirtschaftliche Elite, sondern die Hüter des sozialdemokratischen Wohlfahrtsstaats: Politiker_innen, Intellektuelle, Gewerkschaftsbosse, Journalist_innen und staatliche Bürokrat_innen, d.h. das „Establishment".

Das Fehlen eines politischen Feindes gehörte zu den größten politischen Herausforderungen, die neoliberale Denker_innen identifizierten. Rechte Politiker_innen „wollten keinen Feind [...]. Das bürgerliche Weltbild sah nicht so viel Politik und Konfrontation vor wie das sozialdemokratische. Hier gab es Konsens anstelle des Klassenkampfs" (Westholm 1988, S. 30). Nun erkannten die Neoliberalen und handelten auch der Erkenntnis entsprechend, dass Antagonismen in einer Gesellschaft immer vorhanden sind – und dass sich Politik auf dieser Grundlage gestalten lässt:

> Es gibt immer Antagonismen in einer Gesellschaft. Zwischen Käufern und Verkäufern, zwischen Arbeitgebern und Arbeitnehmern etc. Wenn du willst, kannst du daraus die Bedingungen für einen Bürgerkrieg konstruieren; aber dafür musst du sie auf ausreichend zentraler Ebene ansprechen. Aber Antagonismen können auch durch freiwillige Vereinbarungen gelöst werden [...]. (Westholm 1988, S. 40)

Nach der neoliberalen Analyse hatte die Arbeiterbewegung ihrem erfolgreichen politischen Projekt den Antagonismus zwischen Arbeitern und Arbeitgebern zugrunde gelegt. Die neoliberale Lösung lautete nun, diesen Konflikt mit Bezug auf freiwillige Vereinbarungen zwischen Akteuren auf dem Arbeitsmarkt zu verdecken. Der wahre Konflikt, so die neoliberalen Argumente, verlaufe zwischen den einfachen Leuten und dem erdrückenden System: nämlich dem Wohlfahrtsstaat. Artikuliert wurde die Kritik am öffentlichen Sektor in Bezug auf die Verpflichtung des Staates, Menschenrechte und Freiheiten (d.h. Privateigentum) zu respektieren. Damit zogen neoliberale Argumente eine Grenze zwischen den Menschen auf der einen Seite und dem kalten, üblen, ungerechten Wohlfahrtsstaat auf der anderen, welcher nur einigen wenigen Eliteakteuren zugutekomme und für die Massen verheerend sei, sowie dem politischen und kulturellen Establishment, das dieses System verteidige. Interessanterweise stimmte die Linke mit dieser Darstellung der politischen Landschaft weitgehend überein: Sie untermauerte die Ansicht, dass der Staatsapparat ein Feind sei, und bezeichnete Politiker_innen, Medien und Kulturschaffende als unzugängliches bzw. unnahbares Establishment und als herrschende Elite (vgl. Tännsjö 1988; Greider 1992, 1993; Norlin 1992).

Die radikalen Neoliberalen führten einen harten Kampf gegen den Kollektivismus und alles Öffentliche – und versuchten dabei, den Kollektivismus in einer Äquivalenzkette mit dem Nationalsozialismus und dem Kommunismus, d.h. mit bekannten „Übeln", zu artikulieren (vgl. Norberg 1993a). Zudem nutzten Neoliberale außerhalb und *innerhalb* der Sozialdemokratischen Partei die wachsenden Widerstände gegen die kollektivistische, bürokratische und distanzierte Umsetzung des Wohlfahrtsstaats aus (Mouffe 2018a). Die Forderung nach Privatisierung brachte Forderungen nach Freiheit und Demokratie zusammen, was sogar linke Intellektuelle dazu führte, neoliberale Argumente zumindest teilweise zu unterstützen. Gleichzeitig nahm auch die linke Kritik die Sozialdemokratische Partei ins Visier, weil diese das Volk, die Arbeiter_innen, die Frauen und die Studierenden zugunsten der Macht im Stich gelassen habe. Beispielsweise argumentierte ein Sprecher der Sozialdemokratischen Partei und ihres Jugendverbands, dass die „starke Gesellschaft" und ihre öffentlichen Systeme „zu weit gegangen" seien (Thorwaldsson 1993). Der Autor plädierte stattdessen für zivilgesellschaftliche Lösungen und eine Ermächtigung des Individuums. Anstelle der alten sozialdemokratischen Hegemonie erstrebten Neoliberale eine neue hegemoniale Ordnung auf der Basis populärer Zustimmung und freiwilliger Vereinbarungen. Die Linke und die Sozialdemokraten reagierten auf die neue neoliberale Mobilisierung mit Passivität. Durch die Einbeziehung einiger neoliberaler Kritikpunkte erhofften sich die Sozialdemokraten, den Aufstand im Keim zu ersticken und gleichzeitig so viel wie möglich vom Wohlfahrtsstaat und vom eigenen Hegemonieprojekt zu retten. Statt eine konflikthafte Haltung gegen den Neoliberalismus anzunehmen, verstärkten die Sozialdemokraten durch ihre Zugeständnisse an Privatisierungsforderungen das anti-etatistische Argument ihrer Gegner (Sunnercrantz 2017).

Es war allerdings unmöglich für die Sozialdemokraten, die Rechte mit deren eigenen Waffen zu schlagen. Die Linke befand sich „in der paradoxen Situation, allerhand wohlfahrtsstaatliche Institutionen verteidigen zu müssen, die wir früher dafür kritisiert haben, nicht radikal genug zu sein" – um hier Mouffes (2018a, S. 48) Analyse der zeitgenössischen Linken aufzugreifen. Auch hier sind die Ähnlichkeiten zwischen den neoliberalen Projekten in Schweden und Großbritannien frappierend. In den frühen 90ern verteidigten die aus linken Sprecherpositionen heraus artikulierten Argumente die Bürokratie als „effizienteste und gerechteste" (Carlén 1993) Verwaltungsform. Andere Argumente von rechts, links und der Mitte schlossen sich der „Revolution" individueller Ermächtigung und Freiheit vom aufdringlichen bürokratischen Staat an; im medialisierten öffentlichen Diskurs wurde diese Haltung schnell dominant (vgl. die linken Beiträge von Antman 1992; Greider/Lappalainen 1992; Lappalainen 1992). Diese Situation ähnelt jener des Diskurses Thatchers in Großbritannien (Hall 1988; Mouffe 2018a) – bis auf die Tatsache, dass es in Schweden nicht die *eine* Person bzw. Partei hinter den populistischen neoliberalen Praktiken gab. Mouffes (2018a) Vorschläge zur Wiederbelebung des sozialdemokratischen Projekts unter der Rubrik „Vom Thatcherismus lernen" sind längst von der neoliberalen Diskurskoalition in Schweden getestet worden. Die neoliberalen Intellektuellen lernten nämlich aus der Vergangenheit und setzten an der Transformation rechter Identität und Strategie an.

Die radikalen außerparlamentarischen Neoliberalen, die ihre eigene alternative Zeitschrift gründeten, betrachteten die sozialdemokratische Sphäre als das Establishment und kritisierten die konservative Partei wegen offener Verbindungen zur Elite und zu den Oberschichten. In solchen Foren zielten die Diskussionen über politische Strategien und Praktiken auf ein liberales Publikum ab, das von den Mitteln und nicht von den Ursachen politischer Veränderung überzeugt werden sollte. Die neoliberalen Ideologen setzen im Innern auf die Entwicklung von Strategien und Ideologien und im Außen auf die Vermittlung von Ideologie an eine breitere Öffentlichkeit. Genauso wie die Arbeiterbewegung wollten sich rechte Denkfabriken als Bewegung präsentieren, welche die Geschichte auf ihrer Seite haben, indem sie sich auf die Inszenierung der Zukunft und nicht der Vergangenheit bzw. des Veralteten fokussierten. Die liberale Vision wurde als modern bezeichnet – als natürlicher Schritt in der Entwicklung der Geschichte und der Gesellschaft. Interne Diskussionen drehten sich um die Rhetorik nach außen und orientierungsverschaffende Metaphern: „Vermeidet solche Slogans wie ‚rollbacks'" (Westholm 1988, S. 39). Dies stimmt mit dem übergreifenden Versuch überein, den politischen Raum von einer Links-Rechts-Orientierung in eine neue Ordnung auf der Basis von „oben-unten" (Staat gegen Menschen) und „vorn-rückwärts" (Fortschritt gegen Regression) umzugestalten (Dyrberg 2003). Insofern setzten sich die schwedischen Neoliberalen vom Links-Rechts-Spektrum ab und zogen stattdessen eine Positionierung im Unten des Oben-Unten- und im Vorn des Vorn-Rückwärts-Spektrums vor: als Außenseiter der Menschen also, weder links noch rechts, für den Fortschritt und die Zukunft.

Auch die Notwendigkeit einer Vision, einer Ideologie und zentraler Ideologen schauten sich die Neoliberalen von der Arbeiterbewegung ab. Die Vision eines Minimalstaats setzte sich an die Stelle des Wohlfahrtsstaats. Die Forderungen nach niedrigeren Steuern wurden nun in Begriffen umformuliert, die verdeutlichen sollten, dass „einer sich verbessern kann, ohne dass sich ein anderer verschlechtert": D.h. Steuerzwang ist ungerecht, wie in den frühen halbinternen Diskussionen argumentiert wurde. In späteren Jahren wurde in einer eher nach außen hin orientierten neoliberalen Zeitschrift dem Steuersystem und dem öffentlichen Sektor vorgeworfen, hart arbeitenden Individuen die Löhne, sprich die Profite der eigenen Arbeit, zu stehlen. Der schwedische Staat bzw. „Schweden" wurde als Unterdrücker bezeichnet; die Unterdrückten waren das „Wir", „Menschen", „Individuen", „Alle" – die Außenseiterposition also, von der aus neoliberale Argumente oft in Kombination mit einer emotional ansprechenden Rhetorik geäußert wurden (vgl. etwa Holmberg 1990; Varveus 1990a; Norberg 1993b). Die Selbstpositionierung vieler neoliberaler Sprecherfiguren als ausgegrenzt und unterdrückt dienten außerdem dazu, eine politische Grenze entlang neuer räumlicher Spaltungen von innen/außen bzw. Zentrum/Peripherie (vgl. De Cleen/Stavrakakis 2017; Dyrberg 2003) zu konstruieren, womit sich die Neoliberalen mit Peripherien identifizierten, die vom sozialdemokratischen Zentralismus unterdrückt worden seien.

Dadurch schufen neoliberale Argumente einen Gegensatz zwischen den Interessen des Individuums (bzw. aller Individuen) und den Interessen des sozialdemokratischen Wohlfahrtsstaats. Kurzum wurde die neoliberale Vision als besser für „alle Menschen" dargestellt, wohingegen die sozialistische Umverteilung eine parteiliche Politik lediglich für die Arbeiterklasse sei, obwohl das Wohlfahrtsstaatsystem auch den Mittel- und Oberschichten zugutekam (vgl. Borg 1992; Norberg 1993c). Der öffentliche Sektor wurde zum Sündenbock für die Fiskalkrise und sowohl in Mainstream- als auch in alternativen Foren am häufigsten mit entsprechenden Metaphern beschrieben: als Belastung und als krankes, verbrauchendes, ineffektives und zu teures System. Dies lässt sich parallel zu Wodaks (2015) These lesen, dass die populistische Rhetorik als „Politik der Angst" Sündenböcke kreiert. Im gegebenen Fall wurde der Sündenbock mit den meisten zeitgenössischen Missständen befüllt (von den Konservativen bis hin zu den Sozialdemokraten) und als Bedrohung des „Wir" und „unserer Gesellschaft" bzw. „unserer Wirtschaft" konstruiert – allerdings nicht als eine Gruppe von Menschen, sondern als gesellschaftliche Funktion bzw. Sektor.

Die neoliberale Rhetorik verwendete etablierte Konzepte und Werte, indem sie an das appellierte, was die Öffentlichkeit längst als richtig oder falsch erkannte: „Regulierungen", „Zentralisierung", „absolute Macht", „Monopol", „Bürokratie", usw. Es war einfach, gegen Regulierung und Machtzentralisierung zu argumentieren, da diese Begriffe bereits negative Konnotationen trugen. Sie waren in den 1960er Jahren von der Linken verwendet worden; zwanzig Jahre später wurden nun dieselben Forderungen auch von kritischen Linken unterschrieben. Für den Großteil des 20. Jahrhunderts war die Arbeiterbewegung expansiv gewesen: Zuversicht in die Zukunft, Forderungen nach Gerechtigkeit, natürliche Machthaber, wütend, hoffnungsvoll, moralisch selbstsicher – das war die (alte) Arbeiterbewegung in den Augen des Bürgertums (Westholm 1988). Man musste einsehen, wie die eigenen Ideen überholt waren, zumindest in den Augen der Öffentlichkeit. „Niemand will ungerecht oder undemokratisch sein", „der gerechte David schlägt den üblen Giganten Goliath" (Westholm 1988, S. 33) – so hieß nun die neoliberale Folgerung. Das Bürgertum und die Wirtschaft waren im sozialdemokratischen Diskurs als Feind positioniert gewesen. Die Überreste des Bürgertums waren im Durcheinander, litten unter Angst und Nostalgie und hatten sich an die *politisierten* Zeiten angepasst, wenn man derselben Analyse folgt. Rechte Parteien waren unfähig, ihre eigenen Positionen voranzubringen, sahen aber die Sozialdemokraten als Inspirationsquelle. In jüngerer Zeit hat sich der Spieß umgedreht – ein Bild, das in starkem Gegensatz zu jenem von Mouffe (2018) steht. Heute ist das Problem der Linken ein ganz anderes: dass wir nämlich wieder politisierte Zeiten brauchen, wie Mouffe andeutet.

5. Populismus ohne das Volk: „den Staat hassen, nicht die Einwanderer"[9]

Nochmal: Die populistische Logik lässt sich als performativer Prozess verstehen, in dem ein universalisierendes politisches Subjekt wie „das Volk" gegen eine „Elite" in Stellung gebracht wird. Eine Sprecherfigur spricht immer von irgendwo, von einem

---

9 (Varveus 1990b).

Platz bzw. Position der Verkündigung aus. In der Überzeugungsargumentation zielt eine Äußerung auch darauf, ein bestimmtes Publikum anzusprechen, um die Leserschaft mitzunehmen und für eine politische Sache zu gewinnen. Im Namen des „Volkes" zu sprechen heißt, eine universale Sprecherposition („wir, das Volk") im Gegensatz zur eher partikularen Position einer bestimmten Gruppe bzw. Partei anzunehmen. Allerdings muss dieses breite und universale politische Subjekt kein Volk sein – es kann eine andere breite und inklusive Kategorie sein, mit der sich alle identifizieren können. Als nächstes werde ich zeigen, wie der neoliberale Diskurs eine populistische Logik verwendete, ohne Gruppen bzw. Identitäten auf der Basis von Nationalität, Ethnie oder Religion auszuschließen. Die neoliberale Rhetorik positionierte universale Kategorien wie etwa *Menschen, das Individuum, du* und *ich* bzw. *wir* in Abgrenzung zu einer Elite. Diese Elite wurde als Zusammenschluss verschiedener Machtpositionen ausgemacht: der Staat, die Sozialdemokratische Partei, Politiker_innen und/oder das Establishment – alle letztlich unterschiedliche Gesichter des einen und desselben Feindes. In neoliberalen Foren wurde das Establishment in wiederkehrender Manier in Bezug auf die Mainstream-Medien, die Feuilleton-Seiten (sogar durch linke Kulturzeitschriften) und gelegentlich auch die „Hasch-Linke" konstruiert.

In den wenigen Fällen, wo „das schwedische Volk" im neoliberalen Diskurs artikuliert wird, passiert dies auf zweideutige Art: Es wird nämlich nicht angesprochen, sondern analysiert oder besprochen. „Das schwedische Volk" wird als problematische, schwankende Entität behandelt, denn es handelt sich um eine sozialdemokratische Konstruktion und die öffentliche Meinung spiegelte ihrerzeit die sozialdemokratische Hegemonie weitgehend wider. Außerdem konnotiert das Sprechen vom Volk eine Nationalität. Für, über oder auch im Namen des „schwedischen Volkes" zu sprechen kann insofern problematisch sein, weil damit in Kauf genommen wird, das legitime „Schwedische" gegen das migrantische Andere zu positionieren. Die Neoliberalen konnten sich mit einem nationalen Volk als gemeinsamen Signifikanten nicht zufriedengeben. Da die schwedische neoliberale Bewegung explizit antinationalistisch war, drehte sich ihre Argumentation teilweise um „das Volk" und teilweise (sogar eher) um „das Individuum" und „einfache Menschen". Dass die „Menschen" im Allgemeinen und nicht „das Volk" artikuliert und angesprochen werden, passt zur neoliberalen Ideologie und zu den internationalistischen Ansprüchen der Bewegung. Es wurde nämlich kein Anlass dazu gesehen, die Spaltungen, die den Nationalstaat stützen, zu reproduzieren (da auch kein Bedarf für einen Nationalstaat gesehen wurde). Während der Nationalismus immer exklusiv gegenüber den nicht zur Nation Gezählten auftritt, inkludierte der neoliberale Diskurs zuvor ausgeschlossene Gruppen und Identitäten in die universal gefassten „Menschen": etwa die „einfachen Menschen", „das Individuum", „du", „ich", „alle", „Mitmenschen", „die kleinen

Leute" oder auch „den Menschen" (oft als weibliches „sie" veranschaulicht[10]). Somit wird deutlich, dass „das Volk" nur eine der vielen möglichen inklusiven Subjektkategorien bzw. -positionen umfasst, die populistische Logiken verwenden und artikulieren können.

Durch die Analyse der Arbeiterbewegung erkannten die neoliberalen Intellektuellen, wie wichtig es ist, die Repräsentation des „Volks-/Menschenwillen" zu übernehmen – unabhängig von der öffentlichen Meinung (Westholm 1988). Anders gesagt: Sie sahen den „Volks-/Menschenwillen" als politische Konstruktion und verwendeten ihn als solchen. Den Willen der Menschen – aber nicht der Mehrheit – behaupteten die schwedischen Neoliberalen zu vertreten. Im neoliberalen Glaubenssystem bildet die Mehrheitsherrschaft nämlich ein Hindernis, wenn nicht gar eine Machtform, die „zwangsläufig zur Unterdrückung von Minderheiten führt" (Rydenfelt 1993, S. 13). Die Mehrheitsherrschaft zwinge die Minderheit (d.h. bis zu 49,9%) zur Unterwerfung, so die Argumentation (Gergils 1990, 1993a; vgl. Hayek 1960; Holmberg 1990; Jaensson 1993; Norberg 1993a). Privatisierungsforderungen folgten dieser Logik: Es müsse für alle und jeden demzufolge besser sein, wenn jedes Individuum für sich entscheiden und Meister des eigenen Schicksals sein dürfe.

Mit der Forderung nach mehr Privatisierung und dem Widerstand gegen alles Staatliche konnten neoliberale Intellektuelle verschiedene anti-etatistische Positionen und Forderungen verbinden, von der Anti-Apartheid-Bewegung in Südafrika bis hin zur norwegischen nationalistischen Rechtsaußenpartei *Fremskritt* als Mitstreiterin gegen Staatsmächte (Bejke 1989; Gergils 1993a; Varveus 1989). Paradoxerweise konnte eine neoliberale Zeitschrift mit Stolz ihre Verbindungen zu Antimigrationskräften über Staatsgrenzen hinweg vorstellen und gleichzeitig Artikel und Interviews veröffentlichen, die für mehr Einwanderung plädierten. Innerhalb der neoliberalen Diskurskoalition wurden ständig internationalistische Ansprüche und antinationalistische Haltungen artikuliert. Das Wohlfahrtsstaatsystem wurde im neoliberalen Diskurs als Haupthindernis zu mehr Einwanderung bezeichnet. Eine Meinungskolumne in der führenden Tageszeitung vom Oktober 1993 veranschaulicht diese Argumentationslinie:

> Mit diesem [migrantischen] Hintergrund stehe ich der schwedischen Einwanderungs- und Flüchtlingspolitik kritisch gegenüber. Ich schäme mich für deren Obsession mit Ideen, welche die Elemente der Tragödie unnötig zahlreich und lang machen. Wir zwingen Einwanderer zu unserem starrsten/inflexibelsten und schwerfälligen System, nämlich zur alten Wohnpolitik des Volksheims, die sie in lange Unterkunftsinstallationen und in die alte

---

10 Die in meiner Analyse untersuchte neoliberale Zeitschrift steht in deutlichem Gegensatz zur linken Kulturzeitschrift: Der Mensch im neoliberalen Diskurs ist tendenziell ein weibliches „sie", während im linken Diskurs „das Volk", „der Arbeiter", „der Bürger", „der Intellektuelle", etc. meistens ein „er" ist (vgl. etwa Gergils 1993b). Im Schwedischen sind Wörter wie „Mensch", „Arbeiter", „Bürger", etc. geschlechterneutral und werden durch Zusatzbestimmungen gegendert (z.B. „das Produkt *ihrer* Arbeit").

sozialdemokratische Arbeitsmarktpolitik hineinführt, die sie dann zur langfristigen Exklusion vom Arbeitsmarkt führt. Wir zerbrechen ihre natürlichen Hilfsnetzwerke, indem wir Wohnplätze zuweisen – um dann zu versuchen, sie später in die staatlich gesponserten Migrantenverbände des Volksbewegung-Schwedens einzubringen. [...] Es ist unser System, das fehlerhaft ist, nicht unsere ausländisch geborenen Mitmenschen. (Zetterberg 1993)

Der Autor zieht seine persönlichen Erfahrungen mit Migration (aus Schweden in die USA) heran, um sich in größerer Nähe der nach Schweden eingewanderten „Mitmenschen" zu positionieren. Hier gibt es zwar ein „Wir", das von den in „unser" System hineingezwungenen Einwanderern getrennt ist. Aber ist das ein nationales „Wir"? Trotz seiner offenkundig kritischen Haltung zum bestehenden System beschreibt dies der Autor dennoch als „unser": nicht „ihr", nicht die der „Opposition" oder auch des „Staates". Dies mag an seiner offiziellen Position als Ideologe der konservativen Partei liegen, die sich zu dem Zeitpunkt in der Regierung befand (1991–1994). Auch wenn er eine Vertreterrolle für das politische System akzeptiert, plädiert er für Änderungen des Assimilationsprozesses. In Vertretung des „Wir" der bestehenden politischen Ordnung schiebt er der ehemaligen Politik der Sozialdemokraten die Schuld zu und schreibt die „Einwanderer" als Teil einer breiteren Kategorie der „Mitmenschen" um. „Das Volk" hingegen wird verwendet, um zu betonen, wie sich assimilierte Einwanderer als „ein Teil des schwedischen Volkes" fühlen (Zetterberg 1993, S. 2). Andererseits werden die sozialdemokratische Politik des „Volksheims" (*folkhemmet*) und des „Volksbewegung-Schwedens" als negative Konstruktionen in Stellung gebracht, die mit einer langen Tradition der Gewerkschaften, politischen Organisationen, Bildungssektionen und Genossenschaften der Arbeiterbewegung assoziiert sind, die wiederum auf der einen oder anderen Ebene mit dem Staat verbunden sind. Die Argumente gegen das „Volksbewegung-Schweden" rahmen dies als Bedrohung des Kapitals ein. Neoliberale Autor_innen setzten an dieser Tradition an, die schwedische Gesellschaft als hegemoniale Formation bzw. historischen Block zu organisieren (vgl. Howarth 2010, S. 313; Laclau/Mouffe 2012[1985], S. 178), die sie dann versuchten aufzubrechen und mit einer Unterscheidung zwischen Staat und Zivilgesellschaft zu ersetzen (Antman 1993; Vetenskapsrådet 2003; Bengtsson 2006; SOU 2007:66 2007).

Neoliberale Argumente wurden oft von einer Außenseiterposition heraus artikuliert – und zwar unabhängig von der beruflichen Stellung bzw. Ressourcen der Sprechenden bzw. Schreibenden. Die radikalen Neoliberalen positionierten sich als aufrichtige Rebellen, die von den Behörden und vom Establishment unterdrückt werden. Durch die Aneignung einer Anti-Establishment-Positionierung konnten die Neoliberalen eine frische Alternative im Gegensatz zu alt eingesessenen Politikfiguren (links und rechts) präsentieren. Während die neoliberale Rechte einen Diskurs um „Menschen" bzw. weitere inklusive Signifikanten wie „Wir" und „Individuen" konstruierten, wurden linke Argumente von den viel partikulareren Positionen der

Arbeiter_innen, Frauen, Studierenden und Organisationssprecher_innen aus artikuliert (Sunnercrantz 2017). Insofern verwendete der neoliberale Diskurs eine populistische Logik, ohne Gruppen bzw. Identitäten auf der Basis von Nationalität, Ethnie oder Religion auszuschließen.

6. Fazit

Im Anschluss an Forschungen, die „‚populist' from ‚nationalist' (xenophobic, racist, etc.) discourses" (Stavrakakis et al. 2017, S. 2) eindeutig unterscheiden, habe ich aufgezeigt, wie ein Antagonismus zwischen „Menschen" und „Establishment" eine zentrale Rolle im neoliberalen Diskurs in Schweden spielte. Ich habe argumentiert, dass eine postfundamentalistische Perspektive eine Untersuchung dessen ermöglicht, wie die universale Kategorie bzw. Identität des Signifikanten „das Volk" mit einer beliebigen Form des universalen und inklusiven „Wir" substituiert werden kann, die die Repräsentation des historisch-politischen Subjekts übernimmt und heterogene Identitäten und Forderungen in eine breitere Äquivalenzkette integriert. Im gegebenen Fall war der Knotenpunkt im Zentrum des neoliberalen Diskurses nicht wortwörtlich „das Volk", sondern andere breite und inklusive Formen des „Wir" wie etwa „Individuen" oder „Menschen". Die schwedischen Neoliberalen kämpften um die Umsetzung einer Darstellungsweise der Gesellschaft, in der das Soziale in zwei gegenüberstehende Lager geteilt war: die Menschen einerseits (der Außenseiter, das Individuum, „die kleinen Leute", die unterdrückten Massen, „du", „ich", „wir", usw.) und die Elite andererseits (das Establishment, die Macht, der Staat, die Sozialdemokratie, usw.). Durch die Artikulation einer Äquivalenzkette wurden differenzielle Identitäten und Forderungen in Abgrenzung zu einem gemeinsamen Feind zusammengebracht: dem sozialdemokratischen Wohlfahrtsstaat (Sunnercrantz 2017).

Aus einer postfundamentalistischen Perspektive lassen sich die Gemeinsamkeiten zwischen dem nationalistischen, xenophoben Rechtspopulismus von heute und dem neoliberalen Populismus von gestern auf den Nenner der performativen Rhetorik bringen: nämlich die Selbstpositionierung als Außenseiter und Alternative zum festgefahrenen politischen Establishment, das in neoliberalen Diskursen die „Elite" ausmacht. Es gibt mehrere Parallelen zwischen heute und damals. Es gab und gibt Veränderungen in der Medienlandschaft. Ähnliche rhetorische Strategien werden heute benutzt, auch wenn die Inhalte anders sein mögen. In Schweden haben neue rechte Parteien, die härtere Einwanderungsregelungen fordern, das Licht der Welt erblickt: die Partei „Neue Demokratie" damals, die Schwedendemokraten heute. Der Neoliberalismus wurde hegemonial und Antagonismen wurden verdeckt, als der Mythos des Marktes die mit der 90er-Krise assoziierten Dislokationen stabilisierte. Das neoliberale Projekt war gut durchdacht und von Wissenschaftler_innen mitkonzipiert.

Zudem war das schwedische neoliberale Projekt ein bewusst populistisches – zumindest in Bezug auf die politischen Strategien, auf die Wirtschaftskräfte und neoliberale Intellektuelle setzten. Allerdings riefen sie nicht öffentlich, wie die Linke in jüngerer Zeit getan hat, zu einer „populistischen" politischen Agenda auf.[11] Viele der politischen Strategien, die im Schweden der späten 1980er Jahre von den Neoliberalen skizziert wurden, finden sich bei Mouffe in *Für einen linken Populismus* (2018) wieder. Allerdings nannten die neoliberalen Intellektuellen von damals diese Praktiken nicht populistisch – sie nannten sie politisch oder vielleicht sozialistisch.

Die Erschaffung von Sündenböcken gehört oft zur populistischen Politik (Wodak 2015). Welche Identitäten dabei eingefangen werden, lässt sich schwer kontrollieren, seien es Einwanderer, politisch Andersdenkende, alleinerziehende Mütter, die Sozialleistungen beziehen (wie im alten Diskurs Thatchers) – oder Politiker_innen, wie in der neoliberalen Rhetorik in dieser Fallstudie. Auch aus diesem Grund würde ich gegen die jüngsten Aufrufe zu einem linken Populismus argumentieren. Als diese Forderung durch das postfundamentalistische Denkkollektiv und in die Welt hinein die Runde macht, kann sie als Aufruf zur Übernahme populärer Forderungen *der* „einfachen Menschen" durch die Linke missverstanden werden, und nicht als Übernahme einer Vertreterrolle gegenüber dem Volk im Einklang mit linken Forderungen.[12] Insofern täte die Linke gut daran, aus der Vergangenheit zu lernen. Die schwedischen Neoliberalen waren strategisch klug und erfolgreich. Die größte Bedrohung des schwedischen sozialdemokratischen Wohlfahrtsstaats in den vergangenen 30 Jahren (und mehr) war nicht die xenophoben Rechtsaußenparteien, sondern die neoliberale Ideologie und ihre neue neoliberale Hegemonie, die die Sozialdemokratie stürzte. Andererseits sollten wir vielleicht darüber nachdenken, woher die radikale, fremdenfeindliche Rechte (im Parlament sowie außerhalb) ihre Inspiration bezieht. Die neoliberalen Intellektuellen analysierten ihrerzeit die politischen Strategien der alten Arbeiterbewegung, aber inzwischen dürfte die neoliberale „Revolution der kleinen Schritte" (Larsson 1988, S. 58) als Vorbild für heutige populistische Projekte dienen.

---

11 Etwa in Großbritannien von Mouffe (2018a, 2018b) und in Schweden durch linke Intellektuelle (Greider/Linderborg 2018) sowie Denkfabrik-Vertreter_innen (Suhonen/Gerin 2018).

12 Ein schmaler Grat, der z.B. von Göran Greider und Åsa Linderborg (2018) in *Populistiska Manifestet* beschritten wird.

Literatur

Antman, Peter, 1992: När folkhemmet drömdes bort. In: TLM, H. 4, S. 17–29.

Ders. (Hrsg.), 1993: Systemskifte: fyra folkhemsdebatter. Stockholm.

Bejke, Henrik, 1989: Nyliberal Världskongress i Swaziland. In: Nyliberalen, H. 1, S. 14–15.

Bengtsson, Håkan A., 2006: I rörelse: en bok om folkrörelserna och demokratin. Stockholm.

Betz, Hans-Georg, 1994: Radical Right-Wing Populism in Western Europe. New York.

Blyth, Mark, 2002: Great Transformations: Economic Ideas and Institutional Change in the Twentieth Century. Cambridge.

Boréus, Kristina, 1997: The Shift to the Right: Neo-Liberalism in Argumentation and Language in the Swedish Public Debate since 1969. In: European Journal of Political Research 31:3, S. 257–286.

Borg, Anders E., 1992: Generell Välfärdspolitik – Bara Magiska Ord? Stockholm.

Carlén, Stefan, 1993: Varför finns det socialförsäkringar? In: TLM, H. 1, S. 28–29.

Davies, William, 2016: The Limits of Neoliberalism: Authority, Sovereignty and the Logic of Competition. London.

Ders., 2018: The Neoliberal Spirit of Populism. Vortrag am Wissenschaftszentrum Berlin für Sozialforschung, 8.2.2018.

De Cleen, Benjamin, 2016: The Party of the People Versus the Cultural Elite: Populism and Nationalism in Flemish Radical Right Rhetoric about Artists. In: JOMEC Journal 9, S. 70–91.

Ders./Stavrakakis, Yannis, 2017: Distinctions and Articulations: A Discourse Theoretical Framework for the Study of Populism and Nationalism. In: Javnost – The Public 24:4, S. 301–319.

Dyrberg, Torben Bech, 2003: Right/Left in the Context of New Political Frontiers: What's Radical Politics Today? In: Journal of Language and Politics 2:2, S. 333–360.

Feldt, Kjell-Olof, 1985: Den tredje vägen: en politik för Sverige. Stockholm.

Ders., 1991: Alla dessa dagar... i regeringen 1982-1990. Stockholm.

Finlayson, Alan, 2007: From Beliefs to Arguments: Interpretive Methodology and Rhetorical Political Analysis. In: The British Journal of Politics and International Relations 9:4, S. 545–563.

Ders., 2012: Rhetoric and the Political Theory of Ideologies. In: Political Studies 60:4, S. 751–767.

Fryklund, Björn, 2018: Populism in the Nordic Countries 1965-2015: The Swedish Case as an Ideal Type or Comparative Yardstick for the Development of Populism. In: Kovala, Urpa et al. (Hrsg.): Populism on the loose, Jyväskylä, S. 29–51.

Gergils, Christian, 1990: Döda poeter. In: Nyliberalen, H. 1, S. 35–39.

Ders., 1993a: Avskaffa invandringspolitiken. In: Nyliberalen, H. 3, S. 14–19.

Ders., 1993b: Zarembas Kluvna Liberalism. In: Nyliberalen, H. 4, S. 17–23.

Greider, Göran, 1992: Provinsens revolt. In: TLM, H. 3, S. 13–17.

Ders., 1993: Inkomstbortfallsprincipen. In: Dagens Nyheter 27.1.1993.

Ders./Lappalainen, Tomas, 1992: Den enda vägens utopi. In: Dagens Nyheter 14.6.1992.

Greider, Göran/*Linderborg*, Åsa, 2018: Populistiska manifestet: för knegare, arbetslösa, tandlösa och 90 procent av alla andra. Stockholm.

Hall, Stuart, 1988: The Hard Road to Renewal: Thatcherism and the Crisis of the Left. London.

Harvey, David, 2005: A Brief History of Neoliberalism. Oxford.

Hayek, Friedrich A., 1960: The Constitution of Liberty. Chicago.

Hellström, Anders, 2016: Trust Us: Reproducing the Nation and the Scandinavian Nationalist Populist Parties. New York/Oxford.

Ders./*Lodenius*, Anna-Lena, 2016: Invandring, mediebilder och radikala högerpopulistiska partier i Norden. Stockholm.

Holmberg, John-Henri, 1990: Istället för hopplöshet. In: Nyliberalen, H. 1, S. 12–17.

Hort, Sven E. O., 2014a: Social Policy, Welfare State, and Civil Society in Sweden. Bd. 1, History, Policies, and Institutions 1884-1988. Lund.

Ders., 2014b: Social Policy, Welfare State, and Civil Society in Sweden. Bd. 2, The Lost World of Social Democracy 1988-2015. Lund.

Howarth, David, 2010: Power, Discourse, and Policy: Articulating a Hegemony Approach to Critical Policy Studies. In: Critical Policy Studies 3:3–4, S. 309–335.

Ders., 2013: Poststructuralism and after: Structure, Subjectivity and Power. London.

Immerzeel, Tim/*Pickup*, Mark, 2015: Populist Radical Right Parties Mobilizing „the People"? The Role of Populist Radical Right Success in Voter Turnout'. In: Electoral Studies 40, S. 347–360.

Jaensson, Carl-Fredrik, 1993: Ett Liberalt Nja till EG. In: Nyliberalen, H. 3, S. 10–12.

Krugman, Paul, 2008: The Good, the Bad, and the Ugly. In: Paul Krugman Blog 28.9.2008. URL: https://krugman.blogs.nytimes.com/2008/09/28/the-good-the-bad-and-the-ugly/ (Letzter Zugriff am 11.12.2018).

Laclau, Ernesto, 1990: New Reflections on the Revolution of Our Time. London.

Ders., 2005a: On Populist Reason. London.

Ders., 2005b: Populism: What's in a Name? In: Panizza, Francisco (Hrsg.): Populism and the mirror of democracy, London, S. 32–49.

Ders., 2014: The Rhetorical Foundations of Society. London.

Ders./*Mouffe*, Chantal, 2012[1985]: Hegemonie und radikale Demokratie. Zur Dekonstruktion des Marxismus. Wien.

Lappalainen, Tomas, 1992: Publiken. In: TLM, H. 4, S. 68–78.

Larsson, Janerik, 1988: Thatcher och „det politiskt omöjliga". In: Segerstedt, Torgny T. (Hrsg.): Det politiskt omöjliga, Stockholm, S. 45–64.

Marchart, Oliver, 2010: Die politische Differenz. Zum Denken des Politischen bei Nancy, Lefort, Badiou, Laclau und Agamben. Berlin.

Mouffe, Chantal, 2013: The Stakes of Democracy. In: Martin, James (Hrsg.): Chantal Mouffe: Hegemony, Radical Democracy, and the Political, London, S. 181–190.

Dies., 2018a: Für einen linken Populismus. Berlin.

Dies., 2018b: Populists Are on the Rise but This Can Be a Moment for Progressives Too. In: The Guardian 10.9.2018.

Mudde, Cas, 2013: Three Decades of Populist Radical Right Parties in Western Europe: So What? In: European Journal of Political Research 52:1, S. 1–19.

Ders./Rovira Kaltwasser, Cristóbal, 2017: Populism: A Very Short Introduction. Oxford.

Nilsson, Lennart, 1997: Offentlig sektor och privatisering 1986-1996. In: Holmberg, Sören/ Weibull, Lennart (Hrsg.): Ett missnöjt folk?: SOM-undersökningen 1996, Göteborg, S. 103–115.

Norberg, Johan, 1993a: Hitler, alla tiders störste socialist. In: Nyliberalen, H. 6, S. 20–28.

Ders., 1993b: Robert Nozicks Filosofi. In: Nyliberalen, H. 4, S. 35–39.

Ders., 1993c: Välfärdspolitikens Teoretiska Grunder Vacklar. In: Nyliberalen, H. 4, S. 66–67.

Ders., 1997: Motståndsmannen Vilhelm Moberg. Stockholm.

Nordin, Ingemar, 1988: Privat egendom: om ägande och moral. Stockholm.

Ders., 1993: Hälsofascister På Marsch. In: Nyliberalen, H. 6, S. 4.

Norlin, Margareta, 1992: Provinsens uppror. In: TLM, H. 3, S. 6–8.

Palonen, Emilia, 2018: Performing the Nation: The Janus-Faced Populist Foundations of Illiberalism in Hungary. In: Journal of Contemporary European Studies 26:3, S. 308–321.

Rovira Kaltwasser, Cristóbal et al. (Hrsg.), 2017: The Oxford Handbook of Populism. Oxford.

Rydenfelt, Sven, 1993: Den svenska välfärdsstatens final. In: Nyliberalen, H. 3, S. 13–37.

Rydgren, Jens, 2006: From Tax Populism to Ethnic Nationalism: Radical Right-Wing Populism in Sweden. New York/Oxford.

Segerstedt, Torgny T. (Hrsg.), 1988a: Det politiskt omöjliga. Stockholm.

Ders., 1988b: Inledning. In: Ders. (Hrsg.): Det politiskt omöjliga, Stockholm, S. 7–11.

SOU 2007:66, Utredningen om den statliga folkrörelsepolitiken i framtiden, 2007: Rörelser i tiden: slutbetänkande. Stockholm.

Stavrakakis, Yannis/*Jäger*, Anton, 2018: Accomplishments and Limitations of the „New" Mainstream in Contemporary Populism Studies. In: European Journal of Social Theory 21:4, S. 547–565.

Stavrakakis, Yannis et al., 2017: Extreme Right-Wing Populism in Europe: Revisiting a Reified Association. In: Critical Discourse Studies 14:4, S. 420–439.

Suhonen, Daniel/*Gerin*, Enna, 2018: „Socialdemokraterna måste lära av vänsterpopulisterna". In: DN 18.11.2018.

Sunnercrantz, Liv, 2017: Hegemony and the Intellectual Function: Medialised Public Discourse on Privatisation in Sweden 1988-1993. Lund.

Svallfors, Stefan/*Tyllström*, Anna, 2018: Resilient Privatization: The Puzzling Case of for-Profit Welfare Providers in Sweden. In: Socio-Economic Review.

Tännsjö, Torbjörn, 1988: Tänk om Anna-Greta Lejon bara hade moralisk "otur": Rätten att bryta mot spelets regler. In: Dagens Nyheter 6.9.1988, S. 4.

The Economist, 2009: The Swedish Model. In: The Economist 28.1.2009.

Thorwaldsson, Karl-Petter, 1993: Partiet har fel människosyn. In: Dagens Nyheter 13.9.1993.

Varveus, Anders, 1989: Man hatar i grupp. In: Nyliberalen, H. 1, S. 3.

Ders., 1990a: Detta Är Frihetsfronten. In: Nyliberalen, H. 1, S. 20–21.

Ders., 1990b: Välfärdsstaten skapar invandrarhat. In: Nyliberalen, H. 1, S. 8.

Vetenskapsrådet, 2003: Svensk forskning om demokrati, offentlig förvaltning och folkrörelser: en kartläggning av forskningen under perioden 1990-2003 utförd av Vetenskapsrådet på regeringens uppdrag. Stockholm.

Westholm, Carl-Johan, 1988: Borgerligheten som kyrkoruin. In: Segerstedt, Torgny T. (Hrsg.): Det politiskt omöjliga, Stockholm, S. 23–43.

Wodak, Ruth, 2015: The Politics of Fear: What Right-Wing Populist Discourses Mean. London.

Dies., 2017: The „Establishment", the „Élites", and the „People". In: Journal of Language and Politics 16:4, S. 551–565.

Dies./*Krzyżanowski*, Michał, 2017: Right-Wing Populism in Europe and USA: Contesting Politics and Discourse Beyond „Orbanism" and „Trumpism". Amsterdam/Philadelphia.

Zetterberg, Hans, 1993: Fem pärleportar för invandrare. In: Dagens Nyheter 15.10.1993, S, 2.

Ders., 1988: Den svenska socialdemokratin som sekt och statskyrka. In: Segerstedt, Torgny T. (Hrsg.): Det politiskt omöjliga, Stockholm, S. 11–21.

Marius Hildebrand

Populistische Kontestation als nationalkonservative Anti-Politik. Die SVP und die Hegemonisierung des Schweizer Sonderfalls*

1. Einleitung

Es ist still geworden um die Schweizer Volkspartei. Während andere rechtspopulistische Parteien in Europa ihre Stimmenanteile in den vergangenen 10 Jahren vervielfachen konnten, hat sich die politische Strategie des SVP-Populismus scheinbar erschöpft. Der Beitritt zur Europäischen Union, gegen den Christoph Blocher in den 1990er Jahren erfolgreich zu Felde zog, ist politisch vom Tisch, womit Blocher & Co. den begründenden Konflikt des SVP-Populismus zu ihren Gunsten entschieden haben. So konnte die SVP auch aus den vielfältigen Krisenprozessen, mit denen sich die Europäische Union und ihre Mitgliedstaaten seit dem Ausbruch der globalen Finanzkrise konfrontiert sieht, vergleichsweise wenig politisches Kapital schlagen, zumal die Schweiz selbst kaum von der ökonomischen Rezession betroffen war (vgl. Bernhard/Kriesi/Weber 2016). Ähnliches gilt für die Migrations- und Sicherheitspolitik als dem zweiten programmatischen Schwungrad der Partei. Hier haben die bürgerlichen Parteien zu gewissen Teilen auf den Kurs der SVP eingelenkt, so dass es der Partei zunehmend schwerfällt, ihren populistischen Repräsentationsanspruch präsent zu halten. Zugleich hat die SVP mit den jüngsten Volksinitiativen den Bogen rechtspopulistischen Politisierens vermeintlich überspannt. Jedenfalls scheiterte sowohl die Volksinitiative „Schweizer Recht statt fremde Richter" (kurz „Selbstbestimmungsinitiative") als auch die Volksinitiative „Zur Durchsetzung der Ausschaffung krimineller Ausländer" (kurz: „Durchsetzungsinitiative"), mit der die SVP versuchte, an den Erfolg der „Ausschaffungsinitiative" anzuknüpfen und das populistische Narrativ eines linksliberal dominierten, den Volkswillen sabotierenden Staatsapparates zu aktualisieren. Für den Moment scheint es so, als sei die politische Nachfrage nach Fundamentalopposition und Gegen-Elite gesättigt, die soziokulturellen Ressourcen rechtspopulistischen Politisierens ausgebeutet und die SVP an eine gläserne Decke gestoßen.

Dieser Negativtrend setzte sich auch bei den Nationalratswahlen im Herbst 2019 fort. Die Partei büßte 3,8 Prozent ein und verlor 12 Parlamentssitze. Die Klimafrage

---

* Der vorliegende Beitrag greift zu wesentlichen Teilen auf meine Dissertationsschrift „Rechtspopulismus und Hegemonie. Der Aufstieg der SVP und die diskursive Transformation der politischen Schweiz" zurück (Hildebrand 2017).

löste die Migrationsfrage als zentrales Wahlkampfthema ab und viele ehemalige SVP-Wähler_innen gingen nicht zur Wahl (vgl. Hermann u.a. 2019). Jedoch ändert die jüngste Niederlage der SVP nichts daran, dass die Partei die deutlich stärkste politische Kraft des Landes ist. Während der vergangenen drei Dekaden erlebte sie einen beispiellosen Aufstieg von einer randständigen Klientelpartei zu „*der* Oppositionspartei" (Mazzoleni 2003, S. 10) schlechthin. Die Karriere der „neuen SVP"[1] kann sicherlich nicht ohne eine Reihe favorabler Opportunitätsstrukturen gedacht werden.[2] Gleichzeitig zeugt sie jedoch von der Resonanz einer gegenhegemonialen Repräsentation der politischen Schweiz, die die tradierten Selbstverständigungsdiskurse des Landes herausforderte.

Daher soll hier rekonstruiert werden, wie es dem auch parteiintern zunächst marginalen populistischen Diskurs gelang, das „Korsett der Konkordanz" (Altermatt 1994) zu sprengen und eine Form der Konfliktbearbeitung an ihre Grenzen zu führen, die bis dahin nicht nur die Regeln des politischen Entscheidungssystems definierte, sondern auch als „operatives Paradigma" (Wolin 1968, S. 183ff.) des nationalen Sonderfalldiskurses Geltung beanspruchte und die kulturellen Gemeinschaftssematiken der politischen Ordnung bis in die 1990er Jahre hegemonisierte.[3] So lässt sich anhand des SVP-Populismus exemplarisch studieren, wie rechtspopulistische politische Projekte dominante gesellschaftliche Selbstbeschreibungen desartikulieren, indem sie vakante Forderungen und frustrierte Erwartungen, aber auch etablierte Identifikationsbegriffe der politischen Gemeinschaft mit ihrer politischen Ideologie verknüpfen und (partiell) fixieren. Zudem möchte ich zeigen, wie der SVP-Diskurs die Expansion der Äquivalenz begrenzt und die Identität der widerständischen ‚Wir'-Gruppe um einen *arché*-politischen *heartland*-Mythos schließt.[4] Ausgehend

---

1 So Oscar Mazzolenis (2003) treffende Charakterisierung der Transformation der ehemals konkordanzdemokratisch orientierten Bürger-, Bauern- und Gewerbepartei zur populistischen Catch-All-Partei.

2 Zu denken wäre etwa an das Konkordanzsystem, dessen Funktionsweise langwierige, mitunter intransparente politische Entscheidungsprozesse induziert, eine kollaborierende politische Elite perpetuiert und auf diese Weise populistische Verschwörungsnarrative mit neuer Nahrung versorgt (zum positiven Zusammenhang zwischen Verhandlungsdemokratie und Populismus vgl. Taggart 2004, sowie mit Blick auf die Schweiz Papadopoulos 2005 und Albertazzi 2008, S. 107ff.) Chantal Mouffe detektiert ebenfalls einen Zusammenhang von konsens- und rationalitätszentrierter Politik und der Emergenz rechtspopulistischen Widerstands, führt diesen jedoch weniger auf die Funktionslogiken von Konkordanzsystemen als vielmehr auf die Hegemonie ‚post-politischer und post-demokratischer politischer Projekte' zurück (Mouffe 2005). Der Aufstieg der SVP lässt sich aber als Reaktion auf ökonomisch induzierte Modernisierungsprozesse interpretieren (vgl. Spier 2010). Außerdem profitierte der SVP-Populismus sicherlich auch vom symbolischen Kapital der SVP als einer etablierten, verantwortungstragenden Partei. Für eine zusammenfassende Auflistung weiterer favorabler Bedingungsfaktoren vgl. Hildebrand 2017, S. 337ff.

3 Zur hegemonialen Stellung der Konkordanz im nationalen Imaginären vgl. Eberle/Imhof 2007; Eberle 2007; Imhof 2007; kritisch Skenderovic 2007b, insb. S. 45.

4 Zum Konzept des *heartland* vgl. Taggart 2004: 274; zur arché-politischen Schließung des Politischen vgl. Žižek 1999, 28f.

von der Analyse des Schweizer Falles schlage ich abschließend vor, den neuen rechten Populismus in Europa nicht inhaltlich oder sozialstrukturell zu begreifen, sondern diskurstheoretisch zu fassen und als *anti-politischen Populismus* zu konzipieren.

Um die Repräsentation von Gesellschaft im SVP-Populismus zu analysieren, greife ich im Wesentlichen auf die Populismustheorie und das diskursanalytische Begriffsinstrumentarium Ernesto Laclaus (2005, 2002[1996]; Laclau/Mouffe 2012[1985]) zurück. Anstatt den Populismus von sozialstrukturell verankerten Präferenzstrukturen abzuleiten oder in Begriffen von Verzerrung, Devianz und Anomie zu fassen, begreift Laclau (2005, S. 33) den Populismus als formale „Artikulationslogik", die ‚Volk' und ‚Establishment' performativ hervorbringt, indem sie die beiden Entitäten dichotomisch gegenüberstellt. Populistische politische Projekte werden hierbei durch drei miteinander verbundene Operationen bestimmt (Laclau 2005, S. 72ff.). Im Gegensatz zu differenzlogisch komponierten, institutionalistischen Diskursen sind populistische Diskurse *erstens* äquivalenzlogisch dominiert. Die gemeinsam artikulierten Differenzen[5] signifizieren in der Folge nicht nur einen partikularen Inhalt. In einem solchen Diskurs bezeichnen sie zugleich und primär die Zugehörigkeit zu dem diskursiv begründeten Zusammenhang der popularen Äquivalenz. Da Sinn, Bedeutung und Identität aus poststrukturalistischer Perspektive nur durch Differenzrelationen hervorgebracht werden können, muss der artikulierte Bedeutungszusammenhang, der die populare Gemeinschaft begründet und stabilisiert, *ex negativo* gedacht werden. Die Äquivalenz konstituiert sich also *zweitens* in Relation zu einem antagonistischen ‚Sie', das ebenfalls als Äquivalenzkette vorgestellt werden kann. Der Antagonismus ist einerseits konstitutiv – seine Präsenz ist die notwendige Bedingung, um die Äquivalenzrelation überhaupt begründen zu können; er muss andererseits jedoch als bedrohlich identifiziert werden – schließlich repräsentiert er doch den unaufhebbaren Mangel, den das populistische Projekt zu kompensieren verspricht. Die bereits in der Äquivalenzlogik angelegte und für hegemoniale Beziehungen konstitutive Traverse vom Partikularen zum Universellen wird *drittens* durch einen leeren Signifikanten vollzogen. Dabei streift ein Element der antagonistisch konstituierten Äquivalenzkette seine Bedeutung ab. Diese Funktion kann ein politischer Slogan wie „Freiheit, Gleichheit, Brüderlichkeit", der Name einer Führungsfigur, oder auch eine Institution wie die Verfassung erfüllen. Entscheidend ist, dass der Signifikant in unterschiedlicher Weise identifiziert wird, wodurch sich seine Bedeutung öffnet und er sich in einen hegemonialen Repräsentanten der Kette verwandelt, der die Äquivalenz symbolisch zum Ausdruck bringt und dergestalt integrativ wirksam wird.

---

5 In *On Populist Reason* spricht Laclau (2005, insb. S. 76f.) primär von „unerfüllten Forderungen", man könnte jedoch auch von Versatzstücken heterogener politischer Ideologien sprechen.

Laclaus diskurstheoretische Perspektive liefert eine postfundamentalistische (vgl. Marchart 2010) Konzeption des Populismus: Anstatt objektive Teilungsprinzipien von Gesellschaft zu präsupponieren, die sinn- und identitätsstiftende Artikulationen diskursiv-politischer Repräsentationsbeziehungen determinieren würden, fokussiert Laclau die Funktionsweise und sozial performative Repräsentationsleistung populistischer politischer Projekte. Er schafft Raum, um das Phänomen streng formal in Begriffen von Transformation, Desorganisation und Restrukturierung zu denken und den vereinfachenden Gegensatz von ‚Volk' und ‚Establishment' als mögliche politische Operation anzuerkennen. Mit Blick auf den SVP-Populismus ermöglicht seine Perspektive zu beschreiben, wie der SVP-Diskurs einen „Seitenwechsel" (Hildebrand 2017, S. 278) des Schweizer Sonderfalls evoziert, indem er die Verknüpfung von Sonderfall und Konkordanz löst, die Sonderfallideologie mit dem politischen Programm der SVP verwebt und so eine attraktive Projektionsfläche für die gemeinsam artikulierten Forderungen offeriert.

2. Vom dissidenten Zürcher Parteiflügel zur populistischen SVP

Auch wenn die SVP die spektakulären Erfolge der 1990er und 2000er Jahre zuletzt nicht wiederholen konnte und ihre Stimmanteile seit über zehn Jahren auf hohem Niveau stagnieren, kann die Partei nach wie vor als eine der „erfolgreichsten rechtspopulistischen Parteien" (Betz 2012) in Westeuropa gelten. Dabei handelt es sich im Unterschied zu vielen Mitgliedern dieser Parteienfamilie nicht um eine neugegründete Formation, sondern um eine etablierte und zunächst keineswegs populistische Partei. Getragen durch die starken Bündner und Berner Parteisektionen politisierte die SVP bis zum Beginn der 1990er Jahre als kompromiss- und konsensorientierte Klientelpartei, die insbesondere die Interessen der Landwirtschaft und des Kleingewerbes repräsentierte, im Wesentlichen aber als kollegialer Juniorpartner der beiden tonangebenden bürgerlichen Parteien (CVP und FDP) agierte.[6] Als die Stammwählerschaft der Partei in den 1970er Jahren angesichts von Modernisierungs-, Technisierungs- und Urbanisierungsprozessen sowie der schwindenden Bedeutung der kleinbäuerlichen Landwirtschaft zu erodieren drohte und die Partei erstmals unter die 10 Prozentmarke zu fallen schien, versuchten die Parteispitze um Fritz Hofmann und Peter Schmid die SVP in eine „geistig wie personell breit gefächerte Volkspartei" (Hofmann, zit. in: ebd., S. 41) zu verwandeln. Für Hofmann und Schmid bedeutete dies, die Partei in der Mitte des politischen Spektrums zu positionieren. Sie zielten darauf, das begründende Motiv einer moderierenden Alternative zwischen dem *laissez-faire* Liberalismus der FDP und dem etatistischen Sozialismus der SPS zu

---

6 Zur Geschichte der SVP in den 1970er Jahren vgl. Hartmann/Horvath 1999, insb. S. 40ff.

aktualisieren, indem man sich zur Arbeitnehmerseite hin öffnete und „ein breites, alle Interessengruppierungen umfassendes Spektrum" (Reichling 1979, zit. in: ebd., S. 42) ansprach. Die Initiative war parteiintern zunächst sehr erfolgreich. Im ,Aktionsprogramm 1979' beschlossen die Delegierten, sich in Zukunft für eine konsequente Bankenaufsicht, für eine „menschliche Ausländerpolitik", für „den stufenweisen Abbau der Höchstarbeitszeit und [die] Erweiterung der minimalen Ferienansprüche" zu engagieren (vgl. SVP-Aktionsprogramm 1979, zit. in: Skenderovic 2013, S. 62). Unter dem Slogan einer „sozialverpflichteten Marktwirtschaft" (Hofmann, zit. in: Somm 2009, S. 220) versuchte die Partei, neue Politikfelder zu erschließen und unter Einschluss sozialdemokratischer, aber auch postmaterieller Forderungen als integrative Catch-All-Partei zu agieren.

Manifester Widerstand begegnete diesem sozialliberalen Modernisierungsprogramm von Seiten der Zürcher Kantonssektion, der seit 1977 Christoph Blocher vorstand. Von Beginn an polemisierte der frisch ins Amt gewählte Präsident der Kantonssektion gegen das „schief geratene Programm" der Parteiführung, das die SVP von ihren „soliden Grundsätzen" – „Freiheit zur individuellen Entwicklung, Wirtschaft als Grundlage für materielle Sicherheit, staatliche Unabhängigkeit" – entfremde (Blocher 1977, zit. in: Hartmann/Horvath 1995, S. 52). Während die Berner und Bündner Parteispitzen eine „kopflose Flucht nach vorne" angetreten seien, ließe sich in „unserem Volke" ein Willen zur „Umkehr" beobachten, für den es „offen, ehrlich und glaubwürdig" zu politisieren gelte (ebd.).

Retrospektiv manifestieren sich bereits zu diesem Zeitpunkt die privilegierten Politikfelder und Positionen des politischen Projektes, das in den folgenden zwei Jahrzehnten zunächst die eigene Partei und dann die politische Schweiz spalten sollte. Gegen die sozialliberale Modernisierungsagenda, für die der sogenannte Berner Flügel stritt, hatte sich der Zürcher Flügel in Stellung gebracht und versuchte seine rechtskonservative Agenda mit Initiativen in der Wirtschafts- und Steuerpolitik, in der Sicherheits-, Migrations- und Drogenpolitik sowie einer entschieden anti-sozialistischen Rhetorik gegen den ,kopflosen' Progressismus der „Linken und Netten"[7] zu akzentuieren.[8] Die politische Strategie Blochers bescherte der SVP im Kanton Zürich bescheidene Zugewinne, konnte sich auf Bundesebene jedoch nicht gegen die Agenda der dominanten Berner und Bündner Sektionen durchsetzen.

Dies ändert sich im Verlauf der 1990er Jahre, als es dem Zürcher Flügel gelingt, im Zuge des Streits über die Europäische Integration des Landes nicht nur das inner-

---

7 Dieser Slogan tauchte erstmals auf einem Wahlplakat der Zürcher SVP auf, nachdem eine 20-Jährige erstochen wurde (vgl. Hartmann/Horvath 1995, S. 136). Er prägte fortan insbesondere die sicherheits- und migrationspolitischen Offensiven der SVP, die den traditionellen Antagonismus gegenüber den ,linken' Sozialdemokraten auf die ,netten' bürgerlichen Mitteparteien ausdehnten.

8 Vgl. ausführlich zur Entstehung des „Zürcher Flügels" der SVP Hartmann/Horvath 1995 sowie Hildebrand 2017, S. 167ff.

parteiliche Kräfteverhältnis und das „festgefrorene Parteiensystem" (Kriesi 2005, S. 3)[9], sondern auch das politisch-kulturelle Selbstverständnis des Landes aufzubrechen und mit der eigenen politischen Agenda zu verknüpfen. Als Knotenpunkt des SVP-Diskurses fungiert dabei immer wieder der Begriff des schweizerischen „Sonderfalls", dessen Bedeutung – entgegen den traditionellen konkordanzdemokratischen Selbstvergewisserungsdiskursen der politischen Schweiz – anhand teilungsbetonter Repertoires hegemonisiert wird. Forciert durch anti-intellektuelle Offensiven in der Geschichts- und Erinnerungspolitik sowie anti-islamische Vorstöße in der Migrations- und Sicherheitspolitik schließt der um die SVP-zentrierte Populismus den Sonderfalldiskurs in den späten 1990er und 2000er Jahren um einem nationalkonservativen *heartland*-Mythos, dessen vorpolitisch-organische Topoi der den zweifachen Antagonismus und den Horizont populistischen Politisierens abstecken und der Bedeutung des ‚Schweizervolkes' enge Grenzen verleihen.

3. Konkordanzdemokratische politische Kultur

Die Referenz auf den Topos des Sonderfalls ist konstitutiv für das Selbstverständnis der politischen Schweiz.[10] Seit dem Ende des Kulturkampfes zwischen einem ultramontanen Katholizismus und einem mittelländischen Protestantismus in der Mitte des 19. Jahrhunderts ist die Idee des Sonderfalls jedoch gerade nicht durch populistisch-äquivalentielle, sondern durch integrationistisch-differentielle Selbstverständigungsdiskurse geprägt. Als Kernstück des Sonderfalls gilt traditionellerweise die Konkordanz. Zwar werden neben der Konkordanz auch die Milizarmee, direkte Demokratie, Wettbewerbsföderalismus sowie außenpolitische Neutralität und Unabhängigkeit mit dem Sonderfallbegriff assoziiert, doch wird diesen Elementen im dominanten Sonderfalldiskurs eine nachrangige Rolle zugeschrieben. Als Erfolgsgarantin der gelungen Ordnung und der außergewöhnlichen politischen Stabilität der multikulturellen Willensnation erscheint vielmehr das von den vier großen politischen Parteien (CVP, FDP, SP und SVP) getragene Konkordanzsystem. Dass ein politisches Gemeinwesen, dessen Zusammengehörigkeitsgefühl gerade nicht ausgehend von vorpolitischen Essenzen wie Sprache, Kultur oder Ethnizität begründet werden kann, zum „paradigmatischen Fall politischer Integration"[11] und zum Ideal einer nach republikanischen Idealen verfassten Nation avancieren kann (vgl. Tanner 2002, S. 179f.), liegt demnach in einem politischen System begründet, das darauf abon-

---

9   Im Anschluss an die *frozen-party-systems*-These von Seymour Martin Lipset und Stein Rokkan.

10 Vgl. zur anhaltenden Bedeutung des Sonderfallverständnisses Eberle/Imhof 2007. Demnach bildet der Sonderfall nach wie vor die „verbreitetste kollektive Identitätskonstruktion" der Schweiz (Eberle 2007, S. 7).

11 So das vielzitierte Diktum von Karl W. Deutsch (1977).

niert ist, strukturelle Minderheiten zu integrieren, Interessen- und Positionsdifferenzen in langwierigen Kompromissbildungsprozessen auszutarieren und so Entscheidungen hervorzubringen, die von den involvierten Konfliktakteuren als vernünftig, zweckmäßig, unterstützenswert, akzeptabel oder zumindest tragbar wahrgenommen werden.

Das Konkordanzprinzip fungiert damit nicht nur als Konfliktbearbeitungsmechanismus innerhalb des zentralen politischen Entscheidungssystems. Die Konkordanz wirkt als „operatives Paradigma" (Wolin 1968, S. 183ff.) in das Feld der politischen Kultur hinein. Es handelt sich um eine *idée directrice* – eine performative Anweisungsstruktur, die sinn- und identitätsstiftende Funktionen erfüllt, insofern sie durch ihre praktische Iteration konsens- und kompromissorientiertes Handeln induziert, als unabdingbar, vernünftig und genuin schweizerisch nobilitiert und abweichendes politisches Handeln als fremd und bedrohlich diffamiert und entsprechend sanktioniert. Der Schweizer Soziologe Kurt Imhof bringt die politisch-kulturelle Ausstrahlung der Konkordanz wie folgt auf den Punkt:

> Wer vernünftig ist, der streitet auf Biegen, nie aber auf Brechen! Tatsächlich liegen die Bedeutungen der Vernunftidee der Aufklärung und der Vernunftidee der Konkordanz sehr nahe beisammen. Konkordanz ist Deliberation. Der ‚Austritt aus der selbstverschuldeten Unmündigkeit' beruht auf freier öffentlicher Kommunikation und diese, so die Kernüberzeugung der Aufklärungsphilosophie, führt zu Vernunft und Tugend. [...] Konkordanz wird damit zum Habitus der Aufgeklärten, das Verhandeln von Ideen und Interessen zur sittlichen Forderung an die Akteure in Problemlösungsprozessen. Konkordantes Handeln verschafft in der politischen Kultur der Schweiz Status. Umgekehrt wird weltanschauliche Reinheit zum Dogmatismus, zur Zwängerei, zum Unschweizerischen und führt zu Statusverlust. (Imhof 2007, S. 32)

Indem der dominante Sonderfalldiskurs Konkordanz und Aufklärung aufeinander bezieht und Konsens und Kompromissorientierung zu politischen Sittlichkeitsgeboten erhebt, wird der politische Output des staatstragenden Quadrumvirats aus FDP, CVP, SP und ‚alter' SVP vernunftrechtlich nobilitiert. Zugleich zeigt sich an diesem Punkt eindrücklich, inwiefern die Artikulation von Kompromiss und Vernunft im Rahmen konkordanzdemokratischer Gemeinschaftssemantiken auf einen Antagonismus gegenüber einem inkompatiblen Anderen verweist – inwiefern die vermeintlich inklusive Mittezentrierung des ‚sittlichen' *homo helveticus politicus* mit der Exklusion ‚extremistischer', fundamental-oppositioneller und schwarz-weiß-polarisierender politischer Alternativen verknüpft ist. Erst durch die diskursive Repräsentation einer antagonistischen Grenze gegenüber einem ‚unschweizerischen, extremistischen Außen' können die kompromiss- und konsensorientierten Spielregeln des politischen Systems als konstitutive Elemente einer spezifisch schweizerischen Lebensform geltend gemacht werden.[12] Das Postulat der Deckungsgleichheit von politischem System und soziokulturellem Substrat im konkordanzdemokratischen Selbstverständigungsdiskurs gründet auf der Exklusion nicht-zugehöriger und nicht-integrierbarer Elemente. So schafft die Ausgrenzung autoritärer, faschistoider, aber auch klassenantagonistischer, feministischer, libertärer und ökologischer politischer Projekte

> ein symbiotisches, wechselseitig positives Feedback von ‚politics‘ (der Reproduktion des Kompromissprinzips von Seiten der mächtigsten politischen Akteure), ‚polity‘ (den verfassungsmäßig induzierten konkordanzdemokratischen Spielregeln) und politischer Kultur (der Nobilitierung der konkordanzdemokratischen Konfliktbearbeitung als genuin schweizerisch und vernünftig). (Hildebrand 2017, S. 162)

Die hegemoniale Stellung der Konkordanz im Sonderfalldiskurs immunisierte die politische Schweiz lange Zeit gegen populistische Spaltungsversuche. Folglich galt die soziokulturelle Verankerung der Konkordanz im Selbstverständnis der politischen Schweiz vielen Beobachter_innen als wirkmächtige Bastion gegen den Populismus des Zürcher SVP-Flügels, der bis in die 1990er Jahre als „Einsprengsel in das Konkordanzsystem" (Armingeon 1996, S. 72) bagatellisiert wurde.[13]

4. Populistische Gegen-Kultur

Entsprechend groß war die Herausforderung für den Zürcher SVP-Flügel. Um sich in diesem populismusfeindlichen soziokulturellen Kontext als genuin schweizerische politische Kraft zu gerieren, galt es, die konkordanzdemokratische Praxis der vier tonangebenden politischen Parteien als Elitenverschwörung zu brandmarken und den Sonderfall ‚Schweiz‘ im Rahmen des eigenen populistischen Narrativs fortzuschreiben.

---

12 Für Kurt Imhof (2007, S. 35f.) manifestiert sich dies in paradigmatischer Weise in der Auslandsberichterstattung der Schweizer Leitmedien, die die offene Austragung ideologischer Konflikte nicht nur als bedauerlich, schädlich und eskalativ, sondern auch als irrational und unverständlich rahmen. Ähnliches lässt sich aber auch im Kontext eidgenössischer Volksinitiativen beobachten, bei denen es den bürgerlichen politischen Kräften gelang, unerfüllte Forderungen entweder als extremistisch zu peripherisieren und als das bedrohliche Andere des konkordanzdemokratischen Sonderfalls auszuschließen oder aber der Konkordanzdemokratie einzuverleiben und so viele Konzessionen zu machen, dass fundamentaloppositionelle Positionen unglaubwürdig erschienen (vgl. Hildebrand 2017, S. 159). Im ersten Fall wird die Bedeutung der Konkordanz als leerem Signifikanten der politischen Gemeinschaft geschlossen; im zweiten Fall öffnet sie sich und wird zum Referenz- und Identifikationspunkt neuer politischer Forderungen.
13 Vgl. Meier-Dallach 1988, Kobach 1993 sowie Helms 1996, der Mitte der 1990er Jahre noch davon ausging, dass die kulturelle Verankerung der Konkordanz der Expansion des SVP-Populismus (im Unterschied zum Populismus der FPÖ in Österreich) enge Grenzen setzen werde; kritisch dagegen Skenderovic 2007, insb. S. 45, für den die Überstilisierung von Konkordanz, Ausgleich und Integration zur unangefochtenen Essenz des Sonderfalls mit der Negation der Präsenz wirkmächtiger rechtspopulistischer Diskursen verbunden ist.

Gelegenheit bot die Volksabstimmung über den Beitritt in den Europäischen Wirtschaftsraum (EWR) am 6. Dezember 1992. Der Abstimmungskampf glich einem David-gegen-Goliath-Szenario. Auf der einen Seite politisierten die drei großen Parteien (CVP, FDP, SPS) und die wichtigsten repräsentativen Institutionen der politischen Schweiz geschlossen für den EWR; auf der anderen Seite stritt der Zürcher SVP-Flügel um Christoph Blocher für die Unabhängigkeit des Landes und erarbeitete sich somit eine Monopolstellung in der Kritik der Europäischen Integration. Am Ende votierte eine knappe Mehrheit gegen den EWR. Quantitative Abstimmungsanalysen ergaben, dass der Beitritt zum EWR nicht aufgrund von *konkreten* Vertragsdetails und *partikularen* Interessenserwägungen, sondern aufgrund seiner *allgemeinen* Bedeutung zurückgewiesen wurde.[14] Diese Universalisierung blieb nicht auf den EWR beschränkt. Denn aus der binären Konstellation des Abstimmungskampfes generierte der Zürcher SVP-Flügel jenes politische Momentum, das ihm dazu verhalf, die ausgemachte Konfliktlinie zwischen kosmopolitisch-europäischer Öffnung und ethno-kommunitaristischer Abgrenzung (vgl. exemplarisch und mit Blick auf die Schweiz Bornschier/Helbing 2005) als tieferliegenden Konflikt zwischen einem unterdrückenden Machtblock und einem unterdrückten Volk zu transformieren und die Identität des letzteren um das eigene politische Programm zu schließen.

Konstitutiv für diese Universalisierungsleistung ist der Antagonismus zwischen einer ‚anpasserischen, orientierungslosen politischen Klasse' und einem ‚widerständischen, vitalen Volk' (vgl. exemplarisch Blochers (1992) Albisgüetli-Rede von 1992). Diese Wir-Sie-Unterscheidung schafft einen binär strukturierten Identifikationsraum, in dem sich die EU und die proeuropäischen politischen, kulturellen und wirtschaftlichen Eliten auf der einen Seite und die EU-Kritiker und die SVP auf der anderen Seite als diametrale politische Entitäten begegnen. Die wiederkehrenden Zuschreibungen der beiden antagonistischen Pole lauten: zentralstaatlich vs. föderalistisch, harmonisierend-etatistisch vs. liberal, sozialistisch-gleichmacherisch vs. freiheitlich, expansiv-großstaatlich vs. friedlich-kleinstaatlich, bürokratisch vs. direktdemokratisch, redistributiv vs. selbstverantwortlich, bürokratisch vs. demokratisch, konstruiert vs. organisch und intellektuell vs. bodenständig (vgl. ausführlich bereits Hildebrand 2017, S. 228). Bei den selbstbeschreibenden, positiven Attributen handelt es sich einerseits um etablierte Gemeinschaftssemantiken des Schweizer Patriotismus (föderalistisch, direktdemokratisch, kleinstaatlich, freiheitlich, friedlich), andererseits um die liberalkonservativen Leitbegriffe der Zürcher SVP (selbstverantwortlich, gewachsen, organisch, bodenständig). Die Äquivalenz dieser Elemente ist eine rein negative. Ihre interne Kohäsion gründet auf der Präsenz der EU und der proeuropäischen Eliten, die die volle Entfaltung der gemeinsam artikulierten Elemente verhindern. Dabei erscheint ausgerechnet die EU, die marktschaffende „nega-

---

14 Diesen Schluss legt die empirische Abstimmungsanalyse von Hanspeter Kriesi, Claude Longchamp, Florence Passy und Pascal Sciarini nahe (vgl. Kriesi u.a. 1993, S. 4f.).

tive" Integrationsschritte forciert und marktregulierende „positive" Integrations-schritte erschwert (vgl. Scharpf 1999, S. 49), in diesem Diskurs als „Rezidiv" (Hildebrand 2017, S. 221) eines imperialistisch-expansiven Staatssozialismus, der darauf zielt, die Bürgerinnen und Bürger einer obrigkeitsstaatlichen Bürokratie zu unterwerfen und für ein mentalitätsgeschichtlich verankertes Großmachtstreben europäischer Intellektueller einzuspannen (vgl. Blocher 1992b). Die EU-Kritik des Zürcher SVP-Flügels schreibt demnach den anti-sozialistischen Diskurs des bürgerlichen Lagers fort.

Entscheidend ist jedoch, dass der Antagonismus nicht lediglich reproduziert, sondern reartikuliert wird, wodurch sich die Identität der äquivalentiell artikulierten Elemente transformiert. Im Unterschied zum historischen Anti-Sozialismus, in dem sich die bürgerlichen Parteien allenfalls graduell unterschieden, sprengt der Konflikt um die Europäische Integration dieses politische Lager. Da CVP und FDP bis zum Scheitern der Volksabstimmung „Ja zu Europa" im Jahr 2001 am Ziel der EU-Mitgliedschaft festhielten, erwies sich die Europapolitik als ideales Politikfeld, um die Kritik an einer ‚etatistischen', ‚unfreiheitlichen' und ‚undemokratischen' Linken auf das gesamte politische Establishment zu übertragen, das die Europäische Integration gegen den Willen und hinter dem Rücken des Volkes weiter vorantreibt (vgl. exemplarisch Blocher 1997, S. 11ff. sowie Blocher 1999, S. 3f.). Die verschwörungstheoretisch imaginierte Äquivalenzlogik wirkt sowohl im Innen als auch im Außen, wo die ideologisch heterogenen Elemente des proeuropäischen Lagers zum demokratie- und volksverachtenden Machtkomplex der ‚Linken und Netten' verdichtet und anhand eines wiederkehrenden mentalitätsgeschichtlich verankerten Antagonismus zwischen einer friedlichen, freiheitlich-demokratischen Schweiz und europäisch-autoritärem Großmachtstreben sinnhaft gemacht werden (vgl. exemplarisch Blocher 1999 sowie Mörgeli 2000). Diese Rhetorik evoziert einen popularen Bruch, der die sedimentierten Konfliktlinien des politischen Raumes transzendiert und der SVP erlaubt, einen Alleinvertretungsanspruch gegenüber dem Sonderfall zu postulieren.

In diesem gegenhegemonialen Diskurs ist es die direkte Demokratie, die die Konkordanz als spezifische Differenz des schweizerischen Sonderfalls ablöst. Nicht mehr Pragmatismus, Kompromiss, Konsens und Ausgleich garantieren das Gelingen des politischen Gemeinwesens, sondern der entschiedene Widerstand des Volkes, der sich dank direkter Demokratie als wirkmächtiger Mechanismus gegen die entfremdeten politischen, wirtschaftlichen und kulturellen Eliten entpuppt. Der Sonderfall erfährt somit *einerseits* eine Bedeutungsöffnung. In dem Maße, wie die Verknüpfung der politischen Schweiz mit ausgleichs- und kompromissorientierten Handlungsimperativen im konkordanzdemokratischen Sonderfalldiskurs gelöst und mit der binären Logik der direktdemokratischen Pro-oder-Contra-Entscheidung artikuliert wird, öffnet sich der neue, um die Zürcher SVP zentrierte Sonderfalldiskus für fundamentaloppositionelle Forderungen. Die inhaltliche Unbestimmtheit des postulierten Antagonismus von „Anpassung und Widerstand" (Blocher 1992a), mit dem insbesondere Blocher für die Reorganisation des Sonderfalls politisiert, generalisiert seine politische Agenda. In dem Maße wie Blocher ein orientierungsloses politisches Establishment zu einem „homogene[n] Bevormundungskartell" (Priester 2012, S. 9) zusammenschließt, verwandelt sich die widerständische SVP in eine Projektionsfläche „für marginalisierte Forderungen und Ideologien unterschiedlicher Couleur" (vgl. Hildebrand 2017, S. 239) – mithin auch für politische Identitäten, die das symbolische Kapital der SVP als langjähriger, verantwortungsvoller Regierungspartei und als genuin schweizerischer politischer Kraft unterminieren.

Andererseits lässt sich gerade anhand von Blochers politischen Interventionen beobachten, wie der SVP- Diskurs die relative Offenheit des gegenhegemonialen Sonderfalldiskurses schließt. Diese Tendenz zu einer schließenden Bedeutungsfixierung der populistischen Äquivalenz verstärkt sich Ende der 1990er Jahre im Kontext der Debatten um die Rolle der Schweiz im Zweiten Weltkrieg. Die Ergebnisse des von der US-Regierung in Auftrag gegebenen *Eizenstat*-Berichts und der vom Bundesrat eingesetzten *Bergier*-Kommission hatten die Verstrickungen des schweizerischen Bankensektors mit den Ökonomien der Achsenmächte offengelegt und das Selbstbild einer wehrhaften, unabhängigen Schweiz, die dem Faschismus getrotzt und ihre liberaldemokratisch-humanitäre Tradition verteidigt habe, in eine tiefe Identitätskrise gestürzt.

In den einschlägigen geschichts- und erinnerungspolitischen Deutungskämpfen war es insbesondere Blocher (1997, S. 20), der das traditionelle Image der Schweiz gegen die „Selbstgerechten, Heuchler und andere Moralisten" verteidigte und anhand der vertrauten populistischen Differenz von ‚elitärer Anpassung' und ‚popularem Widerstand' variierte. Nicht anders als heute, so die Pointe von Blochers komplexer Erzählung, wollten die „Regierenden" – teils aus Schwäche und Furcht, teils aus offener Bewunderung für den ‚massengesellschaftlichen' Aufbruch des faschistischen Europas – gemeinsame Sache mit den Achsenmächten machen und forderten daher „die Anpassung an die uns umgebende Großmacht, eine sofortige und stramme Ausrichtung an das sogenannte ‚neue Europa' (wie oft wurde doch in der Geschichte und – auch heute wieder – mit einem ‚neuen Europa' hantiert)" (Blocher 1997, S. 11). Entscheidend aber sei, dass

> solche Tendenzen heute ebenso scheitern wie damals; scheitern am Selbständigkeitsdrang, am Widerspruchgeist, an einer gewissen Eigenbrötelei des Schweizers, scheitern an der vielfältigen politischen Kultur unseres Landes, am Föderalismus und an der Volkssouveränität, die wir nicht preisgeben dürfen. (Blocher 1997, S. 11)

Zum Knotenpunkt des SVP-Diskurses avanciert in diesen geschichtspolitischen Deutungskämpfen eine als organizistisch und naturhaft vorgestellte Heimat, die sich von einem äquivalentiell komponierten Bedrohungskomplex aus äußeren und inneren Feinden umstellt sieht. Dazu gehören ‚geldgierige' jüdische Weltorganisationen, ein massengesellschaftlich verankerter Egalitarismus und Universalismus, der natürliche Unterschiede beargwöhne, vor allem aber ein mentalitätsgeschichtlich begründetes Großmachtstreben der europäischen Anrainerstaaten, dessen wiederkehrende Manifestationen in Form vielfältiger politischer Projekte bei den schweizerischen politischen, wirtschaftlichen und kulturellen Eliten Bewunderung finde. Dabei versuchten letztere, aus der Diffamierung des Schweizervolkes und seiner Heimatgefühle kulturelles Kapital zu generieren.

Dieser binäre Diskurs wird durch die Metaphorik des Parasitären strukturiert. Sie führt die beiden Dichotomien ‚nützlich/schädlich' und ‚zugehörig/nicht-zugehörig' zusammen und ordnet diskursive Praktiken, aber auch Gruppen von Menschen dem einen oder anderen Pol zu. Die rhetorische Figur differenziert nicht nur ein zugehöriges Innen von einem fremden, infektiösen Antagonisten. Sie scheidet auch das gesunde Mark des Volkes von befallenen Arealen (vgl. zur diskursstrukturierenden Funktion der Metaphorik des Parasitären bereits Hildebrand 2017, insb. S. 183). An diesem Punkt wird der ideologische Bruch mit dem differenzlogisch komponierten Paradigma der Konkordanz manifest: Es geht gerade nicht darum, internalisierte Differenzen durch die Konsens- und Kompromissbildung zu absorbieren. Die metaphorisch imaginierte Gemeinschaft muss vielmehr alles Nicht-Zugehörige ausscheiden, möchte sie eine vermeintlich organisch angelegt Identität wiedererlangen.

Auf diese Weise knüpft der SVP-Diskurs um die Jahrtausendwende den inhaltlich offenen Bruch zwischen Herrschenden und Beherrschten respektive zwischen ‚orientierungslosem Establishment und vitalem Volk', der sich als Streit zwischen konkordanzdemokratischem Elitismus und direktdemokratischem Populismus manifestiert, an einen reaktionären *heartland*-Mythos, der jede Form von Kritik als feindlichen Akt stigmatisiert und das Volk als naturwüchsig-organischen *locus amoenus* repräsentiert, an dem jeder auf „unterschiedlichen Stufen unseres Gemeinwesens Verantwortung" (Mörgeli 1999) übernimmt. Durch die Imagination eines wohlgeordneten Sehnsuchts- und Ursprungsortes immunisiert der *heartland*-Mythos die populare Identität gegen alternative, gegenhegemoniale Reartikulationen. Er füllt die leeren Signifikanten ‚Widerstand' und ‚direkte Demokratie' mit einem reaktionären „differentialistischen Nativismus" (Betz 2003, S. 195),[15] der alles Nicht-Indigene als fremd, bedrohlich und parasitär diffamiert und vom legitimen Streit um die Repräsentation der politischen Gemeinschaft zu exkludieren versucht. Die demokratietheoretische Problematik dieser Schließung besteht nicht nur darin, dass diese die intermediären politischen Institutionen der Konkordanz als überflüssig rahmt. Sie

---

15 Ähnliches beobachtet Seongcheol Kim (2017) auch mit Blick auf den Diskurs der AfD. Auch deren Rechtspopulismus schließt die populistische Äquivalenz durch naturalisierende Komplementierungen des Oben-Unten-Gegensatzes und imaginiert dergestalt ein differenzlogisch konstruiertes (und gleichzeitig antagonistisch blockiertes) ‚Post-Politikum'.

gründet darin, dass sie Alternativität und Gestaltbarkeit als Abweichung repräsentiert und Politik somit als Störung einer vorpolitischen Ordnung geltend macht.

Die relative Offenheit des populistischen Antagonismus zwischen popularem Widerstand und elitärer Anpassung wird essentialistisch nach der nativistischen Logik von indigen vs. fremd geschlossen; die Vagheit des spezifisch populistischen Oben-Unten-Gegensatzes durch konservative und ethno-kommunitaristische Gemeinschaftssemantiken supplementiert, wodurch sich der Antagonismus in eine stabile Grenze zwischen zwei dinghaften Entitäten verwandelt. Ein organisch-wohlgeordnetes ‚Wir', das den ursprünglichen, vor-staatlichen, mikrosozialen Sozialisationsräumen der Familie, des Hofes, des Vereins, der Gemeinde und ihren ‚natürlichen' Hierarchien entwächst, steht einem artifiziellen ‚parasitären ‚Sie' aus Intellektuellen, Heimatverdrossenen und kosmopolitischen Eliten gegenüber, das seine symbolischen und ökonomischen Kapitalerträge aus der Denunziation des ‚Wir' erzielt und das Schweizervolk nach europäischem Vorbild im Rahmen eines massengesellschaftlichen Parteien- und Verbändestaates gleichschaltet und entmündigt (vgl. exemplarisch Blocher 1999, insb. S. 6).[16]

Diese essentialisierenden Stabilisierungen der populistischen Spaltung im Rahmen nativistischer Selbst- und Fremdbeschreibungen verstärkt sich im Zuge anti-migrantischer und anti-islamischer Offensiven in den 2000er Jahren. Einerseits erscheint der Islam gleich der EU als inkompatibles Anderes, dessen Expansion gleich jener der EU von den eigenen politischen Eliten gegen den Willen des Volkes forciert wird. Andererseits erfährt der SVP-Diskurs in diesen Kämpfen eine Öffnung bzw. eine Europäisierung. Die Äquivalenzkette, die gegen einen ‚vormodernen, voraufgeklärten, fundamentalistischen Islam' geschmiedet wird, inkludiert nicht mehr ausschließlich ‚genuin schweizerische' Elemente wie Kleinstaatlichkeit, Unabhängigkeit, Neutralität, direkte Demokratie und Föderalismus, sondern auch christlich-abendländische, aufklärerische, säkulare, westlich-europäische Semantiken und wird damit (mithin gegen den Willen der Parteiführung) in Verbindung zu anderen rechtspopulistischen Parteien gebracht. Während die essentialisierende Begründung des Antagonismus erhalten bleibt, sorgt seine inhaltliche Füllung dafür, dass der schweizerische Nationalismus durch einen europäischen „Zivilisationismus" (vgl. Brubaker 2017) partiell überformt wird. So entpuppt sich die neue antagonistische Grenze gegenüber dem Islam für die anti-europäische DNA des SVP-Populismus auch als konkurrierende Schließung, die die Selbstbeschreibung als spezifisch schweizerisches politisches Projekt zu dislozieren droht.[17]

---

16 Allgemein zur Zentralität des Topos der Masse in konservativen Zeitdiagnosen vgl. Thies 2013.
17 Dass sich europäische rechtspopulistische Parteien öffentlich mit den anti-islamischen Volksinitiativen der SVP solidarisierten, verstärkte diese Tendenz.

Gleichzeitig lässt sich etwa im Kontext der Minarett-Initiative beobachten, wie der SVP-Diskurs den horizontalen Antagonismus zwischen ‚Europa' und ‚Islam' resorbiert und als episodischen „Verdichtungspunkt" (vgl. ausführlich Hildebrand 2017, S. 311ff.) des tieferliegenden Konflikts zwischen Volk und Elite handhabt. Dass die Gegner der Minarett-Initiative im Anschluss an die Volksabstimmung in Erwägung zogen, die direktdemokratische Entscheidung durch eine Klage beim Europäischen Gerichtshof für Menschenrechte auszuhebeln, erlaubt der SVP, den Minarett-Streit als Episode des Antagonismus zwischen nationaler Demokratie und ‚fremdem Recht' geltend zu machen und das der liberalen Demokratie eingeschriebene Spannungsverhältnis zwischen Gleichheit und Freiheit zu reorganisieren. Die liberale Idee der Unveräußerlichkeit universeller Menschenrechte erscheint dabei als „Politik von oben und außen" (Engeler/Gut 2009). Sie zielt darauf, das demokratische Souveränitäts- und Gleichheitsprinzip, das sich im ungefilterten *one-person-one-vote*-Mechanismus der direktdemokratischen Volksabstimmung manifestiert, auszuhöhlen und ein „Volk, das noch an demokratische Entscheide geglaubt hat, das leidenschaftlich debattiert, treu an die Urnen marschiert und auf das Resultat wartet" (Engeler/Gut 2009), mithilfe von „fremden Richtern in Straßburg" (Blocher 2010, S. 5) zu entmachten. Dabei wird auch dieses Konfliktszenario historisch fundiert und an die ursprüngliche Zweckbestimmung des politischen Gemeinwesens rückgekoppelt:

> [D]ie Schöpfer unseres Bundesstaates haben sehr wohl gewusst, welches die beiden wichtigsten Grundsäulen unseres Staates sind! Die Souveränität gegen Innen und Aussen. Darum sind die Bürger in den Mittelpunkt zu stellen. Sie und nicht die Regierenden und nicht die Verwaltungsbeamten! […] Darum stehen die Freiheitsrechte des Einzelnen im Mittelpunkt der Verfassung: also die Meinungsfreiheit, Pressefreiheit, Gedanken- und Gewissenfreiheit, Handels- und Gewerbefreiheit, die Niederlassungsfreiheit, die Eigentumsfreiheit, die Glaubens- und Gewissensfreiheit. […] All dies sind in erster Linie Rechte der Bürger gegenüber der staatlichen Obrigkeit. Darum soll die Freiheit der Bürger geschützt werden gegenüber den staatlichen Eingriffen – auch und gerade der Richter. (Blocher 2010, S. 5)

Hier wird exemplarisch deutlich, wie der SVP-zentrierte Populismus den liberal-demokratischen A(nta)gonismus zwischen individuellen Freiheitsrechten und politischer Souveränität und Gleichheit vernäht. Blochers Rekonstruktion konturiert die in den Volksrechten verankerten negativen Freiheiten nicht primär gegen potentiell totalitäre demokratische Mehrheiten des Referendums, sondern gegenüber der ‚staatlichen Obrigkeit', der auch und gerade die Judikative zugeschlagen wird. Die potentiell a(nta)gonistischen Differenzen im Innen des SVP-Populismus werden zu einem liberal-konservativen Populismus zusammengeschlossen. Als konstitutiv für die Binnenkohäsion des Diskurses erweist sich die Präsenz eines antagonistischen Anderen. Erst die Imagination eines elitären Bedrohungskomplexes, der das Wir davon abhält, sein volles Potential zu entfalten, begründet eine populare Äquivalenzkette, die konservative, liberale, aber auch widerständische und demokratische Elemente im Rahmen einer ethno-kommunitaristischen Widerstandsideologie bündelt und der direkten Demokratie eine defensiv-restaurative Bedeutung zuschreibt.

5. Anti-politischer Populismus

Die SVP kann somit sowohl in strategischer als auch in programmatischer Hinsicht als (unfreiwillige) Avantgarde eines ethno-kommunitaristischen, neurechten Populismus verstanden werden. Anhand des Aufstiegs der Partei lässt sich exemplarisch beobachten, wie rechtspopulistische politische Projekte eine zukunftsorientierte, neoliberale Deregulierungspolitik und eine vergangenheitsorientierte, nationalkonservative Erinnerungs- und Geschichtspolitik kombinieren, indem sie diese beiden Diskursstränge gegen einen antagonistischen Bedrohungskomplex in Stellung bringen, der neben den konkurrierenden Parteien, auch Intellektuelle, Kulturschaffende, sozial Schwache und Migranten insbesondere muslimischen Glaubens umfasst. Zusammengehalten wird diese prekäre Äquivalenz von einem *heartland*. Dieses *heartland* plausibilisiert nicht nur den zweifachen Antagonismus gegenüber etablierten Eliten und sozial marginalisierten Gruppen. Der vorpolitische Ursprungs- und Sehnsuchtsort setzt der populistischen Äquivalenz enge Grenzen und wirkt der äquivalenzlogisch erzielten Überdeterminierung entgegen, indem er deren Bedeutungsspektrum anhand einer differenzlogisch komponierten Ur-Schweiz schließt, in der jedes Element die für es vorgesehene Position einnimmt. Während die Äquivalenzlogik im Innen durch diesen Mythos supplementiert wird, sind der Äquivalenz im Außen kaum Grenzen gesetzt. Hier gehen Ökologie, Feminismus, Islam, Sozialliberalismus, öffentlicher Rundfunk, Arbeitsmigranten, sozial Bedürftige, Europa, Kommunismus, Nationalsozialismus, die Habsburger Monarchie und der Bonapartismus Hand in Hand. Sie bezeichnen alle dasselbe, die Zugehörigkeit zu einem parasitären Anderen, das von dem demokratischen Streit um Teilhabe und Mitbestimmung ausgeschlossen werden muss, wenn das Volk seine volle Identität entfalten soll. Die für den Populismus konstitutive binäre Spaltung zwischen Oben und Unten bleibt somit erhalten, die relative Deutungsoffenheit seiner identitätsstiftenden Symbole wird jedoch durch den anti-politischen Mythos einer organischen, wohlgeordneten Gemeinschaft geschlossen. Entdifferenzierend, nivellierend und deutungsöffnend wirkt dieser Diskurs primär im Außen.

Auch wenn die Evokation des Politischen im SVP-Populismus die institutionalisierten Konfliktbearbeitungsmechanismen eines vernunfts- und konsenszentrierten politischen Systems an seine Grenzen führt, rührt die Gefährdung der Demokratie durch diese Form des Populismus nicht von Polarität und Exklusion als solchen. Als problematisch erweist sich nicht die populistische Spaltung als solche. Demokratiegefährdend sind vielmehr die kuturessentialistischen Schließungen, die diese Spaltung fundieren und die Kontingenz dieser Operationen verdecken. Erst die Naturalisierung der Wir-Sie-Unterscheidung suspendiert die sozial konstruierte Natur und somit auch die demokratische Verhandelbarkeit und Reversibilität der gesellschaftlichen Ausschlüsse. Die demokratietheoretische Problematik des SVP-Diskurses im Spezifischen und des neuen Rechtspopulismus im Allgemeinen gründet folglich nicht auf der populistischen Spaltung als solcher, sondern vielmehr auf der kulturrassistischen Begründung, die diese Spaltung naturalisiert. Sie rührt von einer ethnopluralistischen Gemeinschaftsfiktion, die vielfältige Deprivationserfahrungen, -sorgen oder -ängste auf eine naturhafte, inkompatible Andersartigkeit projiziert. Dieser zutiefst anti-politische Diskurs blockiert die Expansion einer selbst agonistisch verfassten „Gleichfreiheit"[18]. In anderen Worten: Nicht der binäre Diskurs des Populismus als solcher, nicht die Infragestellung eines etablierten Repräsentationsregimes und nicht die Skandalisierung des „Abstandes" (vgl. Rancière 2002, insb. S. 99f.) zwischen einer hierarchisch strukturierten Bevölkerung und dem Volk als Projektionsfläche von politischer Gleichheit und Selbstbestimmung, sondern die ethno-kommunitaristische „Stigmatisierung und [...] Exklusion von Trägern der [...] ‚Fremdheit'" (Balibar 2012, S. 63) als antagonistische Andere einer harmonistischen, differenzlogischen *heartland*-Ideologie erweisen sich als bedrohlich für Demokratie und Pluralismus. Diese Differenzierung droht in dem anti-populistischen *Unisono* des medialen und sozialwissenschaftlichen Mainstreams, das den Antagonismus von Volk und Elite als pluralismusfeindlich und voraufgeklärt brandmarkt, bisweilen zu verschwinden.

---

18 Für Balibar (2012, insb. S. 93ff.) sind Freiheit und Gleichheit zwar gleichursprünglich, aber nicht identisch. Sie stehen – ähnlich wie in Chantal Mouffes (2008[2000], insb. S. 56f.) agonistischer Demokratie – in einem unbestimmten Spannungsverhältnis, das nur in politischen Kämpfen provisorisch konkretisiert werden kann.

Literatur

Albertazzi, Daniele, 2008: Switzerland: Yet Another Populist Paradise. In: Ders./McDonnell, Duncan (Hrsg.): Twenty-First-Century Populism: The Spectre of Western European Democracy, Basingstoke, S. 100–118.

Altermatt, Urs, 1994: Ausbruchsversuche aus dem Korsett der Konkordanz. Essay zur Schweizer Politik am Ende des 20. Jahrhunderts. In: Ders. et al. (Hrsg.): Rechte und linke Fundamentalopposition. Studien zur Schweizer Politik 1965-1990, Basel/Frankfurt a. M., S. 3–29.

Armingeon, Klaus, 1996: Konkordanz, Sozialpartnerschaft und wohlfahrtstaatliche Politik in der Schweiz im internationalen Vergleich. In: Linder, Wolf et al. (Hrsg.): Schweizer Eigenart – eigenartige Schweiz. Der Kleinstaat im Kräftefeld der europäischen Integration, Bern, S. 69–84.

Balibar, Étienne, 2012: Gleichfreiheit, Frankfurt a.M.

Bernhard, Laurent/*Kriesi*, Hanspeter/*Weber*, Edward, 2016: The populist discourse of the Swiss People's Party. In: Kriesi, Hanspeter/Pappas, Takis S. (Hrsg.): European populism in the shadow of the Great Recession, Colchester, S. 125–140.

Betz, Hans-Georg, 2003: Xenophobia, identity politics and exclusionary populism in Western Europe. In: Panitch, Leo/Leys, Colin (Hrsg.): Socialist Register 2003. Fighting Identities: Race, Religion and Ethno-Nationalism, London, S. 193–210.

Ders., 2012: Zwischen Fundamentalopposition und Konkordanz. Die Schweizer Volkspartei seit 1991. In: Sir Peter Ustinov Institut (Hrsg.): Populismus. Herausforderung oder Gefahr für die Demokratie? Wien, S. 91–110.

Blocher, Christoph, 1992a: Anpassung und Widerstand. In: Schweizerzeit, H. 3, 21.2.1992.

Ders., 1992b: Der EWR-Vertrag – eines freien Volkes unwürdig. In: „Schweizerzeit"-Schriftenreihe, H. 12.

Ders., 1997: Die Schweiz und der Zweite Weltkrieg. Referat in Zürich-Oerlikon 1.3.1997. In: „Schweizerzeit"-Schriftenreihe, H. 26, S. 5–39.

Ders., 1999: Unsere Politik im 21. Jahrhundert. Albisgüetli-Rede 1999, 15.1.1999. URL: http://www.blocher.ch/uploads/media/990115albis.pdf (Letzter Zugriff am 9.10.2019).

Ders., 2010: Wie die politische Elite die Schweiz zugrunde richtet. Albisgüetli-Rede 2010, 15.1. 2010. URL: https://www.blocher.ch/wp-content/uploads/pdf_assorted/albisgueetlired e_2010.pdf (Letzter Zugriff am 11.10.2019).

Bornschier, Simon/*Helbing*, Marc, 2005: Stabilität und Wandel von Parteiensystemen und die Konfliktlinie zwischen Öffnung und Abgrenzung. Der theoretische Ansatz. In: Kriesi, Hanspeter et al. (Hrsg.): Der Aufstieg der SVP. Acht Kantone im Vergleich, Zürich, S. 11–40.

Brubaker, Rogers, 2017: Between nationalism and civilizationism: the European populist moment in comparative perspective. In: Ethnic and Racial Studies 40:8, S. 1191–1226.

Deutsch, Karl W., 1976: Die Schweiz als ein paradigmatischer Fall politischer Integration. Bern.

Eberle, Thomas S., 2007: Der Sonderfall Schweiz aus soziologischer Perspektive. In: Ders./Imhof, Kurt (Hrsg.): Sonderfall Schweiz, Zürich, S. 7–24.

Ders./Imhof, Kurt (Hrsg.), 2007: Sonderfall Schweiz, Zürich.

Engeler, Urs P./*Gut*, Philip, 2009: Politik aus dem Hinterhalt. In: Die Weltwoche, H. 49, 2.12.2009.

Hermann, Michael et al., 2019: SRG-SRS-Wahltagsbefragung. Eidgenössische Wahlen 2019. URL: https://www.swissinfo.ch/blob/45314394/b8f2ce21806a6db32ab027994a0cd695/nac hwahl-befragung-2019-data.pdf (Letzter Zugriff am 10.10.2019).

Hildebrand, Marius, 2017: Rechtspopulismus und Hegemonie. Der Aufstieg der SVP und die diskursive Transformation der politischen Schweiz. Bielefeld.

Imhof, Kurt, 2007: Sonderfalldiskurse und Pfadabhängigkeit. Der Fall Schweiz. In: Eberle, Thomas S./Ders. (Hrsg.): Sonderfall Schweiz, Zürich, S. 25–55.

Kim, Seongcheol, 2017: The populism of the Alternative for Germany (AfD): an extended Essex School perspective. In: Palgrave Communications 3:5, S. 1–11.

Kobach, Kris W., 1993: The Referendum. Direct democracy in Switzerland. Darmouth.

Kriesi, Hanspeter, 2005: Einleitung. In: Kriesi, Hanspeter et al. (Hrsg.): Der Aufstieg der SVP. Acht Kantone im Vergleich, Zürich, S. 1–10.

Ders./Longchamp, Claude/*Passy*, Florence/*Sciarini*, Pascal, 1993: Analyse der eidgenössischen Abstimmung vom 6. Dezember 1992. Bern.

Laclau, Ernesto, 2005: On populist reason. London.

Ders., 2002[1996]: Emanzipation und Differenz. Wien.

Ders./Mouffe, Chantal, 2012[1985]: Hegemonie und radikale Demokratie. Zur Dekonstruktion des Marxismus. Wien.

Marchart, Oliver, 2010, Die politische Differenz: Zum Denken des Politischen bei Nancy, Lefort, Badiou, Laclau und Agamben. Berlin.

Mazzoleni, Oscar, 2003, Nationalisme et populisme en Suisse. La radicalisation de la „nouvelle UDC". Lausanne.

Mörgeli, Christoph, 1999: Die Arroganz der Wahlverlierer. In: Schweizerzeit, H. 26, 2.12.1999.

Ders., 2000: Der Kleinstaat und die Ideologie des Großräumigen. In: Schweizerzeit H. 27, 24.11.2000. URL: http://www.schweizerzeit.ch/2700/leit.html (Letzter Zugriff am 5.9.2015).

Mouffe, Chantal, 2005: The „end of politics" and the challenge of Right-Wing Populism. In: Panizza, Francisco (Hrsg.): Populism and the mirror of democracy, London, S. 50–71.

Dies., 2008[2000]: Das demokratische Paradox. Wien.

Papadopoulos, Yannis, 2005: Populism as the other side of consociational multi-level democracies. In: Caramani, Daniele/Mény, Yves (Hrsg.): Challenges to consensual politics. Democracy, identity, and populist protest in the Alpine region, Brüssel, S. 71–82.

Priester, Karin, 2012: Wesensmerkmale des Populismus. In: Aus Politik und Zeitgeschichte, H. 5-6, S. 3–9.

Rancière, Jacques, 2002: Das Unvernehmen. Politik und Philosophie. Frankfurt a.M.

Scharpf, Fritz, 1999: Regieren in Europa. Effektiv und demokratisch? Frankfurt a.M.

Skenderovic, Damir, 2007: Das rechtspopulistische Parteienlager in der Schweiz. Von den Splitterparteien zur Volkspartei. In: Traverse. Zeitschrift für Geschichte, H. 1, S. 45–63.

Spier, Tim, 2010: Modernisierungsverlierer? Die Wählerschaft rechtspopulistischer Parteien in Westeuropa. Wiesbaden.

Taggart, Paul, 2004: Populism and representative politics in contemporary Europe. In: Journal of Political Ideologies, 9:3, S. 269–288.

Tanner, Albert, 2002: Willensnation versus Kulturnation. Nationalbewusstsein und Nationalismus in der Schweiz. In: Bosshart, Pfluger, Catherine/Jung, Joseph/Metzger, Franziska (Hrsg.): Nation und Nationalismus in Europa. Kulturelle Konstruktion von Identitäten. Festschrift für Urs Altermatt, Frauenfeld, S. 179–203.

Thies, Christian, 2013: Die Masse – ein konservativer Topos der Zeitdiagnose? In: Großheim, Michael/Hennecke, Hans J. (Hrsg.): Staat und Ordnung im konservativen Denken, Baden-Baden, S. 76–91.

Wolin, Sheldon, 1968: Paradigms and political theories. In: Gutting, Gary (Hrsg.): Paradigms and revolutions. Appraisals and applications of Thomas Kuhn's philosophy of science, London, S. 160–191.

Žižek, Slavoj, 1999: Carl Schmitt in the age of post-politics. In: Mouffe, Chantal (Hrsg.): The challenge of Carl Schmitt, London, S. 18–37.

Seongcheol Kim

Zwischen autoritärem Institutionalismus und Populismus. Die illiberal-nationalistischen Staatsprojekte in Ungarn und Polen*

> „Das Volk hat das Recht, auch in einer Demokratie die Regierung zu stürzen, wenn sie gegen den Volkswillen regiert, wenn sie das Existenzinteresse der Menschen gefährdet."

– Viktor Orbán als Oppositionsführer 2007

1. Einleitung

Am 14. April 2018 – sechs Tage nach den Parlamentswahlen, bei welchen die regierende Fidesz-Partei zum dritten Mal in Folge eine Zweidrittelmehrheit der Sitze erlangte – organisierten zivilgesellschaftliche Aktivist_innen eine Anti-Fidesz-Demonstration vor dem Parlamentsgebäude in Budapest unter dem Slogan „Wir sind die Mehrheit!" Bevor es mit den Reden auf der Bühne losging, spielten die Organisator_innen mehrere Kurzvideos an der Leinwand ab, zu denen der Ausschnitt der Orbán-Rede aus 2007 mit dem oben genannten Zitat gehörte. Dann passierte etwas Merkwürdiges: Viele der Versammelten applaudierten und jubelten dem jüngeren Orbán dabei zu, als er seine populistische Verteidigung der Souveränität eines „Volkes" gegen eine für illegitim gehaltene Regierung aussprach. Am 20. April antwortete Orbán auf die Protestierenden mit einem anderen Zitat aus seiner Vergangenheit: „Die Heimat kann nicht in Opposition sein" – die berühmt-berüchtigte Aussage, mit der er nach der eigenen Wahlniederlage 2002 der neuen Regierung die Legitimität abgesprochen hatte und die er nun umdrehte, um das gleiche Manöver gegen seine Regierung zu konterkarieren.[1] Schließlich hatte Fidesz 2010 in einer parlamentari-

---

* Es handelt sich hierbei um eine modifizierte Übersetzung des folgenden Open-Access-Aufsatzes (CC-BY): *Kim*, Seongcheol, 2020: …Because the Homeland Cannot Be in Opposition: Analysing the Discourses of Fidesz and Law and Justice (PiS) from Opposition to Power. In: East European Politics, doi:10.1080/21599165.2020.1791094 (Online First).

1 Orbán (2018a) richtete seine Botschaft insbesondere an Oppositionsfiguren, die sich dem Protest angeschlossen hatten, und hob dabei einen Unterschied zwischen dem Opponieren einzelner Individuen und dem Opponieren im Namen des „Volkes" bzw. der „Heimat" hervor: „Wenn du Politiker bist, musst du dem Land dienen; auch dann, wenn du verlierst, auch dann, wenn du gewinnst, musst du dienen, musst du dort stehen, wo die Menschen dich hinstellen, aber von dort musst du dienen. Man versucht es immer zu verdrehen, aber ich bin weiterhin der Meinung, dass die Heimat nicht in Opposition sein kann. Du kannst in Opposition sein, aber die Heimat niemals".

schen Erklärung bereits festgestellt, dass das ungarische Volk „nach 46 Jahren Besatzung, Diktatur und zwei chaotischen Jahrzehnten des Übergangs" endlich „das Recht und die Fähigkeit zur Selbstbestimmung wiedergewonnen" habe und ein „System Nationaler Kooperation" eingeleitet habe, indem es Fidesz eine Zweidrittelmehrheit im Parlament gegeben habe (Országgyűlés 2010, S. 4).

Diese kurze Sequenz von Sprachspielen (im Sinne diskursiver Praktiken, d.h. Worte in performativer Verbindung mit Handlungen) legt bereits die Notwendigkeit einer konzeptuell differenzierten Betrachtung nahe: nämlich zwischen dem Populismus einerseits und der autoritären Schließung andererseits als Kurzschließung der demokratischen Auseinandersetzung um die Volkssouveränität durch einen exklusiven Anspruch auf diese. Der Orbán von 2007 veranschaulicht, wie Populismus – verstanden als wie auch immer geartete Konstruktion einer antagonistischen Spaltung zwischen Volkssubjekt und Machtblock (z.B. Canovan 1999; Mudde 2004; Laclau 2005a; Stanley 2008; Hawkins 2009) – als „the ideology of democracy" (Canovan 2002) und als „a series of discursive resources" (Laclau 2005a, S. 176) funktionieren kann, die in verschiedene Richtungen einsetzbar werden; im Gegensatz dazu formuliert der Orbán von 2018 einen Alleinvertretungsanspruch gegenüber der Volkssouveränität, um eine Spaltung zwischen Volk und Macht zu leugnen und damit genau diesen Populismus überhaupt nicht erst aufkommen zu lassen. So gesehen verweist das diskursive Nachleben des Orbán-Zitats aus 2002 nicht auf einen notwendigen Zusammenhang zwischen Populismus und Autoritarismus, im Gegenteil: Populismus ist nicht nur in seinem demokratischen oder autoritären Charakter „ambivalent" (Rovira Kaltwasser 2012), sondern auch die Logik der autoritären Schließung kann Populismus entweder nutzen oder auch blockieren.

In diesem Aufsatz wird das kontingente Zusammenspiel von Populismus und autoritärer Schließung am Beispiel zweier Regierungsparteien diskursanalytisch untersucht, die am prominentesten mit dem autoritären „Backsliding" in Europa assoziiert sind: Fidesz in Ungarn und Recht und Gerechtigkeit (PiS) in Polen. Die These lautet, dass beide häufig zitierten Fälle des Autoritarismus – und zunehmend auch des Populismus – auf den kontingenten und dynamischen Charakter der Autoritarismus-Populismus-Beziehung sowie die Wichtigkeit einer differenzierten Betrachtung von Populismus und Nationalismus verweisen. Aufgegriffen wird hierbei ein Verständnis von Populismus als diskursiver Logik (Laclau 2005a, 2005b), die sich vom Institutionalismus einerseits und etwa Nationalismus oder Nativismus andererseits in Bezug auf das Ausmaß bzw. die Art antagonistischer Grenzziehung unterscheiden lässt (Stavrakakis/Katsambekis 2014; De Cleen/Stavrakakis 2017; Stavrakakis et al. 2017), um dann die Diskurstypen zu identifizieren, die die autoritäre Schließung artikulieren. Anhand einer postfundamentalistischen Diskursanalyse im Anschluss an Laclaus Theorie wird argumentiert, dass der Autoritarismus von Fidesz und PiS in verschiedenen diskursiven Kombinationen auftritt: 1) Populismus im Zusammenspiel mit dem Antiliberalismus von PiS (gegen die angebliche Verschwörung der „Netzwerke" und der liberalen Opposition) oder als Sekundärelement bei Fidesz zum Nationalismus (Orbáns „Heimat" von 2002, die gegen eine „fremd"-artige Regierung nicht in Opposition sein darf), Illiberalismus und Nationalismus (Orbáns „illiberaler Staat") oder Illiberalismus, Nationalismus und Nativismus („Stop Soros"); 2) Institutionalismus im Gegensatz zum Populismus (Orbáns „Heimat" von 2018, die gegen seine Regierung nicht in Opposition sein darf); und sogar 3) wohlfahrtsstaatlicher Nationalismus ohne Populismus (der „guter Wandel"-Diskurs der aktuellen PiS-Regierung). Der Analyse geht zunächst eine theoretische Reflexion über das Verhältnis von Populismus und Demokratie voraus.

2. Von Lefort zu Laclau (und Canovan): Populismus als konstitutives Moment der Demokratie

Die Demokratietheorie Claude Leforts (1986, 1990) bildet einen nützlichen Ausgangspunkt für Reflexionen zum Verhältnis von Demokratie und Populismus, indem sie die ebenso konstitutive wie ambivalente Stellung des „Volkes" in der Demokratie in den Vordergrund stellt. Lefort versteht die Demokratie als die Gesellschaftsform, die ihre eigene Gespaltenheit und insbesondere die unauflösbare Distanz zwischen „Volk" und „Macht" anerkennt. Das Paradox der Demokratie besteht darin, dass die Macht angeblich vom „Volk" ausgeht und dennoch letztlich „die Macht von niemandem" ist, denn kein Bewerber um die Macht darf den Anspruch erheben, mit „dem Volk" identisch zu sein und damit alle alternativen Machtansprüche zu versperren (Lefort 1986, S. 279). In der Tat kann die Demokratie nur dann funktionieren, wenn die Macht als „Leerstelle" permanent anfechtbar bleibt und ihre Zusammensetzung immer das kontingente Ergebnis eines „Konflikt[s] der kollektiven Willensäußerungen" darstellt, anstatt mit einer transzendentalen Grundlage wie dem Gottesgnadentum ausgestattet zu werden (Lefort 1990, S. 293f.). Dies bedeutet aber nicht, dass die Demokratie jegliche Vorstellung einer Einheit der Gesellschaft verwirft, im Gegenteil: Gerade deshalb, weil es keine restlose und endgültige Vereinigung der Gesellschaft im Körper des Souveräns geben kann, nimmt der Kampf um die Macht eine umso zentralere Rolle ein – als „jene Instanz, kraft derer die Gesellschaft sich in ihrer Einheit erfaßt und sich in Zeit und Raum auf sich selbst bezieht" (Lefort 1990, S. 293). Mit einer „postfundamentalistischen" (Marchart 2010) Ontologie formuliert: Die Abwesenheit eines Letztgrunds des Sozialen ist eine produktive Abwesenheit, die einen endlosen Wettstreit um partielle Gründungen (d.h. die Politik) zur Folge hat. Die Demokratie lebt von konkurrierenden Repräsentationsansprüchen gegenüber dem Volk – als Konstrukt wohlgemerkt, „whose identity will constantly be open to question" (Lefort 1986, S. 304) – solange dabei keiner den Anspruch erhebt, dass wir *und nur wir* „das Volk" legitim vertreten dürfen und durch die eigene Machtübernahme eine endgültige Einheit von Volk und Macht herbeiführen werden. Der „Totalitarismus" nach Lefort gründet auf ebendiesem Anspruch, dass sich das Volk vollständig mit der Macht versöhnen und wieder permanent in einem Führer verkörpern lässt: Somit wird die Schleife demokratischer Auseinandersetzung zwischen konkurrierenden Repräsentationsansprüchen kurzgeschlossen und außer Kraft gesetzt.

Jan-Werner Müller (2016, S. 20) versteht einen solchen „moralischen Alleinvertretungsanspruch" gegenüber „dem Volk" als Definitionsmerkmal des Populismus, der damit in die Nähe eines Synonyms für den Totalitarismus im Lefortschen Sinne rückt: Müller (2014, S. 488) selbst verweist auf eine „Affinität" zwischen den beiden Begriffen, denn sowohl im einen als auch im anderen geht es um „the image of a pre-procedural people, as represented by a party or a single leader [...] seek[ing] to occupy democracy's empty space of power". So wird die Frage nach dem Verhältnis von Demokratie und Populismus leicht beantwortet: Nicht nur jeder Populismus ist autoritär (bzw. totalitär nach Lefort), sondern auch jeder Autoritarismus, der sich affirmativ auf „das Volk" bezieht (was wohl auf die meisten Autoritarismen heute zutrifft), wäre auch populistisch. Andere Theoretiker_innen des Populismus wie etwa Margaret Canovan und Ernesto Laclau haben jeweils aus einem an Lefort angelehnten Demokratieverständnis ganz andere Schlussfolgerungen gezogen: Dass der Populismus nämlich eine Art und Weise der Austragung der Volk-Macht-Differenz darstellt, auf der die Demokratie gründet – und dass eine totalitäre Kurzschließung dessen ein mögliches, aber bei weitem nicht das einzig mögliche Ergebnis ist. Für Canovan (2002) ist Populismus zunächst ganz einfach „the ideology of democracy", deren „professed aim is to cash in democracy's promise of power to the people" (Canovan 1999, S. 2); dabei betont Canovan (2002, S. 41) in ihrer Lefort-Lektüre, dass Populismus mit seinem „craving for transparency in the exercise of popular sovereignty must harbour totalitarian possibilities" – genauso aber wie die Demokratie, solange diese auf dem (konstitutiv unvollständigen) Versprechen der Volkssouveränität fußt. Für Laclau (2005a, S. 154) wiederum gilt: Bildet die Politik einen unabschließbaren Kampf um Hegemonie zwischen konkurrierenden Konstruktionen des Sozialen, so ist Populismus „the political act *par excellence*": das Moment der Einrichtung des Sozialen anhand einer Spaltung zwischen „dem Volk" als solchen und der Macht. Insofern gilt sogar: „the end of populism coincides with the end of politics" (Laclau 2005b, S. 48), denn die Politik in einer Demokratie setzt die permanente Möglichkeit voraus, die Volk-Macht-Differenz zu aktivieren und „das Volk" gegen konstituierte Formen der Macht zu reklamieren. Der Totalitarismus im Lefortschen Sinne würde dann eintreten, wenn dieses Reklamieren in exklusiver und totalisierender Manier artikuliert würde, so dass die Möglichkeit alternativer Vertretungsansprüche negiert und die Distanz zwischen Volk und Macht als Voraussetzung demokratischer Politik kurzgeschlossen wird. Eine solche Leugnung der Kontingenz, die ein erhöhtes Potenzial für Autoritarismus nahelegt, kennzeichnet wiederum jene Diskurse, die „das Volk" als transzendental-vorpolitische Essenz naturalisieren (z.B. ethnonationalistisch) und nicht nur in populistischer Manier gegen einen Machtblock konstruieren (Stavrakakis/Katsambekis 2014; Möller 2017; Stavrakakis et al. 2017).

Kurzum: Im Anschluss an Canovan und Laclau ist Populismus als allgemeine Operation der Konstruktion eines „Volkes" gegen einen Machtblock bereits im Gründungsversprechen – im „symbolischen Dispositiv" (Lefort 1992) – der Demokratie angelegt; ob diese von bestimmten Formen des Populismus aufrechterhalten oder außer Kraft gesetzt wird, bleibt allerdings kontingent. Populismus bringt immer eine Aktivierung des demokratischen Dispositivs mit sich, kann dieses aber auch subvertieren und die demokratische Öffnung in autoritäre Schließung überführen, wenn der Bezug zum „Volk" exklusiv und totalisierend wird. In diesem Zusammenhang versteht Arditi (2005) Populismus als „Symptom", das sowohl internes Moment als auch eine Grenze der Demokratie darstellt; folglich lässt sich das Verhältnis von Populismus und Demokratie als „unentscheidbar" (Arditi 2005) bzw. „ambivalent" (Rovira Kaltwasser 2012) bezeichnen, wobei eine erhöhte Möglichkeit des Autoritarismus dann auftritt, wenn der Populismus mit einer naturalisierenden Volkskonstruktion verknüpft und in dieser Hinsicht „exklusionär" (Mudde/Rovira Kaltwasser 2013) wird (vgl. auch Möller 2017).

Populismus als analytisches Konzept im Anschluss an Laclau (2005a, 2005b) lässt sich vom Institutionalismus einerseits und etwa vom Nationalismus oder Nativismus andererseits in Bezug auf das Ausmaß bzw. die Art antagonistischer Grenzziehung unterscheiden. Das kennzeichnende Merkmal des Institutionalismus nach Laclau ist die Konstruktion eines differenzlogischen und damit nicht-antagonistischen Verhältnisses zwischen Forderungsstellern und -adressaten: Nach der *Logik der Differenz* wird jede Forderung nämlich als einzeln und partikular betrachtet und folglich keine antagonistische Spaltung der Gesellschaft herbeigeführt. Nach der *Logik der Äquivalenz* hingegen wird eine Äquivalenzkette unerfüllter Forderungen in gemeinsamer Abgrenzung zu einem gegenüberstehenden Block gebildet und damit eine *antagonistische Grenze* erzeugt. Populismus weist eine „vertikale" Logik antagonistischer Grenzziehung von Underdog gegen Macht auf, Nationalismus bzw. Nativismus hingegen eine „horizontale" von einheimisch gegen fremd (Stavrakakis/Katsambekis 2014; De Cleen/Stavrakakis 2017; Stavrakakis et al. 2017). Es handelt sich hierbei um konzeptuell unterschiedliche Spielarten der Äquivalenzlogik, die aber empirisch kombinierbar sind. So lässt sich ein Diskurs anhand des *Knotenpunkts* identifizieren, der die Forderungen differenz- bzw. äquivalenzlogisch zusammenhält: Im Institutionalismus ist dies etwa ein Ort der Macht (z.B. „System Nationaler Kooperation"), der im Zentrum des Feldes der ihn adressierenden Forderungen steht, im Populismus hingegen der Name eines Volkssubjekts gegen „die da oben" bzw. im *nationalistischen* Populismus gegen fremde Mächte oder auch eine Mischung aus „denen da oben" und „denen da draußen". Die postfundamentalistische Diskursanalyse ist besonders nützlich dabei, um die relationalen Sinnstrukturen hinter der Konstruktion politischer Subjekte zu entziffern und deren Einbettung in Hegemonialansprüche zur Einrichtung des Sozialen zu „entblößen" (Marttila 2015). Im Folgenden wird nun der Frage, wie der Autoritarismus bei Fidesz und PiS artikuliert wird, anhand der vorgestellten konzeptuellen Begrifflichkeit nachgegangen.

3. Fidesz und das „System Nationaler Kooperation": Die Heimat, die nur in der Regierung sein kann

3.1 Vom populistischen Nationalismus zum Sozialpopulismus

Fidesz wurde 1988 als liberale Jugendpartei gegen das kommunistische Regime gegründet, vollzog aber Mitte der 1990er Jahre einen „nationalist and anti-liberal turn" (Enyedi 2015, S. 237) und griff damit das nationalistische Imaginäre des „Systemwechsels" (*rendszerváltás*) auf, das bereits im berühmten Versprechen des Ministerpräsidenten József Antall im Juni 1990 auf dem Parteitag des Ungarischen Demokratischen Forums (MDF) Ausdruck gefunden hatte: „genauso wie der Ministerpräsident dieses Landes von 10 Millionen möchte ich auch der Ministerpräsident von 15 Millionen Ungarn sein" (vgl. auch Palonen 2018). Genau dieses Versprechen wurde von der Ungarischen Sozialistischen Partei (MSZP) bei deren Erdrutschsieg 1994 disloziert: Die MDF-geführte Regierung habe versagt, so die MSZP (1994) im Wahlprogramm, „die Regierung der Freiheit" und „die Regierung der Nation" zu sein, und habe „die ominöse Spaltung des Landes statt der Einheit" hervorgebracht. Die MSZP (1994) setzte ihrerzeit einen technokratisch-institutionalistischen Diskurs mit dem Versprechen der „ökonomische[n] und soziale[n] Modernisierung des Landes" ein – inklusive „ehrliche[r] und effektive[r] Privatisierung" – und setzte in einer Koalitionsregierung mit den Freidemokraten (SZDSZ) eine harte Austeritätspolitik (das „Bokros-Paket") um. In diesem Kontext und in Folge der Dezimierung des MDF bei den Wahlen 1994 setzte Fidesz auf die Strategie, eine Reihe von Gegensätzen äquivalenzlogisch zu verbinden – „national"/„kosmopolitisch" (Nationalismus), „bürgerlich"/„links" (rechte Politik), „Nation"/„Elite" (Nationalismus und Populismus) – um dadurch eine antagonistische Grenze gegen das sozialliberale Lager zu ziehen und sich als klarer Pol innerhalb eines „dualen Machtfelds" (wie Orbán es später nennen würde) zu positionieren. Ein frühes Beispiel hierfür ist eine Rede Orbáns aus dem Jahr 1997, in der er die Politik der MSZP-SZDSZ-Koalition folgendermaßen denunzierte:

Am Ende dieses Weges findet man eine „offene Gesellschaft", geschwächt, ausgeblutet, in ihrer Moral erschüttert [...]. Eine „offene Gesellschaft", wo es kein Land mehr gibt, [sondern] nur Wohnplatz, keine Heimat mehr gibt, [sondern] nur Standort. Wo keine Nation existiert, [sondern] nur Bevölkerung. Wo der Fortschritt der Assimilation in weltweite Prozesse gleichkommt. Wo der Fortschritt nicht den Interessen der Nation dient, sondern lediglich die Ambition der engen Machtelite befriedigt, Weltbürger zu werden.[2] (Zitiert in Enyedi 2015, S. 237)

In diesem primär nationalistischen bzw. nationalkonservativen Diskurs, der um den Knotenpunkt „bürgerliches Ungarn" organisiert war, kam Populismus in dem Maße ins Spiel, dass die der „Nation" und den „nationalen Interessen" entgegenstehenden nicht nur als „Kosmopoliten", sondern auch als „Eliten" interpelliert wurden. In Folge der Wahlniederlage des Fidesz-MDF-Bündnisses 2002, welche dessen erste Amtszeit beendete, eskalierte dieser populistische Nationalismus in einen exklusiven Vertretungs- und Mobilisierungsanspruch im Namen des „Ganze[n]" der wahren „Heimat" gegen eine „fremd"-artige Macht in der Regierung, wie Orbán (2002) in einer Platzversammlung zwei Wochen nach den Wahlen verkündete:

Das bürgerliche Ungarn ist nicht der eine kleinere oder größere Teil dieses Landes. Das bürgerliche Ungarn ist das Ganze. Das bürgerliche Ungarn ist das, was die Menschen als Bürger unabhängig von Regierungen konstituieren. [...] Die Heimat gibt es auch dann, wenn sie unter den Einfluss fremder Mächte gerät, wenn der Tatar oder der Türke tobt. [...] Die Heimat gibt es auch dann, wenn die Regierungsverantwortung nicht unsere ist. [...] Es kann sein, dass unsere Parteien und unsere Repräsentanten in der Nationalversammlung in der Opposition sind, aber wir, die wir hier auf dem Platz sind, werden nicht und können auch nicht in der Opposition sein, denn die Heimat kann nicht in Opposition sein.

Die antagonistische Grenze zwischen einer einzig wahren „Heimat" gegen eine „fremd"-artige Macht trug zutiefst autoritäre Implikationen, indem sie „das Ganze" als exklusives Terrain „unsere[r] Parteien" markierte und allen abweichenden Geltungsansprüchen einen Riegel vorschob. Formuliert wurde dieser exklusive Anspruch mit dem nationalistischen Imaginären einer fantasmatisch-transzendentalen „Heimat" in all ihren existenziellen Kämpfen gegen „fremde" Mächte, im Zusammenspiel mit der populistischen Gegenüberstellung von „Menschen als Bürger[n]" und der neuen („fremd"-artigen) Regierung. In derselben Rede rief Orbán zur Gründung der „bürgerlichen Kreise" auf, die mit Protestaktionen insbesondere zu „nationalen", „christlichen", „antikommunistischen" und „antiliberalen" Identitätsthemen zwischen 2002 und 2004 der Logik einer permanenten Mobilisierung der populistischen Grenze „Menschen"/„Regierung" um eine nationalistische Agenda folgen würden (Greskovits 2017, S. 6).

---

2 „Weltbürger" ist eine wörtliche Übersetzung von *világpolgárok*, was auch „Kosmopoliten" bedeutet.

Nach dem Scheitern der „Ja"-Kampagne von Fidesz beim Referendum 2004 zur Verleihung der Staatsbürgerschaft an Auslandsungarn – einem weiteren Versuch der Vereinnahmung des ethno-nationalen Imaginären vom MDF – erfolgte allerdings eine taktische Verschiebung hin zur Demobilisierung der Kreise und zur Aufwertung von Signifikanten wie „Volk" und „Plebejer" anstelle des „bürgerlichen Ungarns" (Enyedi 2015). Bemerkbar wurde dies bei den Wahlen 2006, als Fidesz (2006, S. 31) den nationalkonservativen Wahlkampfslogan „Arbeit – Heim – Familie" mit dem populistisch inflektierten Versprechen von „plebejische[m] Regieren" ergänzte, das „sparsam" sei, „auf der Seite der Menschen" stehe, „Luxusausgaben" vermeide und „die Kosten des Regierens" etwa durch eine Verkleinerung des Parlaments reduzieren wolle. Nach den Wahlen nahm dieser Diskurs eine verstärkt sozialpopulistische Stoßrichtung an – in einem Kontext, als die Austeritätspolitik der wiedergewählten MSZP-SZDSZ-Regierung und die geleakte Rede des Ministerpräsidenten Ferenc Gyurcsány, der u.a. Lügen über den Zustand der Staatsfinanzen vor den Wahlen zugab, für einen massiven Dislokationsschock sowie Massenproteste und Ausschreitungen in Budapest sorgte. Hier appellierte der Sozialpopulismus von Fidesz an ein betrogenes „Volk", das unter der Austerität leide, im Gegensatz zu einer „Aristokratie" an der Macht, die ihre Privilegien weiterhin uneingeschränkt genieße. Anstelle der „Nation" als exklusives Terrain „unserer Parteien" gegen eine „fremd"-artige Regierung interpellierte Orbán (2007a) nun „das Volk" als Subjekt der Demokratie, das über die „Parteien" und sogar auch Links-Rechts-Differenzen hinweg stehe und mit einer sozioökonomisch privilegierten „Aristokratie" konfrontiert sei:

> In einer Zeit des Unheils kommt der Moment wie geplant, wo jeder Bürger der Heimat versteht: Die Angelegenheiten des Landes gehören nicht der Trägerschaft der Parteien. Das ist das unveräußerliche Eigentum des Volkes. [...] Er versteht: Was links oder rechts ist, ist jetzt nicht ausschlaggebend. Die gewählte Ideologie, die gespaltene Geschichte zählt jetzt nicht. Es wird jetzt entweder eine neue Mehrheit oder eine neue Aristokratie geben. Freiheit und Wohlstand, oder Tyrannei und Verfall. Es gibt keinen anderen Weg, die neue Mehrheit muss die neue Aristokratie, die ihre Privilegien schützt, besiegen. (Rede zum Nationalfeiertag am 15. März 2007)

In einer weiteren Rede zur „sozialen Krise" führte Orbán (2007b) die antagonistische Grenze „Volk" gegen „Aristokratie" mit den Gegenüberstellungen arm/reich, ehrlich/unehrlich und Arbeit/Nicht-Arbeit weiter aus:

> Es reicht mit der Verarmung, wodurch Millionen von Menschen ihre Rechnungen am Ende des Monats nicht bezahlen können. Es reicht damit, dass die Regierung die Alten, die Kranken, die Studenten und die Bedürftigen nicht berücksichtigt. [...] Es reicht damit, dass diejenigen, die arbeiten, Kinder erziehen, sich umeinander kümmern, mit Würde zu überleben versuchen, immer weniger bekommen, während die Schmarotzer, die lügenden Millionärs-Schwindler, die Gauner unter dem Schutz des Staates, immer mehr bekommen. [...] Es reicht damit, dass es den Menschen immer schlecht geht, während sich die

an der Macht immer mehr Luxus, immer größeren Reichtum, immer mehr Privilegien aneignen.

Der Sozialpopulismus von Fidesz in dieser Phase artikulierte eine immanente Kritik der real existierenden Demokratie: Das einfache Argument lautete nämlich, dass die Demokratie dadurch faktisch suspendiert worden sei, dass ein Ministerpräsident (nach eigenem Geständnis) nicht nur gelogen habe, um wiedergewählt zu werden, sondern auch trotzdem und trotz der dadurch ausgelösten Oppositionswelle mit seinem Austeritätskurs weitermache. In einem Interview im Juni 2007 behauptete Orbán (2007c) sogar: „in Ungarn heute gibt es keine Demokratie. Stattdessen funktioniert ein nicht-demokratisches Mehrparteiensystem." Innerhalb dieser Teilung des Feldes positionierte Orbán (2007a) Fidesz als Verteidigerin nicht nur von öffentlichen Dienstleistungen, sondern auch der Demokratie selbst, als er eine (letztlich erfolgreiche) Referendumsinitiative zur Rücknahme der von der Regierung eingeführten Praxis- und Studiengebühren als „das letzte Verfassungsinstrument" zum „Ausdrücken des Volkswillens" ankündigte:

Wir haben das gemacht, was die demokratische Opposition machen kann. Wir haben klar gemacht: Das Volk hat das Recht, auch in einer Demokratie die Regierung zu stürzen, wenn sie gegen den Volkswillen regiert, wenn sie das Existenzinteresse der Menschen gefährdet. Ja, es hat das Recht! Es hat das Recht, unter einer Bedingung: Wenn es bereits jedes Instrument zum Ausdrücken des Volkswillens in Anspruch genommen hat und die Regierung es versäumt, sich dem klaren und eindeutigen Willen des Volkes zu fügen. [...] Nach dem Referendum tut die Regierung entweder das, was die Menschen wollen, oder sie wird stürzbar.

3.2 Autoritärer Institutionalismus

In der sozialpopulistischen Phase von Fidesz war es nun nicht die Konstruktion des Volkssubjekts, die autoritäre Implikationen hatte, sondern die daraus gezogenen weitreichenden institutionellen Schlussfolgerungen. Auf dem Boden der Gegensätze „Mehrheit"/„Aristokratie" und „Demokratie"/„Nicht-Demokratie" lautete der Hegemonialanspruch von Fidesz, dass sie in der radikalen Abwesenheit von Demokratie und Ordnung – in einer organischen Krisensituation, in der die Polizei auf das Schießen von Gummigeschossen auf Protestierende rekurrieren musste – durch das Organisieren der „neuen Mehrheit" die Demokratie und die Ordnung als solche restaurieren und sich damit in die Lage versetzen würde, den Sinn demokratischer Ordnung mit ganz eigenen Auffassungen darüber neu zu besetzen. In einer Rede auf einer Parteiveranstaltung im September 2009 sprach Orbán (2009) offen von der Möglichkeit, dass Fidesz „das zentrale Machtfeld" mit ihren eigenen Vorstellungen der „nationalen Anliegen" für die absehbare Zukunft besetzen werde:

Soviel ist sicher: Es gibt die reale Möglichkeit, dass die ungarische Politik der nächsten 25 Jahre nicht vom dualen Machtfeld bestimmt wird, das mit ständigen Wertedebatten spaltende, kleinliche und unnötige gesellschaftliche Konsequenzen erzeugt. Stattdessen wird für lange Zeit eine große Regierungspartei auftreten, ein zentrales politisches Machtfeld, das dazu fähig sein wird, die nationalen Anliegen zu formulieren – und dies nicht in ständiger Debatte tut, sondern sie in ihrer Natürlichkeit repräsentiert.

Die Vorstellung eines „zentrale[n] politische[n] Machtfeld[s], das dazu fähig sein wird, die nationalen Anliegen zu formulieren", entsprach der institutionalistischen Konstruktion *par excellence* eines nicht-antagonistischen Verhältnisses zwischen einem Feld differenzieller Forderungen und einem Ort der Macht. Allerdings verwies die angeblich „natürliche" Bindung zwischen Fidesz und den „nationalen Anliegen" – ohne die Notwendigkeit „ständiger Debatte" – auf einen *autoritären* Institutionalismus, der auf einem exklusiven Anspruch auf die Nation gründet. Nach dem Gewinn einer Zweidrittelmehrheit der Sitze bei den Wahlen 2010 verabschiedete Fidesz im Parlament eine „Erklärung Nationaler Kooperation", die das Wahlergebnis als Sieg für die „nationale Einheit" und als Mandat zur Gründung eines neuen Systems – des „Systems National Kooperation" (NER) – deutete und hierzu das neue Parlament als „konstituierende Nationalversammlung und systemgründendes Parlament" bezeichnete (Országgyűlés 2010, S. 2, 6). Das NER beruht auf dieser Vorstellung, dass die auf „Frieden, Freiheit und Übereinstimmung" gegründete neue Ordnung einer Restaurierung souveräner Ordnung als solcher gleichkommt: „[N]ach 46 Jahren Besatzung, Diktatur und zwei chaotischen Jahrzehnten des Übergangs hat Ungarn das Recht und die Fähigkeit zur Selbstbestimmung wiedergewonnen" (Országgyűlés 2010, S. 4). Es folgten weitreichende institutionelle Veränderungen als Umsetzung dieses exklusiven Anspruchs zur Geltung nationaler „Selbstbestimmung": Hierzu gehörten die unilaterale Verabschiedung einer neuen Verfassung durch die Regierungspartei, ein systematischer Abbau institutioneller Kontrollmechanismen und eine groß angelegte Kolonialisierung des Staates, inklusive der Besetzung formell unabhängiger Kontrollorgane des Staates mit Parteipersonal und der Einrichtung von Zweidrittelmehrheitshürden, um den Spielraum für zukünftige Veränderung zu verringern (vgl. zur Übersicht Bánkuti/Halmai/Scheppele 2012, S. 139ff.). Hier entspricht die autoritäre Schließung nicht mehr einem populistischen Nationalismus, der eine einzig wahre „Heimat" einer illegitimen „fremd"-artigen Regierung entgegensetzt, sondern einem Institutionalismus, der die „Nation" als endgültig versöhnt mit ihren einzig legitimen Repräsentanten konstruiert. Beispielhaft für diese Logik ist die eingangs zitierte Botschaft Orbáns (2018a) an die Protestierenden nach den Wahlen 2018, „dass die Heimat nicht in Opposition sein kann" – sprich: *Gegen meine Regierung dürft ihr gar nicht populistisch sein*, wie er es 2007 selbst einmal war.

Erkennbar wird der Institutionalismus von Fidesz auch an der Strategie differenzlogischer Inkorporation von Oppositionsforderungen – insbesondere (wenn auch nicht nur) von Jobbik (Enyedi 2015; Krekó/Mayer 2015; Enyedi/Róna 2018). Eine Reihe von Fidesz-Regierungsmaßnahmen mit hoher Sichtbarkeit wurden, wie Enyedi und Róna (2018, S. 263) dokumentieren, vom Jobbik-Programm übernommen: von der Verstaatlichung privater Pensionsfunds über das Sonntagseinkaufsverbot bis hin zur Berufung auf die Heilige Krone und christliche Werte in der neuen Verfassung. Im Mai 2015 forderte Jobbik eine „Volksabstimmung zur Einwanderung" gegen ein etwaiges Quotensystem für Flüchtlinge auf EU-Ebene – eine Forderung, die Fidesz mit dem Referendum 2016 (dem ersten überhaupt nach 2008) prominent übernahm. In einem weiteren Beispiel zog die Regierung im Februar 2017 die Olympia-Bewerbung der Stadt Budapest zurück, nachdem sich eine Referendumsinitiative dagegen formierte. Geführt wurde diese von der Momentum-Bewegung, die (wie der Name suggeriert) das Referendum nutzen wollte, um eine breitere Äquivalenzkette von Beschwerdelagen (wie etwa Korruption und Vernachlässigung öffentlicher Dienstleistungen) zu bilden. Die Fidesz-Strategie der Kooptierung bzw. des Zuvorkommens oppositioneller Referenden verweist nicht nur auf einen klassisch institutionalistischen Versuch der Entschärfung antagonistischer Grenzen gegen die Regierung, sondern auch auf einen spezifisch autoritären Institutionalismus, der die demokratischen Mechanismen zum Ausdrücken solcher Konflikte monopolisieren und für andere Kräfte versperren will – einschließlich des Instruments der Volksabstimmung, das der Orbán von 2007 im Namen der „demokratischen Opposition" genutzt hatte.

3.3 Illiberaler Nationalismus mit Populismus

Orbáns Rede zum „illiberalen Staat" 2014 signalisiert eine radikalere Phase im Fidesz-Diskurs, in der sich der NER-Institutionalismus mit einer potenten Mischung aus Illiberalismus, Nationalismus und Populismus gegen immer neuere Gefährdungen des „nationalen Interesses" abwechselt. Somit tritt der Populismus im Fidesz-Diskurs erneut auf, allerdings nicht als Fortsetzung des Sozialpopulismus von 2006ff., sondern als Bestandteil einer primär illiberalen und nationalistischen Logik der Artikulation einer neuen „nationalen" Staatsform gegen fremde sowie einheimische Bedrohungen der „Nation". Orbán (2014) definierte seinen „illiberalen Staat" um den Knotenpunkt „nationales Interesse" (einen etablierten Signifikanten im Fidesz-Diskurs) in Verbindung mit solchen Maßnahmen wie etwa Einschränkungen der Aktivitäten „ausländisch" finanzierter NGOs und der fremden Kontrolle über EU-Fördergelder:

> Und diese bezahlten politischen Aktivisten sind übrigens von Ausländern bezahlte politische Aktivisten. […] Es ist deshalb sehr wichtig, dass wenn wir unseren nationalen Staat anstelle des liberalen Staats wiederorganisieren wollen, wir dann klar machen müssen,

dass wir nicht Zivilisten gegenüberstehen, es sind nicht Zivilisten, die uns entgegentreten, sondern bezahlte politische Aktivisten, die versuchen, ausländische Interessen in Ungarn voranzutreiben. [...]

Nun ist eine Debatte zwischen der [Europäischen] Union und Ungarn aufgekommen, weil wir dieses System verändert haben und die Regierung entschieden hat, dass wer in diesem neuen Staatsverständnis, dem illiberalen Staatsverständnis, über EU-Gelder verfügt, vom ungarischen Staat beschäftigt sein muss [...] im Gegensatz zur illiberalen [*sic*][3] Logik der Staatsorganisierung der letzten 20 Jahre. Eine aus nationalen Interessen hervorgehende staatliche Neuorganisierung ist im Entstehen.

Somit artikulierte Orbán die Verteidigung „nationaler Interessen" sowohl in nationalistischer und populistischer Manier gegen „ausländische" Orte der Macht als auch in illiberaler Manier gegen deren angeblichen zivilgesellschaftlichen Agenten im Innern. Mit der „Stop Soros"- Kampagne der Regierung ab 2017 intensivierte sich dieser Diskurs, indem die Figur von George Soros mit allen möglichen Bedrohungen der Nation in Verbindung gebracht wurde: vom Kontrollieren von Oppositionspolitiker_innen über das Finanzieren einer eigenen „Soros-Universität" (der CEU in Budapest) bis hin zum Drahtziehen eines „Soros-Plans" zur Einschleusung von Millionen afrikanischer und nahöstlicher Migranten ins Land mithilfe des „Soros-Netzwerks" von Aktivist_innen. Solche Signifikanten sowie die kruden Darstellungen von Soros auf Regierungsplakaten als Strippenzieher, der seine „Menschen der Milliardäre" kontrolliert, verweisen auf eine äquivalenzlogische Verdichtung der im Fidesz-Diskurs schon lange etablierten Feindbilder: sowohl kosmopolitisch als auch elitär, mit ökonomischer sowie politischer Macht ausgestattet, gleichzeitig fremd und einheimisch sowie unverschämt liberal. Hier tritt der Populismus – weiterhin im Zusammenspiel mit Illiberalismus, Nationalismus und nun Nativismus – ausgesprochen autoritär und verschwörungstheoretisch in Erscheinung: So wird dem gesamten Oppositionsspektrum von Jobbik bis hin zum MSZP-Dialog-Bündnis unterstellt – wie dies auf Regierungsplakaten im Vorfeld der Wahlen 2018 zu sehen war – durch die Macht und das Geld von Soros zusammengehalten und in eine gemeinsame Verschwörung gegen die Nation verwickelt zu sein, um „den Grenzschluss [zu] demontieren".

Orbáns (2018b) Rede zum Nationalfeiertag drei Wochen vor den Wahlen verdeutlichte die diskursive Strategie einer äquivalenzlogischen Verknüpfung der Gegensätze „Volk"/„Elite", „national"/„kosmopolitisch", aber auch „Demokratie" gegen die Kräfte des politischen und des wirtschaftlichen Liberalismus:

Auf der einen Seite wir, die Millionen mit Nationalgefühl, auf der anderen Seite die kosmopolitische Elite. Auf der einen Seite wir, die an Nationalstaaten glauben, an den Schutz von Grenzen, an den Wert von Familie und Arbeit, und uns gegenüber diejenigen,

---

3 Gemeint ist natürlich „liberal"; es scheint sich um einen Versprecher zu handeln, der sich mit Aufzeichnungen der Rede bestätigen lässt.

die offene Gesellschaft wollen, eine Welt ohne Grenzen und Nationen, neuartige Familien, entwertete Arbeit und billige Arbeitskraft [...]. Nationale und demokratische Kräfte sind auf der einen Seite, supranationale und antidemokratische Kräfte auf der anderen. Das ist die Situation in Ungarn 24 Tage vor der Wahl.

Eine antagonistische Grenze entsteht aus diesen überlappenden Gegensätzen, die allesamt im Fidesz-Diskurs der vergangenen 20 Jahre zum einen oder anderen Zeitpunkt vorhanden waren: der populistische Nationalismus der „Nation" gegen „die kosmopolitische Elite" und deren Projekt einer „offenen Gesellschaft"; Spuren der sozialpopulistischen Verteidigung von „Familie und Arbeit" gegen die wirtschaftlich Mächtigen; und die Synthese von Illiberalismus, Nationalismus, Nativismus und Populismus ab 2014, die immer neuere existenzielle Bedrohungen der „Nation" identifiziert – nicht nur die „Masseneinwanderung" (Nativismus), sondern die „Masseneinwanderung" als Projekt „internationale[r] Spekulanten" um „das Imperium von George Soros" (Nationalismus und Populismus). Der Populismus spielt hier die Rolle eines radikalisierenden Ergänzungsmittels, das das Terrain für diese Gegensätze äquivalenzlogisch erweitert, indem es alles auf einen feindlichen Ort der Macht zurückführt – Soros –, der immer weitere Zielscheiben für den Illiberalismus, Nationalismus und/oder Nativismus beherbergen kann.

4. Recht und Gerechtigkeit (PiS): Von der „Nation" gegen die „Netzwerke" zu „Budapest in Warschau"?

4.1 Zwischen nationalistischem und antiliberalem Populismus

In ähnlicher Weise zur Neuerfindung von Fidesz in den 1990er Jahren entstand PiS in einer Situation, in der eine Logik des Parteienwettbewerbs zwischen wechselnden Bündnissen der Post-*Solidarność*-Rechten einerseits und den postkommunistischen Mitte-Links-Kräften andererseits (SLD, PSL) mit der Zersplitterung der Wahlaktion *Solidarność* (AWS) während deren Regierungszeit (1997-2001) an ihre Grenzen stieß. Die AWS als heterogener äquivalenzlogischer Zusammenschluss der „Rechten" definierte grundsätzlich ein Terrain, auf dem sich zukünftige Projekte mit Führungsansprüchen innerhalb der Rechten positionieren konnten. Neben den Forderungen nach einem „auf patriotischen und christlichen Werten gebauten Staat" und der „Konstruktion eines Rechten Polens von stärken Familien und solidarischen Generationen" setzte das Bündnis auf die Mobilisierung einer Links-Rechts-Grenze durch die Ablehnung „postkommunistischer" Herrschaft in Form der SLD-geführten Vorgängerregierung und deren angeblichen Vernachlässigung ökonomischer Reformen: Die Regierung habe „der Gesellschaft kein Eigentum durch Privatisierung und Reprivatisierung verliehen" und anstelle einer richtigen Marktwirtschaft einen „Kapitalismus für die eigenen" etabliert (AWS 2004[1997], S. 102; vgl. auch Szczerbiak 2004).

PiS, die 2001 gegründet wurde und im selben Jahr erstmals die Parlamentswahlen bestritt, griff einige Elemente dieses Diskurses auf, radikalisierte diesen aber auch in eine populistische sowie antiliberale Richtung. PiS (2001, S. 1) diagnostizierte zunächst die Situation einer „ernsthaften Krise" und eines unerfüllten Übergangs: „Anstelle des allgemeinen Kapitalismus haben wir den politischen postkommunistischen Kapitalismus bekommen" (PiS 2005, S. 7). Allerdings war die Erklärung hierfür nun eine populistische, anstelle einer Links-Rechts-Logik der Schuldzuweisung in Richtung SLD: Denn unabhängig davon, welche Partei an der Macht sei, bestehe das strukturelle Problem darin, dass „der alte Staatsapparat und die informellen Netzwerke [układy] sowie Interessengruppen" weiter bestehen bleiben und die eigentliche Macht hinter den Kulissen ausüben würden, um sicherzustellen, dass „die anfangs unverdientermaßen privilegierten Menschen der alten Ordnung" ihre Privilegien behalten würden (PiS 2005, S. 7). Dies bedeute nun, dass eine „primitive Version des Liberalismus und vulgärer politischer Pragmatismus" nicht die Antwort sei; stattdessen griff PiS (2001, S. 1, 4, 23) auf die Krankheits- und Heilungsrhetorik von Józef Piłsudskis *Sanacja*-Bewegung der Zwischenkriegszeit zurück, um eine systematische „Heilung" (*sanacja*) zu fordern, die „mit der Säuberung der Eliten beginnen" müsse als einzige Lösung angesichts der „tiefgreifenden Krankheiten unseres Staates, der enormen Kriminalität und Korruption, der tiefgreifenden Pathologien des Wirtschaftslebens". In dieser Synthese von Populismus und Nationalismus kam dem Populismus die Funktion zu, einen gegenüberstehen Block von „Eliten", „Netzwerken" und „Interessengruppen" zu benennen, während das dagegenhaltende kollektive Subjekt stets „die Nation" als moralische Gemeinschaft hieß – die wiederum nicht primär durch ethnische oder nativistische Exklusionen, sondern in Opposition zu den die Realisierung ihrer Ganzheit blockierenden Erkrankungen und „Partikularismen" definiert wurde:

> Jeder, der das Wohl der Polen will, der Partikularismen beseitigen und der gesamten Gesellschaft, und nicht dem einen oder anderen Teil davon, dienen will, muss sich erinnern, dass die Nation im Zentrum seines Denkens, seines Handelns sein muss. Die polnische Nation ist die Gemeinschaft all derer, die entweder durch Geburt oder eigene Wahl „jenes große und schwierige Erbe, das Polen heißt" (Johannes Paul II.), angenommen haben. (PiS 2001, S. 3)

In den Wahlkämpfen 2005 dehnte PiS die Grenze „Nation"/„Eliten" auf die antiliberale Gegenüberstellung „solidarisch"/„liberal" weiter aus und rief zur Gründung einer neuen Ordnung auf: der „Vierten Republik". So erlebte die Links-Rechts-Logik der AWS von 1997 eine radikale Verschiebung: PiS schloss nun vom wahrlich „solidarischen" Lager die ebenfalls aus dem Zerfall der AWS hervorgegangenen

Bürgerplattform (PO) aus und attackierte insbesondere deren wirtschaftsliberale Forderungen wie etwa die Einheitssteuer von 15 Prozent (Szczerbiak 2007).

Nachdem PiS die Präsidentschaft sowie die meisten Sitze im Parlament eroberte, gab es zunächst erfolglose Koalitionsgespräche mit der PO, dann die Bildung einer PiS-Minderheitsregierung und letztlich ein Koalitionsabkommen mit zwei kleineren Parteien: Selbstverteidigung der Republik Polen (SPR) und Liga Polnischer Familien (LPR). Als Regierungspartei intensivierte PiS die populistische Strategie einer antagonistischen Grenzziehung gegen die „Netzwerke" als weiterbestehenden Machtblock – einen angeblichen Staat innerhalb des Staates, der der Regierung der „Nation" im Wege stehe – und gegen die PO als dessen angebliche Partnerin, wie der „Verrat" einer Koalition mit PiS offengelegt habe:

> Wir wollten die Vierte Republik mit der Bürgerplattform aufbauen. Auch wenn deren Anführer dieses Ziel ernstgenommen haben, haben sie auf dem Schlachtfeld Verrat geübt. Die [Bürger-]Plattform ist heute praktisch der SLD. Sie verteidigt das Netzwerk [*układ*] von Interessen, das in Polen seit vielen Jahren regiert hat. (Kaczyński 2006)

So trat nun eine potente Mischung aus Antiliberalismus und Populismus an der Macht hervor, die die („liberale") Hauptopposition im Parlament mit den dunklen illegitimen Mächten in Verbindung brachte. In einer bemerkenswerten Parlamentsrede im März 2006 führte Jarosław Kaczyński die Konstruktion dieser antagonistischen Grenze weiter aus, indem er nicht nur die (aufrichtigere) „Masse von Menschen" gegen das „Netzwerk" wandte (Populismus), sondern auch den „Liberalismus" als gemeinsame Kooperationsbasis zwischen dem „Netzwerk" und der PO identifizierte (Antiliberalismus):

> Es gab ein mächtiges Netzwerk [*układ*] der kommunistischen Nomenklatura und aller möglichen damit verbundenen Privilegien, darunter in enormem Ausmaß ökonomische Privilegien [...]. Und dann gab es eine enorme Masse von Menschen, die von diesen Privilegien ausgeschlossen waren. Ich, vielleicht als Polemik gegen Donald Tusk, werde es mir erlauben zu sagen, dass diese zweite Gruppe besser war als die erste. [...]
> Es gab auch [...] ein mächtiges Reservoir an sozialer Pathologie, krimineller Pathologie, mit Korruption verbundener Pathologie [...]. Und eine starke Macht musste das bekämpfen – sie hätte es tun müssen, weil sie es nicht getan hat. [...] Und warum hat das *Solidarność*-Lager diese Macht nicht aufgebaut? [...] [E]iner der sehr wichtigen [Gründe] war, dass eine Ebene der Zusammenarbeit zwischen postkommunistischen Kräften und den Kräften, oder, um genauer zu sein, einem der Teil der aus dem *Solidarność*-Lager hervorgehenden Kräfte schnell gebildet wurde. Diese Ebene war spezifisch die Aufnahme des Liberalismus. Diese Ebene war der Lumpenliberalismus. [...] Auf dieser Ebene begann eine Zusammenarbeit, die, wie sich herausstellt – und das konnte im Zuge von Donald Tusks Auftritt beobachtet werden – bis zum heutigen Tag andauert. (Sejm Rzeczpospolitej Polski 2006)

Somit nahm der „Liberalismus" (bzw. „Lumpenliberalismus") die Funktion eines Knotenpunkts ein, der das „Netzwerk" und die angeblichen Verräter des „*Solidar-*

ność-Lagers" äquivalenzlogisch miteinander verknüpfte. Die Verschiebung im PiS-Diskurs nach der Regierungsbildung bestand in dieser neuen Gewissheit, dass die PO und der „Liberalismus" auf die Seite des „*układ*" gehören und daher mit allen zugänglichen Mitteln bekämpft werden müssen. Die autoritären Implikationen des PiS-Diskurses gingen insofern aus der Synthese von Antiliberalismus und Populismus an der Macht sowie der permanenten Mobilisierung der antagonistischen Grenze gegen die versteckten Mächte („*układ*") und die liberale Opposition mittels der Staatsgewalt hervor. Neben der Schaffung eines Zentralen Antikorruptionsbüros (CBA) und eines neuen Lustrationsgesetztes ergriff die Regierung eine Reihe von Maßnahmen zur stärkeren Beeinflussung der Ernennungspraktiken für formell unabhängige Kontrollorgane des Staates (insbesondere die Justiz). In diesem Kontext denunzierte PiS regelmäßig den Widerstand gegen solche Maßnahmen von Verfassungstribunal (TK), Oppositionsparteien und Zivilgesellschaft als Elemente des „Netzwerks" oder wenigstens als illegitime Machtquellen, die der Volkssouveränität im Weg stehen (Stanley 2016). Staatspräsident Lech Kaczyński (2007) bezeichnete das TK in diesem Zusammenhang sogar als „willkürliche Übermacht" (*nadwładza* – ein Signifikant, der tendenziell mit dem kommunistischen Regime assoziiert ist).

Von den beiden konstitutiven Dimensionen des Populismus und Antiliberalismus war es insbesondere der Antiliberalismus, der die Äquivalenzbeziehungen zwischen PiS und deren Koalitionspartnern organisierte. Der Markenkern der LPR war ein klerikal-nationalistischer Diskurs, der eine „katholische Nation" von „Polen-Katholiken" interpellierte; LPR-Chef Roman Giertych nutzte seine Position als Bildungsminister, um etwa die „liberale Pädagogie" und die „homosexuelle Propaganda" anzuprangern. Der SRP-Diskurs, der sich durch eine Kombination von Antiliberalismus, Nationalismus und Populismus ausgezeichnet hatte, rechtfertigte die Regierungsbeteiligung in verstärkt antiliberaler (aber kaum populistischer) Manier: In einem Bericht über die ersten vier Monate der Koalition bezeichnete Parteichef Andrzej Lepper die Regierung als „die Chance, die Liberalen in die Rumpelkammer der Geschichte zurückzuführen" (SRP 2011[2006], S. 332). Allein der PiS-Diskurs hob die Äquivalenz mit den Koalitionspartnern nach einer populistischen Logik der Bekämpfung der „Netzwerke" innerhalb des Staates hervor, wodurch Jarosław Kaczyński (2006) die Koalition mit solchen Aussagen begründete wie: „Die [Bürger-]Plattform hatte Angst vor der Schaffung von Institutionen wie dem Zentralen Antikorruptionsbüro, Lepper erklärt, dass er das unterstützt." Der vorzeitige Zerfall der Koalition ging aus einer Dislokation dieses populistischen Antikorruptionsdiskurses hervor, als Lepper mit brisanten Korruptionsvorwürfen, einschließlich des Einflussmissbrauchs durch das CBA, konfrontiert wurde, woraufhin Kaczyński ihn im Juli 2007 entließ und damit den Koalitionsaustritt der SRP auslöste, was nach erfolglosen Verhandlungen letztlich in Neuwahlen mündete.

4.2 Vom antiliberalen zum Sozialpopulismus

Im Wahlkampf 2007 führte PiS den regierungspopulistischen Diskurs gegen das „Netzwerk" fort („Wir gewinnen den Kampf gegen die Korruption"). Hierzu gehörte ein bemerkenswerter Wahlwerbespot, der einen Kontrast zwischen plumpen Korruptionsszenen „vor nicht langer Zeit in Polen" und frustrierten Korruptionsversuchen „jetzt" präsentierte und zum Schluss die rhetorische Frage stellte: „Werden sie zurückkommen? Entscheide DU." Nach dem Wahlsieg der PO fand allerdings eine erneute Verschiebung im PiS-Diskurs statt, die dem sozialpopulistischen Kurs von Fidesz zur gleichen Zeit ähnelte und damit eine mögliche horizontale Diffusion diskursiver Strategien suggeriert (vgl. Dąbrowska/Buzogány/Varga 2019). PiS tauschte nun bei Beibehaltung der antagonistischen Grenze „solidarisch"/„liberal" die Zielscheibe ihres Populismus aus: Anstelle der dunklen versteckten Mächte trat nun eine sozialpopulistische Gegenüberstellung von Gemeinwohl und ökonomisch-politischen Privilegien hervor, wie die folgende Passage aus dem Wahlprogramm 2011 verdeutlicht:

> Die von uns kritisierte Auffassung des liberalen Polens ist eine postkommunistische Form des Sozialdarwinismus, maskiert von Slogans über die Freiheit des Individuums und die Neutralität des Staates. Nach dieser Auffassung hängt der Status des Individuums von seiner Stärke ab, definiert durch Eigentumsstatus, List, Bekanntschaft und Einflussnetzwerk [...]. Die gegensätzliche Auffassung ist die Vision des solidarischen Polens – jene, in der das Leitprinzip die Fürsorge aller für das Gemeinwohl und die Fürsorge der Gemeinschaft für die würdigen und gerechten Bedingungen für das Funktionieren aller ihrer Mitglieder bilden. (PiS 2011, S. 14f.)

Das Feindbild „Netzwerke" trat nun im PiS-Diskurs in den Hintergrund zugunsten eines „Tusk-Systems", das die liberale Dominanz in einer parteilichen Monopolisierung des Staates verankert habe. Das PiS-Grundsatzprogramm von 2014 verwies in diesem Zusammenhang auf „eine neue Situation", gekennzeichnet von der „Expansion liberaler Ideologie, die in der Praxis die Form einer Art Sozialdarwinismus annahm, maskiert von Slogans über die individuelle Freiheit", aber auch von der Errichtung eines „Tusk-Systems", gekennzeichnet von der

> Übernahme aller Schlüsselinstitutionen durch eine Partei. Auf diese Weise hat jene Partei einen großen Verteilungsmechanismus etabliert und ist zur einzigen Hüterin von Privilegien, Beförderungen und allen Prämien geworden. (PiS 2014, S. 18)

Somit fand eine Verschiebung innerhalb der PiS-Synthese von Antiliberalismus und Populismus statt: Die Ablehnung des Liberalismus wurde nicht mehr auf das „Netzwerk" zurückgeführt, sondern in sozialpopulistischer Manier gegen ein („liberales") System ökonomischer und politischer Privilegien artikuliert. Im Endeffekt bot PiS neben der großen Verschwörung der liberalen „Netzwerke" eine zusätzliche Erzählung an: dass nämlich die kontinuierliche Einparteienherrschaft (durch die Liberalen) der Demokratie und der sozialen Kohäsion schade und dass PiS die einzige Alternative für die Restaurierung von beidem sei – nicht unähnlich wie der Sozialpopulismus Orbáns im gleichen Zeitraum. In der Tat erklärte Jarosław Kaczyński am Wahlabend 2011: „Es wird der Tag kommen, wo es uns gelingt, Budapest in Warschau zu haben" (TVN24 2011). Dabei gab es sehr wohl einen Akzent- und Intensitätsunterschied: In der Abwesenheit wirtschaftlicher Rezession setzte der PiS-Sozialpopulismus nicht die Massenverarmung den Luxusprivilegien entgegen und betonte als Schlüsseldimension des „solidarischen Polens" den „moralischen Wert" des Staates bei der Zusammenführung der Gesellschaft und der Restaurierung sozialer Kohäsion (PiS 2014, S. 11, 19).

Diese moralisierte Dimension, die bereits im Antielitismus und Antiliberalismus der PiS vorhanden war und nun eine sozialpopulistische Stoßrichtung annahm, prägte den Wahlkampfdiskurs des „guten Wandels" 2015, der sich um eine Reihe von Forderungen nach wohlfahrtsstaatlicher Expansion drehte (z.B. „500 Plus" als monatliches Familiengeld ab jedem zweiten Kind). Begleitet wurde dieser Diskurs von einem taktischen Wechsel der Sprecherposition, „PiS's most important campaign decision" (Markowski 2016, S. 1312): nämlich der Ablösung von Jarosław Kaczyński als Kandidaten für das Präsidial- und Premierministeramt durch die jüngeren, weniger polarisierenden Figuren Andrzej Duda bzw. Beata Szydło. In diesem Kontext war Populismus im PiS-Wahlkampf auffällig unauffindbar: Beide Kandidat_innen vermieden weitgehend die Sprache antagonistischer Spaltung und vermittelten performativ das Bild kompetenter und inklusiver Führung. Duda insistierte, dass er ein „Präsident des Dialogs" sein möchte, während Szydło in einem Wahlwerbespot eine institutionalistische Logik der Harmonie zwischen „Bürgern" und „Regierenden" in den Mittelpunkt stellte:

> Heute warten die Polen nicht auf die nächsten leeren Versprechen, sondern auf konkrete Dinge. Deshalb haben wir ein Gesetzespaket für die ersten 100 Tage der Regierung vorbereitet. Diese Entwürfe, wenn die Bürger uns nur vertrauen, werden sofort nach den Wahlen vor den Sejm gestellt. Wir treffen uns mit Ihnen seit langer Zeit und wissen, was Sie von den Regierenden erwarten. (PiS 2015)

Nachdem PiS die Präsidentschaft und die parlamentarische Mehrheit in beiden Kammern erzielte, gab es in der Tat einen Ansturm neuer Gesetzgebungen, allerdings in die Richtung einer autoritären Expansion der institutionellen Kontrolle der Regierungspartei: einen „Verfassungsputsch", der im Gegensatz zum ungarischen Fall mangels einer Verfassungsmehrheit im Parlament auch auf formell verfassungswidrige Mittel zurückgriff (Sadurski 2016). Die diskursive Logik hinter diesem Autoritarismus ist die moralisierte Verteidigung des „guten Wandels", allerdings ohne die populistische Konstruktion eines gegenüberstehenden Machtblocks – in Einklang mit der Verschiebung ab 2007 weg von der permanenten Kampagne gegen die allgegenwärtigen „Netzwerke" hin zur gezielten Opposition zu einem „Tusk-System", das dann durch einen Regierungswechsel demontiert werden soll. Propagiert wird nämlich kein Volksaufstand gegen die dunklen Mächte, sondern ein methodisches, normalisierendes Vorgehen etwa gegen das TK als „politisches Organ" wie jedes andere, das durch den Regierungswechsel lediglich den Besitzer wechsle. Somit rückt die frühere populistische Konstruktion des „Tusk-Systems" als instituierender Horizont in den Hintergrund und definiert grundsätzlich ein Terrain, auf dem sich PiS nun als nicht schlimmer als die Vorgängerregierung positionieren kann. Beispielhaft hierfür ist Kaczyńskis wiederholte Bezeichnung der Opposition als „totale Opposition" – derselbe Signifikant, den der damalige Vizepremier Grzegorz Schetyna (PO) seinerzeit gegen PiS verwendet hatte. Auch wenn der PiS-Autoritarismus damit auf die instituierenden Momente eines vormalig populistischen Diskurses zurückgreift, folgt er selbst einer weitgehend nicht-populistischen Logik und setzt stattdessen auf die nationalistische und wohlfahrtsstaatliche Artikulation des „guten Wandels", um einen universalistischen Vertretungsanspruch gegenüber dem Wohl der gesamten Nation geltend zu machen (und Regierungsgegner_innen im selben Zuge außerhalb des nationalen Imaginären zu platzieren), sowie die illiberal-moralisierte (aber kaum populistische) Denunzierung der „schlimmsten Sorte der Polen" oder auch der „LGBT-Ideologie". Im Dezember 2015 behauptete Kaczyński in einem umstrittenen Fernsehinterview wie folgt:

> In Polen gibt es diese fatale Tradition des nationalen Verrats. [...] Es ist sozusagen in den Genen einiger Menschen, dieser schlimmsten Sorte der Polen, und diese schlimmste Sorte ist im Moment außergewöhnlich aktiv, weil sie sich bedroht fühlt. (Telewizja Republika 2015)

Das Wechselspiel einer nationalistischen und wohlfahrtsstaatlichen Verteidigung des Autoritarismus lässt sich ebenfalls in Kaczyńskis Rede zum PiS-Wahlkampfauftakt 2019 beobachten. Hier artikulierte der PiS-Vorsitzende eine Spaltung zwischen „einem Polen für alle oder einem Polen für manche" und hob als wichtigste Dimension dieser Spaltung „die Frage der Freiheit und die Frage der Gleichheit" hervor: PiS habe für beides gekämpft, indem sie sowohl traditionelle Werte der „polnische[n] Kultur" verteidigt (Nationalismus) als auch für „das Recht auf ein würdiges Leben für alle Polen" (Wohlfahrtsstaatlichkeit) gesorgt habe – und „diese Kampagne wird entscheiden, ob es diese Gleichheit und Freiheit in Polen geben wird oder ob sie untergraben wird" von Regierungsgegner_innen, die letztlich gegen das PiS-Projekt der sozialen Inklusion kämpfen würden (PiS 2019).

5 Fazit

Eine postfundamentalistische Diskursanalyse kann die diskursiven Mechanismen beleuchten, mit denen der Populismus einerseits als immanente Kritik real existierender Demokratie fungiert: nämlich mit der Konstruktion eines von der Macht ausgeschlossenen Volkssubjekts, sei es durch die „neue Aristokratie", die „Netzwerke" oder das „Tusk-System", und als Anspruch zur Wiedergewinnung der Volkssouveränität. Allerdings kann ein Alleinvertretungsanspruch gegenüber dieser die demokratische Öffnung in autoritäre Schließung überführen – eine erhöhte Gefahr, wenn Populismus im Rahmen von Diskursen auftritt, die „das Volk" als naturalisierte vorpolitische Einheit reifizieren. Die Diskurse von Fidesz und PiS offerieren in dieser Hinsicht ein nuanciertes Bild: Die populistische Opposition zu Machteliten ist zwar von Anfang an mit der nationalistischen Konstruktion einer transzendentalen „Heimat" bzw. „Nation" intim verbunden, nimmt letztlich aber auch eine sozialpopulistische Stoßrichtung durch die Gegenüberstellung von Allgemeinwohl und einem etablierten System von Privilegien an. Hierbei wird der Populismus in bestimmten diskursiven Kombinationen autoritär: nämlich mit *Nationalismus* (Orbáns „Heimat" von 2002, die gegen eine „fremd"-artige Regierung nicht in Opposition sein darf), mit *Illiberalismus und Nationalismus* (Orbáns „illiberaler Staat"), mit *Illiberalismus, Nationalismus und Nativismus* („Stop Soros") oder auch mit *Antiliberalismus* (die von PiS unterstellte Verschwörung der „Netzwerke" und der liberalen Opposition) – aber nicht mit Sozialpopulismus. Einhergehen kann die autoritäre Schließung außerdem mit *Institutionalismus* im Gegensatz zum Populismus (Orbáns „Heimat" von 2018, die gegen seine Regierung nicht in Opposition sein darf) oder auch mit *wohlfahrtsstaatlichem Nationalismus* ohne Populismus (der „guter Wandel"-Diskurs der aktuellen PiS-Regierung). Somit weist Populismus grundsätzlich eine doppelte Unbestimmtheit auf: Nicht nur in der Unentscheidbarkeit zwischen demokratischer Öffnung und autoritärer Schließung, sondern auch als eine von mehreren möglichen Logiken, mit denen ein Projekt autoritärer Schließung organisiert werden kann. Insbesondere das dynamische Zusammenspiel von Populismus und Nationalismus erfordert eine differenzierte Betrachtung: In beiden Ländern ist es die spezifische Kombination von Populismus und der Delegitimierung der Hauptkonkurrenz als außerhalb des nationalistischen Imaginären einer „Heimat" bzw. „Nation" stehend, die mit autoritären Erscheinungen einhergehen.

Literatur

Arditi, Benjamin, 2005: Populism as an Internal Periphery of Democratic Politics. In: Panizza, Francisco (Hrsg.): Populism and the Mirror of Democracy, London, S. 72–98.

AWS [Akcja Wyborcza Solidarność], 2004: Program Akcji Wyborczej Solidarność [1997]. In: Słodkowska, Inka/Dołbakowska, Magdalena (Hrsg.): Wybory 1997. Partie i ich programy, Warschau, S. 102–108.

Bánkuti, Miklós/*Halmai*, Gábor/*Scheppele*, Kim Lane, 2012: Disabling the Constitution: Hungary's Illiberal Turn. In: Journal of Democracy 23:3, S. 138–146.

Canovan, Margaret, 1999: Trust the People! Populism and the Two Faces of Democracy. In: Political Studies 47:1, S. 2–16.

Dies., 2002: Taking Politics to the People: Populism as the Ideology of Democracy. In: Mény, Yves/Saurel, Yves (Hrsg.): Democracies and the Populist Challenge, Basingstoke, S. 25–44.

Dąbrowska, Ewa/*Buzogány*, Aron/*Varga*, Mihai, 2019: The „Budapest-Warsaw Express": Conservatism and the Diffusion of Economic Policies in Poland and Hungary. In: Bluhm, Katharina/Varga, Mihai (Hrsg.): New Conservatives in Russia and East Central Europe, London, S. 178–197.

De Cleen, Benjamin/*Stavrakakis*, Yannis, 2017: Distinctions and Articulations: A Discourse Theoretical Framework for the Study of Populism and Nationalism. In: Javnost – The Public 24:4, S. 301–319.

Enyedi, Zsolt, 2015: Plebeians, Citoyens and Aristocrats or Where is the Bottom of Bottom-Up? The Case of Hungary. In: Kriesi, Hanspeter/Pappas, Takis (Hrsg.): European Populism in the Shadow of the Great Recession, Colchester, S. 235–250.

Ders./*Róna*, Daniel, 2018: Governmental and Oppositional Populism: Competition and Division of Labour. In: Wolinetz, Steven/Zaslove, Andrej (Hrsg.): Absorbing the Blow: The Impact of Populist Parties on European Party Systems, Colchester, S. 251–272.

Fidesz, 2006: Hajrá, Magyarország! A Cselekvő Nemzet Programja. URL: http://static-old.fid esz.hu/download/zet/programfuzet.pdf (Letzter Zugriff am 11.5.2020).

Greskovits, Béla, 2017: Rebuilding the Hungarian Right through Civil Organization and Contention: The Civic Circles Movement. EUI Working Paper RSCAS 2017/37.

Hawkins, Kirk, 2009: Is Chávez Populist? Measuring Populist Discourse in Comparative Perspective. In: Comparative Political Studies 42:8, S. 1040–1067.

Kaczyński, Jarosław, 2006: Nie, nie jestem zmęczony. In: Newsweek Polska 7.5.2006. URL: http://www.newsweek.pl/polska/nie--nie-jestem-zmeczony,14373,1,1.html (Letzter Zugriff am 1.8.2018).

Kaczyński, Lech, 2007: Nie udzielę wywiadu Rydzykowi. In: Wprost 10.6.2007. URL: http://www.prezydent.pl/archiwum-lecha-kaczynskiego/wypowiedzi-prezydenta/wywiady-krajo we/rok-2007/wprost-10-czerwca-2007-r-/ (Letzter Zugriff am 2.2.2020).

Krekó, Péter/*Mayer*, Gregor, 2015: Transforming Hungary – Together? An Analysis of the Fidesz-Jobbik Relationship. In: Minkenberg, Michael (Hrsg.): Transforming the Transformation? The East European Radical Right in the Political Process, London, S. 183–205.

Laclau, Ernesto, 2005a: On Populist Reason, London.

Ders., 2005b: Populism: What's in a Name? In: Panizza, Francisco (Hrsg.): Populism and the Mirror of Democracy, London, S. 32–49.

Lefort, Claude, 1986: The Political Forms of Modern Society: Bureaucracy, Democracy, Totalitarianism. Cambridge.

Ders., 1990: Die Frage der Demokratie. In: Rödel, Ulrich (Hrsg.): Autonome Gesellschaft und libertäre Demokratie, Frankfurt a.M., S. 281–297.

Ders., 1992: Écrire: À l'épreuve du politique. Paris.

Marchart, Oliver, 2010: Die politische Differenz. Zum Denken des Politischen bei Nancy, Lefort, Badiou, Laclau und Agamben. Berlin.

Markowski, Radosław, 2016: The Polish Parliamentary Election of 2015: A Free and Fair Election that Results in Unfair Political Consequences. In: West European Politics 39:6, S. 1311–1322.

Marttila, Tomas, 2015: Post-Foundational Discourse Analysis: From Political Difference to Empirical Research. Basingstoke.

Möller, Kolja, 2017: Invocatio Populi. Autoritärer und demokratischer Populismus. In: Leviathan 45, S. 246–267.

Mouffe, Chantal, 2005: On the Political. London.

MSZP [Magyar Szocialista Párt], 1994: Az MSZP 1994. évi választási programja. URL: https://gondola.hu/cikkek/4816-Az_MSZP_1994__evi_valasztasi_programja.html (Letzter Zugriff am 11.5.2020).

Mudde, Cas, 2004: The Populist Zeitgeist. In: Government and Opposition 39:4, S. 541–563.

Ders./Rovira Kaltwasser, Cristóbal, 2013: Exclusionary vs. Inclusionary Populism: Comparing Contemporary Europe and Latin America. In: Government and Opposition 48:2, S. 147–174.

Müller, Jan-Werner, 2014: „The People Must Be Extracted from Within the People": Reflections on Populism. In: Constellations 21:4, S. 483–493.

Ders., 2016: Was ist Populismus? Berlin.

Orbán, Viktor, 2002: Orbán Viktor beszéde a Dísz téren 2002. május 7. URL: http://mkdsz1.freeeweb.hu/n22/orban020507.html (Letzter Zugriff am 11.5.2020).

Ders., 2007a: Az utolsó alkotmányos eszköz: a népszavazás. URL: http://2010-2015.miniszterelnok.hu/beszed/az_utolso_alkotmanyos_eszkoz_a_nepszavazas (Letzter Zugriff am 11.5.2020).

Ders., 2007b: Magyarország szociális válságban vergődik. URL: http://2010-2015.miniszterelnok.hu/beszed/magyarorszag_szocialis_valsagban_verg_337_dik (Letzter Zugriff am 11.5.2020).

Ders., 2007c: Az előre hozott választás a legfőbb ügy. In: Magyar Nemzet 2.6.2007. URL: https://magyarnemzet.hu/archivum/archivum-magyarnemzet/az-elore-hozott-valasztas-a-legfobb-ugy-5909948/ (Letzter Zugriff am 11.5.2020).

Ders., 2009: Megőrizni a létezés magyar minőségét. URL: http://tdyweb.wbteam.com/Orban_Megorizni.htm (Letzter Zugriff am 11.5.2020).

Ders., 2014: A munkaalapú állam korszaka következik. URL: http://www.kormany.hu/hu/a-miniszterelnok/beszedek-publikaciok-interjuk/a-munkaalapu-allam-korszaka-kovetkezik (Letzter Zugriff am 11.5.2020).

Ders., 2018a: Orbán Viktor a Kossuth Rádió „180 perc" című műsorában. URL: http://www.k ormany.hu/hu/a-miniszterelnok/beszedek-publikaciok-interjuk/orban-viktor-a-kossuth-radi o-180-perc-cimu-musoraban20180420 (Letzter Zugriff am 11.5.2020).

Ders., 2018b: Orbán Viktor ünnepi beszéde az 1848/49. évi forradalom és szabadságharc 170. évfordulóján. URL: http://www.miniszterelnok.hu/orban-viktor-unnepi-beszede-az-1848-4 9-evi-forradalom-es-szabadsagharc-170-evfordulojan/ (Letzter Zugriff am 11.5.2020).

Országgyűlés, 2010: A Nemzeti Együttműködés Programja. URL: http://www.parlament.hu/ir om39/00047/00047.pdf (Letzter Zugriff am 11.5.2020).

Palonen, Emilia, 2018: Performing the Nation: The Janus-Faced Populist Foundations of Illiberalism in Hungary. In: Journal of Contemporary European Studies 26:3, S. 308–321.

PiS [Prawo i Sprawiedliwość], 2001: Program Prawa i Sprawiedliwości. URL: http://www.pi otrbabinetz.pl/pdf/programpis2001.pdf. (Letzter Zugriff am 13.11.2019).

Dies., 2005: IV Rzeczpospolita. Sprawiedliwość dla Wszystkich. URL: http://old.pis.org.pl/d okumenty.php?s=partia&iddoc=3 (Letzter Zugriff am 13.11.2019).

Dies., 2011: Nowoczesna solidarna bezpieczna Polska. Program Prawa i Sprawiedliwości. URL: http://old.pis.org.pl/dokumenty.php?s=partia&iddoc=157 (Letzter Zugriff am 13.11.2019).

Dies., 2014: Zdrowie, praca, rodzina. Program Prawa i Sprawiedliwości. URL: http://old.pis.o rg.pl/dokumenty.php?s=partia&iddoc=164 (Letzter Zugriff am 13.11.2019).

Dies., 2015: Beata Szydło – Praca, nie obietnice. In: YouTube 18.09.2015. URL: https://www. youtube.com/watch?v=7kTtgC3Jx0Q (Letzter Zugriff am 2.2.2020).

Dies., 2019: Jarosław Kaczyński – Wystąpienie Prezesa PiS na konwencji w Warszawie. In: YouTube 23.2.2019. URL: https://www.youtube.com/watch?v=n8ORGoN7Eo0 (Letzter Zugriff am 2.2.2020).

Rovira Kaltwasser, Cristóbal, 2012: The Ambivalence of Populism: Threat and Corrective for Democracy. In: Democratization 19:2, S. 184–208.

Sadurski, Wojciech, 2016: What is Going On in Poland is an Attack against Democracy. In: Verfassungsblog 15.7.2016. URL: https://verfassungsblog.de/what-is-going-on-in-poland-i s-an-attack-against-democracy/ (Letzter Zugriff am 2.2.2020).

Sejm Rzeczpospolitej Polski, 2006: 13. posiedzienia Sejmu. URL: http://orka.sejm.gov.pl/Sten oInter5.nsf/0/943028CEB3721EADC12571320001F927/$file/13_a_ksiazka.pdf (Letzter Zugriff am 11.5.2020).

SRP [Samoobrona Rzeczypospolitej Polskiej], 2011: Samoobrona w rządzie koalicyjnym. Realizacja programu społeczno-gospodarczego [2006]. In: Słodkowska, Inka/Dołbakow-ska, Magdalena (Hrsg.): Wybory 2007. Partie i ich programy, Warschau, S. 331–343.

Stanley, Ben, 2008: The Thin Ideology of Populism. In: Journal of Political Ideologies 13:1, S. 95–110.

Ders., 2016: Confrontation by Default and Confrontation by Design: Strategic and Institutional Responses to Poland's Populist Coalition Government. In: Democratization 23:2, S. 263–282.

Stavrakakis, Yannis/*Katsambekis*, Giorgos, 2014: Left-Wing Populism in the European Periphery: The Case of SYRIZA. In: Journal of Political Ideologies 19:2, S. 119–142.

Stavrakakis, Yannis et al. 2017. Extreme Right-Wing Populism in Europe: Revisiting a Reified Association. In: Critical Discourse Studies 14:3, S. 420–439.

Szczerbiak, Aleks, 2004: The Polish Centre-Right's (Last?) Best Hope: The Rise and Fall of Solidarity Electoral Action. In: Journal of Communist Studies and Transition Politics 20:3, S. 55–79.

Ders., 2007: „Social Poland" Defeats „Liberal Poland"? The September-October 2005 Polish Parliamentary and Presidential Elections. In: Journal of Communist Studies and Transition Politics 23:2, S. 203–232.

Telewizja Republika, 2015: Telewizja Republika – Jarosław Kaczyński (PiS) – W Punkt 2015-12-11. In: YouTube 11.12.2015. URL: https://www.youtube.com/watch?v=LCK_biZ e_KU (Letzter Zugriff am 2.2.2020).

TVN24, 2011: Przyjdzie dzień, że w Warszawie będzie Budapeszt. URL: https://www.tvn24.pl /wiadomosci-z-kraju,3/przyjdzie-dzien-ze-w-warszawie-bedzie-budapeszt,186922.html (Letzter Zugriff am 2.2.2020).

Paolo Gerbaudo

Vom Cyber-Autonomismus zum Cyber-Populismus. Eine Ideologiegeschichte des digitalen Aktivismus[*]

1. Einleitung

Der digitale Aktivismus – ein Begriff, der zur Bezeichnung verschiedener, auf digitale Technologie zurückgreifender Formen des Aktivismus verwendet wird – hat seit der Entstehung des World Wide Web eine rapide Transformation erfahren. Aus heutiger Sicht lassen sich zunächst zwei Hauptwellen des digitalen Aktivismus identifizieren. Die erste bezieht sich auf die frühe Popularisierung des Internets und den Aufstieg des World Wide Web ab Mitte der 1990er Jahre, der von einer ersten Welle des digitalen Aktivismus begleitet wurde. Diese umfasste wiederum eine Reihe von Projekten und Initiativen von Tech- und Alternativmedien-Aktivist_innen der Antiglobalisierungsbewegung, zu denen das alternative Nachrichtenportal Indymedia sowie verschiedene Alternativmailverteiler und frühe Hacker- bzw. Hacktivist-Gruppen und -Labore zählen. Die zweite Welle fällt mit dem Aufstieg des sogenannten Web 2.0 um soziale Netzwerkseiten wie Facebook, YouTube und Twitter zusammen. Begleitet wurde diese Entwicklung von der Entstehung weltberühmter Hacker-Kollektive wie Anonymous und Lulzsec sowie des „Soziale-Medien-Aktivismus" von 15-M, Occupy und weiteren Platzbewegungen, deren Organisator_innen soziale Netzwerkseiten als Plattformen der Massenmobilisierung verwendeten. Inwiefern sind diese zwei Phasen des digitalen Aktivismus bloßer Ausdruck der Evolution digitaler Technologie und des Übergangs vom Web 1.0 zum Web 2.0, als der sie oft dargestellt werden? Sind die Unterschiede zwischen ihnen bloß auf die im Wandel begriffenen materiellen Affordanzen digitaler Technologie in Zeiten schneller technologischer Innovation zurückzuführen? Oder steckt mehr dahinter?

Die bisherige Debatte über die Transformation des digitalen Aktivismus unterliegt der typischen techno-deterministischen Tendenz, die Technologie als Letztursache sozialer Transformation zu betrachten. Bezeichnend hierfür ist die Geläufigkeit von Begriffen wie „Revolution 2.0" (Ghonim 2012), „Wiki-Revolution" (Ferron/

---

[*] Es handelt sich hierbei um die Übersetzung des folgenden Aufsatzes: *Gerbaudo*, Paolo, 2017: From Cyber-Autonomism to Cyber-Populism: An Ideological History of Digital Activism. In: tripleC: Communication, Capitalism & Critique 15:2, S. 477-489, https://doi.org/10.31269/triple c.v15i2.773. Die Herausgeber bedanken sich herzlich beim Autor und bei Christian Fuchs sowie der Zeitschrift *tripleC* für die Möglichkeit den Aufsatz in deutscher Sprache veröffentlichen zu können.

Massa 2011) oder auch „Twitter-Revolution" (Morozov 2009), die in Nachrichtenmedien sowie wissenschaftlichen Forschungen für jüngere, auf digitale Technologie zurückgreifende Protestbewegungen verwendet werden. Solchen Begriffsverwendungen liegt die Annahme zugrunde, dass die Aneignung einer bestimmten Plattform wie z.B. Facebook oder Twitter die dadurch vermittelte Form des Aktivismus automatisch bestimmt. Ein solcher Ansatz basiert auf einer stark vereinfachten Vorstellung der Effekte der Technologie und geht von der Medientheorie McLuhans und dessen berühmten Axiom „the medium is the message" (1967, 2011) aus, dem zufolge die Verwendung eines beliebigen technologischen Instruments eine Reihe notwendiger Konsequenzen nach sich zieht. Die vom Werk McLuhans zutiefst geprägte medienökologische Schule hat durchaus wichtige Beiträge dazu geliefert, wie die Technologie Handlungen strukturiert und wie etwa unterschiedliche Kommunikationstechnologien (z.B. Telefon, Fernsehen oder Internet) unterschiedliche Kommunikationsarchitekturen (Eins-zu-Eins, Eins-zu-Viele, Viele-zu-Viele) sowie unterschiedliche Einstellungen der Nutzer_innen von Technologie mit sich bringen (Postman 1985; Lundby 2009). Allerdings tendiert sie dazu, eine Reihe nicht-technologischer Faktoren sozioökonomischer, politischer und kultureller Natur zu vernachlässigen, die in die inhaltliche Gestaltung der jeweiligen Aktivismusform intervenieren. Um eine dermaßen vereinfachte Vorstellung von Technologie als unmittelbarer Kraft zur Gestaltung von Organisationsstrukturen und Protestpraktiken nach eigenem Vorbild hinter sich zu lassen, muss die Analyse des digitalen Aktivismus zu einem Verständnis von Ideologie als Weltanschauung und Wertesystem zurückkehren, das kollektives Handeln mitprägt, und dabei untersuchen, wie Ideologie und Technologie bei der Gestaltung aktivistischer Praktiken zusammenspielen.

Ausgehend von einer solchen Perspektive entwickle ich im vorliegenden Aufsatz eine Periodisierung des digitalen Aktivismus, wobei ich zwei Wellen unterscheide, die jeweils eigene ideologische Prägungen und damit einhergehende „techno-politische" Ausrichtungen aufweisen, um den von Rodotà eingeführten (und seitdem von Aktivist_innen und Forscher_innen breit verwendeten) Begriff zur Beschreibung des Politik-Technologie-Nexus zu verwenden. Hierzu greife ich auf meine vorherige Theoretisierung des digitalen Aktivismus (Gerbado 2012, 2016) im Kontext der Platzbewegungen sowie weiterer Protestbewegungen ab 2011 zurück.

Mein Argument lässt sich wie folgt schematisch zusammenfassen. Antiglobalisierungsaktivist_innen eigneten sich seinerzeit einen techno-politischen Ansatz an, den ich als *cyber-autonomistisch* bezeichne. Dieser Ansatz war zutiefst geprägt von der in den 1970er und 80er Jahren entstandenen Gegenkultur, DIY-Kultur sowie Alternativmedien, von Piratensendern bis hin zu Fanzines. Allen diesen Inspirationsquellen war der Akzent auf den Kampf um die Befreiung von Individuen und örtlichen Gemeinden von Eingriffen groß angelegter Institutionen gemein. Im Anschluss an seine Vorläufer sah der Cyber-Autonomismus das Internet als Raum der Autonomie.

Die Platzbewegungen hingegen eigneten sich eine *cyber-populistische* Haltung an, wie ich sie nenne, die das Internet als Raum der Massenmobilisierung betrachtet, in dem atomisierte Individuen in einer inklusiven und synkretistischen Subjektivität miteinander verschmolzen werden können. Dieser Ansatz ist auch Ausdruck einer Hinwendung zum Populismus, die sich an den Platzbewegungen und deren Diskursen von „Volk", „Bürgerschaft" bzw. „99 Prozent" gegen die „Eliten" erkennen lässt (Gerbaudo 2017).

Diese beiden techno-politischen Ausrichtungen sind offensichtlich Ausdruck eines technologischen Evolutionsprozesses des tendenziell elitären Web 1.0 hin zum massifizierten Web 2.0 der sozialen Netzwerkseiten. Allerdings lassen sie sich nicht auf diese technologische Transformation reduzieren, sondern müssen im Hinblick auf eine Reihe anderer Faktoren eingeordnet werden, nicht zuletzt die seismischen Verschiebungen der Einstellungen und Wahrnehmungen, die von der Finanzkrise 2008 verursacht wurden, sowie damit einhergehende ideologische Entwicklungen. Parallel zur Hinwendung sozialer Bewegungen vom Anarcho-Autonomismus zum Populismus als dominanter Ideologie hat sich der digitale Aktivismus von der Vorstellung des Internets als Raum des Widerstands und gegenkultureller Auseinandersetzung hin zu dessen Vorstellung als Raum gegenhegemonialer Mobilisierung gewandelt.

Dieser Aufsatz beginnt mit einer theoretischen Diskussion der verschiedenen Faktoren, die es bei der Transformation des digitalen Aktivismus zu berücksichtigen gilt, dabei insbesondere das Verhältnis von Technologie, Politik und Kultur. In diesem Zusammenhang betone ich, dass bei der Analyse des digitalen Aktivismus politische, kulturelle und ideologische Faktoren viel stärker beachtet werden müssen und dass damit über den in der Literatur dominanten Technodeterminismus hinausgegangen werden muss. Anschließend will ich aufzeigen, wie ideologische Verschiebungen die Transformation des digitalen Aktivismus mitgeprägt haben, indem ich den Übergang vom Cyber-Autonomismus zum Cyber-Populismus und dessen Manifestierungen an einigen konkreten Beispielen unter die Lupe nehme. Zum Schluss reflektiere ich auf die Implikationen für zukünftige Forschungen zum digitalen Aktivismus und betone dabei die Notwendigkeit, Ideologie wieder in die Analyse von Protestbewegungen im digitalen Zeitalter einzubringen.

1.1 Techno-Politik jenseits des Technodeterminismus

Der digitale Aktivismus ist eine Form des Aktivismus, die per definitionem das Verhältnis von Politik und Technologie – bzw. die Natur und Dynamik von „Techno-Politik", um einen unter Aktivist_innen und Forscher_innen in den letzten Jahren in Mode gekommenen Begriff zu verwenden – in Frage stellt. Techno-Politik ist ein

Begriff, der von dem italienischen Politiker und Wissenschaftler Stefano Rodotà (1997) eingeführt wurde, um den Nexus von Politik und Technologie zu beschreiben, und seitdem durch aktivistische Forscher_innen wie etwa Javier Toret (2013) in Spanien popularisiert wurde, um das im Zusammenhang mit der Entwicklung des digitalen Aktivismus neu entstandene Untersuchungsfeld zu bestimmen. In Bezug auf die beiden konstitutiven Begriffe im Verständnis von Techno-Politik – nämlich Technologie und Politik – lässt sich argumentieren, dass bisherige Forschungen zum digitalen Aktivismus das erste Element überbetont und das zweite vernachlässigt haben. Forscher_innen neigen nämlich dazu, politische Transformation als Resultat technologischer Transformation zu betrachten und damit zu übersehen, dass auch das Gegenteil zutrifft: Dass nämlich der Wandel politischer und ideologischer Ausrichtungen die Art und Weise verändern kann, wie die Technologie aufgefasst und verwendet wird.

Der techno-deterministische Charakter vieler zeitgenössischer Forschungen zum digitalen Aktivismus lässt sich an der Art und Weise erkennen, wie der Charakter des digitalen Aktivismus in ein direktes Ableitungsverhältnis zu bestimmten Merkmalen der Technologie gesetzt wird. Exemplarisch hierfür ist das Buch von Earl und Kimport (2011) und seine Auffassung digitaler Medien als Instrumentarium, das Partizipationskosten reduziert und damit neue Interaktionsformen ermöglicht, die zuvor unmöglich waren. Im Einklang mit zahlreichen politikwissenschaftlichen Forschungen wird damit ein instrumentelles und ökonomisches Verständnis von Medieneffekten vertreten, wie es die Sprache von „Nutzen" und „Kosten" zur Erklärung der Verwendung digitaler Technologie nahelegt. Damit erklärt dieser Ansatz die praktischen Vorteile digitaler Technologie für Aktivist_innen, vernachlässigt aber die symbolische und kulturelle Dimension des digitalen Aktivismus, beginnend mit den eigentlichen Inhalten, die durch die besagte Technologie vermittelt werden. Eine ähnliche Kritik lässt sich an Lance W. Bennett und Alexandra Segerberg (2012) bzw. deren Theorie der „connective action" in Abgrenzung zum kollektiven Handeln formulieren. Bennett und Segerberg argumentieren, dass soziale Medien mit ihrer Ermöglichung zunehmender Konnektivität die kollektive Logik sowie Führungs- und kollektive Identitätsbedürfnisse früherer sozialer Bewegungen überwinden. Dank digitaler Technologie, so die These, könnten Bewegungen personalisierter und durch Organisationszentren weniger kontrolliert werden. Dabei wird allerdings übersehen, dass eine solche libertäre Anwendung digitaler Technologie bei weitem keinen Selbstläufer darstellt. Die Affordanzen digitaler Technologie können zu unterschiedlichsten politischen Zwecken und im Zusammenhang mit unterschiedlichsten Organisationsformaten eingesetzt werden. Man denke beispielsweise daran, dass so radikal unterschiedliche politische Phänomene wie etwa die Bewegung Occupy Wall Street und der Wahlkampf Donald Trumps bei den US-amerikanischen Präsidentschaftswahlen 2016 soziale Medien kompetent verwendeten, allerdings auf radikal unterschiedliche Art und Weise und gestützt auf radikal unterschiedliche Organisationsstrukturen.

Ein techno-deterministisches Element lässt sich wohl auch in den Arbeiten von Manuel Castells zum digitalen Aktivismus auffinden. Fairerweise muss man konstatieren, dass Castells' Argumentation dabei deutlich nuancierter ist als die rein strukturalistischen Ansätze, die größtenteils aus der Politikwissenschaft stammen. Dies liegt daran, dass Castells in der soziologischen Tradition arbeitet und dass sein Ansatz eine Reihe kultureller Faktoren berücksichtigt, die Internet und digitalen Aktivismus mitprägen. Anders als andere Autor_innen betrachtet er die Technologie nicht als allmächtigen Monolith, sondern auch als soziales und kulturelles Produkt. In diesem Sinne hat Castells (2004) das interessante Argument gemacht, dass der libertäre Geist der Protestbewegungen der 1960er und 70er Jahre bzw. dessen Einfluss auf die dezentralisierte End-to-End-Architektur des Internets einen wichtigen Faktor bei der Analyse digitaler Kultur bildet. Allerdings weisen Castells' Theorie der Netzwerkgesellschaft und insbesondere seine These, dass die digitale Technologie einen Übergang von der pyramidalen Struktur der fordistischen Gesellschaft hin zu netzwerkartigen Strukturen in der Informationsgesellschaft einleitet, einige technodeterministische Elemente auf. Dies ist wiederum der Ansicht geschuldet, dass die Technologie eine nach seiner Begrifflichkeit „morphologische" Transformation einleitet, die sich auf die gesamte Gesellschaft auswirkt und Konsequenzen für alle sozialen Bereiche und Organisationen hat, die mit digitalen Technologien arbeiten. An dieser Ansicht ist sicherlich etwas dran; sie scheint aber die Flexibilität solcher Prozesse der organisatorischen Beeinflussung außer Acht zu lassen. Außerdem ist die Annahme falsch, dass die digitale Technologie tendenziell zu einer Erosion von Hierarchien führt. Wie ich in meinen vorherigen Arbeiten aufgezeigt habe, bildet der digitale Aktivismus keinen horizontalen und führerlosen Raum, sondern zieht neue Führungsformen nach sich (Gerbaudo 2012, 2016).

Eine ähnliche Tendenz lässt sich für Castells' Arbeiten zu sozialen Medien ausmachen. Castells vertritt die Position, dass die Diffusion sozialer Medien wie Facebook und Twitter die Internetkommunikation transformiert und eine neue Medienlogik der „mass self-communication" eingeführt hat, die die Logik der Selbstkommunikation persönlicher, telefonischer und sonstiger Eins-zu-Eins-Medien mit der Massen- und Eins-zu-Viele-Logik der Massenmedien kombiniere. Nach Castells (2012) war diese Kommunikationslogik prägend für Bewegungen wie Indignados, Occupy und den Arabischen Frühling ab 2011 und trug massiv zu deren massenhafter Reichweite bei. Diese Sichtweise hilft sicherlich besser zu verstehen, wie die zweite Welle des digitalen Aktivismus über die minoritäre Politik der ersten Welle hinausgehen konnte. Demnach haben soziale Medien die notwendigen technischen Bedingungen für die Entstehung neuer Formen des digitalen Aktivismus geliefert. Allerdings tendiert Castells dazu, den Beitrag ideologischer und politischer Faktoren bei dieser

Verschiebung außer Acht zu lassen. Wie ich im Laufe des Aufsatzes aufzeigen werde, wären die neuen Möglichkeiten zur Massenmobilisierung durch soziale Medien ohne einen Ideologiewandel von Protestbewegungen nicht aufgegriffen worden.

Die Arbeiten von Jeffrey Juris, einem Anthropologen und ehemaligen Studenten von Manuel Castells, folgen einer ähnlichen Argumentationslinie und betrachten die Transformation des Aktivismus als Resultat technologischer Transformation. In seinem einflussreichen Buch *Networking Futures* (2008) argumentierte Juris, dass die Antiglobalisierungsbewegung vom Imaginären des Netzwerks geprägt wurde, das eine wichtige Inspirationsquelle für eine Reihe digital-aktivistischer Projekte um diese Zeit bildete, einschließlich des Alternativnachrichtenportals Indymedia sowie Alternativmailverteiler, die von Aktivist_innen zur Organisierung ihrer Aktivitäten und Kampagnen eingesetzt wurden. In seinen Forschungen zu den Platzbewegungen von 2011 hat Juris die Position vertreten, dass es sich bei dieser Welle um eine andere Logik als die der Antiglobalisierungsbewegung handelt. Er spricht nämlich von einer Verschiebung von der Logik der Vernetzung der Antiglobalisierungsaktivist_innen hin zu einer „Logik der Aggregation" und argumentiert, dass diese Transformation aus der Evolution vom Web 1.0 hin zum Web 2.0 hervorgeht und dass die Logik der Aggregation die neuen Möglichkeiten zur Massenreichweite der sozialen Medienplattformen widerspiegelt. Diese Logik sei durch die „Viralität", d.h. die Kapazität zur schnellen Diffusion durch konzernbasierte soziale Netzwerkseiten wie Facebook und Twitter, gestützt und auf den besetzten, mit großen Menschenmengen gefüllten Plätzen von 2011 dann physisch umgesetzt worden (Juris 2012). Die inspirierende Analyse von Juris steuert durchaus interessante Erkenntnisse über die technologischen Grundlagen der Transformation von Protesttaktiken bei, übersieht aber, wie dieser Wandel von Protestformen auch durch erhebliche Veränderungen der Protestkultur und -ideologie geprägt wurde.

1.2 Die Protestkultur wieder in die Analyse einbringen

Während diese Ansätze richtigerweise den Einfluss der Technologie auf die heutige Politik identifizieren, unterliegen sie häufig einem reduktionistischen Verständnis dieses Kausalverhältnisses. Demnach führt eine bestimmte Form technologischer Arrangements automatisch zu einer bestimmten Logik des Handelns, wobei wenig Aufmerksamkeit auf die Prozesse politischer oder kultureller Vermittlung gerichtet wird, die in konkreten Fällen des digitalen Aktivismus intervenieren. Tatsächlich stellt der digitale Aktivismus nicht nur ein technisches Phänomen dar, sondern ein Phänomen im breiten Sinne: Es handelt sich um eine Aktivität, die sich um die Kommunikation bestimmter Botschaften, Ideen und Bilder dreht und damit nicht nur eine technologische, sondern auch eine kulturelle Dimension aufweist. Der kulturelle, sowie im Allgemeinen der politische Charakter des digitalen Aktivismus muss berücksichtigt werden, um zu verstehen, wie sich der digitale Aktivismus auf eine bestimmte Art und Weise entwickelt und warum er sich im Zeitverlauf verändert hat. Um die techno-deterministische Voreingenommenheit zeitgenössischer Debatten zu überwinden, müssen die komplexen Verflechtungen zwischen Politik, Kultur und Technologie beachtet werden, mit besonderer Aufmerksamkeit auf a) die relative Autonomie der Politik gegenüber der Technologie; b) den symbolischen und nicht nur materiellen Charakter technologischer Prozesse; und c) die Rolle der Technologie als Mediator sozialer Beziehungen und Lebensweisen, die sich wiederum nicht alleine auf die Technologie reduzieren lassen.

Erstens besteht ein gewichtiges Problem techno-deterministischer Ansätze darin, dass sie die Technologie als unabhängige Variable betrachten, die die Handlungslogik sozialer Bewerbungen stets bestimmen und demzufolge auch in eine bestimmte Richtung lenken soll. Dabei wird das vernachlässigt, was man als „relative Autonomie politischer und kultureller Prozesse gegenüber der Technologie" bezeichnen könnte: Politik und Kultur sind zwar von der Technologie beeinflusst, aber nicht auf diese reduzierbar. Die Technologie definiert nicht den Aktivismus im Alleingang, sondern der Aktivismus wird immer auch durch die kulturellen Inhalte, die er vermittelt, sowie die Ideen, Bilder und Ansichten, die er produziert, mitgeprägt. Eine Reihe jüngerer Forschungen verdeutlichen genau diesen Punkt.

In seinem Buch *CyberLeft* betont Wolfson (2014, S. 17) mit Blick auf die Antiglobalisierungsbewegung und deren Verwendung digitaler Medien, dass digitale Medienpraktiken mit einem bestimmten Ethos sowie einer „kulturellen Logik" einhergehen, die das Internet nicht nur als Instrument, sondern auch als Raum der Solidarität für das Zusammenkommen verschiedener Kämpfe betrachtet. Ähnlich argumentieren Barassi und Treré (2012), dass es neben der Evolution der Technologie auch die gelebten Erfahrungen der Aktivist_innen, die diese Technologie verwenden, sowie die Art und Weise, wie sie die Annahmen über Sinn und Zweck der Technologie dekonstruieren, zu berücksichtigen gilt. Coleman (2013) argumentiert, dass Hacking nicht nur eine technische Praxis darstellt, sondern außerdem eine soziale, die mit einer bestimmten Ethik und Ästhetik einhergeht – Aspekte also, die von der Technologie zwar beeinflusst werden, aber nicht auf diese reduziert werden können. Erkennbar wird dies an der Art und Weise, wie Hackergruppen ihre eigene Sprache und Symbologie schaffen; man denke nur an die aus dem Kultfilm *V for Vendetta* übernommene Maske von Anonymous. Daher ist es erforderlich, nicht nur die von Aktivist_innen eingesetzten technischen Instrumente, sondern auch die durch solche Technologien vermittelten kulturellen Inhalte in den Blick zu nehmen.

Zweitens ist es wichtig, dem Umstand Rechnung zu tragen, dass die Technologie nicht bloß einen materiellen Apparat, eine technische oder instrumentelle Struktur mit bestimmten Eigenschaften darstellt, sondern auch ein symbolisches Objekt, mit dem verschiedene Bedeutungen und kulturelle Verwendungen verbunden werden können. Dies ist ein Aspekt, der in der Literatur zur Domestizierung von Medien und Technologie (Berker/Hartmann/Punie 2005) und in der Kulturforschung zu Wissenschaft und Technologie (Menser/Aronowitz 1996; Van Loon 2002) breit dokumentiert worden ist. Hier haben Forscher_innen nämlich gezeigt, dass Technologien mit höchst unterschiedlichen Bedeutungen assoziiert werden können, je nachdem, in welchen gesellschaftlichen und kulturellen Kontexten und von Gruppen mit welchen Werten und Glaubenssätzen sie eingesetzt werden. Wie Kavada (2013) aufgezeigt hat, bringt der digitale Aktivismus die Eigenschaften nicht nur des Internets als Ensemble technischer Instrumente zum Ausdruck, sondern auch der darin entstandenen Internetkulturen, wie z.B. der Hackerkultur. Das Internet ist nicht nur eine Technologie, sondern auch ein kultureller Raum, wobei die beiden nur schwer voneinander zu trennen sind. Dieser Aspekt legt nahe, die Rolle verschiedener Internetkulturen und -subkulturen in der Beeinflussung des digitalen Aktivismus zu erforschen.

Drittens sollte eine instrumentelle Sicht auf die Technologie als selbstständiges Instrument vermieden und stattdessen verstanden werden, wie sie soziale Beziehungen vermittelt, da dies schließlich die wichtigste Form der Beeinflussung sozialer Phänomene durch die Technologie darstellt. Diese Sichtweise lag letztlich auch der Analyse der industriellen Technologie von Marx und Engels (2002[1848]) zugrunde, denen es nicht nur um die Ermöglichung neuer Formen der Produktion durch die Technologie ging, sondern auch darum, dass diese ein Herrschaftsverhältnis materialisiert, in dem Fall das der Bourgeoisie gegenüber dem Proletariat. Techno-deterministische Analysen klammern diesen Aspekt tendenziell aus und übersehen damit die Tatsache, dass die Technologie als Mediator sozialer Beziehungen fungiert, sei es der Unterdrückung, Führung oder Kooperation. Außerdem lassen sie außer Acht, wie die Technologie in soziale (nicht nur Kommunikations-)Ökologien im breiteren Sinne und die darin etablierten sozialen Beziehungen eingebettet ist.

Lim (2012) hat etwa aufgezeigt, dass soziale Medien, die im Vorfeld der Tahrir-Proteste 2011 bei der Verbreitung von Informationen eine Rolle spielten, erst durch die Präsenz dichter sozialer Netzwerke in der Offline-Welt ihre Wirkmächtigkeit entfalten konnten. Beispielsweise erleichterten Taxifahrer_innen in Kairo den Informationsfluss durch mündliche Kommunikation, indem sie das „was Facebook sagte", von Passagieren aufgriffen und an Andere weitergaben (Lim 2012). Die Effekte der Technologie hängen also nicht nur von ihren Affordanzen ab, sondern auch von den sozialen Beziehungen und Lebensweisen, mit denen sie verflochten ist. Dieser Aspekt akzentuiert die Notwendigkeit eines adäquaten Verständnisses der Einbettung der Technologie in unterschiedliche kulturelle Gemeinschaften sowie die Abhängigkeit der Verwendung von Technologie von den Gebräuchen, Werten und Normen dieser Gemeinschaften.

Diese verschiedenen Kritiken legen nun eine nuanciertere Sicht auf das Verhältnis von Technologie und Politik nahe, die nicht nur die Beeinflussung der Politik durch die Technologie, sondern auch umgekehrt die Beeinflussung der Technologie durch die Politik zu beleuchten vermag. Meine These ist, dass hierzu eine Wiedergewinnung des Begriffs der Ideologie vonnöten ist, die sich an dieser Stelle im neutralen Sinne als Werte- und Glaubenssystem auffassen lässt, das durch politische und gesellschaftliche Akteure adoptiert wird und es diesen ermöglicht, kollektiv zu handeln. Ideologie ist ein Begriff, der die Erforschung der komplexen Verzahnung kultureller, politischer und gesellschaftlicher Faktoren ermöglicht, die neben der Technologie Einfluss darauf ausüben, wie der digitale Aktivismus performt wird.

Eine Reihe von Forscher_innen haben bereits angefangen, die unterschiedlichen ideologischen Prägungen technologischer Praktiken zu untersuchen. Turner (2010) argumentiert etwa, dass die Entwicklung der Cyberkultur durch die Ideologie des Techno-Utopismus und Techno-Libertarismus geprägt war, die wiederum durch die Gegenkultur der 1970er und 80er Jahre und deren Fokussierung auf die individuelle Selbstentfaltung sowie misstrauische Haltung gegenüber groß angelegten Institutionen geprägt war. Barbrook und Cameron (1995) argumentieren, dass das Aufkommen der digitalen Ökonomie in den 1990er Jahren eine im Entstehen begriffene Ideologie zum Ausdruck brachte, die sie als kalifornische Ideologie bezeichnen und die einer techno-libertären Weltanschauung entspricht, die Hippies und Yuppies zusammenbringt. Ein ideologisches Element ist auch im Kontext sozialer Medien deutlich erkennbar. Die sozialen Medien stellen nicht nur ein Ensemble von Anwendungen mit materiellen Affordanzen dar. Wie andere Medien bringen sie nämlich auch eigene Medienideologien (Gershon 2010) mit sich bzw. im vorliegenden Fall eine „Ideologie sozialer Medien", die etwa in der durch sie eingeführten Sprache von Sharing, Crowd-Sourcing, Freundschaften und Kollaborationen zum Ausdruck kommt (vgl. etwa Lovink 2011; Fuchs 2013, S. 98; Van Dijck 2014, S. 172). Im Anschluss an diese Literatur zum Technologie-Ideologie-Nexus entwickle ich nun eine Periodisierung des digitalen Aktivismus in zwei Wellen mit jeweils unterschiedlichen ideologischen Eigenschaften sowie damit einhergehenden „techno-politischen Ausrichtungen", d.h. unterschiedlichen ideologisch geprägten Verständnissen des Verhältnisses von Politik und Technologie.

2. Digitaler Aktivismus von Gegenkultur zu Gegenhegemonie

Betrachtet man die Transformation des digitalen Aktivismus durch die Linse der Ideologie, gelangt man zu einem Verständnis davon, wie politische, kulturelle und technologische Faktoren im Wechselspiel miteinander die Inhalte der verschiedenen durch soziale Medien vermittelten Aktivismusformen prägen. Als eine Form des

Aktivismus, die mit der Technologie eng verzahnt ist, spiegelt der digitale Aktivismus zunächst den Charakter und die Transformation des Ökosystems digitaler Kommunikation wider (Treré 2012). Allerdings wird dieser technologische Einfluss wiederum durch eine Reihe politischer und kultureller Faktoren „gefiltert", insbesondere durch „techno-politische Ausrichtungen", die bestimmen, wie eine beliebige Technologie aufgefasst und verwendet wird. Dieses Verständnis von Technologie, das ich mit dem Begriff der techno-politischen Ausrichtung beschreibe, ist stark ideologischer Natur, da es ein wertegeladenes Bild des Internets und dessen Rolle in Politik und Gesellschaft voraussetzt; ideologisch sind auch seine Konsequenzen für die Art und Weise, wie es kollektives Handeln leitet.

Dieser Argumentationslinie folgend gilt es nachzuzeichnen, wie die Evolutionsprozesse des digitalen Aktivismus, die üblicherweise als bloßes Resultat technologischer Evolution verstanden werden, auch einen Ideologiewandel von Protestbewegungen sowie deren techno-politischen Haltungen zum Ausdruck bringen. Am deutlichsten erkennbar wird die herkömmliche Perspektive an der These eines Aktivismus 1.0, der parallel zum Übergang vom Web 1.0 zum Web 2.0 sowie den damit einhergehenden Veränderungen technischer Affordanzen durch einen Aktivismus 2.0 abgelöst worden sein soll. Zweifelsohne ist an dieser These etwas dran. Allerdings werde ich versuchen aufzuzeigen, dass die Ursachen dieser Transformation komplexer und nicht auf technologische Faktoren alleine zurückzuführen sind. Tatsächlich fallen die zwei Wellen des digitalen Aktivismus nicht nur mit den zwei Wellen technologischer Evolution zusammen, sondern auch mit zwei Phasen der sozialen Bewegungsmobilisierung, die jeweils ganz eigene Grundmerkmale aufweisen.

Diese zwei Protestphasen sind namentlich die Antiglobalisierungsbewegung um die Jahrtausendwende und die Platzbewegungen von 2011. Beide Bewegungswellen weisen zahlreiche Ähnlichkeiten auf, was einige Aktivist_innen sogar dazu veranlasst hat, die zweite Welle als Fortsetzung der ersten zu betrachten. Allerdings weisen die zwei Wellen auch unterschiedliche ideologische Ausrichtungen auf, womit die Veränderungen der gesellschaftlichen und politischen Lage mit dem Eintreten der Wirtschaftskrise 2008 zum Ausdruck kommen und was die zwei Wellen zu interessanten Fallstudien für die vergleichende Forschung macht. Während die dominante Ideologie der Antiglobalisierungsbewegung der Anarcho-Autonomismus (kurz: Autonomismus) war, sind die Platzbewegungen vom Einfluss des Linkspopulismus gekennzeichnet (Gerbaudo 2018). Wie ich im Folgenden zeigen will, deckt sich diese ideologische Verschiebung mit den im Wandel begriffenen techno-politischen Ausrichtungen sozialer Bewegungen: vom Cyber-Autonomismus der ersten Welle hin zum Cyber-Populismus der zweiten Welle des digitalen Aktivismus.

2.1 Eine ideologische Periodisierung des digitalen Aktivismus

Die Transformation des digitalen Aktivismus in den letzten Jahrzehnten lässt sich schematisch als Bewegung von den Rändern hin zur Mitte der politischen Arena betrachten, sprich von einer gegenkulturellen Politik des Widerstands hin zu einer gegenhegemonialen Politik der popularen Mobilisierung. Nach dieser Interpretation fasste der frühe digitale Aktivismus das Internet als getrennten gegenkulturellen Raum auf, während die zweite Welle des digitalen Aktivismus das Internet als Bestandteil eines politischen Mainstreams betrachtet, den es durch die Protestierenden zu vereinnahmen gilt (Gerbaudo 2015). Für die erste Welle bildet das Internet eine Art Zufluchtsort, in dem Aktivist_innen abseits bedrückender gesellschaftlicher Verhältnisse eine Art Trost finden können. Für die zweite hingegen ist das Internet ein Mittelpunkt der heutigen Gesellschaft, der deren Widersprüche zum Ausdruck bringt, in dem aber Aktivist_innen auch einen Prozess der Massenmobilisierung entfalten können, der wiederum nicht nur hochpolitisierte Menschen, sondern auch große Teile der allgemeinen Bevölkerung erreicht.

Mein Verständnis der Evolution des digitalen Aktivismus und der zwei unterschiedlichen Wellen ähnelt der Sichtweise von Karatzogianni, einer Medienwissenschaftlerin, die seit Anfang der 2000er Jahren zum digitalen Aktivismus forscht. Karatzogianni (2015) schlägt vier Wellen des digitalen Aktivismus vor. Die erste (1994–2001) entspricht der Anfangsphase der Antiglobalisierungsbewegung, vom Zapatista-Aufstand in Mexiko 1994 bis hin zu den Genua-Protesten 2001, die von der Polizei gewaltsam niedergeschlagen wurden. Die zweite Phase (2001–2007) bildet zugleich die zweite Phase der Antiglobalisierungsbewegung und deren Aufstieg zu weltweiter Prominenz. Die dritte Phase, die Karatzogianni als „spread of digital activism" beschreibt, bezieht sich auf die Verbreitung des digitalen Aktivismus zu den BRICS- und weiteren Ländern jenseits von Europa und USA, wo sich der digitale Aktivismus zuerst entwickelte. Die vierte Phase entspricht der Durchdringung des digitalen Aktivismus in die Mainstream-Politik mit solchen Phänomenen wie Wikileaks, dem Arabischen Frühling und der Snowden-Affäre, die den digitalen Aktivismus von einem randständigen Phänomen zum Mittelpunkt politischer Konflikte befördert haben.

Anders als die von Karatzogianni vorgeschlagenen vier Phasen ist meine Analyse vereinfachter und fokussiert sich auf zwei Hauptwellen. Außerdem erkläre ich die Transformation anhand eines Ideologiewandels, der wiederum Veränderungen der gesellschaftlichen und politischen Lage sowie damit einhergehenden Meinungs- und Einstellungsverschiebungen widerspiegelt. Die Fokussierung auf Ideologie bedeutet aber nicht, dass die Rolle technologischer Faktoren – insbesondere der Übergang vom Web 1.0 statischer Webseiten zum Web 2.0 sozialer Netzwerkseiten – außer Acht gerät. Vielmehr legt sie nahe, dass die Wirkungen von Technologie nicht bloß aus einer instrumentellen Perspektive verstanden werden können, sondern einer Analyse des kulturellen Wandels bedürfen, der durch die Technologie zwar begünstigt und beeinflusst wird, aber auf diese nicht reduziert werden kann. Im Folgenden wird dieser Ansatz nun auf die zwei Phasen angewendet, die für die Analyse identifiziert worden sind: die Antiglobalisierungsbewegung und die Platzbewegungen.

Die Antiglobalisierungsbewegung entstand um die Jahrtausendwende und manifestierte sich in einer Reihe groß angelegter Proteste gegen globale wirtschaftliche Institutionen wie die Weltbank, die Welthandelsorganisation und die G8-Gipfel. Es handelte sich hierbei um eine vielschichtige Bewegung, die Gewerkschaften, trotzkistische Gruppen, Umweltaktivist_innen, NGOs für Dritte-Welt-Hilfe und religiöse Organisationen umfasste. Allerdings lag der Bewegung und insbesondere deren jüngeren Teilen im Kern eine Ideologie des Autonomismus bzw. Anarcho-Autonomismus zugrunde, eine hybride Ideologie also, die sich von den anarchistischen und autonomistisch-marxistischen Bewegungen nach '68 inspirieren ließ und von einem stark anti-autoritären sowie anti-etatistischen Geist gekennzeichnet war. Diese Ideologie drehte sich um das Projekt einer Politik der Autonomie, das sich weg von Staat und Markt und auf die Konstruktion eines selbstverwalteten Raums des „common" hin orientierte. Im Gegensatz dazu haben sich die Platzbewegungen zum Linkspopulismus hingewandt, bzw. zu einer eigentümlichen Spielart des Populismus, die ich „citizenism" nenne: sprich einem Populismus der Bürger_innen und nicht des Volkes (Gerbaudo 2017). Diese Ideologie dreht sich um eine Wiedergewinnung und -behauptung der Demokratie und der politischen Institutionen durch einfache Bürger_innen von unten, beginnend mit deren Versammlung auf öffentlichen Plätzen und in sozialen Medien. Sie sehnt sich nach der Konstruktion einer radikalen Demokratie, die eine authentischere Partizipation ermöglichen soll als die, die von korrupten liberal-demokratischen Institutionen angeboten wird.

Wie sich noch zeigen wird, decken sich diese Gegensätze zwischen Anarcho-Autonomismus und Populismus mit denen zwischen Cyber-Autonomismus und Cyber-Populismus als dominanten techno-politischen Ausrichtungen der ersten bzw. zweiten Welle des digitalen Aktivismus. Die Art und Weise, wie Aktivist_innen das Internet verstehen und verwenden, bringt ihre allgemeinen Weltanschauungen sowie Einstellungen zum Staat, zur Politik, zur allgemeinen Bevölkerung und zu deren vorherrschenden Meinungen und Einstellungen zum Ausdruck.

2.2 Antiglobalisierungsbewegung und Cyber-Autonomismus

Beginnen wir mit der Antiglobalisierungsbewegung und deren digitalem Aktivismus. Antiglobalisierungsaktivist_innen verfolgten eine Strategie, die sich als „cyberautonomistisch" bezeichnen lässt und das Internet grundsätzlich als Raum sieht, in dem es einzelne Inseln des Widerstands jenseits der Kontrolle von Staat und Kapital zu konstruieren gilt. Wie es der Name bereits nahelegt, drehte sich diese Kommunikationslogik um die Erschaffung autonomer Kommunikationsräume im Internet abseits einer Gesellschaft, die von Staat und Kapital kontrolliert wird. Wie ich an anderer Stelle argumentiert habe (Gerbaudo 2014), waren Aktivist_innen überzeugt, dass die Erschaffung einer autonomen Kommunikationsinfrastruktur eine Grundbedingung für jede Form von genuin alternativer Kommunikation darstellt. Anknüpfend an die Tradition alternativer Medien aus den 1960er, 70er und 80er Jahren im Kontext von Untergrundpresse, Fanzine-Kulturen und Piratensendern erhofften sich Tech-Aktivist_innen, das Internet zu nutzen, um das Monopol der konzernbasierten Nachrichtenmedien zu brechen, die für die Verbreitung neoliberaler Propaganda und die Verdrängung alternativer Standpunkte verantwortlich seien. Diese Vision lag den vielfältigen Alternativmedieninitiativen zugrunde, die zwischen den späten 90er und frühen 2000er Jahren verfolgt wurden (Pickard 2006; Juris 2008).

Die sichtbarste Manifestierung dieser Strategie war Indymedia, die erste globale Alternativnachrichteninitiative mit Dutzenden von Redaktionsknotenpunkten in der ganzen Welt. Zum Höhepunkt der Anti-Gipfelproteste wurde Indymedia zur inoffiziellen, aber auch semi-offiziellen Stimme der Antiglobalisierungsbewegung und stellte eine wesentliche Organisationsinfrastruktur für Protestierende dar, indem Redaktionsknotenpunkte eine Doppelfunktion als politische Kollektive einnahmen, die in die Organisierung von Protestkampagnen direkt eingebunden waren. Neben Indymedia bedienten Alternativdienstanbieter (ISPs) wie etwa Riseup, Aktivix, Inventati und Autistici die internen Kommunikationsbedürfnisse der Bewegung. Diese Gruppen stellten sichere persönliche E-Mail-Kontos sowie Mailverteiler zur Verfügung, die den Austausch über eine Reihe von Themen ermöglichten, von Protestorganisierung bis hin zu Hausbesetzungen und Permakultur. Das Imaginäre, das all diesen Aktivitäten zugrunde lag, lässt sich mit dem Namen von einem der wichtigsten aktivistischen ISPs in Italien zusammenfassen: „Inseln im Netz". Die Aktivist_innen sahen das Internet ähnlich wie die von Hakim Bey beschriebenen Temporary Autonomous Zones (T.A.Z.), einen Raum also, der temporäre Inseln in einer rebellischen Inselgruppe jenseits der Kontrolle von Staat und Kapital umfasst. Damit wurde das Internet als autonomer Raum aufgefasst, in dem die Bewegung einen einladenderen Ort zum Handeln vorfinden kann als in der von neoliberaler Hegemonie durchdrungenen Konsumgesellschaft. Das Internet galt als Raum zur Entwicklung einer Alternativkultur, die sich von der hiesigen, als unheilbar korrupt betrachteten Mehrheitskultur klar unterscheidet. Mit den Platzbewegungen hingegen lässt sich eine Umkehrung dieser Position erkennen.

2.3 Die Platzbewegungen und Cyber-Populismus

Der digitale Aktivismus in den Platzbewegungen zeichnet sich durch eine techno-politische Ausrichtung aus, die ich an anderer Stelle als „Cyber-Populismus" bezeichnet habe (Gerbaudo 2014). Hiermit meine ich eine techno-politische Ausrichtung, die das Massennetz der kommerziellen, durch monopolistische Konzerne wie Facebook, Google und Twitter kontrollierten Internetdienstleistungen als Raum betrachtet, den sich Aktivist_innen trotz dessen inhärent kapitalistischen Prägung aneignen müssen, um das massenhafte Reichweitepotenzial für eigene Zwecke zu kanalisieren und einzusetzen. Statt ein alternatives Internet zu schaffen – einen freien, selbstverwalteten und nicht-kommerziellen Kommunikationsraum – geht es zeitgenössischen Tech-Aktivist_innen eher darum, die Reichweitekapazitäten konzernbasierter sozialer Netzwerkseiten wie Facebook und Twitter und die auf solchen Plattformen entstandene digital-populare Kultur zu nutzen.

Zahlreiche Beispiele für diesen cyber-populistischen Trend lassen sich in der Protestwelle 2011 auffinden, von der Facebook-Seite „Kullena Khaled Saeed" in Ägypten, die Hunderttausende zum Straßenprotest aufrief, bis hin zu Aktivist_innen in Spanien (vgl. Lluis in diesem Band), Griechenland, der Türkei, Brasilien und den USA, die soziale Medien als Mittel zur Massenmobilisierung einsetzten. Statt auf die Erschaffung alternativer Räume zu setzen, haben digitale Aktivist_innen in diesen Bewegungen versucht, den digitalen Mainstream zu besetzen und sich die sozialen Medien quasi als Volksplattformen anzueignen. Diese Strategie lässt die Mehrheits- und popularen Ansprüche der Occupy-Welle erkennen, womit sich diese neueren Bewegungen nicht mit der Konstruktion minoritärer Widerstandsräume zufriedengaben. Durch die Nutzung konzernbasierter sozialer Netzwerkplattformen dringen Aktivist_innen in Räume ein, die ihnen bewusst nicht gehören und über die sie wenig Kontrolle haben; sie tun dies aber in der Überzeugung, dass ein solcher Aneignungsprozess notwendig ist, um populare Mobilisierungsformen zu schaffen, die den technischen Bedingungen der Gegenwart entsprechen. Statt wie ihre Vorgänger_innen in der Antiglobalisierungsbewegung auf die Erschaffung von Temporary Autonomous Zones zu setzen, sehnt sich die neue Generation digitaler Aktivist_innen danach, aus ihrem Lebensstil-Ghettos auszubrechen und mit den 99 Prozent der Bevölkerung wieder in Verbindung zu treten, für das sie vermeintlich kämpfen. Diese Position lässt sich insofern als „opportunistischer" ansehen, da sie versucht, die politischen Gelegenheiten innerhalb eines Raums auszunutzen, der eigentlich aufgrund seiner Unterwerfung unter eine Marktlogik moralisch fragwürdig ist. Allerdings ist dies auch das Element, das es diesen Bewegungen ermöglicht hat, einen Erfolgs- und Mobilisierungsgrad zu erzielen, der die Antiglobalisierungsbewegung offensichtlich in den Schatten stellt.

3. Fazit

Um die Transformation des digitalen Aktivismus zu verstehen, müssen nicht nur die Veränderungen der Materialität der Technologie beachtet werden, sondern auch die kulturellen, gesellschaftlichen und politischen Faktoren, die die Auffassung und Nutzung der Technologie mitprägen. Dringend erforderlich ist daher eine Wiedergewinnung des Begriffs der Ideologie als Glaubens- und Wertesystem, das aktivistischen Weltanschauungen in einer beliebigen historischen Periode zugrunde liegt. Wie ich in diesem Aufsatz aufgezeigt habe, ist der Unterschied zwischen der ersten Welle des digitalen Aktivismus um die Jahrtausendwende und der zweiten Welle in den späten 2000er und 2010er Jahren nicht nur auf die Transformation digitaler Technologie und den Übergang vom Web 1.0 zum Web 2.0 der sozialen Netzwerkseiten zurückzuführen, sondern auch auf den Wandel der Ideologie der miteinander vernetzten sozialen Bewegungen und insbesondere die Verschiebung vom Anarcho-Autonomismus der Antiglobalisierungsbewegung hin zum Populismus der Platzbewegungen. Diese ideologische Wende bedeutet im Kontext des digitalen Aktivismus eine Verschiebung vom Cyber-Autonomismus hin zum Cyber-Populismus: zwei techno-politische Ausrichtungen, die von unterschiedlichen Grundannahmen über die Rolle digitaler Technologie als Mittel und Ort politischer Kämpfe ausgehen. Während der Cyber-Autonomismus die digitale Technologie als autonomen, von Staat und Kapital separaten Raum auffasst, versteht sie der Cyber-Populismus als Raum popularer Versammlung und Mobilisierung. Diese ideologiebezogene Interpretation des digitalen Aktivismus bedeutet jedoch keineswegs, die mitprägende Rolle der Technologie für kollektives Handeln zu ignorieren. Der digitale Aktivismus bringt sicherlich den Charakter technologischer Gegebenheiten zum Ausdruck: Beispielsweise tragen die Prozesse der Massifizierung des Webs parallel zur Verbreitung der sozialen Medien ihren Teil dazu bei, die Verschiebung von einer minoritären hin zu einer majoritären Logik der Mobilisierung im digitalen Aktivismus plausibel zu machen. Allerdings ist die technologische Transformation nicht der einzige bestimmende Faktor. Ihre Effekte auf aktivistische Inhalte werden erst durch ideologische Narrative und Weltanschauungen filtriert, die aktivistische Verständnisse des Internets als politisches Kampfgebiet mitprägen – ein Aspekt, der sich durch den in diesem Aufsatz verwendeten Begriff der „techno-politischen Ausrichtungen" erfassen lässt.

In Zukunft werden deshalb Forschungen gefragt sein, die stärker in Rechnung stellen, wie die Ideologie aktivistische Praktiken und Inhalte mitprägt. Eine solche Perspektive würde es uns ermöglichen, die Oberflächlichkeit vieler zeitgenössischer Analysen des digitalen Aktivismus hinter uns zu lassen und die gegenseitige Verzahnung der Themen, Einstellungen und Motivationen miteinander vernetzter sozialer Bewegungen neben den technologischen Faktoren angemessener zu erfassen.

Literatur

Barassi, Veronica/*Treré*, Emiliano, 2012: Does Web 3.0 come after Web 2.0? Deconstructing theoretical assumptions through practice. In: New Media & Society 14:8.

Barbrook, Richard/*Cameron*, Andy, 1995: The Californian Ideology. In: Science as Culture 6:1, S. 44–72.

Bennett, W. Lance/*Segerberg*, Alexandra, 2012a: The Logic of Connective Action: Digital media and the personalization of contentious politics. In: Information, Communication & Society 15:5, S. 739–768.

Dies., 2012b: The Logic of Connective Action: Digital media and the personalization of contentious politics. Cambridge.

Berker, Thomas/*Hartmann*, Maren/*Punie*, Yves, 2005: Domestication of Media and Technology. Maidenhead.

Castells, Manuel, 2004: Informationalism, networks, and the network society: a theoretical blueprint. In: Ders. (Hrsg.): The Network Society: a Crosscultural Perspective, Northampton, S. 3–48.

Ders., 2009: Communication power. Oxford.

Ders., 2012: Networks of Outrage and Hope: Social Movements in the Internet Age. Cambridge.

Coleman, E. Gabriella, 2013: Coding Freedom: The ethics and aesthetics of hacking. Princeton.

Earl, Jennifer/*Kimport*, Katrina, 2011: Digitally Enabled Social Change: Activism in the Internet age. Cambridge.

Fenton, Natalie/*Barassi*, Veronica, 2011: Alternative Media and Social Networking Sites: The politics of individuation and political participation. In: The Communication Review 14:3, S. 179–196.

Ferron, Michela/*Massa*, Paolo, 2012: The Arab Spring wikirevolutions: Wikipedia as a lens for studying the real-time formation of collective memories of revolutions. In: International Journal of Communication 5:20.

Fuchs, Christian, 2013: Social Media: A Critical Introduction. London.

Gerbaudo, Paolo, 2012: Tweets and the Streets: Social Media and Contemporary Activism. London.

Ders., 2014: Populism 2.0: Social media activism, the generic Internet user and interactive direct democracy. In: Fuchs, Christian/Trottier, Daniel (Hrsg.): Social Media, Politics and the State: Protests, Revolutions, Riots, Crime and Policing in the Age of Facebook, Twitter and YouTube, London, S. 67–87.

Ders., 2015: Protest Avatars as Memetic Signifiers: Political profile pictures and the construction of collective identity on social media in the 2011 protest wave. In: Information Communication & Society 18:8.

Ders., 2016: Rousing the Facebook Crowd: Digital enthusiasm and emotional contagion in the 2011 protests in Egypt and Spain. In: International Journal of Communication 10:1, S. 254–273.

Ders., 2017: The Mask and the Flag: Populism, Citizenism and Global Protest. London/New York.

Ders., 2018: The Digital Party: Political Organisation and Online Democracy. London.

Gershon, Ilana, 2010: Media ideologies: An introduction. In: Journal of Linguistic Anthropology 20:2, S. 283–293.

Ghonim, Wael, 2012: Revolution 2.0: The power of the people is greater than the people in power: A memoir. Boston.

Hands, Joss, 2011: @ is for activism: Dissent, resistance and rebellion in a digital culture. London.

Juris, Jeffrey S., 2008: Networking Futures: The movements against corporate globalization. Durham.

Ders., 2012: Reflections on# Occupy Everywhere: Social media, public space, and emerging logics of aggregation. In: American Ethnologist 39:2, S. 259–279.

Karatzogianni, Athina, 2015: Firebrand Waves of Digital Activism 1994–2014. London.

Kavada, Anastasia, 2013: Internet Cultures and Protest Movements: The cultural links between strategy, organizing and online communication. In: Cammaerts, Bart/Mattoni, Alice/McCurdy, Patrick (Hrsg.): Mediation and Protest Movements, London, S. 75–94.

Lim, Merlyna, 2012: Clicks, Cabs, and Coffee Houses: Social media and oppositional movements in Egypt, 2004–2011. In: Journal of Communication 62:2, S. 231–248.

Lovink, Geert, 2011: Network Without a Cause: A critique of social media. London.

Lundby, Knut, 2009: Mediatization: Concept, Changes, Consequences. Bern.

Marx, Karl/*Engels*, Friedrich, 2002[1848]: The Communist Manifesto. London.

Mattoni, Alice, 2016: Media Practices and Protest Politics: How precarious workers mobilise. London.

McLuhan, Marshall/*Fiore*, Quentin, 1967: The Medium is the Massage: An inventory of effects. London.

McLuhan, Marshall et al., 2011: The Gutenberg Galaxy: The making of typographic man. Toronto.

Menser, Michael/*Aronowitz*, Stanley, 1996: On cultural studies, science, and technology. In: Aronowitz, Stanley/Matinsons, Barbara/Menser, Michael (Hrsg.): Technoscience and Cyberculture, London, S. 7–28.

Morozov, Evgeny, 2009: Moldova's Twitter Revolution. In: Foreign Policy 7:1.

Pickard, V.W., 2006: United yet autonomous: Indymedia and the struggle to sustain a radical democratic network. In: Media, Culture & Society 28:3, S. 315–336.

Postman, Neil, 1985: Amusing Ourselves to Death. New York.

Rodotà, Stefano, 1997: Tecnopolitica. Bologna.

Toret, Javier, 2013: Tecnopolítica: la potencia de las multitudes conectadas. El sistema red 15M, un nuevo paradigma de la política distribuida. In: IN3 Working Paper Series.

Treré, Emiliano, 2012: Social Movements as Information Ecologies: Exploring the coevolution of multiple Internet technologies for activism. In: International Journal of Communication 6:19.

Ders./*Mattoni*, Alice, 2016: Media Ecologies and Protest Movements: Main perspectives and key lessons. In: Information, Communication & Society 19:3, S. 290–306.

Tufekci, Zeynep/*Wilson*, Christopher, 2012: Social Media and the Decision to Participate in Political Protest: Observations from Tahrir Square. In: Journal of Communication 62:2, S: 363–379.

Turner, Fred, 2010: From Counterculture to Cyberculture: Stewart Brand, the Whole Earth Network, and the Rise of Digital Utopianism. Chicago.

Van Dijck, José, 2013: The Culture of Connectivity: A Critical History of Social Media. Oxford.

Van Loon, Joost, 2002: Risk and Technological Culture: Towards a Sociology of Virulence. Abingdon.

Wolfson, Todd, 2014: Digital Rebellion: The Birth of the Cyber Left. Champaign.

Conrad Lluis

Neues Volk, verändertes Land. Populismus als Praxis in Spanien

1. Einleitung

Spanien im Mai 2011. Auf den Hauptplätzen der Städte zeltet und versammelt sich eine breite Menge, die weder Medien noch Politik recht einzuordnen wissen. Die *indignados* (Empörte), wie die Protestierenden bekannt werden, kritisieren mit Mottos wie „Wir sind keine Ware in den Händen von Politikern und Bankern" den eisernen Sparkurs, den die (sozialistische) Regierung angeleitet durch Brüssel forciert. Doch die *indignados* stellen nicht nur den Sozialabbau, sondern den gesamten *Status quo* in Frage. *¡No nos representan!* (Sie repräsentieren uns nicht!) und *¡Democracia real ya!* (Echte Demokratie jetzt!) sind die Rufe der Stunde. Die Proteste der *indignados*, an denen sich allein von Mai bis Oktober 2011 mehr als zwei Millionen Spanierinnen[1] beteiligten, sollten tiefgreifende Umwälzungen anstoßen. Die Proteste haben gemeinsam mit der grassierenden Wirtschaftskrise im Land einen Mentalitätswandel bewirkt. Waren in den Nullerjahren Fragen der Korruption in Wirtschaft oder Politik oder die politische Lage praktisch kein Thema, so rangieren sie zu Beginn der 2010er (direkt nach der Arbeitslosigkeit) als größte Sorgen.

Tatsächlich ereignet sich in Spanien ein so beschleunigter wie ungewisser politischer Wandel. 2019 erreichten Parteien, die es vor 2011 in dieser Form nicht gab, 40 Prozent Unterstützung – prominent zwei als populistisch diffamierte Kräfte, einerseits die ultrarechte VOX, andererseits die linke Podemos. Spanien ist bald zehn Jahre nach den Platzbesetzungen der *indignados* im Mai 2011 ein anderes Land geworden. Die beschleunigte Abfolge von Protestzyklen, Parteigründungen, Wahlgängen (vier Generalwahlen von 2015 bis 2019) und Regierungsbildungen verdeutlicht, wie politisiert die spanische Bevölkerung heute ist. Zumal wenn der Krisenherd Katalonien in den Blick rückt, wo seit 2012 die Unabhängigkeitsbewegung Proteste veranstaltet, deren Zulauf in Westeuropa seinesgleichen sucht. Ohne all dies auf einen Nenner zurückführen zu wollen, kann doch vermutet werden: Vielleicht vergleicht die Historikerin der Zukunft einmal „Mai 2011" in Spanien mit „Mai 1968" in der Bundesrepublik oder in Frankreich.

Dieser Text macht folgende These stark: *Eine* zentrale Konfliktlinie durchzieht Spaniens schwer zähmbare und scheinbar so verschiedenartige Politisierungsprozes-

---

1 Aus Gründen der Lesbarkeit gebraucht dieser Text abwechselnd die weibliche und die männliche Form.

se. Auf der Straße und in den Parlamenten, in Barcelona wie in Madrid äußert sich fortwährend, aber in immer neuer Gestalt, eine *populistische Konfrontation,* ein Kampf *von unten gegen oben.* An verschiedensten Stellen entfacht sich der Antagonismus eines unterdrückten, aber sich souverän glaubenden *Volkes* gegen die vermeintlich ausbeuterischen und eigennützigen *Eliten.* Ich rekonstruiere hier schlaglichtartig den für Spanien so zentralen Oben-Unten-Konflikt. Die Konstanz dieser binären Konfrontation genauso wie ihre mannigfaltigen Erscheinungen nachzuzeichnen, die lange nach links tendierten, nun aber mit dem Aufstieg einer rechtspopulistischen Partei wie VOX auch nach rechts ausscheren, würden den hiesigen Rahmen sprengen. Die hiesige Analyse ist nur ein kleiner Scheinwerfer. Er fokussiert, wie der Oben-Unten-Konflikt im Mai 2011 aufkam und später auf zwei sehr unterschiedlichen politischen Bühnen erneut auftrat.

Dafür verwebe ich eine *diskursanalytische* mit einer *praxeologischen* Betrachtung. Mir scheint, dass das Aufkommen des konfliktgeladenen und nur schwer repräsentierbaren Subjektes „Volk" in Spanien einer Perspektive bedarf, die sich an die Hegemonietheorie Ernesto Laclaus und Chantal Mouffes anlehnt, aber nicht bei ihr stehenbleibt, sondern ihren ausschließlich diskursanalytischen Fokus überschreitet. In der Tat muss mit dem Autorenpaar unterstrichen werden: „Populistische Momente" halten das Ideal der Volkssouveränität aufrecht und müssen nicht zwingend die Demokratie gefährden. Doch zugleich greift die Hegemonietheorie in ihrer Beschreibung der „diskursiven Gemachtheit" des Volkes wie des populistischen Konflikts eindeutig zu kurz. Wer wie Laclau/Mouffe (und ihre Schülerinnen) populistische Phänomene rekonstruiert und dabei die Praktiken, die sinnlichen Erfahrungen oder das kollektive Zusammenkommen ausspart, der riskiert eine partielle, gar irreführende Analyse.

Im Folgenden verfahre ich in fünf Schritten: Zunächst sind die theoretischen Ausgangspunkte im Ansatz von Laclau/Mouffe sowie ihrem Populismusverständnis zu markieren. Jedoch widersetze ich mich ihrer Tendenz zur Formalisierung und verstehe den *Populismus als eine Praxis.* Daraus folgt eine eigensinnige Analyse mit drei Schlaglichtern. Das erste gilt der „Stunde null" von Spaniens neuem Populismus. Ich lese den Ausbruch der Proteste der *indignados* (Empörte) im Mai 2011 als Startpunkt tiefgreifender Veränderungen. Das zweite Schlaglicht rekonstruiert, wie sich die Partei Podemos in den Jahren 2014 und 2015 den Protest der *indignados* auf die Fahnen schrieb – samt Erfolgen und Fehlern. Das dritte und kürzeste Schlaglicht springt zur katalanischen Unabhängigkeitsbewegung und zum Plebiszit vom 1. Oktober 2017. Damals tauchten Züge jener Praktiken auf, die bei den *indignados* erschienen waren. Schließlich rekapituliere ich das Argument.

2. Populismus: Begriff, Form, Praxis – mit Laclau und Mouffe über sie hinaus

Die poststrukturalistische Diskurstheorie Laclaus und Mouffes, die ich hier schlicht als Hegemonietheorie bezeichne, hat in der *Essex School of Discourse Analysis* schulbildende Wirkung entfaltet und sich besonders in der Populismusforschung etabliert. Der späte Laclau (2005), aber auch Mouffe (2015, 2018) meinen, dass populistische Phänomene nicht nur eine Gefahr für die Demokratie darstellen müssen, sondern diese in einem globalen Kontext steigender sozialer Ungleichheiten und der systematischen Aushöhlung demokratischer Selbstregierung ebenso gut revitalisieren können. Grundlage dafür ist das *beschreibende* Verständnis des Populismus als einer *politischen Logik*, die soziale Verhältnisse stiftet (vgl. Laclau 2005, S. 117). Mouffe (2018, S. 20f.) hat jüngst, Laclau folgend, eine erhellende Definition geliefert: Der Populismus sei „eine Diskursstrategie, die eine politische Frontlinie aufbaut, indem sie die Gesellschaft in zwei Lager aufteilt und zu einer Mobilisierung der ‚Benachteiligten' gegen ‚die an der Macht' aufruft". Derart als „Diskursstrategie" oder „politische Logik" begriffen, kann der Populismus verschiede „Formen" annehmen, muss aber stets einen zentralen Vorgang enthalten, der das „Volk" als ein kollektives Subjekt schafft, um eine als „ungerecht empfundene Gesellschaftsordnung umzugestalten" (ebd.).

Für Laclau/Mouffe ist der Populismus also kein Zustand, sondern ein Prozess, der *breit* wirkt und verschiedenste Ausdrucksformen findet. Dieses prozesshafte Populismusverständnis mache ich mir zu Eigen, um bei den *indignados*, bei *Podemos*, und bei Kataloniens Unabhängigkeitsbewegung zu fragen: Wie entsteht ein unterdrücktes, aber souveränes Volk? Welche Idee von Volkssouveränität äußert sich? Welche Ordnung wird angestrebt, wie wird der *Status quo* hinterfragt? So weit, so überzeugend. Wäre da nicht die Tatsache, dass das Populismusverständnis von Laclau (und Mouffe) jene bedenkenswerte Tendenz birgt, die ihren gesamten Ansatz durchzieht: *der überzogene Formalismus.*[2] So einleuchtend es zunächst scheint, den Populismus als eine „politische Logik" zu begreifen, so sehr riskiert die Hegemonietheorie, indem sie die *Unbestimmtheit* des Populismus hochhält, seine höchst *konkreten Praktiken* auszublenden.

---

2 Dieser Formalismus äußert sich vehement in Laclaus Rede *einer* Artikulationslogik, die zwischen Partikularität und Universalität oszilliert und prinzipiell jede populistische Konstruktion eines „Volkes" auszeichnet. Dies verwischt erstens die Unterschiede zwischen *links*- und *rechts*populistischen Projekten und hypostasiert ihre Gemeinsamkeiten. Unterbelichtet bleibt hierbei, *wie*, mit welchen Forderungen und Praktiken, jeweils „das Volk" artikuliert wird. Zweitens blendet Laclaus ahistorische Logik die *Bedingungen* populistischer Artikulation tendenziell aus – und verharrt bei der unbestimmten Rede eines globalisierten Kapitalismus, der Dislokationen vervielfältige (vgl. Laclau 2005, S. 229f.). Laclaus eigene, durch Lateinamerika geprägte Intuitionen zeigen hingegen, dass der Populismus einer, natürlich auch politisch gemachten, Gelegenheitsstruktur bedarf, um sich wirkmächtig zu entfalten (vgl. auch Stavrakakis 2004).

Betrachten wir beides der Reihe nach. Laclau erhebt die *Unbestimmtheit* des populistischen Diskurses zu dessen Markenzeichen: „[T]he language of a populist discourse – whether of Left or Right – is always going to be imprecise and fluctuating not because of any cognitive failure, but because it tries to operate performatively within a social reality which is to a large extent heterogeneous and fluctuating" (Laclau 2005, S. 118, auch: 98f.). Dass Laclau wie Mouffe diese Vagheit als Stärke hochhalten, erklärt sich aus ihrer Theorieanlage selbst. Für sie sind kollektive Identitäten, von „der Mittelschicht" über „die Ökos" bis hin zum „Volk" das Produkt diskursiver Bewegungen. Das populistische Phänomen *ist* ein diskursives Phänomen, so die Losung. Wenn sich die mächtigen, aber diffusen Anti-Establishment-Impulse, Abstiegsängste, und Ressentiments der Gegenwartsgesellschaften (im Zitat: „die heterogene Realität") bündeln und performativ ausdrücken, dann sind diskursive Artikulationen am Werk. Um populistisch zu werden, müssen diese Artikulationen breite antagonistische *Grenzziehungen* nach außen bewirken und breite *Repräsentationsleistungen* nach innen erbringen.

Populistische Artikulationen nach Laclau bringen erst das „Volk" und, mittels einer konflikthaften Grenzziehung, seine Gegner als ein breites Sammelbecken hervor, in dem sich (auf beiden Seiten) viele wiederfinden. Zentral dafür ist, dass der Begriff „Volk" – oder ähnliche Kategorien wie „die Leute" oder „die Bürger" – zu *leeren Signifikanten* avancieren, die eine Vielzahl verschiedener Kämpfe, Forderungen und Gruppen in ihrem Schoß repräsentieren. Das entleerte Zeichen „Volk" ist das *n+1*, es ist die übergeordnete Kategorie (+ 1), die in einer entleerenden Bewegung die Gesamtheit des Diskurses (*n*) repräsentiert, ja seine Bestandteile eint und verwandelt (vgl. Arditi 2014, S. 32).

Die diskursive Verfasstheit des „Volkes" (wie jeder Identität) und seine performative Selbsthervorbringung werde auch ich stark machen. Allerdings anders als Laclau und Mouffe. Um zu verstehen, warum, ist zu fragen: Was ist überhaupt Diskurs? Der Diskursbegriff der Hegemonietheorie ist reichhaltiger, als dies die Autoren (und ihre Schülerinnen) selbst meist einlösen. Laclau/Mouffe orientieren ihr Diskursverständnis ausdrücklich an Wittgensteins Begriff des Sprachspiels (vgl. Laclau/ Mouffe 1990, S. 100ff.). Das klassische Beispiel des „Mauerbaus", auf das sich Laclau/Mouffe stets beziehen, ist hierzu erhellend:

> A führt einen Bau auf aus Bausteinen; es sind Würfel, Säulen, Platten und Balken vorhanden. B hat ihm die Bausteine zuzureichen, und zwar der Reihe nach, wie A sie braucht. Zu dem Zweck bedienen sie sich einer Sprache, bestehend aus den Wörtern: „Würfel", „Säule", „Platte", „Balken". A ruft sie aus; – B bringt den Stein, den er gelernt hat, auf diesen Ruf zu bringen. (Wittgenstein 1984[1946], S. 238)

Das Beispiel zeigt zweierlei: Erstens lesen Laclau/Mouffe mit Wittgenstein diskursive Strukturen (hier: der Mauerbau) als komplexe Strukturen, die manifeste Sprechakte (A ruft nach Würfeln, Säulen, etc.) wie *nichtsprachliche Praktiken* (B bringt diese Gegenstände, ohne zu sprechen) enthalten. Diskurse bestehen gleichzeitig aus linguistischen Gehalten und Praktiken. Die Dimensionen von Semantik (Bedeutung) und Pragmatik (Gebrauch) sind miteinander verschachtelt. Bedeutung bleibt stets in gewisse Praxiskontexte eingelassen und wird durch sie mithervorgebracht. Für die Hegemonietheorie ist der Diskurs eigentlich stets auch eine Praxis, die mehr als bloß linguistisch verfasst ist. Auch Gesten, Mimik und „stumme" Gebärdensprache gehören dazu. Zweitens sind da die Bausteine selbst und besonders die Körper, die mit mühseligen Handgriffen und infolge jahrelanger Konditionierung Würfel, Säulen und Platten heben. Dieses Diskursverständnis umfasst prinzipiell auch die Ebene der *Materialität*. Artefakte wie Körper sind Teil des Diskurses, ja die diskursiven Bewegungen entfalten sich eben auch als materielle Praktiken und können sich als solche institutionell verfestigen (vgl. Laclau 2005, S. 106). Wir können festhalten, dass der Diskursbegriff von Laclau/Mouffe prinzipiell *triadisch* ausgerichtet ist. Der Diskurs ist ein Ensemble von *Zeichen*, aber auch eines der *Praktiken*, sprechender wie stummer, sowie der sinnlichen *Körper*.[3]

Dieses breitgefächerte Diskursverständnis verbietet jene überzogene Formalisierung, welche die Hegemonietheorie faktisch betreibt – bei ihrer Konzeption des Populismus und darüber hinaus. Wie Judith Butler in der Debatte mit Laclau (und Žižek) dargelegt hat, ist der Diskursbegriff Laclaus/Mouffes zwar prinzipiell breit angelegt, die Autoren lesen jedoch in ihrer Forschungspraxis das Soziale nur und ausschließlich nach der *Logik einer Zeichenordnung* – und blenden dagegen die Dimension der Praktiken aus. Für Butler ist das *mehr* als ein blinder Fleck. Sie meint, dass die Grammatiken sozialer Praktiken „eine Menge von gebrauchsbasierten Bedeutungen hervorbringen, die keine rein logische Analyse enthüllen kann" (Butler 2013, S. 215). Warum aber legt die Hegemonietheorie mit Wittgenstein ein breites Diskursverständnis zugrunde, das Zeichen, Praktiken und Körper umfasst, um sich dann *de facto* doch nur auf die semiotische Diskursanalyse der Zeichen festzulegen?

Wer wie Laclau/Mouffe die Unbestimmtheit des Populismus hochhält, der blickt damit im Grunde nur auf eine der drei Facetten des Diskurses, nämlich die *Ordnung der Zeichen*. Es kommt für die Hegemonietheorie darauf an, um welchen leeren Signifikanten herum sich das artikulierende Volk gruppiert, welche Feindfiguren dabei entstehen und welche Forderungen und sozialen Gruppen gebündelt werden. Dagegen lautet der hiesige Vorschlag: Der Populismus ist weniger als ein stets ausformulierter und kohärenter Diskurs zu verstehen, sondern eher als eine bruchstückhafte und praktisch *angeeignete Kultur*. Eine Kultur, die Anschauungen prägt und von

---

3 Diesen mit Wittgenstein erweiterten Diskursbegriff kann ich nur anreißen (vgl. dazu auch Baumann et al. 2015).

diesen geprägt wird, die durch Praktiken reproduziert wird, die nicht nur gesprochen und gedacht, sondern auch sinnlich erlebt werden.[4]

Der Hegemonietheorie täte, so scheint mir, eine *Entformalisierung des Analysevokabulars* gut. Zu lange haben Laclau/Mouffe – und vor allem – ihre Schülerinnen nur die schillernde *Vorderseite* des Diskurses betrachtet,[5] die Entleerung der Signifikanten, die Bildung von Antagonismen und Bedeutungsketten rekonstruiert. Zu lange wurde der Blick davor verschlossen, dass der Diskurs eine unauffällige, aber konstitutive *Rückseite* hat: die vielleicht zuweilen stummen, aber dennoch bedeutungsschaffenden *Praktiken*. Praktiken, deren Bedeutung nicht nur die Sprache transportiert, sondern auch ihr sinnliches, ja verkörpertes Erscheinen. „Kein Diskurs ohne Rückseite mehr!" – so das Motto der folgenden Analyse. Lesen wir also den *Populismus als eine Praxis*, in der sich Zeichen, Praktiken und Körper vermengen, stabilisieren und destabilisieren.

3. Mai 2011 – Ausbruch der Empörung

Die Platzbesetzungen und Demonstrationszüge, die ab dem 15. Mai 2011 (und daher als Proteste des 15M bekannt wurden) in Spaniens Hauptstädten stattfanden und sich in den Folgewochen über das ganze Land ausbreiteten, bedeuteten für Politik, Öffentlichkeit und Gesellschaft einen Einschnitt. „Nach dem 15M wird nichts mehr so sein, wie es vorher war" – dieses Motto der neuen Aktivistinnen, die behelfsmäßig als *indignados* (Empörte) bezeichnet wurden, weil sie sich so schwer einordnen ließen, war sicher vermessen. Doch damals, als auf dem Höhepunkt der Wirtschaftskrise zwischen Mai und Oktober 2011 zwei Millionen Menschen ihren Unmut gegen die Austeritätspolitik der sozialistischen Regierung und gegen die repräsentative Demokratie kundtaten, politisierte der Protest querschnittartig (vgl. Blanco 2011). Links- wie Rechtsgesinnte, Arbeitermilieus wie Mittelschichten, Jüngere wie Ältere bekundeten ihre Sympathien mit den *indignados*.[6] Durch den Arabischen Frühling inspiriert, wurden die *acampadas* (Zeltlager) der Empörten auf den Hauptplätzen von mehr als 100 spanischen Städten zu ihrem Markenzeichen. Die Mottos, die auf den Plätzen zirkulierten, wurden schnell populär: „Sie repräsentieren uns nicht!", „Wir sind keine Ware in den Händen von Politikern und Bankern", „Die Frage ist nicht links gegen rechts, sondern unten gegen oben."

---

4 Solch eine Perspektive versucht, jene dichte und gerade nicht formalisierte Kultur- und Hegemonieanalyse zu aktualisieren, die Antonio Gramsci bruchstückhaft vorgelegt hat.

5 Das Begriffspaar „Vorder- und Rückseite" lehnt sich an Oliver Marchart (2013, S. 361f.) an, ich wende es aber indes gegen den Ansatz, die Hegemonietheorie, dessen Schüler Machart ist.

6 Nach einer repräsentativen Umfrage des öffentlichen Meinungsforschungsinstituts CIS sympathisierten im Juni 2011 rund 70% der Befragten mit den Protesten. Andere Umfragen ermittelten noch höhere Unterstützungsraten.

Weder Slogans noch Manifeste sind hier in isolierter Form zu analysieren, um den wahrlich populistischen Protest der *indignados* zu verstehen. Vielmehr lautet der Vorschlag, den Protestierenden auf die Plätze zu folgen: Was wurde dort gesagt, was dort getan? Im Folgenden zeige ich schematisch, wie solch eine *Diskursanalyse „von unten"* aussieht (vgl. auch Lluis 2019). Dabei greife ich auf die detaillierten Verlaufsprotokolle zurück, die in der Anfangsphase auf dem Empörten-Camp der *Plaça Catalunya*, dem Hauptplatz Barcelonas, angefertigt wurden. Während am ersten Abend nur etwa 150 Menschen mit Isomatten und Schlafsäcken auf dem Platz campierten, waren es wenige Tage später Tausende. Das Barcelona-Camp sollte sich nach Madrid zur größten Empörtenversammlung Spaniens entwickeln und global Resonanz entfalten (vgl. Romanos 2016).

Betrachten wir die ersten Zeilen des allerersten Protokolls:

> Am 16. Mai um 22.30 Uhr, wird die *#acampadabcn* auf der Plaça Catalunya konstituiert. Sie ist ein Zeichen dafür, dass wir gemeinsam alles können. Denn dies ist keine Krise, es ist ein Betrug.

Die Sätze zeigen, dass die Konstitution des Zeltlagers auf der Plaça Catalunya als eine performative Praxis geschieht. Im Protokoll vollzieht sich eine Handlung, indem eine *Erklärung* abgegeben wird (vgl. Searle 1976, S. 14). In diesem Fall schafft die Aussage, dass das Camp am 16. Mai um 22.30 Uhr konstituiert sei, durch 150 Unbekannte, die mit Isomatten und Schlafsäcken auf dem Platz übernachten, ein neues Kollektiv, die *#acampadabcn*. Das Barcelona-Camp ist ein Gegenentwurf zur herrschenden Ordnung. Einerseits wird das Zeltlager zum buchstäblichen Zeichen dafür, dass sich eine neue *Wir-Identität* mit einer starken Agency („gemeinsam alles können") herausbildet. Andererseits trägt dieses neue „Wir" dazu bei, den Ist-Zustand zum Unrechtszustand umzudeuten, ihn nicht mehr als eine Krise, sondern als einen „Betrug" zu fassen, der Opfer und Verantwortliche hat (vgl. Castells 2012, S. 126ff.).

Das „Wir", das sich auf der *Plaça Catalunya* genauso wie auf dutzenden anderen Plätzen Spaniens bildet, besitzt auf symbolischer Ebene nur schwache verbindende Merkmale – was aber nicht heißt, dass wir vor einer schwachen Identität stehen (vgl. Domènech 2013, S. 60ff.). Auf den Plätzen treffen zunächst Milieus aufeinander, die bisher nur wenig gemein haben: perspektivlose Studierende auf über den Sparkurs empörte Krankenschwestern und Ärzte, politisierte Senioren auf Kleinunternehmerinnen, die unter der Krise leiden oder auf linksradikale Aktivistinnen. Dieser Pluralität gemäß sind Debatten wie Gespräche oft von einer „erstaunlichen Naivität und Unbeholfenheit" geprägt, so der Teilnehmer Juan Ramón[7] im Interview: „Wir kritisierten alle die Wirtschafts- und Politikeliten, das politische System, das ökonomische Regime… Aber darüber hinaus bestand frappierend wenig Konsens. Mir blie-

---

7 Name geändert.

ben die Diskussionen in den Versammlungen zu schwammig und unkonkret." Zugleich aber verbirgt Juan nicht, dass er mitgerissen war: „Auf dem Platz geschah ein kollektives Erwachen."

Der Begriff des „kollektiven Erwachens" wird in Analysen genauso wie in den von mir geführten Interviews fortwährend unterstrichen. Auf dem Platz vollzog sich ein Bruch und eine Politisierung, die über das gesprochene Wort hinausgeht. Dies führt zur anderen Seite der „Wir-Identität" der *indignados*. Auf dem Platz konstituierte sich nicht nur ein unbestimmtes, sondern paradoxerweise zugleich ein *starkes Subjekt*. Dies unterstreicht das engagierte „Wir", das aus den ersten, kaum überarbeiteten Protokollen spricht: „Im ersten Moment sind wir eine Versammlung von 150 Menschen, die entscheiden, dort unbegrenzt zu bleiben, genauso wie in anderen Städten des Staates (16.5.)." Einige Tage später, zur eigentlichen Hochphase des Camps ab dem 22. Mai, sprudelt aus den Protokollen – und vielen anderen Quellen[8] – nur so die Begeisterung, diesen „historischen Moment" gemeinsam und vor Ort mitzuerleben. In den Wortmeldungen äußert sich ein schier grenzenloser *Voluntarismus*: „Wir verändern gerade die Welt! (21.5.)", „Es gilt, jetzt auf das große Ganze zu zielen! (24.5.)"

An dieser Stelle lohnt es sich, einen Blick auf den Forderungskatalog zu werfen, den die Versammlung auf der Plaça Catalunya am 22. Mai präsentiert. Diesen Katalog verteidigen die *indignados* als ihren kleinsten gemeinsamen Nenner. Seine acht Hauptpunkte lauten:

1. Keine Privilegien mehr für Politiker, an erste Stelle für die Barcelonas.
2. Keine Privilegien mehr für Banker und Bankerinnen.
3. Keine Privilegien mehr für große Vermögen.
4. Würdevolle Löhne und Lebensqualität für alle.
5. Ein Recht auf Wohnen.
6. Öffentliche Dienstleistungen von Qualität.
7. Freiheiten und partizipative Demokratie.
8. Umwelt.

Auffallend ist an den Forderungen erstens, dass in ihnen die politisch-ökonomischen *Eliten* als der große *Antagonist* erscheinen. Die dreifache Ablehnung von Privilegien zieht eine unmissverständliche Grenze gegenüber Politiker/innen, Banker/innen und Reichen. Folgt man den dazu gehörenden (hier nicht zitierten) Unterpunkten, so wird in der Politik eine Angleichung der Gehälter an den Bevölkerungsdurchschnitt verlangt, eine Abschaffung aller finanziellen Zuschüsse und Spenden und eine effektivere Strafverfolgung korrupter Politiker. Diese Maßnahmen möchten die repräsentative Demokratie grundlegend *reformieren*: von einem neuen Wahlsystem, das klei-

---

8 Nicht zuletzt in den Werken, in der die *indignados* ihre Erfahrungen selbst darstellen (vgl. etwa Oliveres et al. 2011; als Überblick: Domènech 2013, S. 55ff.).

ne Parteien begünstigt, über die parlamentarische Repräsentation der „weißen" Stimmzettel (explizite Stimmenhaltungen), bis hin zur größeren Relevanz von Referenden. Diese breite Machteingrenzung der politischen, aber auch der wirtschaftlichen Eliten (mit Forderungen, die auf Umverteilung und Regulierung des Finanzmarktes zielen), überrascht. Die *indignados* sehen sich in der Lage, auf allen Politikfeldern Forderungen aufzustellen, wobei sie stets in die Rolle des Souveräns schlüpfen, der seine Repräsentanten kritisiert und für sie ein einschränkendes Regelwerk entwirft.

Doch woraus speist sich diese Zuversicht, nach kaum einer Woche Protest den „Mächtigen" neue Regeln vorschreiben zu können? Möglicherweise aus dem, was auf dem Platz selbst geschieht. Der breite Unmut über den *Status quo* treibt zwar die Leute auf die *Plaça Catalunya*. Was sie aber dort zusammenhält und (viele) elektrisiert, ist das Geschehen vor Ort selbst. Die *indignados* eignen sich den Platz wahrlich an, sie machen ihn zu *ihrem Raum*. Ab dem 16. Mai findet nicht nur wochenlang eine tägliche Hauptversammlung statt, es entstehen auch dutzende Kommissionen und Arbeitsgruppen, die sich um organisatorische wie inhaltliche Fragen drehen – von den täglichen Mahlzeiten zu wirtschaftlichen Forderungen. Man muss sich das Empörten-Camp als einen *Mikrokosmos* vorstellen, in dem parallel verschiedene Gruppen tagen, sympathisierende Wissenschaftlerinnen und Journalisten informelle Vorträge halten, ja gar ein Gemüse-Beet angelegt wird. Es entsteht eine umfassende Arbeitsteilung, die sich am Ideal eines *Organismus* orientiert, dessen Glieder je verschiedene, aber sich ergänzende Funktionen erfüllen. Ganz im Zeichen einer *organischen Solidarität* (Durkheim) verweisen die Kommissionen gerade in ihrer arbeitsteiligen Differenz aufeinander und bilden nur in ihrer Gesamtheit ein Ganzes. Ein Ganzes wohlgemerkt, das sich als autonome Sphäre konstituiert und möglichst unabhängig von der Außenwelt bleiben möchte.

In diesem Sinne bietet die #acampadabcn ein typisches Beispiel eines *präfigurativen Raumes* (vgl. Polletta 1999, S. 11). Das heißt: Im Zeltlager der Plaça Catalunya beanspruchen die Aktivisten, jene sozialen Verhältnisse einzurichten und vorzuleben, die sie für die gesamte Gesellschaft anstreben. Die Präfiguration ist somit eine Artikulation, die das, was sie prinzipiell für alle fordert, bereits in der konkreten Gegenwart, hier: in den Zeltlagern und Versammlungen, einzurichten versucht. So streben *indignados* an, auf der *Plaça Catalunya* – und allen anderen Plätzen Spaniens – Verhältnisse der Symmetrie, Gegenseitigkeit, Solidarität und Demokratie zu verwirklichen, die sie im Spanien des Jahres 2011 vergeblich suchen.

Der präfigurative Anspruch der *indignados* äußert sich nun *nicht* vornehmlich, wie die in ihrer Ungeordnetheit so aussagekräftigen Protokolle zeigen, indem große Reden geschwungen, bedeutungsschwangere Neufassungen von „Demokratie" oder „Gleichheit" gebildet oder ständig Feindbilder („die Eliten", „die von oben") bemüht werden. Gewiss, all dies kommt vor. Aber die Protokolle strukturierten andere, *kleinteilige Fragen.* So etwa das Festlegen von Uhrzeiten, zu denen man sich trifft, die Organisation der Übernachtungen, den Umgang mit der Polizei, das Einrichten von Mailaccounts usw. Dies verrät, dass die Teilnehmer in den Bann eines verdichteten Ereignisflusses gerissen werden. An jenen Tagen wird *nicht* ruhig an Forderungskatalogen oder Manifesten gebrütet, sondern die Geburt einer Protestbewegung erlebt – was für viele eine neuartige, oft gar ekstatische Erfahrung darstellt. Doch über das passionierte Engagement am arbeitsteiligen Organismus Zeltlager hinaus äußert sich das präfigurative Moment auch auf eine andere Weise, nämlich in den *Versammlungen* auf dem Platz.

Die Versammlungen sind das eigentliche Entscheidungsorgan der *indignados* – und sie arbeiten „erstaunlich gut", so meine Interviewpartnerin María José. Versammlungen finden mehrmals täglich statt, sowohl bei den genannten Kommissionen mit dutzenden Teilnehmerinnen als auch die Hauptversammlung des Platzes mit meist tausenden Anwesenden, die meist in den Abendstunden stattfindet. Nun heißt das nicht, dass Versammlungen machtfreie Räume wären,[9] sondern dass *direktdemokratische Verfahren* zur *Funktionsweise* des Empörten-Camps avancieren (vgl. Nez 2013, S. 6ff.). So ausgeprägt die ideologische Vielfalt der *indignados* ist, so sehr wird zugleich ihre plurale und oft divergente Protestpraxis von *einem* direktdemokratischen Dispositiv getragen. Ein spezifisches *Regelwerk* liegt Rede und Praxis, radikaleren genauso wie gemäßigteren Beiträgen, implizit zugrunde, ist gleichsam ihre geteilte Grundlage. Dies äußert sich in der Gebärdensprache, die allgemein gebraucht wird, um Teilhabe und Mitwirkung aller an Debatten und Entscheidungen zu gewährleisten, ebenso wie in der räumlichen Strukturierung der Versammlungen, die deren Transparenz und Beteiligungsmöglichkeiten sicherstellen soll.

Die *indignados* lassen in ihren Versammlungen Platz zwischen ihren Reihen, setzen spezifische Personen ein, die Wortmeldungen sammeln oder gebrauchen eine inklusive Gebärdensprache – die ab 2011 für alle sozialen Bewegungen wie neue Protestparteien prägend wurde. *Direkte Demokratie* ist demnach eine *Praxis*, die eingeübt werden muss, die es zu routinisieren, habitualisieren und zu verinnerlichen gilt. Und dies nicht nur mittels spezifischer Sprechweisen, sondern auch über körperliche Einübung und physische Arrangements. Es geht um eine Grundeinstellung, die Sprechweisen genauso wie nichtsprachliche Praktiken verwebt. Dass dabei auch strenge zeitliche Vorgaben zur Länge der jeweiligen Blöcke und sogar der Beiträge getätigt werden, unterstreicht, wie die direkte Demokratie zum *Verfahren* avanciert, das der übergeordneten Planung und zugleich der disziplinierten Regeleinhaltung bedarf.

Die Versammlungen der *indignados* halte ich aus genau dem Grund für zentral, den Butler in ihren jüngsten Veröffentlichungen (2016, 2019) stark macht: In den

---

9 Der basisdemokratische Charakter von Versammlungen kann als mächtige Verschleierung von Macht- und Herrschaftsverhältnissen dienen (vgl. dazu Rivero et al. 2013, S. 122ff.).

Zusammenkünften der Protestierenden äußert sich ein *neues Volk*. So chaotisch und machtgeladen die Versammlungen auf der *Plaça Catalunya* oft verliefen, es entsteht dort ein politisches Subjekt, das sich plötzlich als Souverän begreift. Die Protestierenden fordern ihr Recht darauf ein, selbst über ihr Leben, ja ihre gesamte Lebensform zu entscheiden (vgl. Butler 2016, S. 221f.). Und so konstituiert sich das Empörten-Camp als ein präfigurativer Raum, in dem man arbeitsteilig, solidarisch und vor allem direktdemokratisch eine neue Ordnung zu verwirklichen sucht. Dass dieser präfigurative Raum einen knappen Monat lang besteht, ist deshalb so wichtig, weil der Platz selbst *die* Säule des neuen Volkes ist, das im Frühjahr 2011 in Spanien entsteht. Die Kraft des Bruches, den die *indignados* gegenüber der herrschenden Ordnung vollziehen, bliebe ohne den Blick auf ihre Zeltlager unverständlich. Die (utopische) Annahme der Protestler, dass ein „Wir" – performativ im Protest entstanden – eine andere Welt verwirklichen könnte, nährt sich daraus, dass dieses „Wir" bereits auf dem Platz erschienen ist und sich dort als Souverän inszeniert hat (vgl. Butler 2016, S. 228f.). Für einen kurzen historischen Moment lang tun die *indignados* auf den Plätzen, *als ob* sie ein „souveränes Volk" seien. Die Ziele dieses Volkes äußern sich in Manifesten und Forderungskatalogen, seine zentrale Utopie hat sich aber schon auf dem Platz verwirklicht. Es ist die *direktdemokratische Versammlung*.

4. Podemos, Partei des empörten Volkes?

Spanien gab nach dem Ausbruch der Empörung 2011 ein zwiespältiges Bild ab. Die *indignados* lösten einen mehrjährigen Protestzyklus aus. Die Versammlungen der Empörten hielten sich in gewissen Quartieren und Gemeinden jahrelang (vgl. als Überblick: Rodríguez 2016, Huke 2017, S. 224ff.). Diese starke Politisierung weitete die anhaltende Wirtschaftskrise zu dem aus, was die Hegemonietheorie als umfassende *Dislokation* beschreibt. Arbeitslosigkeitsraten von über 25 Prozent, schrumpfende Reallöhne, Sozialabbau und die drohende Troika-Intervention nach dem Vorbild Griechenlands erlebten viele Spanierinnen nicht als eine selbstverschuldete und alternativlose Rezession, sondern als ein *Unrecht*, das es zu bekämpfen galt. Wirtschaftskrise und Proteste wirkten zusammen, um den *Commonsense* zu verschieben. So wurden ziviler Ungehorsam gegen Zwangsräumungen und die Duldung von Besetzungen tendenziell als legitim betrachtet – ebenso die pauschale Disqualifikation von politischen Repräsentanten und wirtschaftlichen Eliten (vgl. Parcerisa 2014).

Doch eines blieb in den Jahren, die dem Empörungsausbruch von 2011 unmittelbar folgten, unverändert: die institutionelle Politik. Die beiden großen Volksparteien, Sozialisten (PSOE) und Konservative (PP) ignorierten weitgehend die Proteste. Dass bei der Generalwahl von November 2011 die Konservativen haushoch siegten und eine absolute Parlamentsmehrheit erlangten, sahen einige Empörte früh bestätigt, was wenige Jahre später viele beklagten: Was bringt es, dass sich das „politische Klima" wandelt, wenn die „harte Sphäre" der politischen Repräsentation und der Regierungsgewalt unveränderbar bleibt?

In dieser festgefahrenen Krisensituation gründet eine kleine Gruppe linker Akademikerinnen Anfang 2014 die Partei *Podemos*. Die neue Kraft schließt schon mit ihrem Namen – „Wir können" – an den Veränderungswillen an, den die *indignados* auf den Plätzen hochhielten. Bewusst vermeidet der Name „Podemos" – anders als etwa *Die Linke* oder *Front de Gauche* –, sich in der Links-Rechts-Achse zu positionieren und eignet sich den Slogan *¡Sí se puede!* (Ja, man kann!) an, der in den Mobilisierungen gegen Zwangsräumungen und für ein Recht auf Wohnen aufkam und in Spanien zum geflügelten Motto der Krisenproteste aufstieg (vgl. Giménez 2017, S. 231f.). Die Dislokation, in der sich Spanien befindet, sehen die Parteigründer als *das* Gelegenheitsfenster, um ein mehrheitsfähiges politisches Projekt zu artikulieren. Kritik an den Eliten, Kampf gegen Austerität und für sozialen Schutz, Regeneration der Demokratie – jene Forderungen, die ab 2011 in Spanien so breite Sympathien weckten, greift Podemos auf. Die Partei spricht in gezielt mehrdeutiger Manier die Sprache der Empörung. Podemos möchte die „von unten" vertreten und bespielt gerade in ihren Anfangsjahren 2014 bis 2016 – um die es im Folgenden geht – die Gegensatzpaare „Volk vs. Eliten", „Leute vs. Kaste", „Bürgerschaft vs. Regime" (vgl. Errejón 2014a, S. 38f., einführend Lluis 2016).

Tatsächlich ist es nur eine Frage der Zeit, bis Podemos zum Handbuchbeispiel für das Populismusverständnis Laclaus (und Mouffes) aufsteigt. Der Grund dafür ist einfach: Podemos macht sich, angeleitet durch den Parteivize und Politologen Íñigo Errejón, von 2014 bis 2016 schlicht Laclaus Populismustheorie zur offiziösen Strategie.[10] Der Parteichef Pablo Iglesias, auch er Politologe, hält 2015 die zentrale Annahme fest, die in Spanien als *Podemos-Hypothese* berühmt wird:

> In Spain, the spectre of an organic crisis was generating the conditions for the articulation of a dichotomizing discourse, capable of building the 15-M's new ideological constructs into a popular subject, in opposition to the elites. [...] Analysis of the developments in Latin America offered us new theoretical tools for interpreting the reality of the Spanish crisis, within the context of the Eurozone periphery; from 2011, we began to talk about the 'latinamericanization' of Southern Europe as opening a new structure of political opportunity. This populist possibility was theorized most specifically by Íñigo Errejón, drawing on the work of Ernesto Laclau. (Iglesias 2015, S. 14)

Die Hypothese, die das Zitat benennt, ist gewagt. Podemos erhebt Laclaus Populismusverständnis nicht nur zur Parteistrategie, sondern erkennt in Spanien jene „lateinamerikanische" Konjunktur, von der Iglesias, Errejón und Co. annehmen, dass

---

10 Eindrücklich belegt im Blatt *La Circular*, zwischen 2015 und 2016 von der Podemos-Stiftung *Instituto 25M* herausgegeben (online: lacircular.info).

sie den argentinischen Autor (implizit) inspiriere und als Anwendungsfeld seiner Populismustheorie diene.[11] Entgegen einer rein akademischen und politisch entbetteten Leseart, die Laclaus selbstverkündeten Formalismus (zu) wörtlich nimmt, entscheiden sich die Podemos-Politiker für folgende Diagnose: Das krisengerüttelte Spanien tendiert zu einer sozialen und politischen Polarisierung, wie sie traditionell in Lateinamerika vorherrscht. Warum sollte nun das, was den Linkspopulisten Rafael Correa in Ecuador, Evo Morales in Bolivien oder Hugo Chávez in Venezuela gelang, nicht in ähnlicher Manier Podemos in Spanien gelingen?

Diese eingebettete Lektüre Laclaus ist spannend und wichtig. Dasselbe gilt für die performative Übersetzung der lateinamerikanischen Erfahrungen nach Südeuropa. Doch in einer entscheidenden Frage entscheiden sich die Podemos-Gründer für eine verkürzte, ihrerseits *ent*bettende Lektüre der *indignados*. Iglesias, Errejón und Co. betrachten die Proteste Spaniens als ein vornehmlich diskursives Phänomen und entkoppeln es so von den *Praktiken* auf den Straßen und Plätzen. Folgt man Errejón, so sind weder die Versammlungen der Empörten noch ihre Organisationsformen für das Podemos-Projekt entscheidend, sondern der kulturelle Wandel und die „Veränderungen im Commonsense", den die Proteste bewirkten (vgl. Mouffe/Errejón 2015, S. 66).

Den Diskurs, aber *nicht* die Praxis der *indignados* zu reartikulieren, ist für Podemos kein Widerspruch, sondern eine funktionale Notwendigkeit. Das Räsonnement lautet, bündig gefasst: Für Basisdemokratie bleibt keine Zeit, wir müssen unser linkspopulistisches Projekt möglichst effizient artikulieren. Unser Gelegenheitsfenster, die Anti-Establishment-Stimmung in Spanien, ist vergänglich. Wir müssen sie rasch nutzen und in Parteiform verfestigen. Im Geiste solcher Effizienz weist Podemos in seinen Anfangsjahren (2014 bis 2016) dem Parteichef Pablo Iglesias eine Schlüsselstellung zu. Ganz im Sinne Laclaus (vgl. 2005, S. 101f.) soll Iglesias, ein Mittdreißiger mit Pferdeschwanz, zum verkörperten Signifikanten aufsteigen, der die Empörungsstimmung zum *Empörungsdiskurs* verdichtet.

Um zu betrachten, wie Iglesias zum populistischen Sprachrohr aufsteigt, hilft seine Rede als Präsidentschaftskandidat der linken Fraktion im EU-Parlament im Juni 2014. Podemos war dort, kaum sechs Monate nach der Parteigründung, überraschend mit acht Prozent eingezogen. Iglesias agiert in Straßburg selbstbewusst:

> Es ist empörend, wie leichtfüßig hier Lobbys ein- und ausgehen, die Großkonzernen dienen. Empörend sind auch die Drehtüren zwischen Wirtschaft und Politik, die demokrati-

---

11 Tatsächlich vertrat dies Laclau niemals offen, sondern deutete lediglich indirekt in seinen Interviews und Aufsätzen an, wie stark ihn damals (in den Nullerjahren und bis zu seinem Tod 2014) die vielfältigen Proteste und linke Regierungsübernahmen Lateinamerikas inspirierten. „Der Populismus in Lateinamerika schafft neue Formen der Legitimität", so behauptet er etwa 2012 in einer Konferenz in Quito (Ecuador). Für die impliziten Bezüge zwischen dem Populismusbegriff Laclaus und den politischen Erfahrungen Lateinamerikas siehe etwa: Laclau 2006; Laclau 2012a, S. 137ff.; Laclau 2012b.

sche Repräsentanten in von großen Unternehmen bezahlte Millionäre verwandeln. Man muss es laut und klar sagen: Diese Funktionsweise raubt den Völkern ihre Souveränität, verstößt gegen die Demokratie und macht die politischen Repräsentanten zur Kaste. (Iglesias 2014, S. 228)

Das Szenario, das Iglesias in seiner Rede profiliert, ist düster. Die Lobbys, die im EU-Parlament „leichtfüßig ein- und ausgehen" fungieren als Hyperbel, um in aller Klarheit zu unterstreichen, wie stark sich die Politik den Wirtschaftsmächten unterordnet. Doch es sind weder einfach „die Politik" oder „die Wirtschaft", die der Podemos-Politiker angreift, sondern die politischen Vertreter und die großen Konzerne. Letztere sind, wie verschwörungstheoretisch nahelegt wird, die Macht im Dunkeln. Das Parlament ist keine Volksvertretung mehr, sondern *de facto* eine Stätte, auf der die Volkssouveränität ausgehebelt wird. Iglesias' Diagnose spitzt sich auf ein polares Szenario zu: Auf der einen Seite steht die „Kaste". Auf der anderen Seite stehen die ihrer Souveränität beraubten Völker.

Doch welche Alternative bietet Podemos demgegenüber? Dafür hilft der Blick auf das Parteiprogramm für die Parlamentswahl von Dezember 2015. Kaum zwei Jahre nach ihrer Gründung hat die Partei eine beachtliche Karriere hingelegt. Podemos ist vom Politologentraum zur „Wahlkampfmaschine" avanciert, die bei den Parlamentswahlen 2015 20,6 % der Stimmen erhält und im Bündnis mit anderen linken Parteien Spaniens Metropolen regiert. Die Ambition einer mehrheitsfähigen Kraft spiegeln sich im Wahlprogramm wider (Podemos 2015). Die Titel der fünf Kapitel, die es strukturieren, zeigen, wie stark Podemos das Ideal der Volkssouveränität macht: „1. Wirtschaftliche Demokratie, 2. Soziale Demokratie, 3. Politische Demokratie, 4. Bürgerdemokratie, 5. Internationale Demokratie." Fünfmal taucht in den fünf Titeln die „Demokratie" auf. Freilich macht sich die neue Partei für eine spezifische Demokratie stark, nämlich eine soziale und inklusive. Mit Mouffe gesagt, entscheidet sich Podemos zwischen den beiden (liberal)demokratischen Polen von Freiheit und Gleichheit für letztere (vgl. Mouffe/Errejón 2015, S. 114f). Die Partei möchte etwa soziale Rechte ausbauen, so das Recht auf Wohnen, auf Gesundheitsversorgung für alle, und starke Arbeitnehmerrechte garantieren. Derartige Forderungen schließen direkt an jene der *indignados* an. Hier wie dort artikuliert sich das emphatische Verständnis einer *sozialen (und basisdemokratischeren) Demokratie*, die dem „Volk" und nicht den „Eliten" zu dienen habe.

Dies führt zur anderen Seite von Podemos, zur Rückseite jener glänzenden Wahlkampfmaschinerie, an deren Spitze Pablo Iglesias steht, um handbuchartig nach Laclau einen linkspopulistischen Diskurs sprechen zu lassen. Als 2014 die Partei entsteht, wird der Führungszirkel von einer Woge des Enthusiasmus überrollt. Ab September 2014, als Podemos beginnt, sich als Partei zu organisieren, entstehen in wenigen Monaten und in meist spontaner Manier über ganz Spanien hunderte *círculos* (Kreise), die Basisgruppen der Partei. Die Gründung dieser Gruppen in Städten,

Quartieren und Dörfern erfolgt über Facebook-Aufrufe, die Bürgerinnen spontan platzieren. Ende 2014 besitzt Podemos – eine Partei, die erst Ende 2015 ins Parlament einziehen sollte – knapp 1.000 fast ausnahmslos dezentral entstandene *círculos* und mehr als 200.000 aktive Parteimitglieder. Bei Veranstaltungen sind Säle und Plätze berstend voll.

Das Phänomen der *círculos* sagt viel über Podemos aus. Die „Kreise" sollen einerseits an die basisdemokratischen, symmetrischen und eben kreisförmigen Versammlungen erinnern, um die sich die *indignados* drehten – und inspirieren sich andererseits an den bolivarianischen *círculos*, die Chávez in Venezuela anstieß (vgl. Hawkins/Hansen 2006). Mit ihren Basisgruppen suchte sich Podemos, wie Chávez' *Partido Socialista Unido* als Bewegungspartei zu konstituieren, deren Kraft in den politischen Institutionen sich durch ihre Verankerung in der Zivilgesellschaft nährt. Allerdings haben Iglesias, Errejón und Co. eine klar definierte Vorstellung davon, was die *círculos* sein sollen. Errejón meint bereits Mitte 2014 in einem Interview, dass Podemos vor „lähmenden Prozessen der Entscheidungsfindung fliehen [müsse], die nur noch betonen, *wie* die Dinge im Inneren geschehen, während außerhalb ein politischer Konflikt stattfindet, in dem sich die Akteure sehr rasch bewegen und uns den Rhythmus vorgeben" (Errejón 2014b, S. 115, Herv. d. Verf.).

Errejón sagt in Bezug auf die interne Funktionsweise von Podemos, was er sonst mit Metaphern wie „Wir müssen rennen und uns nebenbei die Schuhe binden" impliziter ausdrückt, nämlich, dass es sich die Partei inmitten harter politischer Auseinandersetzungen nicht leisten könne, in ihrem Inneren „lähmende Deliberationen" stattfinden zu lassen. Anders formuliert: Ein hohes Maß interner Basisdemokratie wird Podemos nicht vertragen können, wenn es sich politisch behaupten möchte. Die Parteiführung sieht sich als *den Diskursproduzenten der* einen *richtigen* populistischen Botschaft. Wir sprechen für die von unten, unser geschickt in Medien wie Parlamenten platzierte Diskurs reicht aus, um ein Volk zu konstruieren, das seine Souveränität gegenüber den „da oben" einfordert – so ließe sich, verkürzt gefasst, die paternalistische Haltung der Führung gegenüber ihrer Basis synthetisieren.

Die „Spannung von Autonomie und Hegemonie und von Horizontalität und Vertikalität", so Thomassen (2016, S. 200),[12] wird bei Podemos zugunsten von Hegemonie und Vertikalität aufgelöst. Damit vertut die Partei ihr Momentum. Ihr Aufstieg gründet nicht nur auf brillanten Diskursstrategien, sondern ebenso auf der Renaissance einer politischen Subjektivität, die 2011 und später auf Straßen und Plätzen gelebt wurde. Die Tausenden, die zu Podemos strömen, möchten sich in eine Partei neuen Typs einbringen, die nicht nur vertikal „von oben" repräsentiert, sondern sich zugleich horizontal „von unten" gestalten lässt. Der Podemos-Diskurs verspricht es,

---

12 Das Verhältnis zwischen einer horizontalen Dimension der Autonomie und einer vertikalen der Hegemonie treibt Laclau-Schüler wie Thomassen gerade bei den südeuropäischen Politisierungen um (zu Podemos vgl. Kioupkiolis 2016).

Mitglieder und Wähler fordern es. Sie sehnen sich nicht nach einer besseren, sondern nach einer *anderen* Partei, die ihr Ermächtigungsversprechen praktisch einlöst.

Doch das Bedürfnis nach horizontalen, basisdemokratischen Organisationsformen wurde von der Führung zu spät eingesehen und nur bruchstückhaft eingelöst.[13] Die Podemos-Hypothese, dass ein linkspopulistisches Projekt Spaniens Empörungsstimmung verdichten könne, blieb ein diskursives Konstrukt, seine *Einbettung* in die ihm eigentlich entsprechenden *Praktiken* blieb aus. Zu riskant schien es der Parteiführung, das Gelegenheitsfenster für ein populistisches Projekt zu verpassen. Effizient, kohärent und schnell sollte der Diskurs sein, die *círculos* mit ihren oft eigensinnigen Aktivitäten und teils exzentrischen Persönlichkeiten erschienen als Bremse. Doch griff diese Strategie nicht zu kurz? Möglicherweise hatten die Proteste der *indignados* den Commonsense tiefer verschoben, als es der Podemos-Gründungszirkel wahrhaben wollte. Um das empörte Volk als politisches Subjekt zu konstruieren, hätte Podemos nicht nur *für* das Subjekt sprechen dürfen, sondern es *sprechen lassen* müssen. Dass die Partei ab 2016 wieder schrumpfte und sich das ersehnte Gelegenheitsfenster schloss, hängt mit vielen Faktoren zusammen. Doch eines verantwortete Podemos selbst: Um die Stimmung der Empörung wahrlich zu repräsentieren und zu artikulieren, hätte sie nicht nur auf die Slogans und Forderungen schauen dürfen, die seit 2011 auf den Straßen und Plätzen zirkulierten, sondern auch auf die direktdemokratischen Versammlungen, die dort entstanden waren. Diese selbstbestimmten Praxisfelder ansatzweise in Parteiform zu verwirklichen – die Chance dazu bot sich, doch Podemos ergriff sie nicht.

5. Nationale Empörung? Kataloniens Oktober 2017

Wechseln wir das Szenario: von der Entstehung und Entfaltung von Podemos in den Jahren 2014 und 2015 zum illegalen und letztlich erfolglosen Unabhängigkeitsreferendum Kataloniens vom 1. Oktober 2017. An dieser Stelle kann keine generelle Einordnung der katalanischen Unabhängigkeitsbewegung geschehen (einführend vgl. Ucelay-Da Cal 2018; Elcano 2018), sondern nur schematisch anhand der Mobilisierungen während des „heißen Herbsts" 2017 in Katalonien gezeigt werden, wie jene Protestpraktiken, die im Mai 2011 aufkamen, mehr als sechs Jahre später unter einem ganz anderen diskursiven Rahmen reartikuliert wurden.

Am 1. Oktober 2017 halten in Katalonien Unabhängigkeitsbefürworter und Zivilgesellschaft ein „Unabhängigkeitsreferendum" ab – und zwar gegen alle juridischen und polizeilichen Mittel des Zentralstaats. In der scheinbar bloß „nationalistischen" Unabhängigkeitsbewegung schwingen Aspekte mit, die andere Wurzeln besitzen. Da

---

13 Zu den Debatten über die Strategie und Organisation von Podemos vgl. Chazel/Fernández 2020.

steht zunächst die starke Bezugnahme auf das Ideal der Demokratie. Die massive Beteiligung – drei von siebeneinhalb Millionen Katalaninnen – an einem durch den Zentralstaat verbotenen Referendum erklärt sich daraus, dass sich eben *nicht* nur *independentistes* (Unabhängigkeitsbefürworter) angesprochen fühlen, sondern auch viele derjenigen, die die Unabhängigkeit Kataloniens zwar ablehnen, aber eine Abstimmung darüber unterstützen.[14] Für die Hunderttausenden, die teils mehr als 14 Stunden lang vor ihren Wahllokalen versammelt bleiben, ist das Plebiszit ein massiver Akt des zivilen Ungehorsams, der weniger im Zeichen der Nation als vielmehr der *Demokratie* steht.[15]

Generell betrachtet, zeichnet das Referendum vom 1. Oktober 2017 eines aus: Die katalanische Regionalregierung hat es zwar ausgerufen, kann aber bedingt durch die juridische und polizeiliche Intervention des Zentralstaates nur sehr prekäre Rahmenbedingungen für die Abstimmungen ermöglichen. Im Grunde schafft sich die Bevölkerung ihre *eigene Abstimmung*: Zehntausende Familien übernachten vor der Abstimmung in den Schulen, die als Wahllokale dienen sollten, Einzelpersonen schmuggeln in ihren Pkws die Wahlurnen über die französische Grenze, Informatiker wehren die elektronische Sabotage des Geheimdienstes ab und gewährleisten die Stimmabzählung, Menschentrauben verhindern die Abriegelung der Wahllokale oder liefern sich mit der Bereitschaftspolizei Scharmützel, um Abriegelungen zu verhindern.[16]

Am 1. Oktober geschieht eine *kollektive Selbstermächtigung*, es gilt die Devise, dass das Referendum nur stattfinden wird, wenn man es sich macht – und zwar nicht nur ohne, sondern *gegen* die Autorität. Diese voluntaristische und selbstorganisierte Protesthaltung überschreitet die traditionell eher vorsichtige Haltung der Unabhängigkeitsvereine und -parteien und schließt andererseits an die Praktiken der *indignados* an. Möglicherweise haben jene jahrelangen Praktiken der Empörung ihre Spuren hinterlassen – und trieben am Protestereignis „1. Oktober" die Unabhängigkeitsbewegung über sich selbst heraus (vgl. Letamendia 2018, S. 22ff.).

In diesem Sinne nehmen ab dem Herbst 2017 die Unabhängigkeitsmobilisierungen zwei Facetten auf, in denen Praxismuster der *indignados* wiederhallen: Erstens wird die Forderung nach Demokratie auch gegen die Unabhängigkeitspolitiker artikuliert, es wird eine entschiedene *Repräsentationskritik* geäußert. Etwa gegenüber dem Präsidenten Carles Puigdemont, als dieser im Herbst 2017 nach dem Referendum letztlich davor zurückschreckt, die Unabhängigkeit zu erklären und von De-

---

14 Das öffentliche Meinungsforschungsinstitut CEO ermittelt in Katalonien regelmäßig Unterstützungswerte von 40 bis 50 Prozent für die Unabhängigkeit, aber von 70 bis 80 Prozent für ein Unabhängigkeitsreferendum (ceo.gencat.cat).

15 Einen ausführlichen Bericht des Autors über das Geschehen vor einem Wahllokal in Barcelona erschien unter dem Titel *Der Pfahl wird sicher fallen*, in: freitag.de (2.10.2017).

16 Zur Analyse des Referendums als eines Wahlakts, den sich die katalanische Bevölkerung selbst bastelte, siehe die Analyse Sophie Arndts (2017).

monstrantinnen als „Verräter" bezeichnet wurde. Das wiederholt sich 2019, als die Unabhängigkeitspolitiker für ihre Verhandlungsbereitschaft gegenüber der (linken) Regierung in Madrid von der Unabhängigkeitsbewegung scharf kritisiert werden. So geschieht ein Bruch zwischen Repräsentanten und Repräsentierten. Letztere schwingen sich, analog zu den *indignados* sechs Jahre zuvor, zum Souverän auf, der politische Haltungen als korrekt oder verwerflich beurteilt.

Angetrieben wird diese Repräsentationskritik, zweitens, durch die als CDRs bekannten Komitees in Verteidigung des Referendums (später: Komitees in Verteidigung der Republik), deren Organisationsformen sich an die Versammlungen der *indignados* anlehnen (vgl. Lamant 2018, S. 158f.). Etwa 300 CDRs entstanden im Zuge des Referendums in vielen Gemeinden und Quartieren. Sie besitzen ein sehr heterogenes, bisher wenig erforschtes Profil (vgl. Aznar 2018). Jedenfalls fallen die Komitees dadurch auf, dass sie Aktionen des zivilen Ungehorsams gegen den Zentralstaat forcieren, etwa mit Autobahnblockaden oder spontanen Demonstrationen, sowie Debatten und Veranstaltungen zur Unabhängigkeitsfrage organisieren. Entscheidungen treffen die CDRs in Versammlungen, es gibt keine sichtbaren Führungspersönlichkeiten, ihre Koordination erfolgt dezentral über soziale Netzwerke und persönliche Kontakte. Die Komitees sind der klarste Ausdruck davon, wie die Politisierung für Kataloniens Unabhängigkeit, die sich auf der Links-Rechts-Achse nicht klar verorten lässt, teilweise direktdemokratische Formen annimmt, sich Organisationsformen der *indignados* aneignet.

Allerdings erhält im Konflikt um Kataloniens Status der Signifikant „Volk" gegenüber den *indignados* und Podemos eine entscheidende Wendung: Während im Protestzyklus *indignados-Podemos* „das Volk" als offenes politisches Kollektiv galt, verwandelt es sich im Konflikt um Katalonien zur tendenziell geschlossenen Gemeinschaft. Der *Demos* der indignados wird im Katalonien-Streit zum *Ethnos*, so ließe es sich pointieren. Die katalanische Unabhängigkeitsbewegung oder, vorsichtiger, ihr Hauptstrang[17], ersetzt das Konzept der „Eliten" durch das von „Madrid". Darin schwingt die Grundidee mit, dass die Eliten des spanischen Zentralstaats – die politischen Repräsentanten genauso wie der Verwaltungsapparat und die ökonomischen Eliten – Katalonien ausbeuten, ja im Grunde das parasitäre Zentralspanien das produktive Katalonien schröpft, sich mit allen Mitteln (wenn nötig mit Gewalt) seine Ressourcen aneignet. Hand in Hand mit der Veränderung der Feindfigur verschiebt sich auch die eigene kollektive Identität. Die nationale Gemeinschaft der Katalanen ist zwar ethnisch offen, wird aber stark über kulturelle Zugehörigkeit definiert. Als

---

17 Es besteht auch eine minoritäre, linksradikale Strömung, die explizit auf Distanz zu jedem Nationalismus geht und Kataloniens Unabhängigkeit als Chance für einen verfassungsgebenden Prozess von unten sieht, um einen stärkeren Sozialstaat und eine radikalere Demokratie einzurichten.

Katalane oder Katalanin gilt erst, wer das Katalanische versteht, spricht sowie idealerweise schreibt – und sich proaktiv mit dem Land identifiziert.

Durch diese *kulturalistische* Aufladung verliert der Volksbegriff seine vormalige Offenheit, er umschreibt sich auf eine relativ enge und tendenziell exklusive Gemeinschaft. Das beliebte Motto der Unabhängigkeitsbewegung, *Catalunya, un sol poble* (Katalonien, ein einziges Volk), tritt zwar als Einheitsmotiv an, als Überbrückung von Unterschieden unter der Haube der katalanischen Nation. Tatsächlich ist das Gegenteil der Fall: Der übergeordnete Anspruch, dass das katalanische Volk die gesamte Bevölkerung Kataloniens repräsentiere, schließt all jene aus, die sich nicht – oder nicht nur – als Katalaninnen definieren, seien es pakistanische oder chinesische Migranten, all jene, die in Barcelona seit 30 Jahren leben, aber weiter ihre andalusischen Wurzeln pflegen, Kosmopoliten mit schwachen Zugehörigkeitsgefühlen oder Linke, die sich vornehmlich an sozioökonomischen Klassenlagen und Kämpfe orientieren.

Somit erweisen sich die Verbindungslinien von den *indignados* zur Unabhängigkeitsbewegung als *ambivalent*: Basisdemokratische und repräsentationskritische Praxisformen reartikulieren sich in den katalanischen Protesten – doch die Figur des „Volkes", in das diese Praktiken eingefasst sind und reproduzieren, ist zur kulturell geschlossenen Gemeinschaft geworden.

6. Rekapitulation

Der Aufsatz warf drei Schlaglichter auf Spaniens populistische Konfliktdynamiken. Der Ausgangspunkt war die Hegemonietheorie Laclaus und Mouffes, mit der die Kategorie des Populismus als Oben-Unten-Konflikt eines „Volkes" gegen die „Eliten" beschrieben und die diskursive Konstitution dieser Kategorien sowie ihrer Beziehungen unterstrichen wurde. Allerdings gewinnen Laclau/Mouffes Ideen an Schlagkraft, wenn sie entformalisiert und *praxeologisch* gewendet werden und der Diskurs wahrlich zum Zeichen- *und* Praxisgewebe avanciert. Was das Volk ist, wie es sich artikuliert und gegen wen es sich wendet ist nicht nur eine Frage großflächiger Repräsentationen, sondern auch feingliedriger Praktiken, so das hiesige Leitmotiv.

In diesem Sinne drehten sich die drei Schlaglichter zu den Protesten der *indignados* im Mai 2011, zur Entstehung und zum Aufstieg der linkspopulistischen Kraft Podemos 2014 und 2015 sowie beim verbotenen Unabhängigkeitsreferendum Kataloniens im Oktober 2017 besonders um die jeweils auftretenden Praxismuster. Die erste Einsicht dieses Textes lässt sich wie folgt verdichten: Im Mai 2011 wird auf Spaniens Straßen und Plätzen ein neues, populistisch aufgeladenes Volkssubjekt geboren, das für sich Souveränität beansprucht und sie den politisch-ökonomischen

Eliten abspricht. Die populistische Ermächtigung „von unten gegen oben" geschieht nicht als ein abstrakter und ortloser Vorgang, sondern in durchaus konkreter, performativer und präfigurativer Manier in den Versammlungen, welche die *indignados* wochenlang auf den Hauptplätzen Spaniens abhalten und in manchen Quartieren jahrelang bestehen. Die Protestierenden sehen in ihren basisdemokratischen Organisationsformen ein zumindest genauso starkes Zeichen ihrer Artikulation als souveränes Volk wie in ihren ausformulierten Forderungen.

Dieser neuartige Populismus wird in den Folgejahren besonders wirkmächtig in zwei Formen reartikuliert: einerseits im politischen Projekt Podemos, andererseits in der katalanischen Unabhängigkeitsbewegung. Beide Male stehen wir vor *partiellen Reartikulationen*. Zwar bewegen sich sowohl Podemos als auch die Unabhängigkeitsbewegung innerhalb des Horizonts, der mit den *indignados* entstanden ist – und gehen doch in je spiegelbildlicher Weise über diesen Horizont hinaus. Podemos eignet sich den Empörungs*diskurs* (im engen Sinne) an, aber nicht die *Praktiken* der Empörung. Die Partei lanciert rund um ihren Chef Pablo Iglesias eine populistische Ermächtigungsbotschaft, die sich um den Kampf von unten gegen oben dreht. Die neue Partei möchte das „empörte Volk" vertreten, das die *indignados* in die Welt setzten, übergeht dabei aber deren basisdemokratischen Praktiken und Versammlungsformen. Um über das Führungspersonal einen medial wirksamen Diskurs zu platzieren, entsteht eine hierarchische Struktur, die den Zehntausenden, die sich enthusiastisch in den *círculos*, den Podemos-Basisgruppen, engagieren wollen, kaum Ausdruckschancen bietet. Dass das Momentum, das die neue Kraft populistisch nutzen wollte, ungenutzt verging, war auch selbstverschuldet. Das hehre Versprechen der Volkssouveränität wusste Podemos selbst nicht praktisch umzusetzen.

Wenn aber bei Podemos den Diskurs (im engen Sinne) der *indignados* reartikuliert wird, aber nicht ihre Praxis, so geschieht bei der Unabhängigkeitsbewegung exakt das Umgekehrte. Die Praktiken der Empörung tauchen wieder auf, doch unter einem neuen diskursiven Deckmantel. In den massenhaften Mobilisierungen vom 1. Oktober 2017 geschehen Praktiken der basisdemokratischen Selbstorganisation, die kaum verhüllt an jene erinnern, die sechs Jahre zuvor geschehen waren. Spiegelbildlich zu Podemos ist das große Paradox der Proteste, dass diese basisdemokratischen Praktiken in einem Volksbegriff Eingang finden, der eben nicht – wie bei den *indignados* und Podemos – ein *Demos* ist, eine offene politische Gemeinschaft, sondern ein *Ethnos*, ein geschlossenes kulturelles Kollektiv.

Am Horizont dieses Textes steht eine ganzheitliche, mindestens diskursanalytische und praxeologische Analyse des Populismus. Dass Podemos handbuchartig das Populismusverständnis Laclaus anwandte, sollte seine Schüler im Besonderen und Diskursforscherinnen im Allgemeinen nicht ergötzen, sondern sie nachdenklich stimmen. Die theoretische Bewegung Laclau/Mouffes, auf eine gleichsam entbettete Diskurstheorie zu setzen, die *de facto* den Diskurs nur noch als Zeichengefüge liest, wurde Podemos zum Verhängnis. Kein politisches Projekt überlebt nur über rhetorisch wirksam platzierte Botschaften, sondern ist auf Praxismuster und materialisierte Settings angewiesen, ja bringt diese Hand in Hand mit „seinem Diskurs" hervor. Das gilt besonders für populistische Phänomene, wie sie nicht nur in Spanien auftraten und auftreten. Gründeten die Klassenkämpfe des 19. und 20. Jahrhunderts auf lange gewachsene Arbeiterkulturen und -identitäten, so bleibt genauso der Populismus unserer Zeit, der als Konflikt „von unten gegen oben" doch im Kern ein Klassenkampf ohne Klassen ist, auf langsam wachsende Praktiken, Gemeinschaftsformen und kulturelle Orientierungsmuster angewiesen. Das, was gemeinhin als angeeignete Kultur verstanden wird, sich aber auch als breiter Diskurs verstehen ließe, trägt jeden, noch so beschleunigten, Populismus, der Gesellschaft verändert.

Literatur

Arditi, Benjamin, 2014: Post-hegemony: Politics Outside the Usual Post-Marxist Paradigm. In: Kioupkiolis, Alexandros/Katsambekis, Giorgios (Hrsg.): The Biopolitics of the Multitude versus the Hegemony of the People, London, S. 17–44.

Arndt, Sophie, 2017: Iberische Rechtswirklichkeiten. URL: https://barblog.hypotheses.org/18 45 (Letzter Zugriff am 24.5.2020).

Aznar, Laura, 2018: Cinc preguntes bàsiques per saber què són i què volen els CDR. In: Crític, 3.4.2019. URL: https://www.elcritic.cat/noticies/cinc-preguntes-basiques-per-saber-que-son-i-que-volen-els-cdr-11230 (Letzter Zugriff am 15.1.2020).

Baumann, Christoph et al., 2015: Geographien zwischen Diskurs und Praxis. Mit Wittgenstein Anknüpfungspunkte von Diskurs- und Praxistheorien denken. In: Geographica Helvetica 70, S. 225–237.

Blanco, José L., 2011: ¿Cuántos y quiénes se han manifestado? Análisis estadístico del 15M. URL: https://www.ciencia-explicada.com/2011/10/analisis-estadistico-del-movimiento-15 m.html (Letzter Zugriff am 20.1.2020).

Butler, Judith, 2013: Konkurrierende Universalitäten. In: Dies./Laclau, Ernesto/Žižek, Slavoj: Kontingenz, Hegemonie, Universalität. Aktuelle Dialoge zur Linken, Wien/Berlin, S. 171–226.

Dies., 2016: Anmerkungen zu einer performativen Theorie der Versammlung, Berlin.

Dies., 2019: Rücksichtslose Kritik. Körper, Rede, Aufstand, Konstanz.

Castells, Manuel, 2012: Networks of Outrage and Hope. Social Movements in the Internet Age. Cambridge/Malden.

Chazel, Laura/*Fernández*, Guillermo, 2020: Podemos, at the origins of the internal conflicts around the 'populist hypothesis': a comparison of the theoretical production, public speeches and militant trajectories of Pablo Iglesias and Íñigo Errejón. In: European Politics and Society 21:1, S. 1–16.

Domènech, Xavier, 2013: Hegemonías. Crisis, movimientos de resistencia y procesos políticos (2010-2013). Barcelona.

Errejón, Íñigo, 2014a: Podemos como práctica cultural emergente frente al imaginario neoliberal: hegemonía y disidencia. Conversación con Í. Errejón. In: IC – Revista Científica de Información y Comunicación 11, S. 11–76.

Ders., 2014b: Del estilo Tuerka a la campaña de Podemos. Entrevista a Íñigo Errejón. In: Domínguez Ana/Giménez, Luis (Hrsg.): Claro que Podemos. De La Tuerka a la esperanza del cambio en España, Barcelona, S. 85–118.

Giménez, Ferran, 2017: Movimientos sociales y construcción de subjetividades. Los casos de la PAH y de las CUP. Tesis doctoral. Universidad del País Vasco, Euskal Herriko Unibertsitatea. URL: https://addi.ehu.es/handle/10810/24086 (Letzter Zugriff am 10.1.2020).

Hawkins, Kirk A./*Hansen*, David R., 2006: Dependent Civil Society. The Círculos Bolvarianos in Venezuela. In: Latin America Review 41:1, S. 102–132.

Huke, Nikolai, 2017: Sie repräsentieren uns nicht. Soziale Bewegungen und Krisen der Demokratie in Spanien. Münster.

Kioupkiolis, Alexandros, 2016: Podemos: the ambiguous promises of left-wing populism in contemporary Spain. In: Journal of Political Ideologies 21:2, S. 99–120.

Iglesias, Pablo, 2014: Discurso como candidato al Parlamento Europeo. In: Domínguez Ana/Giménez, Luis (Hrsg.): Claro que Podemos. De La Tuerka a la esperanza del cambio en España, Barcelona, S. 227–229.

Ders., 2015: Understanding Podemos. In: New Left Review, H. 93, S. 7–22.

Laclau, Ernesto, 2005: On populist reason. London.

Ders., 2006: La deriva populista y la centroizquierda latinoamericana. In: Nueva sociedad 205, S. 56–61.

Ders., 2012a: Postmarxismo, discurso y populismo. Un diálogo. In: Íconos. Revista de Ciencias Sociales 44, S. 127–144.

Ders., 2012b: Democracia, hegemonía y nuevos proyectos en América Latina. Una entrevista. In: Polis. Revista Latinoamericana, H. 31. URL: https://journals.openedition.org/polis/3819 (Letzter Zugriff am 20.1.2020).

Ders., 2013[2000]: Universalität konstruieren. In: Butler, Judith/Ders./Žižek, Slavoj: Kontingenz, Hegemonie, Universalität. Aktuelle Dialoge zur Linken, Wien, S. 349–379.

Ders./Mouffe, Chantal, 1990: Post-Marxism without Apologies. In: Ders.: New Reflections on the Revolution of Our Time, London, S. 97–134.

Ders./Mouffe, Chantal, 2012[1985]: Hegemonie und radikale Demokratie. Zur Dekonstruktion des Marxismus. Wien.

Letamendia, Arkaitz, 2018: Movilización, represión y voto. Rastreando las claves del referéndum de autodeterminación del 1 de octubre en Catalunya. In: Anuari del Conflicte social 2017, Mayo/Noviembre 2018, S. 1–32.

Lluis, Conrad, 2016: Die Linke vor der Frage der Macht. Spanische Perspektiven auf ein europäisches Problem. In: Theorieblog. URL: https://www.theorieblog.de/index.php/2014/05/wiedergelesen-die-theorie-der-hegemonie/ (Letzter Zugriff am 2.1.2020).

Ders., 2019: Die Proteste der spanischen Indignados… und ihre Analyse mittels einer erweiterten Hegemonietheorie. In: Vey, Judith/Leinius, Johanna/Hagemann, Ingmar (Hrsg.): Poststrukturalistische Perspektiven auf soziale Bewegungen. Ansätze, Methoden und Forschungspraxis, Bielefeld, S. 88–105.

Lamant, Ludovic, 2018: À gauche, la crise catalane a refermé le cycle de l'indignation. In: Mouvement 94, S. 149–159.

Marchart, Oliver, 2013: Das unmögliche Objekt. Eine postfundamentalistische Theorie der Gesellschaft. Berlin.

Mouffe, Chantal, 2018: Für einen linken Populismus. Berlin.

Dies./Errejón, Íñigo, 2015: Construir Pueblo. Hegemonía y radicalización de la democracia. Barcelona.

Nez, Héloïse, 2013: Délibérer au sein d'un mouvement social. Ethnographie des assemblées des Indignés à Madrid. In: Participations. Revue de sciences sociales sur la démocratie et la citoyenneté, H. 4, S. 79–102.

Oliveres, Arcadi, 2011: Les veus de les places, Barcelona.

Parcerisa, Lluís, 2014: La PAH: un moviment social contrahegemònic? In: Oxímora. Revista Internacional de Etica y Política, H. 4, S. 23–40.

Podemos, 2015: Queremos, sabemos, Podemos. Un programa para cambiar nuestro país. URL: http://servicios.lasprovincias.es/documentos/Programa-electoral-Podemos-20D-2015.pdf (Letzter Zugriff am 20.1.2020).

Polletta, Francesca, 1999: „Free Spaces" in collective action. In: Theory and Society 28, S. 1–38.

Real Instituto Elcano, 2018: The Independence Conflict in Catalonia. URL: https://especiales.realinstitutoelcano.org/catalonia/ (Letzter Zugriff am 22.1.2020).

Rivero, Borja et al. 2013: Etnografía del movimiento 15M en la ciudad de Cáceres. Análisis de las asambleas a través de tres visiones del objeto de estudio. In: Revista de Antropología Experimental, H. 13, S. 113–137.

Rodríguez, Emmanuel, 2016: La política en el ocaso de la clase media. El ciclo 15M-Podemos. Madrid.

Romanos, Eduardo, 2016: De Tahrir a Wall Street por la Puerta del Sol: la difusión transnacional de los movimientos sociales en perspectiva comparada. In: REIS 154, S. 103–118.

Searle, John, 1976: A Classification of illocutionary acts. In: Language in Society 5:1, S. 1–23.

Stavrakakis, Yannis, 2004: Antinomies of formalism: Laclau's theory of populism and the lessons from religious populism in Greece. In: Journal of Political Ideologies 9:3, S. 253–267.

Thomassen, Lasse, 2016: Entrevista a Lasse Thomassen. In: Relaciones Internacionales, H. 31, S. 195–202.

Ucelay Da-Cal, Enric, 2018: Breve historia del separatismo catalán, Barcelona.

Wittgenstein, Ludwig, 1984[1946]: Tractatus Logico-Philosophicus, Tagebücher 1914-1916, Philosophische Untersuchungen. Frankfurt a.M.

Autor_innenverzeichnis

ARISTOTELIS AGRIDOPOULOS, Wissenschaftlicher Mitarbeiter am Institut für Sozialforschung an der Goethe-Universität Frankfurt/Main und Doktorand am Institut für Politische Wissenschaft der Universität Heidelberg. Zuletzt erschienen: 2020: Causes, critique, and blame: A political discourse analysis of the crisis and blame discourse of German and Greek intellectuals. In: Nygård, Stefan (Hrsg.): The Politics of Debt and Europe's Relations with the „South", Edinburgh, S. 80–117.

BIANCA DE FREITAS LINHARES, Doktorin der Politikwissenschaft, Professorin im Departement für Soziologie und Politik der Bundesuniversität Pelotas (Brasilien). Zuletzt erschienen: (mit Daniel de Mendonça) 2020: Comunistas? Uma análise dos projetos de lei dos deputados federais do PCdoB e PPS. In: Revista Brasileira de Ciência Política, H. 31, S. 41–82.

PAOLO GERBAUDO, PhD, Senior Lecturer für Digitale Kultur und Gesellschaft und Direktor des Zentrums für Digitale Kultur an der Kings College London (England). Zuletzt erschienen: 2019: Are digital parties more democratic than traditional parties? Evaluating Podemos and Movimento 5 Stelle's online decision-making platforms. In: Party Politics, doi:10.1177/1354068819884878 (Online First).

YBISKAY GONZÁLEZ TORRES, PhD, Casual Academic an der Newcastle Business School der Universität Newcastle (Australien). Zuletzt erschienen: 2020: ‚Democracy under Threat': The Foundation of the Opposition in Venezuela. In: Bulletin of Latin American Research, doi:10.1111/blar.13090 (Online First).

MARIUS HILDEBRAND, Dr. phil., Wissenschaftlicher Mitarbeiter in der Forschungsgruppe „Transnationale Solidaritätskonflikte" an der Friedrich-Alexander-Universität Erlangen-Nürnberg und Gastwissenschaftler am Max-Planck-Institut für ausländisches öffentliches Recht und Völkerrecht in Heidelberg. Zuletzt erschienen: 2019: ‚One heart for another nation'. Linke Intellektuelle beobachten die Konjunktur ethno-populistischer Politisierungen als Kehrseite neoliberalen Regierens und entdecken die Nation für sich. In: Soziologische Revue 42:3, S. 418–439.

SEONGCHEOL KIM, Dr. phil., Wissenschaftlicher Mitarbeiter im Fachbereich Gesellschaftswissenschaften der Universität Kassel und Gastwissenschaftler am Zentrum für Zivilgesellschaftsforschung des Wissenschaftszentrums Berlin für Sozialforschung. Zuletzt erschienen: 2020: Between Illiberalism and Hyper-Neoliberalism: Competing Populist Discourses in the Czech Republic. In: European Politics and Society, doi:10.1080/23745118.2020.1709368 (Online First).

JÜRGEN LINK, Dr. phil., emeritierter Professor für Literaturwissenschaft und Diskursforschung an der Fakultät Kulturwissenschaften der Technischen Universität Dortmund. Zuletzt erschienen: 2018: Normalismus und Antagonismus in der Postmoderne. Krise, New Normal, Populismus. Göttingen.

CONRAD LLUIS, Doktorand am Institut für Soziologie der Universität Hamburg. Zuletzt erschienen: 2019: Die Proteste der spanischen Indignados ... und ihre Analyse mittels einer erweiterten Hegemonietheorie, in: Vey, Judith et al. (Hrsg.): Poststrukturalistische Perspektiven auf soziale Bewegungen. Ansätze, Methoden und Forschungspraxis. Bielefeld, S. 88–103.

DANIEL DE MENDONÇA, Doktor der Politikwissenschaft, Professor im Departement für Soziologie und Politik der Bundesuniversität Pelotas (Brasilien). Zuletzt erschienen: 2019: DEMOCRATAS TÊM MEDO DO POVO? O populismo como resistência política. In: Caderno CRH 32:85, S. 185–201.

JAN-WERNER MÜLLER, DPhil, Professor im Department of Politics der Universität Princeton (USA). Zuletzt erschienen: 2019: Furcht und Freiheit. Für einen anderen Liberalismus. Berlin.

LIV SUNNERCRANTZ, Dr. phil., Postdoctoral Fellow am Institut für Medien- und Sozialwissenschaften der Universität Stavanger (Norwegen). Zuletzt erschienen: (mit Emilia Palonen) 2020: Nordic Populist Parties as Hegemony Challengers, in: Koivunen, Anu et al. (Hrsg.): The Nordic Economic, Social and Political Model: Challenges in the 21st Century. London (im Erscheinen).

YANNIS STAVRAKAKIS, PhD, Professor für Politische Theorie und Diskursanalyse an der School of Political Sciences der Aristoteles-Universität Thessaloniki (Griechenland). Zuletzt erschienen: (Hrsg.) 2020: Routledge Handbook of Psychoanalytic Political Theory. New York.

THOMÁS ZICMAN DE BARROS, Doktorand und Lehrbeauftragter an der Sciences Po Paris (Frankreich). Zuletzt erschienen: 2020: Desire and Collective Identities: Decomposing Ernesto Laclau's notion of demand. In: Constellations, doi:10.1111/1467-8675.12490 (Online First).

Bereits erschienen in der Reihe STAATSVERSTÄNDNISSE

---

weitere Bände unter: www.nomos-shop.de

UNDERSTANDING THE STATE

The core question addressed by the series of publications entitled *Staatsverständnisse (Understanding the State)* is: What can we take from the ideas of previous and current political thinkers in order for us to develop a modern understanding of the state?

Is populism "the ideology of democracy" (Margaret Canovan), a danger to democracy that entails "a claim to exclusive moral representation" (Jan-Werner Müller), or rather a "series of discursive resources which can be put to very different uses" (Ernesto Laclau)?

This is the first German-language edited volume bringing together discursive approaches to populism in a broad sense. The book features conceptually sound as well as empirically nuanced analyses of populist discourses in the context of different states, public spheres as well as political parties and movements. It presents a wide range of theoretical positions on the democratic and authoritarian uses of populism and develops them in the form of country case studies.

Populism can be analysed as a multifaceted discursive phenomenon that can appear as progressive as well as reactionary, democratic as well as authoritarian, within and beyond state power.

With contributions by:

Aristotelis Agridopoulos, Bianca de Freitas Linhares, Paolo Gerbaudo, Ybiskay González Torres, Marius Hildebrand, Seongcheol Kim, Jürgen Link, Conrad Lluis, Daniel de Mendonça, Jan-Werner Müller, Yannis Stavrakakis, Liv Sunnercrantz and *Thomás Zicman de Barros*.

The editors:

Dr. Seongcheol Kim is a research assistant at the Department of Social Sciences at the University of Kassel.

Aristotelis Agridopoulos is a research assistant at the Institute for Social Research at the Goethe University Frankfurt am Main.